DIE MACHT DER WEISHEIT

STUDIES IN THE HISTORY
OF
CHRISTIAN THOUGHT

FOUNDED BY HEIKO A. OBERMAN †

EDITED BY

ROBERT J. BAST, Knoxville, Tennessee

IN COOPERATION WITH

HENRY CHADWICK, Cambridge
SCOTT H. HENDRIX, Princeton, New Jersey
BRIAN TIERNEY, Ithaca, New York
ARJO VANDERJAGT, Groningen
JOHN VAN ENGEN, Notre Dame, Indiana

VOLUME CIX

EVA ELM

DIE MACHT DER WEISHEIT

TUTA SUB AEGIDE PALLAS

· 1683 ·

DIE MACHT DER WEISHEIT

DAS BILD DES BISCHOFS IN DER *VITA AUGUSTINI*
DES POSSIDIUS UND ANDEREN SPÄTANTIKEN UND
FRÜMITTELALTERLICHEN BISCHOFSVITEN

VON

EVA ELM

BRILL

LEIDEN · BOSTON

2003

This book is printed on acid-free paper.

Die Deutsche Bibliothek - CIP-Einheitsaufnahme

Elm, Eva:
Die Macht der Weisheit : Das Bild des Bischofs in der Vita Augustini
des Possidius und andere spätantiken und frühmittelalterlichen
Bischofsviten / von Eva Elm.
– Leiden ; Boston : Brill, 2003
(Studies in the history of Christian thought ; Vol. 109)
ISBN 90–04–12559–0

Library of Congress Cataloging-in-Publication Data

Library of Congress Cataloging-in-Publication Data is also available

ISSN   0081-8607
ISBN   90 04 12881 6

PRINTED IN THE NETHERLANDS

Meiner Mutter
Prag 1930 – Berlin 1992

INHALTSVERZEICHNIS

VORWORT

Gegenstand dieser Arbeit, die im Januar 2000 am Fachbereich Philosophie und Geisteswissenschaften der Freien Universität Berlin als Dissertation angenommen wurde, sind die spätantike Bischofsbiographie, ihre antiken Modelle – insbesondere die hellenistische Philosophienbiographie – sowie ihre Entwicklung bis ins 9. Jahrhundert. Im Zentrum der Betrachtung steht die *Vita Augustini* des Possidius.

An erster Stelle möchte ich mich herzlich bei meinem Doktorvater Prof. Dr. Widu-Wolfgang Ehlers für die wohlwollende Betreuung und die wissenschaftliche Förderung meiner Arbeit bedanken. Mein besonderer Dank gilt auch Prof. Dr. Dr. h.c. mult. Fritz Wagner, der das Korreferat übernahm und mich auf dem Gebiet der Mediolatinistik beriet.

Dank schulde ich auch Prof. Dr. Claudio Leonardi, der mir durch die Ezio Franceschini-Stiftung einen einjährigen Aufenthalt in Florenz an der Certosa del Galluzzo ermöglichte, sowie der Gerda-Henkel-Stiftung, die mich anschließend mit einem Promotionsstipendium förderte.

Mein ganz besonderer Dank gilt Prof. Dr. Peter Brown, der seit meinem Aufenthalt in Princeton im Jahre 1992 die Genese der Arbeit verfolgte und mich bis zu ihrem Abschluß immer wieder ermutigte und unterstützte. Sehr zu danken habe ich ebenfalls Prof. Dr. Christoph Markschies und Prof. Dr. Ekkehard Mühlenberg, die die Arbeit sorgfältig durchsahen und mir wertvolle Hinweise gaben. Bereichert wurde die Arbeit auch durch Gespräche mit Prof. Dr. Robert Markus, Prof. Dr. Otto Gründler, Prof. Dr. Robert Gregg, Prof. Dr. Karl Suso Frank und Prof. Dr. Gabriele Thome. Besonders verpflichtet fühle ich mich Prof. Dr. Heiko A. Oberman, der die Aufnahme der Arbeit in die Reihe 'History of Christian Thought' veranlaßt hat. Danken möchte ich auch Prof. Dr. Robert Bast, dem jetzigen Herausgeber der Reihe, für seine Unterstützung und Geduld und Diana Roberts und Irene van Rossum, meinen Lektorinnen bei Brill, für ihre Mühe. Danken möchte ich ebenfalls Wolfgang Dickhut für seine Hilfe bei der Erstellung des Registers.

Zur Drucklegung wurden nur geringfügige Änderungen vorgenommen. Die ab Frühjahr 2000 erschienene Sekundärliteratur konnte nur in Ausnahmefällen berücksichtigt werden.

Berlin im Juni 2002

KAPITEL EINS

EINLEITUNG:
FORSCHUNGSSTAND UND FRAGESTELLUNG

Die *Vita Augustini* des Possidius nimmt in der Geschichte der Biographie eine besondere Stellung ein.[1] Sie beschreibt das Leben eines Menschen, der seine philosophischen und theologischen Anschauungen in einer für die Antike außergewöhnlichen Breite und Detailliertheit dargelegt und durch sein Werk eine Wirkung ausgeübt hat, die bis auf den heutigen Tag andauert.[2] Ihre Besonderheit beruht jedoch vor allem darauf, daß ihr in den *Confessiones* des Augustinus eine 'Autobiographie' gegenübersteht, die in ihrer Aussagekraft, ihrer analytischen Tiefe und ihrer fast modern anmutenden Subjektivität einen exzeptionellen Rang einnimmt und, wie P. Brown es ausdrückt, wie kein anderes Buch die Vorstellungen, die wir von einer konventionellen Biographie haben, unterminiert.[3] Diese Konstellation blieb nicht ohne Konsequenzen für die Vita des Possidius. Sie stand Jahrhunderte hindurch im Schatten der Schriften ihres Protagonisten und wurde, wie

---

[1] Zur Gattung der Biographie in der Antike siehe u.a. A. Momigliano, The Development of Greek Biography. Four Lectures, Cambridge Mass. 1971; B. Gentili – G. Cerri, Storia e biografia nel pensiero antico (Biblioteca di cultura moderna 878) Roma-Bari 1983; A. Dihle, Die Entstehung der historischen Biographie (Sitzungsberichte der Heidelberger Akademie der Wissenschaften, Phil.-hist. Kl. 1986. H. 3) Heidelberg 1987; Ders., Zur antiken Biographie, in: W.W. Ehlers (Hg.), La Biographie antique (Entretiens sur l'antiquité classique 44) Genève 1998, 119–147; R.A. Burridge, What are the Gospels? A Comparison with Greco-Roman Biography, Cambridge 1992; C.B.R. Pelling, "Biography", in: Oxford Classical Dictionary ([3]1996) 241–243; H. Görgemann – W. Berschin, "Biographie", in: Der neue Pauly 2 (1997) 682–689; W.W. Ehlers, Einleitung, in: Ders. (Hg.), La Biographie antique, 1–7.
[2] Zur Literatur über die Wirkungsgeschichte Augustins C. Andresen (Hg.), Bibliographia Augustiniana, Darmstadt [3]1973; T. van Bavel – F. van der Zande (Hgg.), Répertoire bibliographique de Saint Augustin (Instrumenta Patristica 3) Den Haag 1963; A. de Meijer, Bibliographie Historique de l'Ordre de Saint Augustin 1996–2001 (Augustiniana 51) Leuven 2001 und die laufende Bibliographie in der Revue des Études Augustiniennes 1 ff. (1955 ff.) = Recherches augustiniennes.
[3] P. Brown, Augustine of Hippo, Berkeley-Los Angeles 1962/London 1967, 28: "Yet no book undermines with such great artistry the assumptions of a conventional biography."

Handschriftenüberlieferung und frühe Drucke deutlich machen,[4] lange ausschließlich von einer an devotem Schrifttum interessierten Leserschaft rezipiert. Dadurch potenzierte sich in ihrem Fall eine sowohl für die Geschichtswissenschaft als auch für die Klassische Philologie bis in die Anfänge dieses Jahrhunderts charakteristische Tendenz: ein vergleichsweise geringes Interesse an der Spätantike und ihrer Literatur, das besonders das christliche Schrifttum "in einem literarhistorischen Niemandsland" beließ.[5]

Die erste auf wissenschaftlicher Basis beruhende Beschäftigung mit der *Vita Augustini* des Possidius erfolgte 1919 im Zuge der am Ende des 19. Jahrhunderts einsetzenden Augustinusrenaissance und zwar durch den Amerikaner H.T. Weiskotten, dem die erste kritische Edition zu verdanken ist.[6] Seine Intention war es, die Vita auf ihre historische Zuverlässigkeit hin zu überprüfen und als Quelle vornehmlich biographischer Informationen auszuwerten. Er betont die Faktennähe des Possidius und seinen Verzicht auf Informationen zweiter Hand: ". . . the account he gives is based entirely on his observation – things he had himself witnessed and experienced."[7] Neben der aus der Vertrautheit des Biographen mit seinem Sujet erwachsenden Zuverlässigkeit schätzt Weiskotten die "absence of . . . miraculous tales", die er als um so bemerkenswerter erachtet, als

---

[4] Bibliotheca Hagiographica Latina Antiquae et Mediae Aetatis, Bruxelles 1898–1899 I, 125–128; E. Dekkers – A. Gaar (Hgg.), Clavis Patrum Latinorum (Corpus Christianorum. Series Latina 0.3) Steenbrugis [3]1995, 65; H. Fros (Hg.), Bibliotheca Hagiographica Latina Antiquae et Mediae Aetatis. Novum Supplementum (Subsidia hagiographica 70) Bruxelles 1986, 101–103 sowie M. Pellegrino, Intorno al testo della vita di S. Agostino scritta da Possidio, in: Mémorial Gustave Bardy (Revue des Études Augustiniennes 2) Paris 1956, 195–229.

[5] M. Fuhrmann, "Die lateinische Literatur der Spätantike. Ein literarhistorischer Beitrag zum Kontinuitätsproblem", in: Antike und Abendland 13 (1967) 56–79, hier 65; vgl. Ders., "Die Spätantike und ihre Folgen. Über ein unterschätztes Zeitalter der lateinischen Literatur", in: Zeitschrift für deutsches Altertum und deutsche Literatur 121 (1992) 253–274.

[6] H.T. Weiskotten, *Sancti Augustini Vita scripta a Possidio Episcopo*, edited with Revised Text, Introduction, Notes, and an English Version, Princeton-London-Oxford 1919, [2]1932. Weitere Editionen von A.C. Vega (Hg.), *Opuscula Sancti Possidii Episcopi Calamensis: Vita Sancti Augustini et Indiculus librorum eius*, Escoreal 1934; V. Capánaga (Hg.), Vida de San Agustín par Possidio (Obras de San Agostín 1) Madrid 1950; M. Pellegrino (Hg.), Possidius, Vita di S. Agostino. Introduzione, testo critico, versione e note (Verba seniorum 4) Alba 1955; A.A.R. Bastiaensen (Hg.), Vita di Cipriano, Vita di Ambrogio, Vita di Agostino (Vite dei Santi 4) [Verona] [2]1981, 130–240.

[7] Weiskotten, 19.

selbst Augustinus nicht frei vom Wunderglauben gewesen sei. Er
bemängelt hingegen, daß Possidius es unterläßt, die Quellen seiner
wenigen nicht der Bibel entnommenen Zitate zu nennen, sondern
nur mit allgemeinen Hinweisen auf sie verweist.[8] Die Vernachlässigung bestimmter Facetten der Persönlichkeit des Augustinus führt er
auf die prosaische Natur des Biographen zurück, eine Erklärung, die
die Beurteilung des Possidius und seines Werkes für Jahrzehnte
bestimmte.

Die drastischste Einschränkung betrifft jedoch Possidius' Stil, der
im Vergleich mit Augustins rhetorischer Brillanz zu wünschen übrig
läßt, was Weiskotten auf Possidius' mangelnde Bildung zurückführt.
"It is the work of a plain man and untrained writer."[9] Die literarischen Schwächen treten für Weiskotten jedoch in den Hintergrund
gegenüber dem Gewinn, den man aus der Darstellung Augustins
"as a man and bishop in his daily life, work and character"[10] ziehen kann.

A. von Harnack, der es im Jahre 1930 aus Anlaß des 1500. Todestages des Augustinus unternahm, mit einer Übersetzung und Analyse der Vita eine "längst fällige Schuld der deutschen Wissenschaft"[11]
einzulösen, führte Weiskottens Ansätze erheblich weiter. Mit großer
Einfühlsamkeit und unter Ausnützung aller Möglichkeiten der philo-
logisch-historischen Hermeneutik gelang es ihm, Persönlichkeit und
Zielsetzung des Possidius weitaus genauer zu erfassen. Dies gilt besonders für sein Verhältnis zu Augustinus. Anders als Weiskotten, der
lediglich von einer "prolonged and intimate friendship"[12] sprach, stellt
Harnack die 'Freundschaft' der beiden auf eine Weise dar, die an
das Verhältnis zwischen Goethe und Eckermann erinnert: "Augustinus
sah in Possidius einen besonders willkommenen Schüler, weil er sich
darauf verlassen konnte, daß dieser Schüler keinen höheren Ehrgeiz
hatte, als im Sinne des Meisters zu wirken."[13] Harnack beurteilt den
Bildungsgrad des Possidius positiver als Weiskotten. Er nimmt an,

---

[8] Weiskotten übersieht bei dieser Kritik, daß dies zur Zeit der Abfassung der
Vita die übliche Zitierweise war, Possidius also nicht negativ von den Gepflogenheiten
seiner Zeit abweicht.
[9] Ebd.
[10] Ebd.
[11] A. von Harnack, Possidius. Augustins Leben (Abhandlungen der Preußischen
Akademie der Wissenschaften 1930, Phil.-hist. Kl. Nr. 1) Berlin 1930, 5.
[12] Weiskotten, 18.
[13] Harnack, 8.

daß er eine ähnliche Ausbildung wie Augustinus erhalten habe, und betont, daß er im "Latein der Literaten" seiner Zeit schreibe, was ihn nicht davon abhält, seine "Unfähigkeit, Perioden korrekt zu bilden" zu monieren.[14]

Harnacks Hochschätzung der Vita beruht darauf, daß sie "ganz und gar... auf eigenen Erlebnissen und Beobachtungen"[15] beruht, wobei er betont, daß aus ihr eindeutig hervorgehe, wie sehr ihr Verfasser mit dem Opus des Augustinus vertraut war: "Possidius lebte und webte in den Werken des Augustinus...".[16] Anders als Weiskotten zweifelt er nicht daran, daß sich Possidius der einzigartigen Bedeutung des *pro utilitate et felicitate ecclesiae divinitus condonatus Augustinus* bewußt war.[17] Trotz seiner Einschätzung der Vita "... als d[er] reinste[n] und zuverlässigste[n], die wir aus dem kirchlichen Altertum besitzen",[18] ist sich Harnack auch ihrer Schwächen bewußt. Als Dogmenhistoriker bemängelt er, daß die Vita der Bedeutung Augustins als "geistliche[m] Denker" in keiner Weise gerecht werde.[19] Possidius gehe weder auf dessen Sündenlehre noch auf die von ihm aufgestellte Theorie von den zwei *civitates* ein. Dafür macht Harnack im Falle der Sündenlehre die Distanz verantwortlich, die Possidius ihr gegenüber eingenommen habe, während er die Nichtbeachtung der Zweireichelehre auf seine Überzeugung von der "'Wahren Katholischen Kirche' und ihrer absoluten Bedeutung als Ziel der Werke Gottes und als Seine Anstalt"[20] zurückführt.

Harnack ist sich darüber im klaren, daß ein solcher Vorwurf nur aus der Sicht des Protestantismus, "der zu allen Zeiten die freie Entfaltung des Christentums gefördert hat",[21] erhoben werden kann, während für die 'katholische Kirche' und mit ihr für Possidius Augustins Übereinstimmung mit der Kirchenlehre, ihre Verkündigung und Verteidigung seine eigentliche Größe ausmachen. Ihn als den geistigen Vater einer eigenen Sünden- und Gnadenlehre darzu-

---

[14] Ebd., 9.
[15] Ebd., 10.
[16] Ebd., 10.
[17] *Vita Augustini* 31.1. Die Vita (= VA) wird im folgenden zitiert nach Bastiaensen, Vita di Cipriano, Vita di Ambrogio, Vita di Agostino, 127–248. Die deutsche Version nach Harnack, Possidius. Augustins Leben.
[18] Harnack, 12.
[19] Ebd., 13.
[20] Ebd., 12.
[21] Ebd., 13.

stellen, wäre daher einer 'Depotenzierung' seiner Bedeutung gleich-
gekommen.

Der auf Weiskotten zurückgehende Ansatz blieb in den folgenden
Jahrzehnten für die Forschung bestimmend. L. Verheijen, G. Lawless
und T.G. Kardong haben wie andere Ordenshistoriker vor ihnen
die Frage aufgeworfen, welche Rückschlüsse aus der Vita auf die Art
des von Augustinus initiierten gemeinsamen Lebens der Kleriker und
die Authentizität der ihm zugeschriebenen Regeln gezogen werden
können.[22] In einer ausgesprochen historisch ausgerichteten Studie zog
M. Pizzica Possidius als Quelle für den Ablauf der Eroberung Hippos
durch die Vandalen heran,[23] während D. De Bruyne die Abhängigkeit
des Possidius von Augustinus selbst bei der Wahl der Vorlage für
die in die Vita aufgenommenen Bibelzitate nachweisen konnte und
dabei zu einer kritischen Beurteilung der Edition Weiskottens gelangte.[24]
M. Pellegrino, der grundsätzlich die Verläßlichkeit und Objektivität
des Possidius betont,[25] trug für diejenigen Kapitel seiner Vita, die
mit den *Confessiones* korrespondieren, bewußte und unbewußte literarische Reminiszenzen zusammen, wobei er zu dem Ergebnis kam,
daß Possidius neben vielen Anklängen in zahlreichen Fällen wörtliche
Entlehnungen vorgenommen hat.[26]

---

[22] L.M.J. Verheijen, La Vie de Saint Augustin par Possidius et la *Regula Sancti
Augustini*, in: Mélanges offerts à Mademoiselle Christine Mohrmann, Utrecht-Anvers
1963, 270–279; G. Lawless, Augustine of Hippo and his Monastic Rule, Oxford
1987; T.G. Kardong, "Monastic Issues in Possidius' 'Life of Augustine'", in: The
American Benedictine Review 38 (1987) 159–177; S. Dagemark, The *Praeceptum*
according to Possidius' *Vita Augustini*, in: Il monachesimo occidentale dalle origini
alla Regula Magistri. XXV Incontro dei studiosi dell' antichità cristiana, Roma,
8–10 maggio 1997 (Studia Ephemerides Augustinianum 62) Roma 1998, 369–377.
    Vgl. auch A. Manriquez, La vida monástica en San Agustín. Enchiridion his-
torico-doctrinal y Regla (Studia Patristica 1) Salamanca 1954; A. Zumkeller, Das
Mönchtum des heiligen Augustinus (Cassiciacum 11) Würzburg ²1968.
[23] M. Pizzica, "Possidio e la caduta di Ippona", in: Romanobarbarica 7 (1982/83)
181.
[24] D. De Bruyne, "Le Texte et les Citations Bibliques de la *Vita S. Augustini* de
Possidius", in: Revue bénédictine 42 (1930) 297–300.
[25] M. Pellegrino, "S. Agostino visto dal suo primo biografo Possidio", in:
Augustiniana. Napoli a S. Agostino nel XVI centenario della nascita, Neapel 1955,
45–61. Ähnlich ausgerichtete Arbeiten wie die von K. Romeis, Das Leben des heiligen Kirchenvaters Augustinus beschrieben von seinem Freunde Possidius, Berlin
1930 und die von M.M. Muller – R.J. Deferrari, Possidius: Life of St. Augustine.
Early Christian Biographies (The Fathers of the Church 15) New York 1953 hatten in der Forschung kein allzu großes Echo und brauchen deshalb hier auch nicht
explizit besprochen zu werden.
[26] M. Pellegrino, "Reminiscenze letterarie Agostiniane nella *Vita Augustini* di
Possidio", in: Aevum 28 (1954) 21–44.

1951 ging P. Courcelle der Fragestellung nach, die sich – wie bereits gesagt – geradezu aufdrängt, wenn für die gleiche Person sowohl eine Autobiographie höchsten literarischen Ranges als auch eine eigenständige, auf persönlicher Kenntnis beruhende Biographie zur Verfügung steht: dem Vergleich der Vita der Possidius mit den *Confessiones* Augustins.[27] Es ging ihm jedoch dabei nicht, was nahe gelegen hätte, darum, die jeweils andersgearteten Intentionen der beiden Autoren deutlich zu machen und die sich aus ihnen ergebenden Konsequenzen für Inhalt, Form und Stil der beiden Werke darzustellen. Er machte vielmehr den Grad der Übereinstimmung der Vita mit der Autobiographie zum leitenden Gesichtspunkt für ihre Beurteilung und beschränkte sich dabei auf Einzelfragen wie derjenigen nach der Darstellung des Bekehrungsprozesses oder der Verläßlichkeit der 'Compléments', jener Mitteilungen also, die wie die letzten an Augustinus gerichteten Worte des Ambrosius keine Grundlage in den *Confessiones* haben können.

Courcelle kommt, was die 'Compléments' angeht, zu Ergebnissen, die, auch wenn sie von der Forschung kontrovers diskutiert worden sind,[28] die Zuverlässigkeit des Possidius weitgehend in Frage stellen. Damit hat er einer in den Arbeiten von A. Bastiaensen und H.-J. Diesner kulminierenden Tendenz Auftrieb gegeben, die den Abstand zwischen der Genialität des Augustinus und der Mediokrität seines Biographen betont.[29]

---

[27] P. Courcelle, Possidius et les *Confessions* de Saint Augustin. Emprunts et Compléments, in: Mélanges Jules Lebreton I (Recherches de science religieuses 39) Paris 1951, 428–442. Der gleiche Aufsatz mit leichten Veränderungen unter dem Titel: Emprunts et Compléments de Possidius aux Confessions, in: Ders., Les Confessions de Saint Augustin dans la Tradition Littéraire. Antécédents et Posterité, Paris 1963, 609–621.

[28] Die von Chr. Mohrmann, "Sur l'histoire de *praefari – praefatio*", in: Vigiliae Christianae 7 (1953) 118–227 und Pellegrino, Reminiscenze geäußerte Kritik veranlaßte Courcelle zu seiner zweiten, bereits erwähnten Veröffentlichung der Studie im Jahre 1963 (s. vorige Anm.), wobei nur der den Streitpunkt betreffende Teil geändert wurde. Courcelle hält in dieser neuen Veröffentlichung seine Ansicht aufrecht und holt zu einer, wie Bastiaensen es später bezeichnet, 'elaborate reply' zu seinen Kritikern aus, kann jedoch zumindest diesen nicht überzeugen. (Bastiaensen, vgl. Seite 7, Anm. 2).

[29] Courcelle, 434 findet zu folgendem Urteil: "A mes yeux, ce récit de Possidius fausse gravement la suite des faits et prête à Augustin une évolution assez banale, alors qu'elle ne le fut pas dans la réalité." Seine Beurteilung gewisser 'Compléments' ist ebenfalls bezeichnend für seinen Forschungsstandpunkt: "... le mode d'expression de Possidius est un comble de maladresse ... Espérons ce n'est pas, au contraire, un procédé plus habile qu'honnête, destiné à embellir le récit au détriment de la vérité!"

Bastiaensen bewegt sich expressis verbis auf den Spuren Courcelles, indem er, ohne Possidius seine Glaubwürdigkeit 'on the whole' abzusprechen, für die Teile seiner Vita, bei denen eine Kontrollmöglichkeit besteht, 'shortcomings' herausarbeitet.[30] Besonderes Augenmerk richtet er wie Courcelle auf die von Possidius unkorrekt wiedergegebenen Umstände der Bekehrung und bezichtigt ihn solcher 'inaccuracies' wie derjenigen, Augustins *Contra Maximinum libri duo* als einen Bericht über eine mündliche Auseinandersetzung zu bezeichnen, obwohl es sich dabei um eine 'continuation of the discussion in epistolary form' handele. Von ähnlichem Gewicht sind auch die anderen Einwände Bastiaensens, so daß selbst er nicht umhin kann, die Geringfügigkeit der von ihm angeführten Ungenauigkeiten einzuräumen.[31]

Diesner ist in seiner Kritik grundsätzlicher. Er wirft Possidius neben Vereinfachungen und Beschönigungen mangelndes Verständnis für die Dynamik der persönlichen und intellektuellen Entwicklung Augustins sowie eine an Schwarzweißmalerei grenzende Reduktion der Komplexität seiner Auseinandersetzung mit den Häresien vor.[32] Die "mangelnde und unausgeglichene Reflexion" sowie die "geistige Unangemessenheit" des Possidius, die zu einem statischen, ausschließlich "erbaulichen Augustinusbild" geführt habe, ist nach ihm die Folge einer "streng parteiliche[n], eindeutig katholische[n] und daher zwangsläufig befangene[n]" Grundeinstellung.[33]

Die bislang die Beschäftigung mit der *Vita Augustini* dominierende Richtung neigte dazu, wie lange bei der Analyse hagiographischer Texte üblich, den Informationsgehalt und die historische Zuverlässigkeit der in ihr mitgeteilten Fakten zum eigentlichen Kriterium für die Beurteilung ihrer Qualität zu machen, was mit Notwendigkeit den Blick auf das Ganze des Textes verstellte und zur Konzentration auf Einzelheiten führte. Die nicht nur für ihre Zeit atypische literarische Qualität und psychologische Tiefe der *Confessiones* und die außergewöhnliche Weite des theologischen Oeuvres Augustins wird man als Grund dafür ansehen müssen, daß sich damit die Tendenz verband, an die Vita des Possidius mit Forderungen heranzutreten, wie

---

[30] A.A.R. Bastiaensen, "The Inaccuracies in the *Vita Augustini* of Possidius", in: Studia Patristica 16 (TU 129) Berlin 1985, 480–486.

[31] Ders., 481.

[32] H.-J. Diesner, "Possidius und Augustinus", in: Studia Patristica 6 (TU 81) Berlin 1962, 350–365.

[33] Ders., 357, 363, 362, ebd.

man sie nur an eine moderne wissenschaftliche Biographie richten
kann,[34] sie, wie H.J. Diesner es tut, an dem von Thukydides verkör-
perten Ideal der Objektivität zu messen, oder wie etwa G. Luck
ihren Aufbau und Stil mit den Forderungen der antiken Biographie
zu konfrontieren.[35] Diese Betrachtungsweise, für die die Erschließung
der Mentalität und Intention des Autors und die Selbständigkeit und
innere Gesetzmäßigkeit seines Werkes nur von sekundärer Bedeutung
sind, blieb, obwohl schon Harnack auf den Anachronismus eines
solchen Herangehens aufmerksam gemacht hatte, bis in die acht-
ziger Jahre maßgeblich. Das Aufspüren von 'shortcomings' und 'inaccuracies', wie es vornehmlich Courcelle, Diesner und Bastiaensen
betrieben haben, ließ unberücksichtigt, daß Modifikationen der Darstellungsweise schon allein durch den Genuswechsel von der Autobiographie zur Biographie bedingt sind, daß an die Biographie wegen
ihrer andersgearteten Zielsetzung nicht die gleichen Anforderungen
an Genauigkeit und Objektivität gestellt werden können wie an die
Historiographie und daß besonders die hagiographische Biographie
nur sekundäres Interesse an Faktengenauigkeit in vordergründigem
Sinne hat.

Chr. Mohrmann, die sich mit ihrer Einschätzung der Struktur
der Vita und ihrer Kritik an den chronologischen und faktischen
Ungenauigkeiten noch ganz im Rahmen der bisherigen Forschung
bewegt, macht dennoch auf die Notwendigkeit aufmerksam, die
spezifischen Interessen und Bedingungen hagiographischer Literatur
zu berücksichtigen.[36] Sie wendet sich daher eindeutig gegen Diesners
anachronistische Vorgehensweise und kommt zu einer ausgegliche-

---

[34] Wenn die *Confessiones* zum Maßstab einer 'korrekten' und objektiven Porträtierung
des Augustinus gemacht werden, wird völlig vernachlässigt, in welchem Grade
Augustinus selbst von der 'historischen Realität' abweicht, seine eigene Biographie
rückwirkend stilisiert, gewisse Aspekte ganz verdrängt und bestimmten theologischen
Zielsetzungen wie der Verdeutlichung seiner Sündenlehre unterordnet: "Augustine
makes plane, throughout the *Confessions*, that the evolution of the 'heart' is the real
stuff of autobiography, and viewed from this standpoint of the heart, much of the
surface detail which a historian would demand of Augustine's youth, sinks into the
background." (Brown, Augustine of Hippo, 28) Possidius' eher nüchterne Darstellung
kann daher geradezu als 'Korrektiv' der *Confessiones* verstanden werden.
[35] G. Luck, "Die Form der suetonischen Biographie und die frühen Heiligenviten",
in: Mullus. Festschrift für Theodor Klauser (Jahrbuch für Antike und Christentum,
Ergänzungsband 1) Bonn 1964, 230–241.
[36] Chr. Mohrmann, "Introduzione", in: Bastiaensen, Vita di Cipriano, Vita di
Ambrogio, Vita di Agostino, 42–63.

neren, wenn auch kritischen Beurteilung der literarischen Qualität
der Vita.

Auch W. Berschin versucht expressis verbis den Intentionen des
Possidius gerecht zu werden.[37] Er kritisiert besonders die verbreitete
Praxis, die Vita ohne das Indiculum und den in das 30. Kapitel
inserierten Brief an Honorius zu edieren. Der von Possidius selbst
gewollte Zusammenhang dieser Schriften werde so aufgehoben und
die ursprüngliche, ganz bewußt gegenüber der bisherigen Form der
christlichen Biographie vorgenommene Proportionsverschiebung un-
kenntlich gemacht.

Eine ganz neue Herangehensweise wurde durch R. Grégoire eingeleitet, der nicht in erster Linie die Frage nach dem informativen
und literarischen Wert der Vita stellte, sondern es sich zur Aufgabe
machte, die 'typologische Dimension' der Vita zu untersuchen, die
seiner Meinung nach wesentlich dazu beigetragen habe, die hagiographische Typologie des Mittelalters zu konstituieren. Er betrachtet
die Hagiographie als eine Art der Geschichtsschreibung, in der Geschichte nicht eliminiert oder transformiert, sondern durch zusätzliche
Bedeutungsebenen bereichert und erhöht wird: "L'agiografia cristiana
è, per di più, un metodo di storiografia, di analisi e di sintesi, carat-
terizzato dal principio di immanenza e di transcendentalismo."[38] Der
Heilige ist eine geschichtliche Persönlichkeit, aber gleichzeitig, auf
literarischer Ebene, auch Repräsentant einer höheren, metahistorischen
Realität. Für die Vita des Possidius bedeutet dies, daß zu der historischen, im Hier und Jetzt verankerten Ebene ein 'Jenseits' hinzukommt,
das sich in der Einsicht ausdrückt, daß ein Mensch Gott begegnet
ist. "Il valore programmatico . . . si deduce da questa metodologia
redazionale che sottolinea alcune linee programmatiche o tipologie,
il credente-oggetto della grazia, il vescovo, il religioso."[39]
Mit dieser Charakterisierung der Vita schließt sich Grégoire einer
Betrachtungsweise an, die auf den von Forschern wie B. De Gaiffier
und R. Aigrain, vor allem aber M. Van Uytfanghe vorgenommenen

---

[37] W. Berschin, Biographie und Epochenstil im lateinischen Mittelalter I: Von
der *Passio Perpetuae* zu den *Dialogi* Gregors des Großen (Quellen und Untersuchungen
zur Lateinischen Philologie des Mittelalters 8) Stuttgart 1986.

[38] R. Grégoire, Riflessioni sulla tipologia agiografica della *Vita Augustini* di Possidio,
in: Miscellanea di Studi Agostiniani in onore di P. Agostino Trapè O.S.A. (Augustinianum 25) Roma 1985, 21–26.

[39] Ders., 26.

Paradigmenwechsel in der Betrachtung und Wertung hagiographischer Texte zurückgeführt werden muß.[40] Van Uytfanghe greift den
von M. De Certeau eingeführten Begriff des 'Hagiographischen Diskurses' auf[41] und entwickelt in einem umfassenden Definitionsversuch
vier Koordinaten zu dessen Kennzeichnung. Sie betreffen die behandelten Personen, die eine "innige Beziehung zum Göttlichen" aufweisen,
das Verhältnis von Aussage und geschichtlicher Wirklichkeit, die
Funktion des Diskurses sowie dessen Themen, Motive und Archetypen.
Er versteht unter dem hagiographischen Diskurs das komplizierte
Neben- und Miteinander von Textelementen, -funktionen und Ein-
zelmotiven, das in hagiographischen Texten und zwar verschiedener
Genera verdichtet auftritt.

B. Stoll hat den von Van Uytfanghe aufgestellten spezifischen
Begriff des hagiographischen Diskurses aufgegriffen und für die
Interpretation der Vita herangezogen.[42] Sie gibt einen Überblick über
die einzelnen Kapitel der Vita und resümiert dabei mehr oder weniger
die Ergebnisse früherer Forscher. Wie Harnack sieht sie die Intention
der Vita in der 'Erbauung der Kirche'. Da ihre Realisierung im
literarischen Vermittlungsprozeß selbst zu suchen sei, stellt sie die
Betrachtung der formalen Darstellungsmittel in den Vordergrund.
Sie legt den Akzent dabei auf das Erzähltempo, die Verknüpfung
der Einzelszenen sowie die Stilisierung der Gegner Augustins, wobei
sie die bisher kritisierten Auffälligkeiten der Vita mit einem Verweis
auf die Eigentümlichkeiten des hagiographischen Diskurses erklärt.

---

[40] R. Aigrain, L'hagiographie, ses sources, ses méthodes, son histoire, Paris 1953;
B. De Gaiffier, Études critiques d'hagiographie et d'iconologie (Subsidia hagiographica 43) Bruxelles 1967; Ders., Hagiographie et Historiographie, in: La storiografia
altomedievale I (Settimane di studio del Centro di studi sull' Alto Medioevo 17)
Spoleto 1970, 139–196; Ders., Recherches d'hagiographie latine (Subsidia hagiographica 52) Bruxelles 1971; Ders., "Les thèmes hagiographiques. Est-il possible
d'établir pour chacun d'eux une filiation?", in: Revue d'histoire ecclésiastique 77
(1982) 78–81; M. Van Uytfanghe, "Heiligenverehrung II (Hagiographie)", in:
Reallexikon für Antike und Christentum 14 (1987) 150–183. Eine aktuellere Darlegung
seines Konzeptes liegt vor in Ders., "L'hagiographie: Un 'Genre' Chrétien ou antique
tardif?", in: Analecta Bollandiana 111 (1993) 135–188, bes. 147–149. Der Artikel
"Biographie II (spirituelle)", in: Reallexikon für Antike und Christentum. Supplement-
Band I (2001) 1088–1364 konnte nicht mehr berücksichtigt werden. Siehe ebenfalls
Fr. De Vriendt – M. Trigalet, "Un siècle de recherches hagiographies: un parcours
à travers la Revue d'histoire ecclésiastique", in: Revue d'histoire ecclésiastique 95
(2000) 539–562.
[41] M. De Certeau, L'écriture de l'histoire, Paris 1975, 274–288.
[42] B. Stoll, "Die *Vita Augustini* des Possidius als hagiographischer Text", in: Zeitschrift
für Kirchengeschichte 102 (1991) 1–31.

Wie sehr Stoll auch dazu beigetragen hat, die Vita in dem ihr eigentümlichen literarischen Umfeld zu sehen und sie mit den ihr angemessenen Kategorien zu untersuchen, die Möglichkeiten, die sich aus der neueren Konzeption der Hagiographie ergeben haben, hat sie für die Vita des Possidius noch nicht gänzlich ausgeschöpft. Wie Van Uytfanghe selbst betont, handelt es sich bei dem von ihm aufgestellten Kategoriensystem um ein recht abstraktes Konstrukt. Wenn man es zur Deutung eines konkreten Textes heranzieht, läuft man daher Gefahr, einem gewissen Schematismus anheim zu fallen und selbst eine Pauschalisierung vorzunehmen, die mutatis mutandis an ältere Vorurteile gegenüber dem hagiographischen Schrifttum erinnert. Bei einer Subsumierung unter den allgemeinen Nenner des 'hagiographischen Diskurses' kann es daher leicht passieren, daß die konkrete Ausgangsposition sowie die eigentlichen Intentionen der Autoren nicht präzis genug erfaßt werden.

Die detailliertere Analyse eines spezifischen hagiographischen Textes erfordert einen Ansatz, der sich auf die Untersuchung einzelner Gattungen oder bestimmter Typen von Heiligkeit und ihre literarische Vermittlung beschränkt. Darüber hinaus ist es unerläßlich, sich zu vergegenwärtigen, auf welcher Grundlage die zur Charakterisierung des 'hagiographischen Diskurses' herangezogenen Kriterien entwickelt wurden. Die bisherige Forschung orientiert sich – im Anschluß an F. Lotter und andere Mediävisten – hauptsächlich an Texten, die später als die Vita des Possidius entstanden sind, also schon auf eine längere Tradition zurückblicken können und daher bereits stark von festgefügten literarischen Normen und Konventionen geprägt sind.[43] Die Anwendung dieser Kategorien auf eine ältere Vita kann daher nur beschränkten Wert haben, besonders wenn diese wie die Vita des Possidius am Formierungsprozeß der hagiographischen Konventionen selbst beteiligt war und einen wichtigen Beitrag zu deren Motiv- und Toposbildung geleistet hat.

S. Dagemark untersucht die Vita ebenfalls als hagiographischen Text,[44] geht aber von einem präziseren Begriff von Heiligkeit aus,

---

[43] F. Lotter, "Legenden als Geschichtsquellen", in: Deutsches Archiv zur Erforschung des Mittelalters 27 (1971) 197–200; Ders., "Methodisches zur Gewinnung historischer Erkenntnisse aus hagiographischen Quellen", in: Historische Zeitschrift 229 (1979) 298–356.

[44] S. Dagemark, Augustinus-Munk och Biskop. Idealbild gentemot självbild i *Vita Augustini* och *Confessiones*, Göteborg 1995.

als dies Stoll getan hat.[45] Er vertritt die Meinung, daß Possidius mit
seiner Biographie eine bestimmte Form monastischen Lebens, nämlich – in Absetzung von donatistischen Praktiken – die Einrichtung
von Klöstern bei der bischöflichen Kathedra propagieren wollte. Bei
der Analyse der Vita bedient er sich der Methodik der symbolischen
Anthropologie – ein Novum bei der Untersuchung hagiographischen
Schrifttums. Die von ihm verwendeten Begriffe – im Vordergrund
stehen die Termini 'Separation', 'Liminalität', 'Aggregation' – sind
Victor Turners Untersuchungen ritueller Praktiken und sozialer
Strukturen entlehnt.[46] Dagemark verwendet sie, um den Rhythmus
der Weltflucht, der Hinwendung zur Askese und der Ernennung zum
Bischof in der Vita genauer zu charakterisieren. Dabei legt er –
hierin Courcelle und Bastiaensen folgend – den Vergleich mit den
Confessiones zugrunde. Dagemarks Analyse trägt wie die Stolls zu einer
grundsätzlichen Aufwertung der Vita bei. Meines Erachtens wird
Dagemark dem eigentlichen Charakter und der tatsächlichen Intention
der Vita jedoch nicht gerecht, wenn er annimmt, Possidius habe in
erster Linie die *vita monastica* des Augustinus darstellen wollen. Zudem
ist auch Dagemarks Interpretation nicht gänzlich gegen die Gefahren
gefeit, die zwangsläufig mit dem Versuch verbunden sind, einen Text
mit Hilfe universell gültiger anthropologischer Termini zu analysieren,
nämlich den spezifischen literarischen, geistesgeschichtlichen und
sozialen Kontext, in dem er geschaffen wurde, zu vernachlässigen.

---

[45] Des weiteren hat Dagemark die Darstellung des Todes Augustins in der *Vita
Augustini* untersucht: S. Dagemark, Possidius' Idealized Description of St. Augustine's
Death, in: Vescovi e pastori in epoca teodosiana. In occasione del XVI centenario
della consacrazione episcopale di S. Agostino, 396–1996. XXV Incontro di studiosi
dell' antichità cristiana. Roma, 8–11 maggio 1996 I (Studia Ephemeridis Augustinianum
58) Roma 1997, 719–741. Nach Dagemark ist Possidius' Beschreibung des Todes
Augustins verschiedenen literarischen Traditionen verpflichtet. Neben Anklängen an
die Beschreibung des Todes Monikas in den *Confessiones* sieht er ein Einfluß des
Genus der *exitus illustrium virorum*, der *acta martyrum*, besonders aber der Asketenviten.
Vgl. auch Ders., The *Praeceptum* according to Possidius' *Vita Augustini*, in: Il monachesimo occidentale dalle origini alla Regula Magistri. XXVI Incontro dei studiosi dell'
antichità cristiana, Roma, 8–10 maggio 1997 (Studia Ephemeridies Augustinianum
62) Roma 1998, 369–377 und Ders., "Funeral as hagiographical motif in the *Vita
Augustini* and some other biographies of bishops", in: Augustinianum 40 (2000)
255–289.
[46] V. Turner, Pilgrimages as Social Processes, in: Dramas, Fields and Metaphors,
Ithaka-New York 1974, 166–230; Ders., The Ritual Process. Structure and Anti-
Structure, New York 1982. Turner beruft sich für seine Terminologie wiederum
auf A. van Gennep, Les rites de passage, Paris 1909.

Anders als die Ansätze, deren Bezugspunkte entweder die Person bzw. die Autobiographie des Augustinus oder ein abstraktes Kategoriensystem waren, will ich zu zeigen versuchen, daß es für Possidius neben den *Confessiones* und einem allgemeinen Begriff von Heiligkeit in dem von ihm gewählten Genre noch einen anderen Orientierungspunkt gab, nämlich die spätantike Bischofsbiographie.

Die Betrachtung der älteren Bischofsviten, der ihnen zur Verfügung stehenden formalen und thematischen Vorbilder, ihrer spezifischen Bedürfnisse und Intentionen und der von ihnen gewählten literarischen Gestalt liefert eine Erklärung für Phänomene, die an der Vita des Possidius kritisiert wurden, die Statik der Beschreibung, das Fehlen charakterlicher und seelischer Entwicklung, das geringe Interesse an der eigentlichen Persönlichkeit des Protagonisten, die Typisierung der Kontrahenten sowie die unhistorische Gestaltung der Jugend und des Bekehrungserlebnisses. Sie kann das Bild des naiven, geistig mediokren und von Augustinus gänzlich abhängigen Biographen relativieren und deutlich machen, daß die Veränderungen, die Possidius gegenüber den *Confessiones* vorgenommen hat, nicht auf seine 'Unfähigkeit' zurückzuführen sind, sondern einem bewußten Gestaltungswillen entsprechen und aus den spezifischen Entstehungsbedingungen der Bischofsbiographie zu erklären sind, ja in gewissem Ausmaß mit Augustins eigenen theologischen Vorstellungen übereinstimmen.

Wenn im folgenden auf die Entstehung bzw. die Entstehungsbedingungen der Bischofsvita ausführlicher eingegangen wird, ist dies darauf zurückzuführen, daß dieses 'Subgenre' bisher von der Forschung noch nicht seiner Bedeutung entsprechend gewürdigt worden ist,[47] die Handbücher nicht ausführlicher auf sie eingehen[48] und die mit

---

[47] Berschin I, 193–259 geht in seinem Überblick über die Anfänge der christlichen Biographie auf den Komplex der frühen Bischofsvita ausführlicher ein, wobei die einzelnen Bischofsviten und somit auch die Vita des Possidius behandelt werden.

[48] M. Schanz – C. Hosius, Geschichte der römischen Literatur bis zum Gesetzgebungswerk des Kaisers Justinian IV, 2: Die Literatur des fünften und sechsten Jahrhunderts (Handbuch der Altertumswissenschaft VIII, 4, 2) München 1920. ND 1971, 471; O. Bardenhewer, Geschichte der altkirchlichen Literatur IV, Freiburg 1924, 418, 441–445; J. De Ghellinck, Patristique et Moyen Âge. Études d'histoire littéraire et doctrinale II (Museum Lessianum – Section historique 9) Bruxelles-Paris 1948, 508 (Index); C. Schneider, Geistesgeschichte des antiken Christentums II, München 1954, 34–35; B. Altaner – A. Stuiber, Patrologie. Leben, Schriften und Lehre der Kirchenväter, Freiburg-Basel-Wien ⁸1980, 419; M. Manitius, Geschichte der lateinischen Literatur des Mittelalters I (Handbuch der Altertumswissenschaft

Problemen der literarischen Gattung beschäftigten Autoren sie im allgemeinen nur beiläufig erwähnen.[49]

Angesichts einer solchen Forschungslage kann in diesem Zusammenhang nicht mehr als eine grobe Skizzierung jener Entwicklung geleistet werden, die in den ersten christlichen Jahrhunderten ältere und jüngere literarische Formen, antike und christliche Konzepte der Lebens- und Persönlichkeitsgestaltung zu einem spezifischen biographischen 'Typus', nämlich der Bischofsvita, zusammenfügte. Dabei kann den Viten, die ihr zugerechnet werden können, bei weitem nicht so viel Aufmerksamkeit geschenkt werden wie das in einer jeder von ihnen gewidmeten Einzelstudie möglich wäre. Einschränkungen ähnlicher Art sind auch für die im Mittelpunkt dieser Arbeit stehende Augustinusvita des Possidius zu machen. Aus Gründen, die mit der fast universal zu nennenden Weite ihres Protagonisten sowie seiner besonderen Art der Auffassung und Ausübung des Bischofsamtes zu tun haben, stellt sich in ihr die Bischofsvita und der Prozeß, der zu ihrer Ausbildung führte, in einer weitaus größeren Komplexität dar, als das bei den anderen genannten Vertretern dieser Gattung der Fall ist. Es kann daher im folgenden nicht darum gehen, die in diesem Zusammenhang angesprochenen Themen detailliert und zugleich umfassend zu behandeln, also die literarische Gestalt der Viten in allen Einzelheiten zu untersuchen. Genauso wenig können die sich auf ihren Inhalt und ihre Form auswirkenden dogmatischen und institutionellen Entwicklungen der Frühkirche vollständig berücksichtigt oder das Feld der älteren und jüngeren literarischen Formen und Konzepte, in denen sie verortet sind, präzis abgesteckt werden. Wenn stärker als andere Vorbilder und Einflüsse die Bedeutung des Konzeptes des θεῖος ἀνήρ, des 'heiligen Mannes', speziell in seiner Rolle als Lehrer und Prophet betont wird, sollte das nicht zu dem Schluß veranlassen, es sei als das dominante, wenn nicht gar das leitende Motiv der frühen Bischofsviten anzusehen. Ungeachtet der

---

IX, 2,1) München 1974; F. Brunhölzl, Geschichte der lateinischen Literatur des Mittelalters I–II, München 1975/1992; K. Langosch, Mittellatein und Europa. Einführung in die Hauptliteratur des Mittelalters, Darmstadt 1990; L.J. Engels – H. Hofmann (Hgg.), Neues Handbuch der Literaturwissenschaft IV. Spätantike mit einem Panorama der byzantinischen Literatur, Wiesbaden 1997.

[49] U. Treu, "Formen und Gattungen in der frühchristlichen Literatur", in: C. Colpe – L. Honnefelder – M. Lutz-Bachmann (Hgg.), Spätantike und Christentum. Beiträge zur Religions- und Geistesgeschichte der griechisch-römischen Kultur und Zivilisation der Kaiserzeit, Berlin 1992, 125–139.

Vorläufigkeit der diesbezüglichen Überlegungen soll dennoch in der Zusammenfassung der Arbeit der Versuch gemacht werden, festzustellen, ob sich die gemachten Beobachtungen neben den Ansätzen behaupten können, von denen Historiker und Philologen, vor allem Lotter, Hoster, Heinzelmann, Voss und Zocca bei der Einordnung und Definition der frühen Formen der christlichen Hagiographie ausgegangen sind.[50]

Die gleichen Einschränkungen gelten in weitaus stärkerem Maße für den Teil der Arbeit, der sich den Bischofsviten widmet, die in der Folgezeit – bis zu Beginn des 9. Jahrhunderts – besonders in Gallien entstanden sind. Er geht der Frage nach, ob und inwieweit die für die älteren Bischofsviten, besonders für die *Vita Augustini*, charakteristischen Vorstellungen vom Bischofamt für die Folgezeit verbindlich blieben bzw. durch andere Konzeptionen ersetzt wurden. Nur ein Bruchteil der in dieser Zeit und in dieser Region entstandenen Bischofsviten konnte berücksichtigt werden und die Versuche, in der Spannung zwischen Kontinuität und Bruch Entwicklungslinien aufzuzeigen, erheben keinerlei Anspruch auf allgemeine Gültigkeit. Angesichts der Komplexität der historischen und literarischen Entwicklungen wäre ein solcher Versuch vermessen. Die diesbezüglich angestellten Betrachtungen sind daher lediglich als Ausblick zu bewerten.

---

[50] Lotter, Legenden als Geschichtsquellen; Ders., Methodisches; D. Hoster, Die Form der frühesten lateinischen Heiligenviten von der *Vita Cypriani* bis zur *Vita Ambrosii*, Köln 1963; M. Heinzelmann, "Neue Aspekte der biographischen und hagiographischen Literatur in der lateinischen Welt (1.–6. Jh.)", in: Francia 1 (1973) 27–44; B.R. Voss, "Berührungen von Hagiographie und Historiographie in der Spätantike", in: Frühmittelalterliche Studien 4 (1970) 53–69; E. Zocca, La figura del santo vescovo in Africa da Ponzio a Possidio, in: Vescovi e pastori, 469–493. Im Rahmen des Kongresses, der vom Augustinianum 1996 zum Thema 'Vescovi e pastori in epoca teodosiana' anläßlich des 1600. Jubiläums der Bischofsweihe Augustinus' gehalten worden ist, wurde verschiedentlich auf die Bischofsbiographie als Quelle historischer Informationen eingegangen. Die Beiträge, die u.a. auch auf die literarische Gattung der Bischofvita eingingen, waren in der Minderheit, so etwa der Beitrag von E. Zocca.

KAPITEL ZWEI

DIE AUSBILDUNG DER BISCHOFSVITA, IHRE
VORBILDER UND IHRE STELLUNG IN DER
FRÜHCHRISTLICHEN HAGIOGRAPHIE

2.1. Die Bischofsvita zwischen Asketenvita und Herrscherbiographie

Die Darstellung des Lebens von Bischöfen ist eine Variante der
christlichen Biographie, die laut Berschin "merkwürdig spät und
auffällig polemisch in die lateinische Biographie eingetreten ist".[1] Dies
überrascht um so mehr, als es sich bei den Bischöfen um einen
gesellschaftlich hochangesiedelten Personenkreis handelt, der sich aufgrund des Anspruches, Nachfolger der Apostel zu sein, deutlich von
anderen Gliedern der christlichen Gesellschaft abhob und besonders
im christlichen Westen sehr exponiert und einflußreich war, so daß
man hätte annehmen können, daß er im Brennpunkt biographischen
Interesses gestanden hätte. So betont Scheibelreiter, der die soziale
Stellung des Bischofs in der Merowingerzeit untersucht hat, "daß die
Bischöfe, die seit der Verchristlichung des römischen Staates eine
Reihe von öffentlichen Aufgaben übertragen bekommen hatten, zu
den Amtsträgern gehörten, die einen Anspruch auf eine *laudatio*, auf
eine Biographie aufweisen konnten."[2] De facto fand jedoch die erste
Biographie, die einem Bischof gewidmet war, nämlich die am Ende
des 3. Jahrhunderts verfaßte *Vita Cypriani* des Pontius, für mehr als
ein Jahrhundert keine Nachfolge.

Eine Erklärung für dieses Phänomen läßt sich finden, wenn man
sich die Entstehung der christlichen Biographie vor Augen führt.
Eine ihrer wichtigsten Vorformen waren die *acta martyrum*, die Aufzeichnungen der Leiden der Märtyrer.[3] Erst allmählich weitete sich

---

[1] Berschin I, 195.
[2] G. Scheibelreiter, Der Bischof in merowingischer Zeit (Veröffentlichungen des
Instituts für österreichische Geschichtsforschung 27) Wien-Köln-Graz 1983, 15.
[3] Ausgaben: R. Knopf – G. Krüger – G. Ruhbach (Hgg.), Ausgewählte Märtyrerakten (Sammlung ausgewählter kirchen- und dogmengeschichtlicher Quellenschriften.
N.F. 3) Tübingen⁴ 1965; H.A. Musurillo, The Acts of the Christian Martyrs, Oxford

mit dem Rückgang der Christenverfolgung die Verehrung und die damit verbundene biographische Würdigung auch auf Personen aus, die kein Martyrium erlitten hatten. Besonders im Osten entstanden Mönchsbiographien und Apostelromane in Anlehnung an die Evangelien, die Apokryphen sowie an hellenistisches Schrifttum. "Hatten im III. Jahrhundert die Märtyrer den Ruhm der Bischöfe verdunkelt, taten es im IV. Jahrhundert die Mönche."[4] Erst später rückten auch kirchliche Würdenträger, in erster Linie die Bischöfe, in den Blickpunkt biographischen Interesses. Dies mag daran liegen, daß mit ihnen ein andersgearteter Personenkreis in die Biographie eingeführt werden mußte, der auf den ersten Blick ein weitaus weniger spektakuläres

---

1972. Zur Bedeutung des Martyriums in der Frühkirche: H. v. Campenhausen, Die Idee des Martyriums in der alten Kirche, Göttingen ²1964; N. Brox, Zeuge und Märtyrer. Untersuchungen zur frühchristlichen Zeugnisterminologie (Studien zum Alten und Neuen Testament 5) München 1961, bes. 196 ff.; V. Saxer, Morts, martyrs, reliques en Afrique chrétienne aux premiers siècles, Paris 1980; Ders., "Ursprünge des Märtyrerkultes in Afrika", in: Römische Quartalschrift für christliche Altertumskunde und Kirchengeschichte 79 (1984) 1–11; Ders., Pères saints et culte chrétien dans l'église des premiers siècles, Brookfield 1994; Th. Baumeister, Zeugnisse der Mentalität und Glaubenswelt einer vergangenen Epoche. Hagiographische Literatur und Heiligenverehrung in der Alten Kirche, in: H.R. Seeliger (Hg.), Kriminalisierung des Christentums? Karlheinz Deschners Kirchengeschichte auf dem Prüfstand, Freiburg-Basel-Wien ²1994, 267–278; Ders., Genese und Entfaltung der altchristlichen Theologie des Martyriums, New York 1991; D. Wendebourg, "Das Martyrium in der Alten Kirche als ethisches Problem", in: Zeitschrift für Kirchengeschichte 98 (1987) 295–320; A.J.L. van Hooff, From *Autothanasia* to Suicide: Self-Killing in Classical Antiquity, London 1990; A. Droge – J. Tabor, A Noble Death: Suicide and Martyrdom among Christians and Jews in Antiquity, San Francisco 1992; G.W. Bowersock, Martyrdom and Rome, Cambridge 1995.

Zu den Aufzeichnungen der Leiden der Märtyrer, ihrer formengeschichtlichen Einordnung und ihrer entwicklungsgeschichtlichen Bedeutung für die Heiligenverehrung und die Hagiographie: H. Delehaye, Les Passions des martyres et les genres littéraires (Subsidia hagiographica 13B) Bruxelles ²1966; Ders., *Sanctus.* Essai sur le culte des saints dans l'antiquité (Subsidia hagiographica 17) Bruxelles 1927, bes. 122 ff.; Ders., Les origines du culte des martyrs (Subsidia hagiographica 20) Bruxelles ²1933; S.R. Aigrain, L'hagiographie, 11–106; G. Lazzati, Gli sviluppi della letteratura sui martiri nei primi quattro secoli, Torino 1955; B. De Gaiffier, Hagiographie et historiographie I, 139–196; G. Lanata, Gli atti dei martiri come documenti processuali, Milano 1973; G.A. Bisbee, Pre-Decian Acts of Martyrs and *Commentarii*, Philadelphia 1988; M. Roberts, Poetry and the Cult of the Martyrs. The *Liber Peristephanon* of Prudentius, Ann Arbor 1993, 109–131; G. Butterweck, 'Martyriumssucht' in der Alten Kirche? Studien zur Darstellung und Deutung frühchristlicher Martyrien (Beiträge zur historischen Theologie 87) Tübingen 1994; D. Wood (Hg.), Martyrs and Martyrologies, Oxford 1994; Th. Baumeister, Das Martyrium als Thema frühchristlicher apologetischer Literatur, in: M. Lamberigts – P. Van Deun (Hgg.), Martyrium in Multidisciplinary Perspective. Mémorial Louis Reekmans, Leuven 1995, 323–332.

[4] Berschin I, 195.

Leben aufzuweisen hatte und dessen Biographie andere Darstellungsformen und Stilmittel erforderte als die der Märtyrer und Mönche.
Die Märtyrerberichte waren ganz auf den Augenblick des Verhörs
und des Martyriums ausgerichtet, das eigentliche Leben der Märtyrer
war nur von sekundärer Bedeutung. Erst ihr Tod hob sie über die
anderen Gemeindemitglieder hinaus. Bei den Mönchsviten war das
Leben nur insofern bedeutsam, als es den Weg der Asketen von der
Welt zu Gott verdeutlichte. So dient die Darstellung der einzelnen
Lebensstationen in der Antoniusvita des Athanasius[5] gewissermaßen

---

[5] Ausgabe: G.J.M. Bartelink (Hg.), Athanase d'Alexandrie. Vie d'Antoine (SC
400) Paris 1994; T. Vivian (Hg.), The Coptic life of Antony, San Francisco 1994;
Lateinische Übersetzung des Evagrius: G.J.M. Bartelink (Hg.), Vita di Antonio,
Verona 1974. Zur Datierung der Vita: W. Barnard, "The date of S. Athanasius'
Vita Antonii", in: Vigiliae Christianae 28 (1974) 169–175; H. Mertel, Die biographische Form der griechischen Heiligenleben, München 1909 bes. 14 ff. versucht eine
Einordnung der Vita in den von F. Leo, Die Griechisch-Römische Biographie nach
ihrer literarischen Form, Leipzig 1901. ND 1965 entwickelten Typus der 'peri-
patetischen Biographie', als deren prägnantester Vertreter Plutarch gilt. Er kommt
dabei zu dem Schluß, daß die Vita zwar eindeutig diesem Schema folgt, die Struktur
aber aufgrund eines Mangels an klarer Chronologie und eines Überschusses an
Wunderberichten und erbaulichen Passagen verdunkelt würde. Aus dieser Beobachtung schließt er auf die literarische Unfähigkeit des Autors. Auch R. Reitzenstein,
Hellenistische Wundererzählungen, Darmstadt ²1963, übernimmt den formengeschichtlichen Ansatz Leos, er versucht jedoch anders als Mertel nicht, die Vita mit
Gewalt in das 'Korsett der nichtchristlichen, antiken Genera' (Van Uytfanghe,
1993, 145) zu zwingen. Er betrachtet die Vita vielmehr als Beispiel einer Propheten-
und Philosophenaretalogie und gewinnt damit neue Aspekte für die Beurteilung der
Vita. K. Holl, "Die schriftstellerische Form der griechischen Heiligenleben", in:
Neue Jahrbücher für das klassische Altertum 29 (1912) 406–427 (Auch in: Ders.,
Gesammelte Aufsätze zur Kirchengeschichte II, Tübingen 1928, 249–269) lehnt
sowohl Mertels als auch Reitzensteins Zugang zur Vita ab, er vergleicht sie im
Sinne der 'Aufstiegsbiographie' – ein von ihm geprägter Terminus – mit dem
Herakles des Antisthenes, der Pythagorasvita des Apollonius von Tyana und der
Apolloniusvita des Philostrat. Gegen Holl trat erneut R. Reitzenstein, "Des Athanasius
Werk über das Leben des Antonius", in: Sitzungsberichte der Heidelberger Akademie
der Wissenschaften Phil.-hist. Kl. 1914, H. 8, Heidelberg 1914, 26–57 an. "Wie
immer brachte Reitzenstein eine Fülle von Ideen zur Beschreibung der Antoniusvita:
'Briefform' (p. 6), 'Streitschrift' (ib.), 'didaktische Tendenz' (p. 30), 'Übertragung eines
philosophischen Idealbildes' ins Christliche. Insgesamt zerlegte er die Vita in vier
Teile, von denen nur der erste vom Aufstiegs- und Entwicklungsgedanken geprägt
sei, ein zweiter sei eine Aretalogie, der dritte von Athanasius selbst konzipiert", so
beschreibt Berschin I, 118 den Beitrag Reitzensteins. Den literarischen Wert der
Vita hält Reitzenstein für gering. J. List, Das Antoniusleben des heiligen Athanasius
des Großen. Eine literarisch-historische Studie zu den Anfängen der byzantinischen
Hagiographie, Athen 1930 betrachtet die Vita als Enkomion und geht von einer
starken formalen Abhängigkeit von der Plotinvita des Porphyrios aus. Dies wird u.a.
von Cavallin, 1934, 7 ff. abgelehnt. Er bezeichnet die Vita als "Gesetzgebung für
das Mönchsleben in der Kunstform einer Erzählung". Auch A. Priessnig, "Die

nur der Verdeutlichung der inneren Entwicklung des Wüstenvaters.[6] Kennzeichnend für die Mönchs- und Asketenvita war die Betonung der Weltentrücktheit, die dazu führte, daß die realen Ereignisse und Lebensumstände zurücktraten und in den Schatten metaphysischer Erfahrungen, von Visionen und Träumen, gerückt wurden.[7]

Beiden Typen der Biographie, der Märtyrer- und Mönchsbiographie, ist auf jeden Fall gemeinsam, daß sie Menschen schildern, die am Rande der Welt und häufig im Widerspruch zur Gesellschaft gewissermaßen autark ihr Leben zu gestalten suchten.

Die Bischöfe agierten hingegen in einem ausgesprochen auf die Öffentlichkeit gerichteten Wirkungsfeld. Sie hatten von Anfang an eine zentrale Funktion nicht nur als spirituelle, sondern auch als gesellschaftliche und politische Leiter. Das ist schon an ihrer

---

biographische Form der Plotinvita des Porphyrios und das Antoniusleben des Athanasios", in: Byzantinische Zeitschrift 64 (1971) 1–5 betont die literarische Selbstständigkeit der Antoniusvita gegenüber der Plotinvita und den Pythagorasviten. Der Rückblick auf die Forschung zur Antoniusvita (Siehe Berschin I, 116–120; Van Uytfanghe 1993, 145) verdeutlicht, daß wohl jeder Versuch, die Schrift nur auf einen einzigen literarischen Ursprung oder einen formgebenden Einfluß zurückzuführen, müßig ist. Siehe weiterhin H. Dörries, Die *Vita Antonii* als Geschichtsquelle, Göttingen 1949. ND: Ders., Wort und Stunde I–III. I. Gesammelte Studien zur Kirchengeschichte des vierten Jahrhunderts, Göttingen 1966, 145–224; M. Tetz, "Athanasius und die *Vita Antonii*", in: Zeitschrift für neutestamentliche Wissenschaft 73 (1982) 1–30. ND: W. Geerlings – D. Wyrwa (Hgg.), Martin Tetz: Athanasiana: Zu Leben und Lehre des Athanasius (Beihefte zur Zeitschrift für neutestamentliche Wissenschaft und die Kunde der älteren Kirche 78) Berlin 1995; G. Gould, "The Life of Antony and the Origins of Christian Monasticism in Fourth Century Egypt", in: Medieval History 1 (1991) 3–11; A. Martin, Athanase d'Alexandrie et l'Église d'Égypte au IVᵉ siècle (328–373) (Collection École Française de Rome 216) Rome 1996.

[6] Zur Anachorese des Antonius siehe besonders Holl, 254 und A. de Vogüé, Histoire littéraire du mouvement monastique dans l'antiquité I: Le monachisme latin (Patrimoines du Christianisme) Paris 1991, 47–58, bes. 54 "... Antoine a donc suivi, de son village au désert intérieure, un itinéraire qui l'éloignait toujours plus des hommes et le rendait en même temps toujours plus présent à leurs besoins. Mais ce parcours en quatre étapes n'est que l'image spatiale et la condition d'un progrès spirituel qui se veut incessant." und G. Gould, The Desert Fathers on Monastic Community, Oxford 1993. Auch die unter dem Eindruck der Antoniusvita entstandenen Viten des Hieronymus, die *Vita S. Pauli primi Eremitae* (PL 23, 17–28), die *Vita S. Hilarionis* (PL 23, 29–54) und die *Vita Malchi monachi captivi* (PL 23, 55–62) beschreiben die Suche des 'ersten Eremiten' und seiner späteren Nachfolger nach Einsamkeit. (Vgl. Berschin I, 133–156).

[7] Die nachdrückliche Forderung, die realen Ereignisse und Lebensumstände, die für die Weltabwendung des Antonius von Koma und die Ursprünge des Mönchtums charakteristisch waren, genauer als bisher zu bestimmen, hat in jüngerer Zeit H.J. Oesterle, "Antonius von Koma und die Ursprünge des Mönchtums", in: Archiv für Kulturgeschichte 75 (1993) 1–18, bes. 12–15 erhoben.

Amtsbezeichnung erkennbar. In der Rechtssprache wurden die in die abhängigen Städte entsandten Aufsichtsbeamten und in freien Städten die mit bestimmten Kontroll- und Leitungsfunktionen versehenen Mitglieder des Beamtenkollegiums ἐπίσκοποι genannt.[8] Diese Bezeichnung wurde auch für "Vereinsfunktionäre mit beaufsichtigenden und leitenden Aufgaben und *administrative* 'Beamte' hellenistischer Kultgenossenschaften bzw. von Vereinigungen mit religiösem Zwecken verwandt."[9] Auch andere weniger prominente Amtspersonen wie Wächter bzw. Aufseher wurden mit diesem Titel bedacht. "Im Wirkbereich der *hellenistischen Philosophie* hatten die kynischen Wanderprediger die Herzen der Menschen zu erforschen und zu beaufsichtigen (ἐπισκοπεῖν)."[10] Bereits in vorchristlicher Zeit ging die Bezeichnung ins Lateinische ein: "Obwohl in Rom der Staatskult ein Zweig der Staatsverwaltung war, war auch dort *episcopus* nur im Profanen zu finden; der Titel wurde mehr zur Benennung von Aufsichtsbeamten im Kommunalwesen gebraucht."[11] Der öffentliche und leitende Charakter war also schon vor der Übernahme der Bezeichnung durch das Christentum für Amt und Titel des ἐπίσκοπος konstitutiv.

Auch im Christentum hatten die Bischöfe zunächst eher administrative Funktionen und die Aufgabe, die Gemeinde nach außen zu vertreten.[12] Mit der Herausbildung des Monepiskopats wurde ihnen aber auch die priesterliche und spirituelle Leitung der Gemeinde übertragen, was im Laufe der Zeit zu einer exzeptionellen Kompetenzen- und Machtbündelung führte.

---

[8] J. Neumann, "Bischof I", in: Theologische Realenzyklopädie 6 (1980) 653.

[9] Ebd. Nach Chr. Schweizer, Hierarchie und Organisation der römischen Reichskirche in der Kaisergesetzgebung vom vierten bis zum sechsten Jahrhundert (Europäische Hochschulschriften III, 479) Bern-Berlin-Frankfurt-New York-Paris 1991, 34 war der ἐπίσκοπος "als Beamter zuständig für die Statthalterschaft in politischen Verwaltungsbezirken, er trat als Gemeinde- und Vereinsbeamter zur Verwaltung der Finanzen auf, beaufsichtigte Bauprojekte und Märkte und erledigte im Auftrag von Vereinigungen religiösen Charakters die Geschäfte."

[10] Neumann, 653.

[11] Schweizer, 34–35.

[12] H.W. Beyer – H. Karpp, "Bischof", in: RAC 2 (1954) 400: Die frühen ἐπίσκοποι mußten "den Halt und Mittelpunkt des gemeinsamen Lebens bilden, die Versammlungen einberufen und leiten, den Vorsitz beim Abendmahl führen, Taufen vollziehen . . ., die Mittel der Gemeinde verwalten, für Zucht und Ordnung in ihr sorgen . . .". E. Dassmann, "Zur Entstehung des Monepiskopats", in: JAC 17 (1974) 76. ND in Ders., Ämter und Dienste in den frühchristlichen Gemeinden (Hereditas. Studien zur Alten Kirchengeschichte 8) Bonn 1994, 49–71: "Ein autoritäres Ober-

Dies wird bei Ignatius von Antiochien deutlich, der den Bischof mit dem allmächtigen Gott vergleicht. Nach ihm sollen sich die Gläubigen dem Bischof so unterordnen wie Jesus sich dem Vater unterordnet.[13] Wer auf den Bischof hört, auf den wird Gott hören,[14] wer den Bischof ehrt, steht bei Gott in Ehren.[15] Selbst das Schweigen des Bischofs wird zum Zeichen seiner Macht: "Und je mehr einer einen Bischof schweigen sieht, um so größere Ehrfucht soll er vor ihm haben, denn jeden, den der Hausherr in die Verwaltung seines Hauses schickt, müssen wir aufnehmen wie den, der ihn geschickt hat. Den Bischof müssen wir also wie den Herrn selber ansehen."[16] In den *Didaskalia*,[17] die dem Bischof das Recht zugestehen, Priester und Diakone zu ernennen,[18] ihm die Schlüsselgewalt übertragen, die Entscheidung über die Aufnahme in und den Ausschluß aus der Gemeinde, die Ausübung der Kirchenzucht[19] sowie die Aufsicht über alle karitativen Tätigkeiten der Gemeinde zusprechen, wird die weltliche und spirituelle Machtfülle des Bischofs noch stärker betont:

---

gewicht erhält ebenfalls der Vorsitzende, den der Presbyterrat einer Gemeinde – wie jedes Kollegium – für seine Repräsentation und den Verkehr nach außen bestellen mußte."

[13] Ign. Magn. 2 (Die im folgenden verwendeten Abkürzungen biblischer Bücher, außerkanonischer Schriften und antiker Autoren und Werke entsprechen dem Abkürzungsverzeichnis des Lexikon für Theologie und Kirche.)

[14] Ign. Polyc. 6.1.

[15] Ign. Smyrn. 9.1.

[16] Eph. 6.1; Dassmann, Zur Entstehung, 78. Ignatius' Ausführungen zum Bischofsamt stellen zu seiner Zeit allerdings eine Sondermeinung dar. Daß er den Bischof mit einer beinahe autokratischen Machtfülle ausstattet, steht sicherlich damit in Zusammenhang, daß er das Bischofsamt und dadurch die Einheit der Kirche in Abgrenzung von häretischen Sondermeinungen stärken wollte. Seine Aussagen "bezeugen keine Realität, sondern ein vom theologischen Grundgedanken der Einheit beeinflußtes Ideal." (W.-D. Hausschild, "Bischof. Kirchengeschichtlich", in: Religion in Geschichte und Gegenwart 1 (1998) 1615–1618, 1615) Vgl. auch G. Schöllgen, "Monepiskopat und monarchischer Episkopat. Eine Bemerkung zur Terminologie", in: Zeitschrift für neutestamentliche Wissenschaft 77 (1986) 146–151, 148: "Die in diesem Sinne durchweg antihäretische Intention der Briefe, die als Gelegenheitsschriften weit davon entfernt sind, ein umfassendes Bild der kirchlichen Ämter zeichnen zu wollen, ist die Ursache für eine große Zahl von polemisch zugespitzten Formulierungen, die auf den ersten Blick den Eindruck erwecken können, als sei der Bischof... einziger und unumschränkter Herr der Gemeinde."

[17] Es handelt sich dabei um eine syrische Kirchenordnung vermutlich aus der ersten Hälfte des dritten Jahrhunderts, die ihrerseits den Apostolischen Konstitutionen zugrunde liegt. Zu den Didascalia siehe u.a. G. Schöllgen, Die literarische Gattung der syrischen Didascalia, in: IV. Symposium Syriacum 1984 (Orientalia Christiana Analecta 229) Roma 1987, 149–159.

[18] Didasc. 49 f.; Const. apost. 116 f.

[19] Didasc. 17/39; Const. apost. 40/88.

Wer gegen den Bischof opponiert, hat harte Strafen zu befürchten, denn "durch den Bischof hat der Herr euch den Heiligen Geist gegeben, durch ihn seid ihr belehrt worden, habt Gott erkannt und seid durch ihn von Gott erkannt worden; durch ihn seid ihr besiegelt, durch ihn Kinder des Lichtes geworden."[20] Der Bischof ist daher zu lieben wie ein Vater, zu fürchten wie der König, ein Herr und zweiter Gott.[21] Auch in der Sündenvergebung zeigt sich die herausgehobene Stellung des Bischofs, er soll richten "mit Macht wie Gott".[22] Die fast absolute Machtstellung, die dem Bischof im kirchlichen Selbstverständnis zugesprochen wird, findet ihre Grenze nicht in der christlichen Gemeinde, sondern lediglich im Papst[23] und dies erst nachdem sich die besondere Stellung des römischen 'Bischofs' herausgebildet hatte.[24] "Diese vertikale Orientierung des kirchlichen Amtes impliziert eine Souveränität, die durch den Charakter sakramentaler Weihe legitimiert und so der geschichtlichen Dimension entzogen scheint."[25]

Mit der Anerkennung des Christentums als Staatsreligion weiteten sich die Befugnisse der Bischöfe auch auf den weltlichen Bereich aus. Durch die "Übertragung von weltlichen Rechten, wie zunächst der Aufsicht über weltliche Beamte," gelang es den Kaisern, "die Bischöfe voll in den Staat einzugliedern und sie da zu einem machtvollen Faktoren zu machen."[26] Im Jahre 318 wurde die Rechtsprechung

---

[20] Didasc. 2.32.3; Dassmann, Zur Entstehung, 83.
[21] Ebd., 83; Didasc. 2.30.
[22] Ebd. 2.12.1. Zur Übertragung des Schiedsgerichts bei Streitigkeiten zwischen Gemeindemitgliedern, eine Aufgabe, die dem Bischof durch Didasc. 53/67 übertragen wurde, siehe K.L. Noethlichs, "Materialien zum Bischofsbild aus den spätantiken Rechtsquellen", in: Jahrbuch für Antike und Christentum 16 (1973) 41–45. Vgl. auch Dassmann, Zur Entstehung, 85: "Daß der Bischof auf diese Weise aus der Schar der Gläubigen – selbst die bischöflichen Mitbrüder spielen in den *Didaskalia* keine Rolle – herausgelöst und in die Sphäre unantastbarer Machtfülle versetzt wird, ein Vorgang, den die Sanktionierung der bischöflichen Vollmachten durch das göttliche Recht des Alten Testamentes noch verstärkt hat, muß zugegeben werden." In anderen Texten des 2. und 3. Jhs. wird die besondere Autorität und die Vollmacht des Bischofs mit der *successio apostolica* begründet.
[23] P. Stockmeier, "Gemeinde und Bischofsamt in der alten Kirche", in: Theologische Quartalschrift 149 (1969) 133–146, 133.
[24] Zur Entstehung der Sonderstellung des römischen Bischofssitzes siehe Schweizer, 50–71, bes. 62–66.
[25] Stockmeier, Gemeinde, 133.
[26] Heinzelmann, Neue Apekte, 35. Siehe dazu auch K. Voigt, Staat und Kirche von Konstantin dem Großen bis zum Ende der Karolingerzeit, Stuttgart 1936. ND 1965, bes. 60–63, 124, 156, 229 ff.

der Bischöfe durch Kaiser Konstantin offiziell anerkannt,[27] sie erhielten u.a. das Recht, Sklaven mit einer einfachen, in der Kirche aus-
gesprochenen Deklamation zu befreien. Zu den von staatlicher Seite
verliehenen Privilegien der Bischöfe gehörte in späterer Zeit auch,
daß sie selbst nicht vor ein weltliches Gericht gezogen werden konnten *neque pro qualibet pecuniaria vel criminali causa.*[28] Der Bischof brauchte
kein Zeugnis vor Gericht abzulegen[29] und war "gegen falsche Kri-
minalklagen bei weltlichen Richtern dadurch besonders geschützt,
daß diese den Kläger 30 Pfund Gold kosten."[30] Dem Bischof wurden so viele Funktionen im öffentlich-rechtlichen Bereich[31] zugewiesen,
daß es fast scheint, "als ob die weltlichen Aufgaben die eigentlich
religiösen hätten unterdrücken müssen."[32] Das Amt hatte damit eine
besondere politische Dimension erhalten.

Auch gesellschaftlich hatte dies seine Auswirkungen. Wie Klauser
gezeigt hat, haben die Bischöfe spätestens im Jahre 442 den *illustris*-
Rang, die höchste Rangklasse des römischen Reiches, eingenommen
und dementsprechend auch bestimmte Ehrenrechte und Insignien
der Kaiser und höherer Beamter erhalten.[33] Das Maß der öffentlichen

---

[27] Noethlichs, 42: "Die richterlichen Kompetenzen des Bischofs nach den Kai-
sererlassen sind ein in der Forschung häufig behandelter Komplex. Diese Befugnisse
beziehen sich zum einen auf den innerkirchlichen Bereich, auf Prozesse von Klerikern
oder auf kirchliche Angelegenheiten. In diesen Fällen wird das Privileg eines eigenen Gerichtsstandes vor dem Bischof (oder einer Synode) gewährt. So blieb, zumindest in der Theorie, selbst unter Justinian, die kirchliche Sphäre 'autonom' und von
der staatlichen abgegrenzt." Die Bischöfe konnten aber aufgrund des Instituts der
audientia episcopalis darüber hinaus auch in öffentlichen Angelegenheiten richterlich
tätig sein. Siehe dazu auch H. Last, "*Audientia episcopalis*", in: RAC 1 (1950) 915–919;
F.J. Cuena Boy, La *episcopalis audientia*, Valladolid 1985; G. Vismara, "Ancora sulla
episcopalis audientia", in: Studia et documenta historiae et iuris 53 (1987) 53–73;
E. Dassmann, Kirchengeschichte II 1. Konstantinische Wende und spätantike Reichskirche, Stuttgart-Berlin-Köln 1996, 46–48.
[28] Novell. Iust. 123. 7/8 v. J. 546, siehe Noethlichs, 31.
[29] Cod. Theod. 11.39.8 v. J. 381.
[30] Noethlichs, 31.
[31] Sie werden bei Noethlichs en Detail angeführt.
[32] Ders., 51.
[33] Th. Klauser, Der Ursprung der bischöflichen Insignien und Ehrenrechte (Bonner
Akademische Reden 12) Krefeld ²1953; Ebenso H.U. Instinksky, Bischofsstuhl und
Kaiserthron, München 1955, 7: "Die Bischöfe der christlichen Kirche, die durch
ihre Weihe mit einer kirchlichen Amtswürde ausgestatteten Oberhirten der Gläubigen,
sind durch Kaiser Konstantin den Großen den höchsten Würdenträgern des römischen Reiches und den Angehörigen privilegierter Adelsstände im Range gleichgestellt
worden." Siehe weiterhin Heinzelmann, Neue Aspekte, 36: "Der Amtsantritt des
Bischofs wurde wie der des römischen Beamten als 'Geburtstag' gefeiert, der Katalog
der römischen Bischöfe war 354 n. Chr. schon in den römischen Staatskalender

Wirksamkeit und der Amtsbefugnisse der Bischöfe wurde im Laufe
der Zeit immer weiter erhöht und damit der Kontrast zur monastischen Lebenswelt immer eklatanter.[34]

Dieser politischen und gesellschaftlichen Realität mußte in der
Bischofsvita Rechnung getragen werden. Man konnte in ihr also nicht
im gleichen Maße wie in Märtyrerberichten und Asketenviten den
Akzent auf das persönliche Glaubensbekenntnis oder die innere Entwicklung und Gottessuche ihrer Protagonisten legen. Der Blickwinkel
mußte sich notgedrungen ändern und äußere, gesellschaftliche Aspekte
an Bedeutung gewinnen. Aufgrund dieses Perspektivenwechsels eigneten
sich die in der Tradition der Märtyrerakten und Asketenviten entwickelten literarischen und ethischen Kategorien für die Darstellung
des Bischofslebens nicht mehr vollständig. Die Autoren der Bischofsviten
mußten sich daher auch an anderen Formen biographischer Darstellung
orientieren als an denen der Märtyrerakten und Asketenviten.

Als eine mögliche Vorlage boten sich u.a. die aus der Tradition
der *tituli*, der Elogien sowie der *laudatio funebris*[35] hervorgegangenen
Kaiserbiographien Suetons an, hatten sie doch ein Schema entwickelt, das es erlaubte, systematisch alle Aspekte des gesellschaftlichen,

---

aufgenommen worden." Ebenfalls von Interesse in diesem Zusammenhang: Fr. Lotter,
"Zu den Anredeformen und ehrenden Epitheta der Bischöfe in Spätantike und
frühem Mittelalter", in: Deutsches Archiv zur Erforschung des Mittelalters 27 (1971)
514–517.

[34] Daß natürlich auch in der Folgezeit immer wieder die Ausübung des Bischofsamtes
mit einer monastischen Lebensform verbunden wurde, bleibt unbestritten und wird
in der Arbeit mehrfach zur Sprache kommen.

[35] "Der römische Brauch, eben gestorbene Mitglieder der patrizischen Familien
durch eine Leichenrede auf dem Forum durch den nächsten Agnaten des Toten
ehren zu lassen, ist . . . sehr alt." (Heinzelmann, Neue Aspekte, 30) Die exemplarische Funktion der *laudationes funebres* betonte schon Polybius 6.53.1. Ebenso haben
sie wohl einen großen Einfluß auf das Geschichtsbewußtsein des römischen Volkes
gehabt. (Ebd.) Daß der Rückgriff auf *laudationes funebres* in der Historiographie zu
Geschichtsverfälschungen führen konnte, verdeutlicht Liv. 8,40. Wie F. Vollmer,
"*Laudatio funebris*", in: Realencyklopädie für protestantische Theologie und Kirche
12, 1 (1924) 992 annahm, ist die neben *nenia* und *elogium* stehende *laudatio funebris*
"ursprünglich eine letzte Ehre der *gens* für ihr Mitglied, geleistet von dem, der nun
in Rechte und Pflichten des Verstorbenen eintritt." Wann, aus welchem Grund und
auf welche Weise sich diese *laudatio gentilis* zur *laudatio publica* durch Magistrat oder
Magistratenbeauftragten und schließlich durch den Kaiser entwickelt hat, ist nicht
mehr genau zu rekonstruieren. (Ebd.) In den *laudationes* wurden die Verdienste und
Taten des Verstorbenen gepriesen sowie die seiner *gens*. "Noch zu Ciceros Zeit kunst-
los (De Or. 2,341) wurden die Reden doch aufgezeichnet und obwohl oft unzu-
verlässig, als Geschichtsquellen benutzt (Cic. Brut. 62)" (R. Hanslik, "*Laudatio funebris*",
in: Lexikon der Alten Welt (1965) 1693–1694) Erhalten sind Teile von Reden auf

aber auch persönlichen Lebens öffentlicher Personen zu erfassen und entweder positiv oder negativ zu bewerten.[36] Diese Vermutung ist jedoch problematischer als es auf den ersten Blick erscheinen mag. Bischöfe waren die Leiter christlicher Gemeinden, waren also ganz

---

Frauen, die *Laudatio Turiae*, die *Laudatio Murdiae* und Hadrians *Laudatio Matidiae*. Zur *laudatio funebris* siehe u.a.: W. Kierdorf, *Laudatio funebris*. Interpretationen und Untersuchungen zur Entwicklung der römischen Leichenrede (Beiträge zur Klassischen Philologie 106) Meisenheim am Glan 1980; D.J. Ochs, Consolatory Rhetorik: Grief, Symbol, and Ritual in the Greco-Roman Era, Columbia 1993; M. Biermann, Die Leichenreden des Ambrosius von Mailand: Rhetorik, Predigt, Politik (Hermes. Einzelschriften 70) Stuttgart 1995.

[36] Leo, dessen formengeschichtliche Studie zur Entstehung und Entwicklung der antiken Biographie lange Zeit maßgebend war, in der jüngeren Forschung jedoch auf heftige Kritik stieß, führt die Kaiserviten Suetons hauptsächlich auf den Einfluß der alexandrinischen Biographie zurück. Deren wissenschaftliche, schematisierende Herangehensweise steht für ihn in eindeutigem Gegensatz zur 'plutarchischen', eher chronologisch erzählenden, oft anekdotenreichen Biographie, die ihre Wurzeln in den von den Peripatetikern entwickelten Persönlichkeitsvorstellungen hatte und deren Primärintention daher auch die Darlegung eines bestimmten Psychogramms durch charakteristische *praxeis* war. Nachdem A. Weizsäcker, Untersuchungen über Plutarchs biographische Technik (Problemata 2) Berlin 1931, W. Uxkull-Gyllenband, Plutarch und die griechische Biographie. Studien zu plutarchischen Lebensbeschreibungen des 5. Jahrhunderts, Stuttgart 1927 und N. Barbu, Les Procédés de la peinture des caractères et la vérité historique dans les biographies de Plutarque, Paris 1934 einzelne Punkte der von Leo aufgestellten Entwicklungslinie kritisiert hatten, konnten D.R. Stuart, Epochs of Greek and Roman Biography, Berkeley 1928. ND New York 1967 und W. Steidle, Sueton und die antike Biographie (Zetemata 1) München ²1963 nachweisen, daß Suetons biographisches Verfahren, nämlich das Leben der Kaiser zunächst chronologisch, mit dem Eintritt in die Position des Kaisers jedoch schematisch zu beschreiben, auch auf den Einfluß früher, römischer Literaturformen wie *tituli*, Epitaphien, Elogien sowie die *laudationes funebres* zurückzuführen ist und einem spezifisch römischen biographischen Empfinden entspringt.

E. Jenkinson, "Nepos. An introduction to Latin Biography", in: T.A. Dorey (Hg.), Latin Biography (Studies in Latin literature and its influence) London 1967, 1–17 greift die von Stuart und Steidle gegebenen Impulse auf und führt die Entstehung sowohl der griechischen als auch der lateinischen Biographie auf die Wirkung des 'commemorative instinct' zurück. Ihr Verdienst liegt in gewisser Weise in der Verbindung der Thesen Leos mit denen der neueren Forschung.

Den Anfängen der griechischen Biographie widmen sich A. Dihle, Studien zur griechischen Biographie (Abhandlungen der Akademie der Wissenschaften in Göttingen, 1970, Phil.-hist. Kl. 3) Göttingen 1970; Ders., Die Entstehung der historischen Biographie (Sitzungsberichte der Heidelberger Akademie der Wissenschaften, Phil.-hist. Kl. 1986, 3) Heidelberg 1987 und A. Momigliano, The Development of Greek Biography. Four Lectures, Cambridge Mass. 1971, wobei Dihle, Studien u. Die Entstehung versucht, Leos formengeschichtlichen Betrachtungen eine auf die inneren Gestaltungsprinzipien gerichtete Analyse entgegen zu setzen. Für ihn konstituiert sich Biographie, wenn das Wesen einer Persönlichkeit "durch die als Einheit aufgefaßte Gesamtheit ihrer Handlungen und Schicksale, kurz durch ihren Lebenslauf, erfaßt und ausgedrückt wird." (Studien, 11) Dabei gehe der biographische Impuls von großen Persönlichkeiten aus, wie sie im Falle des Sokrates gegeben war. Dihle spricht

anderen Wertvorstellungen als antike Herrscher verpflichtet und unter-
lagen anderen sittlichen Maßstäben.[37]

Unter den Anforderungen, denen der zukünftige oder bereits im
Amt befindliche Bischof entsprechen sollte, befanden sich auch die,
die schon Paulus[38] im ersten Brief an Timotheus an die Inhaber des
frühen 'Vorsteheramtes' gestellt hatte: "Deshalb soll der Bischof ein
Mann ohne Tadel sein, nur einmal verheiratet, nüchtern, besonnen,
von würdiger Haltung, gastfreundlich, fähig zu lehren; er sei kein
Trinker und kein gewalttätiger Mensch, sondern rücksichtsvoll; er sei
nicht streitsüchtig und nicht geldgierig."[39] Die Didache verlangt vom
Bischof Milde, Bescheidenheit und Wahrhaftigkeit.[40] Ambrosius setzt

---

von dem "ersten, von einer bewußten, individuellen Sittlichkeit gestalteten Lebenslauf."
(Ebd.) Zu einer Formalisierung der Biographie kam es jedoch erst mit dem Peripatos,
der mit seinem ethisch-psychologischen Begriffssystem der biographischen Praxis
einen theoretischen Unterbau lieferte. (Ebd., 75–88); Momigliano, The Development,
11 will hingegen die Anfänge biographischer Literatur schon ein Jahrhundert vor
Sokrates' Tod sehen, was auf sein sehr viel weiter gefaßtes Verständnis der Biographie
als "an account of the life of a man from birth to death", zurückzuführen ist. Er
lehnt die These ab, daß die aristotelische Philosophie Einfluß auf die Biographie
gehabt habe. Ch.H. Talbert, Biographies of Philosophers and Rulers as Instruments
of Religious Propaganda in Mediterranean Antiquity, in: H. Temporini – W. Haase
(Hgg.), Aufstieg und Niedergang der Römischen Welt. Geschichte und Kultur Roms
im Spiegel der neueren Forschung 2, 16,2, Berlin-New York 1978, 1619–1651 findet
zu einem anderen Ansatz. Er unternimmt eine Klassifizierung der griechischen
Philosophen- und Herrscherviten im Hinblick auf ihre soziale Funktion. Dabei unterscheidet er zwischen didaktisch-propagandistischen und nicht-didaktischen Lebensbeschreibungen. B. Gentili – G. Cerri, Storia e biografia nel pensiero antico (Biblioteca
di cultura moderna 878) Roma-Bari 1983 beschäftigen sich hingegen mit den
Wechselbeziehungen zwischen Biographie und Historiographie, wobei sie zu zeigen
versuchen, daß in der Antike die Biographie zeitweise als Teil der Historiographie
aufgefaßt wurde.
[37] Im Neuen Testament wird der 'Dienst' der Leiter der Gemeinde in den
Vordergrund gerückt und die Gebundenheit an die Gemeinde bleibt – wie Stockmeier
zeigen konnte – in der gesamten Entwicklung des Bischofsamtes erhalten. Die
Gemeinde war maßgeblich an der Wahl der Bischöfe beteiligt (vgl. den sogenannten Klemensbrief, 44.3), konnte schlechte Bischöfe absetzen (Ebd., 44.3.4) und selbst
Cyprian, bei dem das "bischöflich-hierarchische Selbstbewußtsein" (Stockmeier, Die
Gemeinde, 137) stark hervortritt, "entzieht der Gemeinde keineswegs das Recht,
bei der Wahl aktiv mitzuwirken und durch Anerkennung oder Ablehnung über
einen Anwärter zu entscheiden." (Ebd./ep. 67.3) "Chrysostomos sieht in der
Bereitschaft, von einem Amt zurückzutreten, geradezu ein Merkmal christlicher
Existenz und sein Lebensschicksal unterstreicht die Bemerkung." (Stockmeier, Die
Gemeinde, 145).
[38] Paulus, 1 Tim. 3.1–7.
[39] Noethlichs, 33.
[40] Did. 15.1. Zur Didache siehe G. Schöllgen, "Die Didache als Kirchenordnung",
in: JAC 29 (1986) 5–26; B. Steimer, Vertex traditionis (Beihefte zur Zeitschrift für

die Forderung nach Demut hinzu.[41] Wie die Gemeindemitglieder, denen sie vorstanden, hatten sich auch die Bischöfe als *servi Christi* zu verstehen. Der Gefahr einer Verweltlichung, die sich durch die besondere Machtfülle der Bischöfe ergab, versuchte man mit strengen Auflagen und Forderungen entgegenzutreten. So hatte der Bischof *castus et humilis* zu sein, ohne *avaritia et ambitus*.[42]

Das Bischofsamt war daher – qua seines Amtscharakters, der mit vielen elementaren christlichen Vorstellungen kollidierte – eine Quelle potentieller Probleme. Auch die frühen Bischofsbiographen waren sich der dem Bischofsamt immanenten Spannungen bewußt. Wenn sie einen Bischof adäquat beschreiben wollten, konnten sie nicht darauf verzichten, seine exponierte Stellung zu verdeutlichen. Dabei galt es jedoch, die tatsächlich bestehende Distanz zwischen Bischof und Gemeinde nicht allzu deutlich werden zu lassen. Ein Abstand wie der, der in der Kaiserzeit zwischen Herrscher und Untertanen bestand und in der antiken Biographie elogisch überhöht wurde, war im Falle eines christlichen Bischofs nicht denkbar, geschweige denn darstellbar.[43] Ebensowenig entsprachen die Tugend- und Eigenschaftskataloge, die in der römischen Biographie der *caesares* aufgestellt worden waren, denen, die für einen christlichen Bischof maßgeblich sein sollten.[44] Wenn bei ihm ein asketischer Lebensstil als Voraussetzung

---

die neutestamentliche Wissenschaft 63) Berlin-New York 1992; C.N. Jefford (Hg.), The Didache in Context. Essays on its Text, History and Transmission (New Testament Studies 77) Leiden 1995.

[41] Ambr. Off. 27.134.

[42] Cod. Iust. 1.3.30.3 v. J. 469. Ein Bischof hatte keine 'weltliche Ehrenstellen' anzustreben. Paulus von Antiochien etwa wurde zwar in erster Linie aus theologischen Gründen aus der Kirche ausgestoßen, man machte ihm aber auch zum Vorwurf, sich zu sehr für Repräsentation zu interessieren, sich wie die weltlichen Regierenden ein Sekreton für seine Amtshandlungen angelegt, sowie sich ein Bema, einen hohen Thron, errichtet zu haben. (Eusebius, *Historia ecclesiastica*, 7.30.9; 7.30.8; 7.30.9).

[43] Siehe dazu E. Dassmann, Kirchengeschichte I. Ausbreitung, Leben und Lehre der Kirche in den ersten drei Jahrhunderten, Stuttgart-Berlin-Köln 1991, 169: "Der Bischof, der weidet, opfert, Gottes Angesicht gnädig stimmt und Sünden nachläßt, ist weit über das hinausgewachsen, was die religiöse Umwelt an authentischen Vermittlern zwischen der diesseitigen und der himmlischen Welt anzubieten hatte. Er verrichtet einen Dienst, der für das ewige Heil der Gläubigen unerläßlich ist. Daher gebührt ihm Erfurcht und Gehorsam, die nicht wie gegenüber Kaiser und staatlichen Beamten erzwungen, sondern freiwillig erwiesen werden und den Rang einer Tugend besitzen."

[44] So waren die *virtutes* des Bischofs auch weit weniger individueller Natur als die bei der *laudatio* antiker *potentes* angeführten.

für das Amt galt und von ihm die Tugenden der *humilitas* und *sim-plicitas* gefordert wurden, ließ sich dies kaum oder nur schwer mit den Wertvorstellungen der antiken Herrscherbiographie vereinbaren.

Ein Blick auf deren fast stereotypen Themen-, Motiv- und Bild-bestand sowie ihren gesellschaftlichen Hintergrund genügt, um dies zu verdeutlichen. So fallen mindestens drei Viertel der jeweiligen biographischen Angaben unter Kategorien wie *toga virilis, civilium officiorum initia* und *prima militia*, die für das Bischofsleben keine oder nur in Ausnahmefällen Relevanz haben.[45] Die Caesarenviten weisen eine typisch römische Denkweise auf und reflektieren die spezifische Situation des römischen Kaisertums. Die hier manifestierte Herange-hensweise entspricht also ganz spezifisch römischen Neigungen und Erwartungen. Sueton tritt laut Steidle quasi mit einem Bündel vorge-faßter, vornehmlich die äußeren Umstände betreffenden Fragestellungen an die Person des Kaisers heran.[46]

Die eigentliche Diskrepanz zwischen Herrscherbiographie und Bischofsvita ergibt sich somit aus der Verschiedenheit ihrer Geisteswelt und Intentionen. Die Bischofsbiographie ist immer um die Einordnung in einen größeren religiösen Rahmen bemüht. Sueton hingegen zeich-net kein geschlossenes Lebensbild als moralisches Phänomen, son-dern gibt geordnete Informationen über eine Person weiter, die für das Gebiet, auf dem sie sich ausgezeichnet und zu dessen Entwicklung sie beigetragen hat, wissenswert und von Bedeutung sind. "Das römi-sche Interesse an der Biographie ist auf das einmalig Faktische ge-richtet."[47] Wenn Tugenden erwähnt werden, sind sie nie den *res gestae* übergeordnet. Auch da, wo *virtutes* und *vitia* eine Rolle spielen, sind es nur verhältnismäßig wenige und immer wieder dieselben.

Es ist gerade diese Absenz einer geschlossenen Lebenskonzeption und das Fehlen eines inneren Duktus, der die einzelnen Leistungen des Protagonisten in einen größeren Sinnzusammenhang stellt, was die Kaiserviten als Modell für die Bischofsvita zumindest thematisch so gut wie ganz ausschließt. Neben den Märtyrerviten sind es nur die frühen Asketenviten, die eine solch zielgerichtete Konzeption besitzen und ein Wertesystem zum Ausdruck bringen, das für die

---

[45] Steidle, 112.
[46] Ders., 113–123; Er tritt damit auch in einen Gegensatz zu Plutarch, der nicht mit äußeren Beurteilungsmaßstäben die Personen charakterisiert, sondern mit einem "feststehenden reichen Vorrat ethisch-psychologischer Begriffe."
[47] Ders., 117.

gesamte Christenheit und damit auch für den Bischof weitaus adäquater sein konnte als die Kaiserbiographie.

Es ist daher nicht erstaunlich, daß in den frühen Bischofsviten Tugenden, Motive und Topoi der Asketenviten eine große Rolle spielten. Ihre Verfasser konnten nicht umhin, sich an deren Norm ebenso wie an deren Form und Motivik zu orientieren: In den Bischofsviten mußte nicht nur auf die in ihnen hervorgehobenen Tugenden Bezug genommen werden, ihr Protagonist sollte sie als Oberhaupt und Vorbild der Gläubigen in ganz besonderer Weise verkörpern, vor allem dann, wenn es sich bei ihm um einen Mönch handelte. Besonders deutlich wird die Übernahme der Heiligkeitsvorstellungen der Mönchsviten in der von Sulpicius Severus verfaßten Vita Martins von Tours. Wie sehr sie sich den Wertvorstellungen der Asketenvita verpflichtet fühlt, läßt sich an einigen markanten Beispielen zeigen. Martin lebt mit seiner Mantelteilung in nachahmenswerter Weise das Ideal der Nächstenliebe vor, übt als junger Offizier christliche *humilitas*, indem er seinem Leibburschen die Stiefel putzt, und sich nicht im geringsten "um die Würde seiner Kleidung" kümmert.[48] Nicht genug damit, er zeigt sich über alle weltlichen Affekte erhaben: *Nemo umquam illum vidit iratum, nemo commotum, nemo maerentem, nemo ridentem.* (27)[49] Auch die Ambrosiusvita ordnet sich in dieser Hinsicht in die Tradition der Mönchsvita ein.[50] Schon in der Anrede an Augustinus bezeichnet ihr Verfasser Paulinus von Mailand nicht nur die Martinsvita des Sulpicius Severus, sondern auch die Biographien der Wüstenväter ausdrücklich als seine literarischen Vorbilder.[51]

Die Diskrepanz zwischen der Heiligkeitsvorstellung, wie sie für Märtyrerbericht und Asketenvita bestimmend ist, und der Wirklichkeit des Bischofsamtes, das trotz aller Einschränkungen einen öffentlichen Charakter trug, war jedoch zu groß, als daß deren literarische Formen und Motive unbesehen oder gar in toto hätten übernommen

---

[48] Berschin I, 206.

[49] Aus der Martinsvita (= VM) wird im folgenden nach der Ausgabe von J. Fontaine (Hg.), Sulpice Sévère. Vie de Saint Martin I–III (SC 133–135) Paris 1967–1969 zitiert.

[50] Die *Vita Ambrosii* (= VAmbr) wird im folgenden zitiert nach Bastiaensen, Vita di Cipriano, Vita di Ambrogio, Vita di Agostino, 55–125.

[51] VAmbr 1.1: *Hortaris, venerabilis pater Augustine, ut sicut beati viri Athanasius episcopus et Hieronymus presbyter stilo prosecuti sunt vitam sanctorum Pauli et Antonii in eremo positorum, sicut etiam Martini venerabilis episcopi Turonensis ecclesiae Severus servus Dei luculento sermone contexuit, etiam ego beati Ambrosii episcopi Mediolanensis ecclesiae meo prosequar stilo.*

werden können. Die für das Mönchtum Ägyptens, Syriens und
Palästinas charakteristische, die allgemeingültige Norm überschreit-
ende Weltentsagung und das damit verbundene Heiligkeitsideal konnten von einem Bischof nicht vollständig verwirklicht werden. Wie
schon deutlich wurde, schufen Apostolizität, Weihegrad und Funktion
im Zuge der Hierarchisierung des Klerus eine neue Rangordnung,
einen 'cursus clérical',[52] der die Bischöfe in zunehmendem Maße von
den einfachen, nicht durch ihr Amt, sondern bestenfalls durch ihre
besondere Frömmigkeit ausgezeichneten Christen abhob. Dies macht
sich auch in den Viten bemerkbar. Schon in der *Vita Cypriani* läßt
sich das Bestreben erkennen, Cyprian in seiner Stellung als Bischof
von den Märtyrern abzusetzen, vor allem wenn sie wie Felicitas und
Perpetua lediglich dem Laienstand angehörten.[53] Ein weiterer Grund
für die wachsende Distanz zwischen Bischof und Gemeinde war die
Herkunft der Bischöfe, die sich, wie das vor allem Heinzelmann und
Scheibelreiter gezeigt haben, in zunehmendem Maße aus den traditionellen gesellschaftlichen Führungsschichten rekrutierten. In Gallien
etwa gehörten die meisten von ihnen dem gallo-römischen senatorischen Adel an, der in einer kirchlichen Laufbahn den Ersatz für
den bisherigen *cursus honorum* sah. Das Standesbewußtsein der Bischöfe
beruhte also häufig nicht allein auf der Bedeutung des Amtes, sondern auch auf der gesellschaftlichen Provenienz der Amtsinhaber. Es
entsprang also zumindest teilweise rein weltlichen Bewertungskriterien.
    Als eines der bekanntesten Beispiele für die auch in anderen
Reichsteilen zu beobachtende Umorientierung der ehemals paganen
Führungsschicht auf eine Karriere innerhalb der Kirche kann
Ambrosius von Mailand gelten. Ambrosius, der Sohn des höchsten
Reichsbeamten von Gallien, wurde nach dem Studium der *artes libe-
rales* Advokat und bald *consularis Liguriae et Aemiliae*. In dieser Position
wurde er noch ungetauft zum Bischof seiner bisherigen Residenzstadt
erhoben, eine Wendung, die man als bewußtes Resultat der Einsicht,
daß persönliche Macht schon zu diesem Zeitpunkt am besten im
Rahmen der Kirche zu finden sei, betrachten kann, was Berschin
zu der wohl nur rhetorisch gemeinten Frage veranlaßt: "Ist es Naivität
oder Raffinesse, daß Paulinus uns ... mit aller Deutlichkeit klar-

---

[52] Vgl. A. Faivre, Naissance d'une hiérarchie. Les premières étapes du cursus
clérical, Paris 1977.
[53] Berschin I, 59.

macht, daß der Kern der Sache ... in dem schon im jungen Ambrosius erwachten Willen liegt, die ihn durch Familie und Talent zufallende Führungsrolle nicht auf der Bühne des untergehenden römischen Reiches, sondern auf der der aufsteigenden römischen Kirche zu spielen?"[54]

Die Verfasser von Bischofsviten befanden sich also gewissermaßen in einem Dilemma. In der römischen Herrscherbiographie fanden sie ein Modell, mit dem sie wenigstens annähernd dem öffentlichen Wirken des Bischofs gerecht werden konnten. Die in erster Linie an diesseitigen Verdiensten und profanen Eigenschaften orientierte Ausrichtung einer Herrschervita stand jedoch mit der von einem Bischof verlangten Spiritualität in Widerspruch. Andererseits konnte die bisherige Tradition der christlichen, am Ideal der Märtyrer und Asketen orientierten Biographie der Stellung des Bischofs nicht gänzlich gerecht werden, ließ dessen Amt doch nur im begrenzten Maße die Weltflucht und Selbstheiligung zu, die für das Leben von Mönchen und Asketen charakteristisch war.

Man wird sich daher fragen müssen, ob diesem Dilemma unter Beibehaltung gewisser, insbesondere formaler Elemente der antiken Herrscherbiographie und bestimmter Wertvorstellungen der Asketen- und Märtyrerliteratur durch die Anlehnung an einen weiteren Bildbereich Rechnung getragen werden konnte. Es spricht meines Erachtens vieles dafür, daß in die frühen Viten die antiken Vorstellungen vom *vir sapiens* bzw. 'heiligen Weisen' eingeflossen sind.[55]

---

[54] Ders., 216. Dabei soll natürlich nicht – wie es lange geschehen ist – der Grad der Übereinstimmung mit der suetonischen Form zum Maßstab der literarischen Qualität der christlichen Viten gemacht werden. Die Arbeiten, die eine solche Übereinstimmung zum Ausgangspunkt einer Beurteilung der Viten gemacht haben, geben der Frage der Form eine falsche Gewichtung. Wenn man den christlichen Viten gerecht werden will, sollte man berücksichtigen, daß ihre literarische Gestaltung eine Funktion ihrer spezifischen, hagiographischen Intentionen ist. Die Verfasser christlicher Viten haben nie die Verwirklichung bestimmter Forderungen der antiken Biographie zu ihrer Hauptaufgabe gemacht. Daß die christliche Biographie dennoch auf den Spuren der antiken Biographie wandelt, ist unverkennbar. So meint Steidle, 9: "Daß Suetons Form, die heute als vollkommen unangemessen für biographische Darstellung angesehen wird, bei Heiden und Christen und bis tief ins Mittelalter hinein großen Einfluß ausgeübt hat, ist längst festgestellt." Der Grad der Anlehnung war jedoch durch die spezifischen Erfordernisse und Interessen der christlichen Autoren bedingt.
[55] Sicherlich haben auch die *acta martyrum*, das Enkomion und andere antike und christliche Formen mehr oder weniger biographischer Ausrichtung Einfluß auf einzelne frühe Bischofsviten ausgeübt.

Der Anlaß zu dieser Vermutung ist neben der auffälligen Parallele
bestimmter Motive in der hellenistischen Darstellung der θεῖοι ἄνδρες
und der Bischofsvita der dem Bischofsamt selbst innewohnende
Dualismus. Der Bischof mußte, wie oben schon angedeutet, christliche
Tugenden wie *humilitas* und *simplicitas* in besonderer Weise verkörpern. Dennoch bestand für ihn die Notwendigkeit, über Autorität zu
verfügen und sie legitimieren zu können. Diese *auctoritas* mußte jedoch
entsprechend christlicher Auffassung frei sein von Machtdenken und
rein diesseitiger Ausrichtung. In vielen Fällen konnte zwar, wie auch
Scheibelreiter betont, die *nobilitas* eine gewisse Autorität verleihen.
Als alleinige Rechtfertigung für die Übernahme des hohen geistlichen
Amtes konnte sie jedoch nicht ausreichen. Es bedurfte auch einer
spirituellen Legitimation. Besonders herausragende Frömmigkeit
konnte diese liefern, offensichtlich erforderten aber die vielfältigen,
geistlichen und weltlichen Aufgaben des Bischofs auch andere Qualitäten, nämlich einen überragenden Intellekt und die normalerweise
mit ihm einhergehenden Fähigkeiten.

Biographien wie die Vita des Pythagoras von Iamblich, Porphyrius'
Vita des Plotin, Eusebius' Beschreibung des Lebens des Origenes im
6. Buch seiner *Historia ecclesiastica* porträtieren weise Männer, die aufgrund ihrer spirituellen Überlegenheit, ihrer größeren Gotteserkenntnis
und ihres Weitblicks eine *auctoritas* genossen, aufgrund derer sie nicht
nur innerhalb des Kreises ihrer Anhänger eine gehobene Stellung
einnahmen, und stellen damit ein Arsenal von Motiven und Topoi
bereit, mit dessen Hilfe besser als mit denen der anderen literarischen
Genera der Bischof aus der Gemeinde hervorgehoben und seine
besondere Eignung für das ambivalente Amt unter Beweis gestellt
werden konnte.

2.2. *Das Modell des* θεῖος ἀνήρ

Beim θεῖος ἀνήρ handelt es sich um einen Begriff, der sich seit den
Arbeiten von Weinreich, Windisch und Bieler[56] zur Bezeichnung des
sogenannten 'Gottmenschentums' in der griechisch-römischen Antike

---

[56] O. Weinreich, "Antikes Gottmenschentum", in: Neue Jahrbücher für Wissenschaft
und Jugendbildung 2 (1926) 633–651. Auch in: Ausgewählte Schriften 2, Gießen
1973, 171–197; H. Windisch, Paulus und Christus (Untersuchungen zum Neuen

durchgesetzt hat.[57] Thema und Gestalt des θεῖος ἀνήρ, der Person also, die nach Betz "kraft besonderer charismatischer Begabung über das allgemeinmenschliche Maß hinausragt",[58] lassen sich in zahlreichen Varianten in der griechischen und römischen Literatur vor allem der hellenistischen Zeit nachweisen. Der Vorstellung vom θεῖος ἀνήρ lag in der Antike jedoch kein klar definiertes Konzept zugrunde. Auch in der neueren Forschung wird der Begriff zur Bezeichnung sehr verschiedener Phänomene verwandt, ohne daß es zu klaren begrifflichen Abgrenzungen gekommen wäre.

Wie bei Pindar und Platon ersichtlich ist, bezeichnet der altgriechische Ausdruck ursprünglich den von Gott inspirierten Seher.[59] Der θεῖος ἀνήρ muß also von Heros, Halbgott und Unsterblichen unterschieden werden.[60] Der Begriff und andere sinnverwandte Ausdrücke finden aber auch Anwendung auf so unterschiedliche Personen wie Propheten, Wundertäter, Demagogen, Dichter und Gesetzgeber, ja sogar Günstlinge und Kurtisanen.[61] Der hellenistisch-römische θεῖος ἀνήρ, der hier vornehmlich von Relevanz sein wird, tritt, laut Betz, "als 'Philosoph' auf, der sich für seine philosophische Erkenntnis und ethische Weisheit auf sein übernatürliches Erkenntnisvermögen beruft. Zugleich wird er tätig als Wundertäter, Krankenheiler, Erwecker von Toten."[62]

Die Vorstellung vom θεῖος ἀνήρ rückte erst Ende des letzten und im Verlauf der ersten Hälfte dieses Jahrhunderts verstärkt in das Blickfeld wissenschaftlichen Interesses, als nämlich die neutestamentliche, genauer die formengeschichtlich orientierte Exegese literarische Prototypen für die Evangelien suchte. Mit dieser Suche, die in jüngerer Zeit wieder aufgenommen wurde, sind vornehmlich Namen

---

Testament 24) Tübingen 1934; L. Bieler, ΘΕΙΟΣ ΑΝΗΡ. Das Bild des 'göttlichen Menschen' in Spätantike und Frühchristentum I–II, Wien 1935–1936. ND Darmstadt 1976.
[57] H.D. Betz, "Gottmensch II", in: RAC 12 (1983) 235.
[58] Ebd., 236.
[59] Ebd., 238.
[60] Dies wird besonders von Ch.H. Talbert, "The Concept of Immortals in Mediterranean Antiquity", in: Journal of Biblical Literature 94 (1975) 419–436 betont. Da die Vorstellung von Göttlichkeit in der Antike recht komplex war, kam es auch zu Verschmelzungen der diversen Vorstellungen.
[61] Betz, 234–312, sowie M. Smith, "Prolegomena to a Discussion of Aretalogies, Divine Men, the Gospels and Jesus", in: Journal of Biblical Literature 90 (1971) 187.
[62] Betz, 248.

wie Baur, Reitzenstein und Bieler verbunden.[63] Man postulierte eine
Literaturform in der griechisch-römischen Antike, die bereits vor der
Niederschrift der Evangelien existierte, und von der man meinte,
daß sie ihren Ausgangspunkt in Sammlungen von Wundererzählungen
habe. Wie die Bezeichnung Aretalogie für dieses hypothetische Genre
deutlich macht, ging man dabei von der Annahme aus, daß es seinen
Ursprung in frühen Kulthandlungen gehabt habe, bei denen die
ἀρεταί,[64] die Tugenden und Wundertaten einer Gottheit, gerühmt

---

[63] F. Baur, Apollonius von Tyana und Christus, Tübingen 1832; Reitzenstein,
Hellenistische Wundererzählungen; Bieler. Ebenfalls zu nennen sind: E. Rohde, "Die
Quellen des Jamblichus in seiner Biographie des Pythagoras", in: Rheinisches Museum
26 (1871) 554–576; 27 (1872) 23–61. Auch in: Kleine Schriften, Tübingen 1901;
Weinreich, Antikes Gottmenschentum. Ausführlichere Literaturangaben zur Forschung
in der ersten Hälfte dieses Jahrhunderts: Smith, Prolegomena.
   Die genannten Arbeiten, die im Rahmen der Debatte um die Originalität des
Christentums entstanden sind, reflektieren eine Position, die – mehr oder weniger
ausgewogen – den Versuch unternahm, das Christentum sowie diverse Manifestationen
der frühen christlichen Literatur, inbegriffen der Evangelien, als eine Fortsetzung
schon vorhandener hellenistischer religiöser Traditionen zu deuten. Übereinstimmungen zwischen der Gestalt Jesu und bestimmten in der heidnischen Antike in
göttliche Nähe gerückten oder kultisch verehrten Männern wurden jedoch schon in
der Spätantike von Christen und Heiden bemerkt und je nach Standpunkt unterschiedlich gedeutet und bewertet. Iustin legte sie als dämonische Imitationen des
Christentums aus (I Apologie, 21–27), Heiden wiederum nahmen sie als Beweis
dafür, daß Jesus keineswegs ein außergewöhnlicher Status zukomme, ihr Vergleich
fiel zugunsten der antiken Magier, Philosophen oder Wanderprediger aus. (Origenes,
Contra Celsum, 2.49 f.; 3.3, 42 f.; 6.8–11; 7.9, 53; etc.) Apollonius von Tyana wurde
bald ins Zentrum der Auseinandersetzung gerückt, so von Hierokles auf Seiten der
Heiden. Dessen Angriff auf das Christentum wurde von Eusebius aufgegriffen.
(O. Seck, "Hierokles 13", in: Paulys Real-Encyclopädie der classischen Altertumswissenschaft 8/2 (1913) 1477) Siehe dazu auch W. Nestle, "Die Haupteinwände des
antiken Denkens gegen das Christentum", in: Archiv für Religionswissenschaft 37
(1941–1942) 66 ff. u. O. Gigon, Die antike Kultur und das Christentum, Gütersloh
²1969, 104–126.
   [64] Der Ausdruck ἀρεταλογία wird im Griechischen eher selten verwendet, das
gleiche gilt für das Wort ἀρεταλόγος, das einen Angestellten im Tempel einer
Gottheit bezeichnet, dessen Aufgabe es ist, Träume zu deuten und von den
Wundertaten seines Gottes zu berichten. Die beiden bekanntesten Stellen, in denen
das Wort verwendet wird – Suetonius, Augustus 74, und Juvenal, Satiren 15.13 ff.
– ließen zunächst vermuten, daß es sich bei der so bezeichneten Person um einen
"low philosopher or buffoon" handele, der bei Gastmählern der Reichen durch
pseudo-intellektuelle Witze zur Unterhaltung der Gäste beisteuern sollte. (H. Kee,
"Aretalogy and Gospel", in: Journal of Biblical Literature 92 (1973) 402–422, 402)
Die ursprüngliche, oben genannte Bedeutung wurde aber durch den Fund zweier
Tempelinschriften in Delos bekannt: Bulletin de Correspondence hellénistique 6
(1882) 327 und 339. Vgl. ebenso den Scholiast des Palimpsest von Juvenal in Bobbio:
arithalogi sunt, ut quidam volunt, qui miras res, id est deorum virtutes, loquuntur. Pejorative
Bedeutung ebenfalls in: Horaz, Sat. I, 1, 120 und Pseudo-Manethus 4, 447. (Van
Uytfanghe, L'hagiographie, 142, Anm. 20).

worden seien.[65] Ungeachtet der Tatsache, daß es dafür keine Quellen-
belege gibt, wurde dieser Terminus auch auf Texte übertragen, die
sich nicht auf Götter, sondern auf Personen beziehen, die den Kategorien der θεῖος ἀνήρ – Typologie entsprachen, wobei zunächst das

---

[65] Cox, 3. M. Smith, Prolegomena, 176: "there is general agreement that an 'aretalogy' was a miracle story or a collection of miracle stories and that the primary
use of such collections was praise or propaganda for the deity supposed to have
done the deeds." Besonders in den 70er Jahren ist wiederholt – so von W. von
Martitz, "υἱός κτλ", in: Theologisches Wörterbuch zum Neuen Testament 8 (1969)
335–340 und O. Betz, The Concept of the So-Called 'Divine Man', in: D.E. Aune
(Hg.), Mark's Christology. Studies in New Testament and Early Christian Literature.
Essays in Honour of Allan P. Wikgren, Leiden 1972, 229–240 – die Frage aufge-
worfen worden, ob es in der Antike das Phänomen des θεῖος ἀνήρ uberhaupt gege-
ben habe. Dies hat in der Forschung Anlaß zu einer weiteren Präzisierung und
Differenzierung der verschiedenen Konzeptionen des θεῖος ἀνήρ gegeben. (Siehe u.a.
M. Hadas – M. Smith, Heroes and Gods. Spiritual Biographies in Antiquity, New
York 1965; D. Esser, Formgeschichtliche Studien zur hellenistischen und frühchristlichen
Literatur unter besonderer Berücksichtigung der Vita Apollonii des Philostrat und der
Evangelien, Bonn 1969; Smith, Prolegomena; P.J. Achtemeier, "Gospel Miracle
Tradition and the Divine Man", in: Interpretation 26 (1972) 174–197; D.L. Tiede,
The Charismatic Figure as Miracle Worker (Society of Biblical Literature) Mis-
soula Mt. 1972; H. Köster, "One Jesus and Four Primitive Gospels", in: Harvard Theo-
logical Review 61 (1968) 203–247; J.Z. Smith, Good News Is No News: Aretology
and Gospel, in: J. Neusner (Hg.), Christianity, Judaism, and Other Greco-Roman
Cults: Studies for Morton Smith at Sixty I: New Testament, Leiden 1975, 21–38;
Kee; M. Smith, On the History of the Divine Man, in: Paganisme, Judaïsme,
Christianisme. Mélanges M. Simon, Paris 1978, 335–345; Ders., "The Pagan
Neoplatonist's Response to Christianity", in: Maynooth Review 19 (1989) 25–41;
K. Berger, Hellenistische Gattungen im Neuen Testament, in: H. Temporini –
W. Haase (Hgg.), Aufstieg und Niedergang der Römischen Welt. Geschichte und
Kultur Roms im Spiegel der neueren Forschung 2, 25, 2, Berlin – New York 1984,
1031–1432; J.Z. Smith, Drudgery Divine. On the Comparison of Early Christianities
and the Religions of Late Antiquity, Chicago 1990; B. Blackburn, 'Miracle Working
ΘΕΙΟΙ ΑΝΔΡΕΣ in Hellenism (and Hellenistic Judaism), in: D. Wenham – C. Blomberg
(Hgg.), Gospel Perspectives. 6. The Miracles of Jesus, Sheffield 1986, 185–218 u.
Ders., Theios Aner and the Markan Miracle Traditions. A Critique of the Theios Aner
Concept as an Interpretative Background of the Miracle Traditions Used by Mark
(Wissenschaftliche Untersuchungen zum Neuen Testament 2.40) Tübingen 1991;
E. Koskenniemi, Apollonius von Tyana in der neutestamentlichen Exegese (Wissen-
schaftliche Untersuchungen zum Neuen Testament 2.61) Tübingen 1994) In letzter
Zeit haben u.a. auch W. Speyer, Die Verehrung des Heroen, des göttlichen Menschen und des christlichen Heiligen. Analogien und Kontinuitäten, in: P. Dinzelbacher – D.R. Bauer (Hgg.), Heiligenverehrung in Geschichte und Gegenwart,
Stuttgart 1990, 48–66 und A. Angenendt, Heilige und Reliquien. Die Geschichte
ihres Kultes vom frühen Christentum bis zur Gegenwart, München 1994, 21–25
die Existenz der θεῖος ἀνήρ – Konzeptionen in der Antike bestätigt, was durch die
semantischen Untersuchungen D.S. Du Toit, Theios Anthropos. Zur Verwendung von
θεῖος ἄνθρωπος und sinnverwandten Ausdrücken in der Literatur der Kaiserzeit
(Wissenschaftliche Untersuchungen zum Neuen Testament 2. 91) Tübingen 1997
bekräftigt wurde.

Wirken von Wundern als wichtigstes Kriterium erachtet wurde.[66]
Reitzenstein hat den Begriff aus dem postulierten historischen Kontext
und aus der Zuordnung zu einer bestimmten Literaturform gelöst
und auf Texte unterschiedlicher Genera angewandt.[67] Smith und
Hadas, deren Interesse entsprechend den ursprünglichen Intentionen
der neutestamentlichen Exegese darin bestand, für die Darstellung
Jesu in den Evangelien möglichst enge Parallelen in der hellenistischen Welt zu finden, postulierten hingegen ein geschlossenes Genus
der Aretalogie mit einer klaren literarischen Struktur und einem abge-
grenzten Themen- und Motivbereich.[68]

Man ist inzwischen übereingekommen, daß es sich bei der Aretalogie
nicht um einen eindeutigen Gattungsbegriff handeln kann[69] und die
a priori zur Charakterisierung des heiligen Mannes herangezogenen
Parameter zu eng gefaßt waren. Ausschlaggebend hierfür war vor
allem die Tatsache, daß von den frühen Aretalogien keine einzige
erhalten ist und man daher auf jüngere Biographien wie diejenigen
des Philostratus, Porphyrius und Iamblichus verweisen mußte, die
ihrerseits mit den zu eng gefaßten thematischen Rastern der Aretalogie

---

[66] M. Smith, Prolegomena, 176.

[67] Er bezeichnete mit diesem Begriff die 'antike Kleinliteratur', die kanonisierte
und apokryphe Bibel sowie die christliche Hagiographie, die ebenfalls Wunderberichte
enthält. Ebenso unterschied er zwischen Propheten-Aretalogien, Philosophen-Aretalogien,
Reise-Aretalogien. Reitzenstein, Hellenistische Wundererzählungen, 63, 67, 74 usw.
(siehe Van Uytfanghe, L'hagiographie, 142, Anm. 21).

[68] Sie sahen in der Aretalogie zunächst "a formal account of the remarkable
career of an impressive teacher that was used as the basis for moral instruction.
The preternatural gifts of the teacher often included power to work wonders; often
his teaching brought him hostility of a tyrant, whom he confronted with courage
and at whose hands he suffered martyrdom. Often the circumstances of his birth
or death involved elements of the miraculous." (Hadas-Smith, 1965, 3) Das Paradigma
einer Aretalogie war für sie das Portrait des Sokrates in den Dialogen und der
Apologie (Ebd., 63). Der im *Gorgias* beschriebene Sokrates soll so als Modell für das
4. Buch der Makkabäer, die christlichen Märtyrerakten und besonders für das
Martyrium Polycarpi gedient haben (Ebd., 87–94).

[69] So u.a. Köster, One Jesus, und Esser, 221. Ebenso P. Vielhauer, Geschichte
der urchristlichen Literatur, Berlin-New York ²1978, 715: "... Wie an früheren
Stellen schon betont, ist der Terminus 'Aretalogie' als Gattungsbezeichnung ungeeignet."
Desgleichen Berger, 1228: "Eine Gattung Aretalogie gab es nicht (etwa im Sinne
der Gattung 'Roman'), nur eine Tendenz in verschiedenen Gattungen, die man
'aretalogisch' nennen kann..." und Van Uytfanghe, L'hagiographie, 143: "... elle
n'existe jamais sous une forme pure et, par conséquent, elle reste insaisissable comme
genre littéraire." Selbst Smith, Prolegomena, 196 verzichtete letztendlich auf eine
formale Definition der Aretalogie zugunsten einer eher themenbezogenen: "It has
no precise formal definition but is determined by its content; it must have a hero
whom it celebrates, by reporting one or more of his marvellous deeds."

nicht zu erfassen waren, ja nicht einmal durchgehend die als konstitutiv erachteten Wunderberichte enthielten.[70] Cox ging noch einen Schritt weiter, indem sie die Ansicht äußerte, daß von einem literaturwissenschaftlichen Standpunkt aus keine Notwendigkeit bestehe, ein eigenes Genre der Aretalogie zu postulieren, um Form und Inhalt der Biographien zu erklären, die sich mit dem 'holy man' oder 'divine sage' beschäftigen.[71] Sie versucht statt dessen, die Figur des 'heiligen Weisen' und seine literarische Darstellung in die Entwicklung der griechischen und römischen Biographie einzuordnen und wertet sie als Fortsetzung der griechischen Philosophenbiographie, die ihren Ausgang von den Beschreibungen des Sokrates bei Xenophon und Platon nahm.[72] Dies entspricht auch den Ergebnissen der jüngsten, 1997 erschienenen Studie Du Toits, der durch eine semantische Analyse zu klären versucht hat, inwieweit dem in der Forschung verwendeten Begriffsfeld des θεῖος ἀνήρ in der Antike ein fest umrissenes gedankliches Schema zugrunde lag. Ihm zufolge trat die θεῖος ἄνθρωπος – Terminologie in der Kaiserzeit nur in solchen Nominalphrasen auf, die auf einen Personenkreis referieren, der Gestalten wie Homer, Platon, Diogenes, Thukydides und Demosthenes einschließt, und zwar ausnahmslos in Kontexten, in denen die betreffenden Referenten in den Blick genommen werden, weil sie als Archegeten bestimmter Erkenntnisse bzw. als Garanten für die Wahrheit solcher Erkenntnisse gerade stehen müssen oder eine bestimmte Fertigkeit oder Wissenschaft vollkommen beherrschen. Daß die Terminologie semantisch gesehen in großer Nähe zu der Vorstellung des σοφὸς ἀνήρ stand, deutet die Tatsache an, daß die Termini oft parallel verwendet wurden.[73]

---

[70] Kee zeigt, daß in allen herangezogenen Texten immer jeweils einer der als konstitutiv erachteten Bestandteile fehlte. So habe etwa Kleomenes keine Wunder gewirkt, Pythagoras und Philostrat nicht den Märtyrertod erlitten. Für ihn ist Aretalogie kein *pattern*, sondern nur das Wirken des Helden als eines heiligen Mannes.

[71] Cox, 4; Ähnlich Berger, 1228; "... Aber da die Aretalogie nie rein belegt ist – handelt es sich nicht vielleicht doch nur um einen bestimmten Typ Biographie, der zur Erklärung nicht der hypothetischen Kreuzung mit einer hypothetischen Gattung bedarf. ...?" Im folgenden wird der Begriff des θεῖος ἀνήρ in einem eingeschränkten Sinne verwendet, er soll sich auf den hellenistischen Typ des heiligen Weisen beziehen.

[72] Zur Entstehung der Philosophenbiographie, ihrem pädagogischen Impetus und der Tendenz, im späten Hellenismus die Biographien bedeutender Philosophen zu Sammelbänden zusammenzufassen (so Diogenes Laertius, Philostrat, Eunapius), siehe Leo, Dihle, Studien, Die Evangelien u. Momigliano, The Development.

[73] Du Toit, passim, bes. 164–167. Ders., 401: "Die Untersuchung ergab, daß die

Die Aura der Heiligkeit, mit der in der Spätantike sowohl christliche als auch heidnische Weise umgeben wurden,[74] läßt sich in Ansätzen schon in der klassischen Zeit der griechischen Philosophie finden.[75] In Platons *Politeia* heißt es, daß derjenige, der die Weisheit liebt, durch die Beschäftigung mit göttlichen und geordneten Dingen selbst

---

θεῖος ἄνθρωπος -Terminologie eine feste semantische Struktur aufweist: Die Adjektive θεῖος, δαιμόνιος und θεσπέσιος gehören drei unterschiedlichen semantischen Feldern an. Zum ersten und am häufigsten treten sie als Qualitätsadjektive mit titularer Funktion auf: Sie bezeichnen die betreffenden Personen als Archegeten und/oder Garanten einer Erkenntnistradition aus. Die Ausdrücke θεῖος / δαιμόνιος / θεσπέσιος ἄνθρωπος / ἀνήρ sind nahezu phrasale Lexeme, die diese Vorstellung denotieren. Zum zweiten treten die Adjektive θεῖος, δαιμόνιος, θεσπέσιος als Qualitätsadjektive auf, die zusammen mit anderen sinnverwandten Lexemen wie ἄθεος, ἀνόσιος, ἀσεβής, δυσσηβής (Antonymie) und ὅσιος, εὐσεβής, θεοσεβής, θεοφιλής (Synonymie) zu einem Wortfeld gehören. Die Lexeme θεῖος κτλ sind Steigerungsformen dieser Lexeme (z.B. 'zutiefst fromm'/ 'überaus gottgefällig'/ 'sittlich hochstehend'). Zum dritten: Als adskriptive Klassenadjektive treten die Adjektive θεῖος, δαιμόνιος und θεσπέσιος nur selten in Zusammenhang mit Nomen, die auf Menschen referieren, auf. Ferner treten die Adjektive auch als relationelle Klassenadjektive auf, die je nach konkretem Kontext eine Relation zwischen dem betreffenden Menschen und einer Gottheit/ den Göttern bezeichnen. Die Art dieser Relation bestimmt der jeweilige religiöse Kontext."

[74] Hier wird von einem weit gefaßten Begriff von Heiligkeit ausgegangen. Vgl. A. Dihle, "Heilig", in: RAC 14 (1988) 1–63, 1: "Wohl alle Konnotationen dieses Wortes beziehen sich aber auf Erscheinungsformen unverfügbarer Macht, von deren Wirken sich der Mensch in der Endlichkeit u. Unvollkommenheit seiner Erfahrungswelt gerade hinsichtlich der fundamentalen Gegebenheiten seiner Existenz als abhängig erlebt. Als heilig werden in diesem Zusammenhang diese Macht und ihre Träger oder Vermittler sowohl hinsichtlich ihrer Wirkung als auch hinsichtlich ihrer die menschliche Erfahrung übersteigenden Vollkommenheit genannt. Heilig nennt man aber auch alles, was dieser Macht in besonderer Weise zugehört, sowie den Menschen, der für eine Begegnung mit der Macht, mag sie nun als Gefahr oder als Segen erlebt werden, durch Zustand und Verhalten in besonderer Weise qualifiziert ist."

[75] Daß sich, wie oben angedeutet, 'Heilige Männer' in der Gestalt von Sehern, Propheten, Mystagogen, Wundertätern, Weisen und Philosophen allerdings schon vor der Entstehung der eigentlichen Philosophenbiographie in der griechischen Literatur – besonders bei Hesiod – finden lassen, wird von Cox lediglich angedeutet. Der hellenistische Typus des θεῖος ἀνήρ, der sich, wie schon erwähnt, vornehmlich durch seine besondere Weisheit auszeichnet, wird jedoch stark durch diese Vorläufer geprägt. So sind in der Gruppe der altgriechischen Mantiker, die ihrerseits auf den Typus des vorgriechischen und hyperboreischen Schamanen rekurrieren, der von Plato (Leg. 1. 642 d) erwähnte Epimenides aus Kreta zu nennen sowie mythische Personen wie Abaris, Aristeas und Zalmoxis. Der bedeutendste Vertreter dieser Gruppe in der griechischen Literatur ist jedoch Orpheus. Im frühen Griechentum spielten Seher eine bedeutende gesellschaftliche Rolle als "Orakeldeuter, Propheten zukünftiger Ereignisse, Opferpriester und Reiniger von Krankheiten." (Betz, 239) Wanderleben und 'heilkundliches Sehen" waren ihre besonderen Kennzeichen. Für eine umfassende Beschreibung mit den entsprechenden Textstellen und Literaturverweisen siehe Betz, 238–286, ebenso E.R. Dodds, Pagan and Christian in an Age of Anxiety, New York 1970, 145–146 u. Tiede, 5,22, 60, 29, 41–42.

göttlich werde und Ordnung finde.[76] Aristoteles argumentiert in der Nikomachischen Ethik, daß der Mensch in der Kontemplation sein Wesen transzendiere.[77] Sechs Jahrhunderte später konnte der Neuplatoniker Porphyrius von dem Philosophen als dem Priester des universalen Gottes sprechen,[78] was einen tiefgehenden Wandel in der Vorstellung vom Wesen der Philosophie voraussetzt: "Ici la philosophie s'est muée en religion . . .".[79] Die Beschäftigung mit der Philosophie war eine elitäre, auf wenige Auserwählte, vor allem auf die Häupter religiöser Sekten und philosophischer Schulen, beschränkte Angelegenheit geworden und hatte, zugespitzt formuliert, nur noch ein Ziel, die Erkenntnis Gottes. So stellte Porphyrius fest, daß der Weise seine Heiligkeit aufgrund seiner Ähnlichkeit mit Gott gewinne und seine Zeitgenossen zu ihm wie zu einem spirituellen Doktor und moralischem Führer aufsähen.[80]

Obwohl der Sonderstatus des Philosophen auf seiner Kontemplation beruhte und man der *vita activa* nur einen untergeordneten Status zubilligte, war der Philosoph nicht lediglich passiv, "content to occupy a saintly periphery in ancient society. He was a man with a mission, a mission that was central to life in Late Antiquity: to communicate the divine, and to protect from the demonic."[81]

Diese Entwicklung eines neuen Persönlichkeitskultes, der die Philosophen zu heiligen Figuren machte,[82] fand ihren literarischen

---

[76] Cox, 17; Plat. rep. 500 c–d. Der Mensch ist laut Plato aufgrund seines vom νοῦς beherrschten Seelenteils in der Lage, an der göttlichen σοφία teilzunehmen (φιλο-σοφεῖν). "Ep. 7 wird die Aneignung der Philosophie grundsätzlich vom Erwerb aller anderen Kenntnisse unterschieden. Philosophisches Verstehen ereignet sich nach langer und intensiver Beschäftigung mit dem Gegenstand durch plötzliche Erleuchtung des Seele." Betz, 264.

[77] Aristot. EN 1177 a–b.

[78] Porphyrius, *De abstinentia* 2.49: ὁ τοῦ ἐπὶ πᾶσιν θεοῦ ἱερεύς.

[79] Van Uytfanghe, L'hagiographie, 156. Daß Philosophie weitgehend eine religiöse Angelegenheit geworden war, wird u.a. in Asclepius 12 (*Corpus Hermeticum* 2.312) deutlich, wo Philosophie als ein Versuch beschrieben wird, sich Gott durch Kontemplation und fromme Hingabe zu nähern. (Dodds, 1970, 92).

[80] Cox, 18. Porphyrius, *Ad Marcellam* 285.20. Hatte Aristoteles noch jedem menschlichen Wesen aufgrund seines Intellekts die Möglichkeit zugestanden, sich dem Göttlichen zu nähern, so ging man in der Spätantike davon aus, daß sich nur wenige dessen bewußt waren.

[81] Ebd., 19. Simon Magus z.B. verstand sich selbst als 'große Kraft' und Vermittler göttlicher *dynamis*, er wurde daher von seinen Jüngern auch kultisch mit Proskynese verehrt. (Act. 8.9/25).

[82] Zu dieser Entwicklung haben nicht zuletzt die Philosophen, Propheten oder 'Wanderprediger' selbst beigetragen, besonders deutlich wird dies bei Epikur: "Er

Niederschlag in den Philosophenbiographien, wobei die in ihnen
porträtierten Philosophen zu einem unterschiedlichen Grad mit dem
'Göttlichen' in Bezug gebracht wurden. Einige Philosophen weisen
aufgrund ihrer Geburt Nähe zum 'Göttlichen' auf. Der Apollonius
des Philostrat wird als ein Sohn des Proteus, der Pythagoras des
Porphyrius als Sohn Apollos betrachtet, Iamblich hingegen läßt
Phythagoras' Abkunft von Apollo eher im Vagen. Zwar ist die Geburt
der 'göttlichen Philosophen' oft mit diversen Präsagien und Wun-
dererscheinungen verbunden, die Biographen vermeiden es jedoch
in allen Fällen, von einer konkreten körperlichen göttlichen Abkunft
zu sprechen.[83]

In anderen Biographien werden die Philosophen lediglich aufgrund
ihrer Lebensführung als gottähnlich bezeichnet.[84] In diese Kategorie
fallen Porphyrius' Plotin und Eusebius' Origenes. Der Verzicht auf
göttliche Herkunft ist auf die Überzeugungen der beschriebenen
Philosophen zurückzuführen. Plotinus verschwieg seinen Geburtstag
aus Abneigung, an seine Körperlichkeit erinnert zu werden, eine
Abneigung, die Origenes aus ähnlichen Gründen teilte.[85] Während
die Biographien der Philosophen, deren Herkunft in die Nähe des
'Göttlichen' gerückt wird, ihre Protagonisten mit einer mystischen
Aura umgeben, die sich aller Beschreibung entzieht, werden die bloß
'gottähnlichen' Philosophen in einen konkreten, historischen und
philosophischen Kontext eingeordnet.[86]

Ein oft anzutreffendes Merkmal der heiligen Weisen ist ihre Fähigkeit,
Wunder zu wirken. Diese Befähigung wird bei Cox auf die göttliche
Abstammung der heiligen Männer zurückgeführt.[87] Obwohl Cox dies

---

war schon in den Augen seiner Zeitgenossen und wohl auch nach seinem eigenen
Urteil ein göttlicher Mensch. Ansatz dazu ist seine philosophische Frömmigkeitslehre.
Die Teilnahme am Kult, die Epikur durchaus empfiehlt, führt den Philosophen
zur γνῶσις τῶν θεῶν, zur ὁμοίωσις θεῷ, zur θεοφιλία und damit zum εὐδαιμονεῖν."
(Betz, 286).

[83] Cox, 36: "... the authors throw some doubt on the idea of the actual physical generation of the philosopher from a god, perhaps to be fair to historical sources
(which obviously preserved differing views of each hero's divinity), perhaps to retain
the hero's humanity and to avoid the notion of a corporeal god so repugnant to
pagans."

[84] Porphyrius, *Vita Plotini* 1–2.

[85] Origenes, *Commentariorum in Mattheum*, 10.22; Ders., *Homiliae in Leviticum* 8.3.

[86] Cox, 40.

[87] Vgl. dagegen Du Toit, 402: "Die Analyse zeigt ferner, daß die θεῖος ἄνθρωπος –
Terminologie in der Literatur der Kaiserzeit keineswegs als Bezeichnung für
Gottmenschen oder Göttersöhne benutzt wurde. Dies läßt sich den Texten schlech-

ablehnt, läßt sich die Tatsache, daß einige weise Männer Wunder wirken, andere jedoch nicht,[88] wohl eher auf zwei unterschiedliche Tendenzen in den Biographien heiliger Männer zurückführen, die schon in der frühen Philosophenbiographie zum Tragen kamen: einerseits die Berufung auf magische, übernatürliche Befähigung, andererseits auf eine im λόγος begründete Überlegenheit des Protagonisten. Diese zwei Momente lassen sich zwar nicht – wie dies Tiede postuliert[89] – auf deutlich unterscheidbare, unabhängige literarische Traditionen zurückführen, bestimmen aber jeweils den Charakter der einzelnen Viten. Eine Entsprechung dieser entgegengesetzten Strömungen läßt sich auch in Platons Vorstellung von der göttlichen Inspiration der Weisen und dem Primat des λόγος bei Aristoteles finden. Bei den Wundertätern kann man wiederum unterscheiden zwischen solchen, die wie Pythagoras[90] Naturwunder und solchen die wie Apollonius[91] Heilungswunder vollbringen. Laut Cox schrieb man den heiligen Weisen Wunder deswegen zu, weil so auf dramatische

---

terdings nicht entnehmen. Es ist im Gegenteil so, daß dort, wo Vergöttlichung und religiöse Verehrung eines Menschen gelegentlich tatsächlich vorhanden sind, die θεῖος ἄνθρωπος - Terminologie fehlt."

[88] Du Toit, ebd.: "Auch wenn die Vertreter der θεῖος ἀνήρ - Hypothese die Terminologie 'nur' als Bezeichnung für Wundertäter oder Charismatiker betrachten, ohne die Vergöttlichung der betreffenden Personen zu intendieren, können sie sich nicht auf den tatsächlichen Gebrauch der θεῖος ἄνθρωπος - Terminologie berufen. In der Antike nämlich dient die Terminologie keineswegs regelmäßig als Bezeichnung für Wundertäter bzw. Charismatiker."

[89] Tiede, 41–42.

[90] Editionen und Übersetzungen: Iamblichus: G. Clark (Trad.), On the Pythagorean Life, Liverpool 1989; J. Dillon – J. Hershbell (Hgg.), Iamblichus: On the Pythagorean Way of Life, Atlanta 1992; Zur Person und zur Vita: P. Gorman, Pythagoras: A Life, London 1979; R.M. Grant, "Dietary Laws Among Pythagoreans, Jews and Christians", in: Harvard Theological Review 73 (1980) 299–310; D.J. O'Meara, Pythagoras Revived, Oxford 1989.

[91] Editionen: F.C. Conybeare, (Hg.), Philostratus. Life of Apollonius of Tyana I–II, Cambridge 1912; C.P. Jones, Philostratus: The Life of Apollonius, Harmondsworth 1970; Untersuchungen der *Vita* und der Person des Apollonius: G.R.S. Mead, Apollonius of Tyana: The Philosopher-Reformer of the First Century A.D., New York 1966; F.W.G. Campbell, Apollonius of Tyana: A Study of His Life and Times, Chicago 1968; E.L. Bowie, Apollonius of Tyana: Tradition and Reality, in: H. Temporini – W. Haase (Hgg.), Aufstieg und Niedergang der Römischen Welt. Geschichte und Kultur Roms im Spiegel der neueren Forschung 2.16.2, 1652–1699, Berlin 1968; M. Dzielska, Apollonius of Tyana in Legend and History, Roma 1986; A. Mendelson, Eusebius and the Posthumous Career of Apollonius of Tyana, in: H.W. Attridge – G. Hata (Hgg.), Eusebius, Christianity and Judaism, Detroit 1992, 510–522; Koskenniemi.

Weise ihre außergewöhnliche Macht unter Beweis gestellt werden konnte.[92]

Beide besitzen jedoch als hervorragende Eigenschaft Weisheit, die sich schon in ihrer frühesten Kindheit manifestiert.[93] Die Vorstellung, daß die zukünftige Größe eines Menschen schon in seiner Kindheit erkennbar sei, ist eine verbreitete biographische Konvention, die schon in Xenophons *Agesilaos* nachweisbar ist. In der Biographie weiser Männer wird jedoch nicht nur auf die kindliche Veranlagung hingewiesen, die ihnen eigenen Talente sind vielmehr im Kinde schon völlig entwickelt. Was die Erziehung der weisen Kinder angeht, kommt es so zu häufig widersprechenden Aussagen. Auf der einen Seite wird berichtet, daß sie 'ähnlich den jungen Adlern', um mit Philostrat zu sprechen, 'zunächst mit den Eltern fliegen, um von ihnen zu lernen', also eine gewisse Form von Erziehung benötigen.[94] Auf der anderen Seite wird der Eindruck erweckt, sie bedürften einer konventionellen Bildung und Erziehung nicht, da sie bereits über alles Wissen und viele Fähigkeiten verfügen.[95] Diese Ambiguität ist wohl auf die beiden 'Naturen' des Philosophen zurückzuführen, die nur schwer miteinander in Einklang zu bringen waren: die auf höhere Weisheit zurückzuführende Überlegenheit über die anderen Menschen und eine Menschlichkeit, die verlangte, daß der Philosoph wie die anderen Menschen unterschiedliche Lebensphasen zu durchlaufen habe.[96]

Zur Weisheit des θεῖος ἀνήρ gehört seine außergewöhnliche Menschenkenntnis. So vermochte Pythagoras allein aufgrund der Physiognomie den Seelenzustand seiner Schüler zu erfassen.[97] Ähnliches erfährt man auch über Plotin und andere Weise. Der Philosoph nutzt diese Fähigkeit, um seine Mitmenschen zu fördern, denen er sich in

---

[92] Cox, 43.

[93] Von Origenes wird berichtet, daß er die Befähigung zu tiefschürfender Bibeldeutung schon als Junge besaß. (Eusebius, *Historia ecclesiastica* 6.2.7–9 und 6.14.10; Hieronymus, *De viris illustribus* 54 und ep. 33.4.11; Epiphanius, *Adversus haereses (Panarion)* 64.1.1; Photios, *Bibliothecae codices* 118) Über Apollonius erfahren wir, daß er schon als Kind über ein außergewöhnliches Gedächtnis verfügte und bald seinen Lehrer übertraf. (Philostratus, *Vita Apollonii* 1.7).

[94] Philostratus, *Vita Apollonii* 1.7.

[95] Heraklit, um nur ein Beispiel zu nennen, war laut Diogenes Laertius, *De clarorum philosophorum vitis* 9.1/17, 'erstaunlich von Kind an. Er hatte keine Lehrer nötig, sondern schöpfte sein Wissen aus sich selbst.' (Ebd. 9.1/3).

[96] Cox, 23.

[97] Porphyrius, *Vita Pythagorae* 13; Iamblichus, *De Vita Pythagorica* 17.71.

Sorge und Mitgefühl verbunden fühlt.[98] Origenes gewährte so unter Gefährdung seines eigenen Lebens verfolgten Christen Unterstützung.[99] Von Plotinus wird berichtet, er habe viele Waisen bei sich aufgenommen, ihre Erziehung beaufsichtigt und ihren Besitz verwaltet. Trotz aller philanthropischen Bemühungen ließ er sich jedoch nicht aus seiner eigenen Gedankenwelt herausreißen.[100]

Ein weiteres Indiz für die Weisheit des Philosophen ist das Bedürfnis, seine Einsichten als Lehrer an seine Schüler weiterzugeben: "divine philosophers are proselytizers, and their teaching not only touches but changes the lives of their disciples."[101] Origenes bemerkt denn auch, das beste Argument für die Wahrheit der von einem Philosophen gelehrten Lehre sei das überzeugende Leben seiner eigenen Schüler.[102] Er wird dadurch gewissermaßen zum Zentrum eines Miniaturuniversums, von dem aus er das Licht der Weisheit auf seine Jünger ausstrahlt und so seine Macht über sie manifestiert.[103]

Der θεῖος ἄνθρωπος ist als vollkommener Weiser der Garant für die Wahrheit der Lehrtradition, in der sich der jeweilige Sprecher selbst befindet: "Der Kult des Schulgründers, den man als inspiriert und damit als göttlich ansah, war nicht nur in den religiös gefärbten philosophischen Gemeinschaften üblich, wie bei den Pythagoreern, in der Schule Platons und des Aristoteles, sondern sogar in der Schule Epikurs. So verehrte Lukrez den Meister als einen göttlichen Menschen und als den einzigen wahren Heros."[104] Oft wird die Altehrwürdigkeit der jeweiligen Personen und ihrer Lehre betont,[105] oder die so bezeichnete Person gilt als Archeget des betreffenden Gebiets oder

---

[98] Ebd., 23.

[99] Eusebius, *Historia ecclesiastica* 6.3. 1–6. Dies geschah am Anfang des dritten Jahrhunderts während der Alexandrinischen Verfolgung. Auch Pythagoras sah laut Iamblich seine Mission darin, die Menschen zu heilen und ihnen Gutes zu tun. Er sei in Menschengestalt erschienen, damit sie nicht über seine Überlegenheit erschräken und sich seinen Belehrungen verwirrt entzögen. (Iamblichus, *De Vita Pythagorica* 92)

[100] Porphyrius, *Vita Plotini* 9. Er wurde von den Waisenkindern als ἱερὸς καὶ θεῖος φύλαξ bezeichnet; Empedokles soll armen Mädchen eine Mitgift verschafft haben. (Diog. Laert. 8,73).

[101] Cox, 24.

[102] Orig. Cels., praef. 2.

[103] Cox, 25; "His wisdom did not die with him but lived on in adherents to the ideal that he so successfully embodied."

[104] Speyer, 58.

[105] Du Toit, 168: "Vgl. z.B. die Verbindungen mit ἀρχ- / ἀρχαι- in Dio Chrysostomus, *Orationes* 12.49, 56. ἔτι κατ' ἀρχὰς /ἀρχαιότερα τῆς ἐμῆς τέχνης; Or. 36.34 τοῖς πάνυ ἀρχαίοις (ποιηταῖς)."

Wissens.[106] Besonders in der Polemik gegen andere Schulen bedient man sich der θεῖος ἀνήρ – Terminologie.[107]

Weisheit ist jedoch nicht die einzige Qualität, die den Anspruch auf Heiligkeit begründet. Sie bedarf der Komplementierung durch einen asketischen Lebensstil,[108] der selbst wiederum die Grundlage bildet, auf dem alle anderen Qualitäten und Leistungen beruhen.[109] Diese Fundierung in der Askese hat literarisch gesehen die Statik zur Folge, die die Biographien heiliger Männer kennzeichnet. Der Philosoph, der gelernt hat, seine Regungen zu beherrschen und sich selbst zu bezwingen, hat eine Form des Daseins erreicht, die keiner Veränderung mehr bedarf, er bleibt sich immer gleich.[110]

Faßt man zusammen, so läßt sich sagen, daß der heilige Philosoph sich sowohl durch Weisheit als auch durch Askese auszeichnete, ja daß Askese Zeichen und Konsequenz seiner Weisheit war. Diese wurde nicht nur durch seine Gemeinschaft mit den Göttern, sondern auch mit den Menschen deutlich, er war Lehrer par excellence,

---

[106] Siehe etwa Dion von Halikarnassos, *De compositione verborum* 24.

[107] Zum polemischen Gebrauch der θεῖος ἀνήρ – Terminologie etwa in der Schule Epikurs siehe Du Toit, 172, bei Plutarch von Chaironeia ebd., 175–178; in Philostrats *Vita Apollonii* ebd., 282–288.

[108] Eusebius berichtet über Origenes, daß dieser in 'höchst philosophischer Weise' sein Leben gestaltete: Er fastete, beschränkte seinen Schlaf, den er auf dem Fußboden nahm, und lebte in höchster Armut. "These feats were accompanied by Origen's avoidance of 'everything that might lead to youthful lust.'" (Cox, 27) Wie sehr auch sexuelle Enthaltsamkeit von Propheten erwartet wurde, wird in P. Brown, The Body and Society. Men, Women and Sexual Renunciation in Early Christianity (Lectures on the History of Religions) New York 1988, 65–83 deutlich.

[109] Ebd., 25. Siehe auch Bieler I, 60–73. Askese war ein fester Bestandteil des Bildes geworden, das man sich in dieser Epoche vom Philosophen machte. Nicht immer nahm sie jedoch eine so extreme Form an und wurde so zur Schau gestellt wie von Peregrinus Proteus, der sich in Olympia in ein Feuer warf. (Philostratus, *Vitae Sophistarum* 563) Viele Beschreibungen von heiligen Männern stimmen mit Lucians satirisch zugespitztem Portrait überein. Er beschreibt die Philosophen und Wanderprediger als barfüßig, bärtig, verlumpt und verdreckt. (Lukian, *Cynicus*, bes. 1.14.17.19) Cox sieht die Wahl eines asketischen Lebenswandels und die damit verbundene Abweichung von der gesellschaftlichen Norm in dem Wunsch begründet, sich einen gesellschaftlichen Sonderstatus zu schaffen, der nach außen hin sichtbar ist, zum anderen als äußere Manifestation einer inneren philosophischen Überzeugung.

[110] Im Neuplatonismus ist die Forderung nach einem asketischen Lebensstil auf den radikalen Dualismus zwischen Leib und Seele zurückzuführen. Der göttliche 'innere' Mensch, d.h. die dem νοῦς verwandte Seele, soll sich so weit wie möglich vom 'niederen Menschen', dem Körper, lossagen, um sich statt dessen mit der Gottheit zu vereinigen. Aber auch der stoische Weise, der vollkommene Herrschaft über sich errungen hat, lebte – wie Zenon – idealiter streng asketisch. (Diog. Laert. 7.13 f.).

der durch seine Lehre das Leben derer veränderte und formte, die
mit ihm in Berührung kamen. Er war aber auch ein guter Hirte,
der sich für seine Anhänger verantwortlich fühlte und sich für ihr
Wohlergehen einsetzte: "... These traits came together in biographies to form a pattern, a blueprint for the type of the divine philosopher. It is an ideal type, a picture of perfection."[111]

2.3. Der 'heilige Weise' der Philosophenbiographie und der Bischof der spätantiken Bischofsbiographie

Der Überblick über die wichtigsten Methoden, die zur Charakterisierung der Person des heiligen Weisen und seiner Wirksamkeit verwandt wurden, legt die zweifellos nicht unbegründete Vermutung
nahe, daß die 'Philosophenbiographie' mehr als eine Rückgriffs-
möglichkeit für die Bischofsvita bot. Das liegt zum Teil an dem sich
im Laufe der ersten beiden Jahrhunderte nach Christus entwickelnden Verständnis der Rolle des Bischofs. Die Vollmacht der Bischöfe
ist danach u.a. in der *successio apostolica*, der Nachfolge der Apostel,
begründet.[112] Damit übernahmen sie auch die Aufgaben der Apostel,
die in der Tradierung der Offenbarung, der Verkündigung des
Gotteswortes, der Spendung der Sakramente, der Aufrechterhaltung
der Kirchenzucht und der Fürsorge für die Armen und Bedürftigen
bestanden. Allein schon daraus ergeben sich grundsätzliche Übereinstimmungen mit den Funktionen, die den heiligen Weisen in den
hellenistischen Philosophenbiographien zugewiesen werden. Das
Moment der Belehrung, das für das Bild der Philosophen so entscheidend ist, hat auch für das Bischofsamt zentrale Bedeutung. Nach
Apg. 20, 17–36 gehört zu seiner Hirtenpflicht die fürsorgende Aufsicht
über die Kirche Gottes, die Belehrung und Zurechtweisung.[113] Bereits
in den Pastoralbriefen werden den Bischöfen die Funktionen übertragen, die ursprünglich den Propheten und Lehrern zukamen.[114]

---

[111] Cox, 30.
[112] Auf das Selbstverständnis der Bischöfe als Apostelnachfolger wird ausführlicher in dem Teil der Arbeit eingegangen, der der Genese des Bischofsamtes gewidmet ist.
[113] M. Schmaus – K. Mörsdorf – P. Brunner, "Bischof", in: Lexikon für Theologie
und Kirche II (1958) 491–506, 491.
[114] Cox, 49.

Nach 1 Tim. 3, 2 ff. wird vom Bischof nicht nur Befähigung zur
Leitung und Verwaltung, sondern auch zum Lehren verlangt, und
nach Did. 15,1 übernehmen Bischöfe und Diakone auch die Aufgaben
von Propheten und Lehrern. Der Bischof wird wie die Philosophen
als "moralischer Führer" und "spiritueller Doktor" verstanden. Die
Sendung als ein konstitutives Element für Charakter und Wirken des
Philosophen hat, wenn auch in veränderter Form, eine zentrale
Bedeutung für den Bischof, dem es wie dem Philosophen aufgegeben
ist, "to communicate the divine, and to protect from the demonic".[115]
    Gemeinsam ist der Biographie der heiligen Weisen und der Bischöfe
auch die Tendenz, ihre Protagonisten zwischen Wirklichkeit und
Ideal anzusiedeln und sie als Mittler zwischen dem Menschlichen
und Göttlichen anzusehen. Der θεῖος ἀνήρ nimmt einen imaginierten
Platz ein "between where the history of a man's life and his bio-
grapher's vision of human divinity meet and mingle. Biographies of
holy men are the expressions of this play between fact and fantasy;
they are the places between come to life as embodied ideal, imagi-
nal history."[116] Der Bischof als Lehrer und Hirt, in erster Linie aber
als Sakramentenverwalter und -spender stellt gewissermaßen die
Institutionalisierung der Verbindung zwischen Irdischem und Himmlischen, Mensch und Gott dar.
    Von zentraler Bedeutung ist die Weisheit, wie auch immer sie ver-
standen werden mag. Wie der Philosoph verfügt auch der Bischof

---

[115] Ebd., 19.
[116] Ebd., XII. Dem Phänomen des heiligen Mannes in der Spätantike hat Brown
mehrere umfangreiche und grundlegende Studien gewidmet. Seine eher soziologischen Theorien stießen jedoch auch auf Kritik, so unter anderem bei Fontaine und
Pietri, die ihm zum Vorwurf machten, die Bedeutung etwa des *sequi Christum* oder
der paulinischen und patristischen Konzeption der Kirche als *Corpus Christi* zu sehr
zu vernachlässigen. Brown wies sowohl die Theorie zurück, daß der Heiligenkult
als eine 'Barbarisierung' des Christentums durch den populären Polytheismus zu
verstehen sei, als auch die Vorstellung, die den Heiligenkult als Ausdruck einer
Religiosität des Volkes versteht, die sich von der der Elite unterscheidet. Für ihn
ist der Heiligenkult Resultat der Projektion und Sublimierung des sozialen Systems
der römischen Spätantike: "It seems to me that the most marked feature of the rise
of the Christian church in western Europe was the imposition of human administrative structures and of an ideal *potentia* linked to invisible human beings and to
their visible human representatives, the bishops of the towns, at the expense of traditions that had seemed to belong to the structure of the landscape itself." (Brown,
The Cult of the Saints. Its Rise and Function in Late Christianity (The Haskell
Lectures on History of Religions, N.S., 2) Chicago 1981, 124–125) Siehe zu Browns
Konzeption auch Van Uytfanghe, L'hagiographie, 140: "le *patronus* céleste étant un
réplique spirituelle de l'aristocratie terrestre qui met en sûreté, moyennant la fonc-

über sie. Seine Weisheit ist jedoch eine andere als die der heidnischen Philosophen. Sie ist Weisheit im christlichen Sinne und besteht anders als die antike etwa des Sokrates[117] vornehmlich in einer tieferen, durch die Offenbarung vermittelten Erkenntnis des Wesens und des Willen Gottes.

Der Weise besitzt in der Biographie des θεῖος ἀνήρ seine Weisheit zumeist schon seit frühester Kindheit, es herrscht aber eine gewisse Ambiguität, was die Notwendigkeit einer formalen Erziehung angeht. Eine ähnliche Situation läßt sich bezeichnenderweise auch in der Bischofsbiographie finden. Auch hier ist die Vorstellung vom *puer senex* weit verbreitet und hat eine vergleichbare Funktion, nämlich die der subtilen Legitimierung einer Sonderstellung. Ähnliches gilt für die asketische Haltung, die sowohl vom Weisen als auch vom Bischof verlangt wird.

Die Biographie heiliger Männer definiert sich eher über bestimmte wiederkehrende Themen und Motive als über formale Kriterien. Versuche, auch im Hinblick auf die literarische Form eine möglichst enge Abgrenzung zu finden, haben sich als so gut wie unmöglich erwiesen. Eine Formbeschreibung, die möglichst allen Biographien heiliger Männer gerecht werden kann, dabei einzelne Besonderheiten nicht vernachlässigt, kann daher nur sehr einfach aussehen: "the Graeco-Roman biography of the holy man is a narrative that relates incidents in the life of its subjects from birth or youth to death. The hero's activities provide points of reference for the insertion of material not always related in an obvious way to the narrative's presumed biographical purpose."[118]

Dieser sehr weite Rahmen ließ einen breiten Spielraum für Variationen, konnte aber aufgrund des Mangels an festen Vorgaben für die Bischofsvita kaum als Modell dienen. Die spezifischen Aktivitäten des Bischofs unterschieden sich bereits in der Frühzeit der Kirche in einem so starken Ausmaße von denen des 'Philosophen' oder

---

tion épiscopale, le prestige de son rang social." Auch Brown weist somit dem Bischof eine Schlüsselrolle im Übergang von der heidnischen zur christlichen Antike zu und das sowohl in seiner sozialen Funktion als auch in der des Vermittlers zwischen Diesseits und Jenseits.

[117] Van Uytfanghe, L'hagiographie, 150–151 wertet Sokrates' Weisheit folgendermaßen: "Mais d'autre part le Socrate platonicien n'apparaît, en substance, que comme un 'surhomme éthique' chez qui, en dépit de son *daimonion* et de sa piété, la dimension religieuse et spirituelle reste tout de même à la surface."

[118] Cox, 55.

'Weisen', daß auch formal eine andere Darstellungsform zu finden war, weshalb sich die Bischofsvita denn auch in dieser Hinsicht oft an der Form der Herrscherbiographie orientierte.

Andere formale Kennzeichen der Biographie des heiligen Weisen, die in einem engen Bezug zu der spezifischen, idealisierenden Funktion der Viten stehen, haben jedoch auch Geltung für die Bischofsviten. Die Chronologie spielt auch in ihnen nur bedingt eine Rolle, insofern als sie lediglich einen lockeren Rahmen für die Wiedergabe bestimmter, für Charakter und Wirkung aufschlußreicher Begebenheiten bildet: "Although the authors did give some indication of times for the births and deaths of their subjects, they relied only on the vaguest chronological notices to provide narrative transitions from one event to the next."[119] Ein Indiz dafür ist die auch für Bischofsbiographien und christliche Viten charakteristische Abundanz von vagen, einen Übergang markierenden Konjunktionen wie 'einmal', 'als', 'nach diesem', 'es wird gesagt, daß' und ähnlichem.

In Übereinstimmung mit der charakteristischen statischen Persönlichkeitsvorstellung wird in der Biographie des θεῖος ἀνήρ in der Regel das ganze Leben als ἀκμή porträtiert. "The various aspects of the holy philosopher's perfection did not develop gradually but were persistent features of his personal topos."[120]

Dieses statische Persönlichkeitsverständnis in der Biographie des heiligen Mannes und die Vorgabe, daß der Weise von Anfang an perfekt sei, erklärt sich aus der Intention dieser Biographieform, die Lehren und Ideale bestimmter, stark von einander abgegrenzter Schulen zu propagieren.[121] Nur ein Philosoph, der sich selbst gleich

---

[119] Cox, 55.
[120] Ebd., 53. Dies, 54.: ". . . the heroes of biographies of holy men do not change in any way as their stories unfold. That they have reached the pinnacle of glory is evident from the beginning of their biographies, and the stories in the narrative serve to document their multifaceted perfection. To claim that these biographies show development of character is to miss one of the major dynamics involved in their composition, the portrayal of a man's character according to a preconceived ideal."
[121] Die Zeit des Hellenismus ist von einer außergewöhnlichen Vielfalt an Heilsangeboten und Denkrichtungen gekennzeichnet. Dementsprechend groß war die Konkurrenz zwischen den Vertretern unterschiedlicher Anschauungen und Modelle. Dies ist auch in den Biographien zu spüren. Die Tendenz, einzelne Philosophen geschlossenen Schulen zuzuweisen und diese gewissermaßen gegeneinander auszuspielen, ist wohl auch auf dieses Moment zurückzuführen. Jede Schule hatte den Anspruch, alleiniger Vermittler von Weisheit und Erkenntnis zu sein, deshalb durfte der Philosoph, dessen Ideal propagiert wurde, keine Schwächen zeigen, seine Über-

blieb, in seiner Biographie also keine schwachen Punkte aufwies, konnte vor Verleumdung und Kritik durch Vertreter anderer Schulen bewahrt werden.

Im Gegensatz zu der Biographie des heiligen Weisen thematisiert die Mönchsvita, wie vor allem die Antoniusvita des Athanasios deutlich macht, in erster Linie die Entwicklung des Heiligen. Eine Erklärung dafür kann man in den sozialen und religiösen Verhältnissen der Zeit finden. Das Christentum war zum Zeitpunkt der Entstehung dieser Viten bereits weit verbreitet. Die Antoniusvita, "written for the Christian community, was a 'sinner-to-saint' tale devoted precisely to a demonstration that development, spiritual ascent, was possible – possible, in fact, for 'everyman'."[122] Die christlichen Biographien hatten nach der offiziellen Anerkennung des Christentums eine breite Leserschaft, bei denen Konsens im Glauben vorausgesetzt werden konnte, deren Überzeugung nicht erst gewonnen werden mußte. Durch die Lektüre der Mönchsviten sollte der Leser lediglich in seinem Glauben bestärkt und moralisch 'gebessert' werden.

Die Bischofsbiographie zieht hingegen den statischen dem dynamischen Typ vor, weil zum Zeitpunkt, an dem sie an Bedeutung gewann, eine Abgrenzung der Orthodoxie von den sich innerhalb des Christentums ausbildenden divergierenden theologischen Positionen nötig war, die exponierte Stellung des Bischofs innerhalb der Gemeinde noch einer gewissen Legitimation bedurfte[123] und die individuelle Befähigung des einzelnen Bischofs mit dem Hinweis auf seine menschliche und geistige Überlegenheit nachgewiesen werden mußte.

---

legenheit mußte von Anfang an ersichtlich sein. Andere Denkrichtungen wurden zum Teil heftig diffamiert. Die Vorstellung einer ausgedehnten ἀκμή erklärt zum Teil das häufige Verwenden von Listen und Katalogen zur Charakterisierung der Protagonisten.

[122] Cox, 54.

[123] Siehe allerdings Chr. Markschies, Zwischen den Welten wandern. Strukturen des antiken Christentums (Europäische Geschichte) Frankfurt a.M. 1997, 210: "... die dreistufige Hierarchie von Bischof, Presbytern/Priestern und Diakonen war nach dem gegenwärtigen allgemeinen Forschungskonsens in der zweiten Hälfte des zweiten Jahrhunderts im wesentlichen ausgebildet. Spätestens zu Anfang des dritten Jahrhunderts stand an der Spitze jeder christlichen Gemeinde ein einziger Bischof, daneben existierten Presbyter und Diakone, und kaum jemand zweifelte daran, daß diese Ordnung richtig war, dem göttlichen Willen entsprach und mit der Tradition der Apostel übereinstimmte."

2.4. *Die Beziehung zwischen der Biographie des 'heiligen Weisen' und der*
christlichen Biographie, insbesondere der Bischofsvita

Wie anfangs vermutet ergibt sich eine weitgehende Konvergenz zwischen den zentralen Topoi und Motiven der Biographie des θεῖος
ἀνήρ und den inhaltlichen Erfordernissen der Bischofsbiographie. Es
stellt sich allerdings die Frage, inwieweit diese Analogien auf eine
direkte Abhängigkeit hinweisen, bis zu welchem Grad diese besteht
und in welche Richtung sie verläuft. Am Anfang dieses Jahrhunderts
tendierte die philologische und religionswissenschaftliche Forschung
dazu, eine völlige Abhängigkeit der christlichen Literatur von paganen
Modellen zu postulieren. Später war man ganz im Gegenteil geneigt,
eine solche auszuschließen und lediglich auf die literarischen Wurzeln
hagiographischer Texte in der Heiligen Schrift und im jüdischen
Umfeld zu verweisen.[124] Auch wenn es unmöglich ist, genaue Affilia-
tionen bestimmter literarischer Phänomene nachzuweisen, lohnt es sich
dennoch, die Frage nach der Beziehung zwischen philosophischen
und christlichen Texten noch einmal zu stellen.

Wenn man spätantike Philosophenviten wie die *Vita Apollonii* und
die *Vita Plotini* des Porphyrius mit christlichen spätantiken Viten,
speziell der *Vita Antonii* und der *Vita Ambrosii*, vergleicht, so zeigt sich,
daß vieles für eine Beeinflussung der letzteren durch die ersteren
spricht. Zwar redet man heute nicht mehr wie List bei der *Vita
Antonii* von einer Tendenzschrift, die Athanasius als Antwort auf die
neuplatonische Philosophie und die *Vita Plotini* verfaßt habe,[125] man
gesteht aber doch ein, daß − wie Reitzenstein schon vermutete[126] −
das asketische Vokabular des Athanasius literarische Reminiszenzen
an die Pythagorasvita erkennen läßt.[127] Diese punktuellen Anleihen
sind kein isoliertes Phänomen. So verweist Van Uytfanghe auf das
Bienenwunder in der *Vita Ambrosii*, das sich an die Legendentradition
um Platon, Pindar, Vergil und Lukan anlehnt sowie auf Spuren der
Vita Apollonii im hagiographischen Werk Gregor von Tours.[128]

---

[124] Dies besonders von katholischer Seite, insbesondere von den Bollandisten.
Literaturverweise und ausführlichere Beschreibung des Disputs bei Van Uytfanghe,
L'hagiographie, 137–141. Siehe auch J. Pucelle, "Athènes et Jérusalem: L'Archétype
de l'homme", in: Diotima 7 (1979) 164–170.

[125] List.

[126] Reitzenstein, Des Athanasius' Werk, 26–57.

[127] Van Uytfanghe, L'hagiographie, 160.

[128] Ebd.

Auch für eine gegenteilige Beeinflussung lassen sich Argumente anführen. Iamblich kannte nicht nur die *Vita Antonii*, sondern war auch mit dem Phänomen des christlichen Mönchtums vertraut: "A la date de la mort de Jamblique (vers 330?), Paul de Thèbes est centenaire, Antoine, Hilarion, Pakhome ont l'un quatre-vingts, les deux autres environ quarante ans, le monachisme est fondé, organisé, en partie déjà codifié . . . Est-il absurde de penser que Jamblique a pu connaître certains usages de ces moines?"[129] Cox und Goulet haben darauf hingewiesen, daß Heiden wie Porphyrius, Iamblich und Eunap ihre philosophischen und ethischen Grundsätze in dem Maß akzentuierten, in dem sie ihre intellektuelle und soziale Position durch das Christentum gefährdet sahen,[130] und Momigliano ist der Ansicht, daß durch die heidnischen Wunderdarstellungen die christlichen neutralisiert werden sollten.[131] Dies alles spricht für eine Übernahme christlicher Traditionen. Was die spätantiken Texte angeht, muß man also mit Van Uytfanghe zu folgendem Ergebnis kommen: ". . . on perçoit, au cours de l'Antiquité tardive, des influences partielles qui vont dans les deux directions mais qui ne permettent point de parler d'une dépendence généralisée dans un sens ou dans l'autre."[132] Berücksichtigt werden muß aber, daß die christlichen Viten zeitlich denjenigen Philosophenviten nachgeordnet sind, in denen das 'hagiographische' Element voll entwickelt ist.[133]

Wichtigste Quelle christlicher Biographie ist jedoch das Neue Testament. Die Debatte um die Beeinflussung christlicher Texte durch die pagane Literatur muß demnach vorverlegt werden. Viele Forscher haben die Abhängigkeit der Darstellung Jesu in den Evangelien von der θεῖος ἀνήρ – Konzeption der antiken Philosophenviten herauszuarbeiten versucht: Die polemische und apologetische Auseinandersetzung über die Abhängigkeit zwischen Apollonius von Tyana und den

---

[129] A.-J. Festugière, "Sur une nouvelle édition du *De Vita Pythagorica* de Jamblique", in: Revue des Études Grecques 50 (1937) 470–494, hier 478, Anm. 7.

[130] Cox, 143; R. Goulet, Les vies de philosophes dans l'Antiquité tardive et leur portée mystérique, in: F. Bovon (Hg.), Les Actes apocryphes des Apôtres. Christianisme et monde païen (Publications de la Faculté de Théologie de l'Université de Genève 4) Genève 1981, 161–208, hier 162–163.

[131] A. Momigliano, Popular religious beliefs and the late Roman historians, in: G.J. Cuming (Hg.), Popular religious belief (Studies in Church History 8) Oxford 1972, 1–18, 11.

[132] Van Uytfanghe, L'hagiographie, 162.

[133] Ebd.

Evangelien setzte schon in der frühen Kirche ein.[134] In der modernen Forschung haben sich zu diesem Problem zwei Meinungen herauskristallisiert. Die eine betrachtet die Figur des Apollonius als
bewußtes Gegenstück zum Jesus der Evangelien, die andere sieht die
Übereinstimmungen zwischen den beiden als Ausdruck einer gemeinsamen für das erste Jahrhundert nach Christus charakteristischen
religiösen Mentalität an.[135]

Wenn es auch unmöglich ist, die Evangelien ausschließlich auf
schon existierende hellenistische Literaturgattungen zurückzuführen,
so muß dennoch bedacht werden, daß das Motiv des heiligen Weisen
in der Antike, spätestens aber in hellenistischer Zeit nicht nur im
griechischen Raum verbreitet, sondern sehr wohl auch in Texten
jüdischer und orientalischer Prägung zu finden war.[136] Ein Einfluß
auf die Darstellung Jesu auf direktem oder indirekten Wege ist daher
nicht gänzlich abwegig. Wenn auch die Hauptinspiration vom Alten
Testament und dessen Motivbestand ausging, so dürfen hellenistische Einflüsse nicht ausgeschlossen werden.[137]

Interessanterweise kommt die $\theta\epsilon\hat{\imath}o\varsigma$ $\dot{\alpha}v\acute{\eta}\rho$ – Terminologie im Neuen
Testament jedoch nicht vor. Nach Du Toit ist dies nicht verwunderlich, ist Jesus doch ein Gottmensch, der weder im Neuen Testament

---

[134] Ebd., 164.

[135] Neuere Arbeiten zur Beziehung zwischen Apollonius und Jesus: Esser; G. Petzke,
Die Traditionen über Apollonius von Tyana und das Neue Testament (Studia ad
Corpus Hellenisticum Novi Testamenti 1) Leiden 1970; J.-L. Bernard, Apollonius
de Tyane et Jésus, Paris 1977; A. Mendelson, Eusebius and the Posthumous Career
of Apollonius of Tyana, in: H.W. Attridge – G. Hata (Hgg.), Eusebius, Christianity
and Judaism, Detroit 1992, 510–522; Koskenniemi.

[136] So wird z.B. von Philon von Alexandrien sowie von Flavius Josephus die Figur
des Moses eindeutig als $\theta\epsilon\hat{\imath}o\varsigma$ $\dot{\alpha}v\acute{\eta}\rho$ stilisiert, eine Sichtweise, die vorher im Judentum
unbekannt war. Charakteristisch für den Moses des Philon ist – wie für den stoischen Weisen – der Besitz vollkommener moralischer Tugend und Weisheit. Zu
Moses als $\theta\epsilon\hat{\imath}o\varsigma$ $\dot{\alpha}v\acute{\eta}\rho$ siehe Du Toit, 386–399, ebenso J. Gager, Moses in Graeco-
Roman Paganism, New York 1972; C.R. Holladay, *Theios Aner* in Hellenistic Judaism.
A Critique of this Category in New Testament Christology, Missoula 1977;
L. Cracco Ruggini, Pagani, ebrei e christiani, odio sociologico e odio teologico nel
mondo antico, in: Gli Ebrei nell'alto medioevo (Settimane di Studio del Centro
Italiano di Studi sull' Alto Medioevo 26) Spoleto 1980, 15–117, speziell 61–75.

[137] Ebenso Van Uytfanghe, L'hagiographie, 166: "Le *Sitz im Leben* sémitique, qui
est prépondérant dans les *Évangiles*, n'exclut nullement, en effet, des influences hellénistiques." Van Uytfanghe betont die Autonomie der Evangelien gegenüber bestimmten jüdischen Texten. Dort auch Literaturangaben. Wie fremd dem Judentum
die Vorstellung des Gottmenschentums vor der Beeinflussung durch griechisch-
philosophisches Gedankengut war, wird bei W. Schottroff, "Gottmensch I (Alter
Orient und Judentum)", in: RAC 12 (1983) 155–234, hier 210–214 deutlich.

noch in der christologischen Entwicklung der ersten drei Jahrhunderte als Archeget oder Garant einer Erkenntnistradition oder Lehre in Erscheinung tritt.[138] Relativ früh wurde die Terminologie jedoch auf christliche Autoritäten angewandt. Origines etwa verweist in seinen *De principiis* dort, wo er den typologischen Sinn der Heiligen Schrift erläutert, auf Paulus als den Garanten seiner eigenen exegetischen Methode, "Irenäus beruft sich in seiner Polemik gegen den Gnostiker Markus auf den θεῖος πρεσβύτης (Adv. haer. 1,8,17), bei Clemens von Alexandrien wird der Apostel Paulus öfters als ὁ θεσπέσιος ἀπόστολος Παῦλος bezeichnet. Letzerem Gebrauch schließt sich auch Origines an, der zudem auch Petrus das Adjektiv θεσπέσιος bei-legt."[139] Diese – wie viele andere mögliche Beispiele – zeigen, daß das Christentum, was die θεῖος ἄνθρωπος – Terminologie angeht, dem üblichen Sprachgebrauch mehr oder weniger entsprach.

Man kann sich also Van Uytfanghes Urteil anschließen: "Entre la tradition païenne et la tradition chrétienne il a existé, à n'en point douter, une interaction touchant aussi bien le fond que la forme."[140] Wenn man dem Problem des präzisen Nachweises literarischer Abhän-gigkeiten aus dem Weg gehen möchte, ist es wohl am einfach-sten, auf Musurillos *two milieus theory* zu verweisen, nach der dieselben Stimuli unter vergleichbaren Umständen analoge literarische Pro-dukte hervorbringen.[141] Angenendt spricht in diesem Zusammenhang von einer "zwar auf den ersten Blick unterschiedlichen, aber im letz-ten doch gemeinsamen Religionslogik, die sich ins Mittelalter hinein fortsetzte und erst in der Aufklärung verloren ging."[142]

---

[138] Du Toit, 403. Zur Einzigartigkeit des 'Gottmenschentums' Jesu siehe u.a. D. Kellermann, Heilig, Heiligkeit und Heiligung im Alten und Neuen Testament, in: P. Dinzelbacher – D.R. Bauer (Hgg.), Heiligenverehrung in Geschichte und Gegenwart, 27–48 und W. Speyer, Die Verehrung des Heroen, des göttlichen Menschen und des christlichen Heiligen. Analogien und Kontinuitäten: Ebd., 48–67; B. Kötting, Die Anfänge der christlichen Heiligenverehrung in der Auseinandersetzung mit Ana-logien außerhalb der Kirche: Ebd., 67–81; Angenendt, Heilige und Reliquien, 28.

[139] Du Toit, 405.

[140] Van Uytfanghe, L'hagiographie, 167.

[141] H.A. Musurillo, "The Pagan Acts of the Martyrs", in: Theological Studies 10 (1949) 555–564, hier 556–557. Dieser Ansatz wird in gewisser Weise von Rohde, 1872, 30 vorweggenommen; siehe auch Van Uytfanghe, L'hagiographie, 170: "Dans cette optique, on pourrait dire de manière quelque peu triviale que, généralement parlant, dans le milieu hellénistique, le milieu juif et le milieu chrétien, ce discours était alors 'dans l'air'. Des récits et motifs particuliers pouvaient être empruntés, mais ils pouvaient tout aussi bien 'circuler' parallèlement en des endroits différents et dans des traditions différentes."

[142] Angenendt, Heilige und Reliquien, 32.

Die Parallelen zwischen dem hellenistischen Typus des heiligen
Weisen und bestimmten Motiven der Bischofsvita lassen sich durchaus mit diesem weitgefaßten Begriff der Analogie erklären. Ohne
die Rolle des Neuen und Alten Testaments für die Konzeption der
Weisheit in der Bischofsbiographie schmälern zu wollen – sie ergibt
sich schon aus der *imitatio Christi* und wird in den häufigen Referenzen
auf biblische Modelle deutlich[143] – soll dennoch auf die schon erwähnte Tatsache verwiesen werden, daß die Evangelien selbst bis zu
einem gewissen Grade durch antike Konzeptionen – wenn auch nicht
die des θεῖος ἀνήρ – beeinflußt wurden. Ebenso zeigt die Geschichte
der Entstehung des Bischofsamtes, daß weniger jüdische und alttestamentliche Vorstellungen auf das Verständnis der Rolle des Bischofs
Einfluß genommen haben als vielmehr hellenistisch-philosophisches
Gedankengut und hellenistische Organisationsformen. Daß viele
Elemente der Bischofsvita, die in dieser Arbeit mit der θεῖος ἀνήρ –
Konzeption in Verbindung gebracht werden, auch in der Mönchs-
und Asketenvita einen Platz haben, diese zu einem großen Teil sogar
prägen – es sei hier nur auf die Phänomene der Askese und des
Wunderwirkens verwiesen – spricht nicht gegen eine Verbindung
zwischen Philosophen- und Bischofsvita. Auch wenn – anders als im
Falle der Mönchsvita – keineswegs von einer direkten oder gar auss-
chließlichen Beeinflussung der Bischofsvita durch die Philoso-phen-
vita ausgegangen werden kann, ist deren partielle Interdependenz
mehr als nur wahrscheinlich.

2.5. *Die historische Genese des Bischofsamtes und ihre Bedeutung für die literarische Ausformung der Bischofsvita*

Daß die Bischofsvita durch ein Zusammenspiel der oben skizzierten
Faktoren geprägt ist, also der Notwendigkeit, sowohl den Bischof in
der christlichen Gemeinde zu verankern als auch seiner Machtstellung
und Autorität gerecht zu werden und letztere mit Konzepten zu
legitimieren, die auch für die Biographien weiser Männer charakteristisch sind, wird einsichtig, wenn man sich die Ursprünge und

---

[143] Die häufigsten Bezugspersonen im AT sind die Propheten Elias, Elisäus und
Moses.

die Entwicklung des Bischofsamtes deutlicher als bisher geschehen vor Augen führt.

Im Neuen Testament und in den frühen außerkanonischen Schriften lassen sich aufgrund der Parusieerwartung und des damit verbundenen Glaubens an ein baldiges Weltende[144] abgesehen von der Betonung der besonderen Stellung und Sendung der Apostel keine konkreten Hinweise auf die Organisation der zukünftigen christlichen Gemeinde finden.[145] So waren es zunächst die Apostel, Propheten und Lehrer, die, charismatisch begabt, gewisse Leitungsfunktionen übernahmen.[146] Als die erste Generation ausstarb, man nicht mehr mit Jesu unmittelbar bevorstehender Wiederkehr und dem baldigen Weltuntergang rechnen konnte, sich gezwungen sah, sich in der Welt einzurichten, standen die christlichen Gemeinden vor der Notwendigkeit, institutionalisierte Ämter zu schaffen.[147] Auf welche Modelle sich die einzelnen Gemeinden beriefen, läßt sich nicht eindeutig bestimmen, im allgemeinen wurde die Leitung mehreren Aufsehern

---

[144] Zur Parusieverzögerung, der Rückbildung des eschatologischen Bewußtseins und deren Folgen für das frühchristliche Dogma siehe Dassmann, Kirchengeschichte I, 123–126.

[145] Vgl. ebd., 162: "Die Evangelien hatten keine der vielen Möglichkeiten benützt, die die griechische Sprache bot, Ämter zu benennen, sondern bewußt und nachdrücklich eine in der jüdischen und hellenistischen Umwelt ungewöhnliche Bezeichnung für jede Mitarbeit in Mission und Gemeinde gewählt: *diakonia*."

[146] Die charismatische Trias der Apostel, Propheten und Lehrer wird von 1 Kor 12. 28 und der Didache bezeugt. Die Vorstellungen vom charismatischen Amt im Christentum sind bis zu einem bestimmten Grade durch das Amtsverständnis des AT beeinflußt worden. In der alttestamentlichen Theologie betrachtete man die Ämter des Königs, Hohenpriesters und Propheten als gottempfangen, laut H. Kraft, "Die Anfänge des geistlichen Amtes", in: Theologische Literaturzeitung 100 (1975) 81–98, 84, war es aber lediglich das prophetische Amt, das "den urchristlichen Ämtern als Modell und Vorbild dienen konnte". Zum Apostolat und seiner Stellung als Sonderfall des Prophetenamtes siehe Kraft, 85–91, zum Prophetenamt 91–93, zu den urchristlichen Lehrern 93. Siehe ebenso: D. Hill, New Testament Prophecy, Atlanta 1970; G. Dautzenberg, Urchristliche Prophetie: Ihre Erforschung, ihre Voraussetzungen im Judentum und ihre Struktur im ersten Korintherbrief, Stuttgart 1975; U.B. Müller, Prophetie und Predigt im Neuen Testament: Formgeschichtliche Untersuchungen zur urchristlichen Prophetie, Gütersloh 1975; D.E. Aune, Prophecy in Early Christianity and the Ancient Mediterranean World, Grand Rapids 1983; C.B. Forbes, Prophecy and inspired Speech in Early Christianity and its Hellenistic Environment, Tübingen 1995. Daß man von diesen Propheten, genau wie von den heidnischen 'heiligen Weisen' auch eine asketische Lebensführung erwartete, wird besonders deutlich in Brown, The Body, 33–65.

[147] Zum Institutionalisierungsprozeß siehe u.a. Aland, 120–129; 161–172; Dassmann, Kirchengeschichte I, 175–171.

(ἐπίσκοποι), häufig gemeinsam mit Diakonen,[148] oder einem Ältesten-
rat übertragen,[149] wobei die Amtsführung auf dem Prinzip der Kollegialität beruhte. Dieses System entwickelte sich aus der Gemeinde
heraus.[150] Eine Ausnahme bildete Jakobus, der Vorsteher der Gemeinde
in Jerusalem, der aufgrund seiner persönlichen Autorität sowie seiner
verwandtschaftlichen Beziehung zu Jesus eine beinahe monokrati-
sche Position einnahm.[151] Die Einführung des Monepiskopats wurde
von Ignatius von Antiochien propagiert, als anderenorts noch das
Prinzip der Kollegialität herrschte.[152] In Antiochien wurde das Wort

---

[148] z.B.: Phil. 1.1; Tim. 3.2.8; Did. 15.1. Zu den Diakonen im frühen Christentum
siehe L.R. Hennessey, Diakonia and Diakonoi in the Pre-Nicene Church, in: T. Halton
– J.P. Williams (Hgg.), Diakonia: Studies in Honour of Robert T. Meyer, Washington
D.C. 1986, 60–86; J.N. Collins, Diakonia: Re-Interpreting the Ancient Sources,
Oxford 1990; J.M. Barnett, The Diaconate: A Full and Equal Order, New York
1994; U. Falesiedi, Le diaconie: I servizi assistenziali nella chiesa antica, Roma 1995.
[149] Act. 20.17.
[150] Das 'demokratische' Element in der Herausbildung der Ämter in der Frühkirche
wird von Stockmeier, Gemeinde, betont, so 134/135: "Trotz aller Differenziertheit
des Ordnungsgefüges läßt sich aber beobachten, daß gerade in der Urgemeinde das
kirchliche Amt wesentlich auf die Gemeinde hingeordnet bleibt. . . . unübersehbar
[wird] die Ausrichtung jeder amtlichen Obliegenheit auf die Gemeinde hervorgehoben, also die Horizontale. Ohne die Begabung von Gott her zu ignorieren,
impliziert dieses Grundverständnis eine Mitverantwortung der Gläubigen für die
Amtsträger."
[151] Zu Jakobus und seiner kalifähnlichen Stellung in Jerusalem siehe Campenhausen,
Kirchliches Amt, 21 f. Ein anderer Hinweis auf die Existenz eines frühen Monepiskopats mag in dem in der Apokalypse des Johannes erwähnten 'Gemeindeengel'
liegen, diese Deutung ist jedoch umstritten (Apk. 2f.). Zum Gebrauch der Termini
'monarchisch' bzw. 'Monepiskopat' siehe Schöllgen, Monepiskopat und monarchischer Episkopat, 146–150: ". . . das Institut des Einzelbischofs (= Monepiskopat), das
in den Briefen des Ignatius von Antiochien zum erstenmal sicher faßbar ist, wird
gewöhnlich als 'monarchischer Episkopat' bezeichnet. Was μοναρχία in der griechischen Antike bedeutet, ist einer Definition des Begriffs bei Aristoteles zu entnehmen. . . .
μοναρχία meint . . . die Herrschaft eines einzigen, dem folglich alle zum Gehorsam
verpflichtet sind, eine kollegiale Leitung des Herrschaftsbereichs ist damit ausgeschlossen. . . . Überträgt man diese antike Begriffsbestimmung nun auf das
Bischofsamt, dann wäre ein monarchischer Bischof der unumschränkte und alleinige
Herrscher über seine Gemeinde, dem alle übrigen Gemeindemitglieder wie einem
Tyrannen, König oder Hausherrn Gehorsam schulden. . . . auch nach der Amtstheologie
des Ignatius leitet der Bischof seine Gemeinde nicht monarchisch, vielmehr sind die
Presbyter weiterhin eigenständig an der Führung beteiligt . . . Wichtige Fragen werden nach wie vor in der Gemeindeversammlung besprochen und von ihr entschieden. Die Briefe des Ignatius als früheste Zeugen des Monepiskopats sind also
kein Beleg für den monarchischen Episkopat."
[152] Dassmann, Zur Entstehung, 75. Siehe ebenso W. Schoedel, Ignatius of Antioch, Philadelphia 1985; Ders., Polycarp of Smyrna and Ignatius of Antioch, in:
H. Temporini – W. Haase (Hgg.), Aufstieg und Niedergang der Römischen Welt.
Geschichte und Kultur Roms im Spiegel der neueren Forschung 2.27.1, Berlin-New

ἐπίσκοπος auch zum ersten Mal als *terminus technicus* gebraucht.[153] Ignatius argumentiert bei seinem Plädoyer für den Monepiskopat hauptsächlich mit der Urbild-Abbild-Vorstellung, dem Gedanken, daß die irdische Kirche ihr Urbild im Himmel habe, die kirchliche Hierarchie also den himmlischen Vorbildern entsprechen müsse.[154] Es waren aber nicht nur rein theologische Überlegungen,[155] die Ignatius zu seiner Forderung nach dem Monepiskopat veranlaßten. Durch "umherziehende Propheten, die wie tollwütige Hunde tükkisch beißend Irrlehren verbreiten", sah er die Einheit der Kirche und die Reinheit der Lehre gefährdet. Der Gefahr, die von Andersdenkenden ausging, konnte am besten durch die Konzentration der Gemeindeleitung in einer Hand begegnet werden. Da die von ihm gefürchteten 'Propheten' mit dem Anspruch auftraten, 'Geistträger', also pneumatisch begabt zu sein, ergab sich darüber hinaus die Notwendigkeit einer spirituellen Legitimation des Gemeindevorstehers, der bis dahin vornehmlich administrative Funktionen erfüllt hatte[156] und jetzt an die Spitze der Gemeinde gestellt werden sollte. Somit

York 1993, 273–276; 285–349; J.L. Sumney, "Those who 'Ignorantly deny him': The Opponents of Ignatius of Antioch", in: Journal of Early Christian Studies 1 (1993) 345–365.

[153] Dassmann, Zur Entstehung, 75; Neumann, 655.

[154] Dassmann, Zur Entstehung, 79. Ebd.: "Wie der Bischof als Abbild (*typos*) des Vaters gesehen wird, so sind die Presbyter wie eine Ratsversammlung Gottes und wie eine Vereinigung der Apostel (Trall 3.1)." Christus wird jedoch laut Dassmann nicht als Person abgebildet, "sondern seine Funktion und sein Vorbild" sollen "sowohl durch den Bischof als auch durch andere Amtsträger – vornehmlich die Diakone – fortgeführt und nachgeahmt werden" (Dassmann, Zur Entstehung, 89). Die Bildzuweisungen sind in den einzelnen von Ignatius verfaßten Briefen recht unterschiedlich, was, laut Neumann, 655, dafür zeugt, "daß es eben weder eine lang eingeführte und bekannte noch eine ausgeprägte Amtstrias, geschweige denn eine theologisch-ideologisch-mystische 'Begründung' gegeben hat."

[155] Dies wird von Dassmann, Zur Entstehung angenommen. In Hausgemeinde und Bischofsamt, in: Ämter und Dienste in den frühchristlichen Gemeinden (Hereditas. Studien zur Alten Kirchengeschichte 8) Bonn 1994, 75 weist Dassmann darauf hin, daß die Annahme, theologische Überlegungen wie die Vorstellung von der Analogie zwischen Urbild und Abbild bei Ignatius und in der syrischen Didascalia hätten zur Einführung des Monepiskopats geführt, von der Forschung teils zustimmend teils ablehnend aufgenommen wurde. (Vgl. Ebd., Fußnote 4 für Literaturverweise).

[156] Siehe u.a. Aland, 123: "Als *Episkopoi* und *Diakonoi* werden Träger freiwillig übernommener Dienste bezeichnet, und zwar technischer Dienste, die zur Aufrechterhaltung eines geordneten Gemeindelebens notwendig sind, etwa in der Frühzeit zur Einsammlung der Kollekte für Jerusalem." Zu den frühen ἐπίσκοποι und ihrer Funktion siehe ausführlicher Dassmann, Kirchengeschichte I, 168–169 und P. Pilhofer, Philippi (Wissenschaftliche Untersuchungen zum Neuen Testament 87) Tübingen 1995, 140–147.

wurden die Aufgaben und Funktionen, die von den charismatisch
legitimierten Propheten und Lehrern[157] vermutlich auf die Presbyter
übergegangen waren,[158] nun auf den 'Bischof' konzentriert, der mono-
kratisch der Gemeinde vorangestellt wurde.[159]

Von Bedeutung für die Einführung des Monepiskopats dürfte auch
die Existenz ähnlicher Leitungsformen im antiken Vereinswesen sowie

---

[157] Zur Bedeutung der 'Lehrer' in der Frühkirche: C.V. Harris, Origen's Inter-
pretation of the Teacher's Function in the Early Christian Hierarchy and Community,
Duke University 1952; J.R. Coyle, "The Exercise of Teaching in the Post Apostolic
Church", in: Église et théologie 15 (1984) 23–43; U. Neymeyer, Die christlichen
Lehrer im 2. Jahrhundert, Leiden 1988; A.F. Zimmermann, Die urchristlichen
Lehrer. Studien zum Tradentenkreis der *Didaskaloi* im frühen Urchristentum, Tübingen
²1988.

[158] Die Rolle der Presbyter in der frühen Gemeinde beschreibt Dassmann,
Kirchengeschichte I, 169–170. Siehe dazu ebenfalls D. Powell, "*Ordo presbyterii*", in:
Journal of theological studies 26 (1976) 290–328; G.H. Luttemberger, "The Decline
of Presbyteral Collegiality and the Growth of Individualization of the Priesthood
(4th–5th centuries)", in: Recherches de théologie ancienne et médiévale 48 (1981)
14–58; R.A. Campbell, The Elders: Seniority Within Earliest Christianity, Edinburgh
1994; F.M. Young, "On *Episkopos* and *Presbyteros*", in: Journal of theological studies
45 (1994) 142–148.

[159] Vgl. Neumann, 656: "Der Möglichkeit zur Spaltung wirkt die Einheit mit
dem Episkopen und den Vorsitzenden entgegen. Immer wieder (z.B. IgnEph 3–5)
beschwört Ignatius drängend die Einheit des Denkens und Wollens mit Gott, der
sich im Bischof repräsentiert. Immerhin scheint in diesem beschwörenden Aufruf
zur *totalen* Einheit auch eine – wenigstens formale – Differenz sichtbar zu werden:
Die Presbyter (und Diakone?) werden – vielleicht aufgrund ihrer gesonderten Sitze
beim Gottesdienst – als 'Vorsteher' bezeichnet: Ein Hinweis vielleicht, daß der
'Bischof' tatsächlich noch weithin nur 'Geschäftsführer' des Presbyteriums gewesen
sein mag. Möglicherweise ist aufgrund dieser kleinen sprachlichen Andeutung etwas
von der damaligen Spannung zu erahnen, da die Gemeinde*verwalter* um der Einheit
der Gemeinde willen zu 'Pneumatikern' und '*theosophoi*' gemacht wurden bzw. sich
dazu entwickeln mußten, wollten sie der geistlichen Übermacht – oder 'Überhe-
blichkeit'? – der umherschweifenden Propheten gewachsen sein." Daß Ignatius'
Argumentationsweise weiter gewirkt hat, läßt sich in der *Didaskalia* erkennen, einer
Kirchenordnung, die wohl im syrischen Raum in der ersten Hälfte des dritten
Jahrhunderts verfaßt wurde. Auch hier wird mit dem Typos-Abbild Gedanken argumentiert, die Machtfülle des Bischofs wird aber noch deutlicher hervorgehoben und
die Funktionen der einzelnen Ämter sind deutlicher konturiert (Dassmann, 1974,
83–85). Daß die Agglomeration der Funktionen der Propheten und Lehrer auf das
Amt des Bischofs von Ignatius zunächst einer gewissen 'Gewöhnung' von seiten der
Gemeinde bedurfte, zeigt die Didache 15.1 f.: "Wählt euch Bischöfe und Diakone,
würdig des Herrn, Männer voll Milde und frei von Geldgier, voll Wahrheitsliebe,
erprobte, denn sie sind es, die euch versehen den heiligen Dienst der Propheten
und Lehrer. Achtet sie deshalb nicht gering, denn sie sind eure Geehrten mit den
Propheten und Lehrern." Daß sie aber bald generell akzeptiert wurde, wird in einigen Passagen der Didaskalia besonders deutlich: "Euer oberster Priester und Levit
ist der Bischof. Er versieht für euch den Dienst des Wortes. Er ist euer Lehrer und
nach Gott 'durch das Wasser wiedergebärend' euer Vater. [Er ist euer Herrscher
(*princeps*) und Anführer (*dux*)], er ist euer mächtiger König." (Didasc. 2.28.4–6).

in hellenistischen Kultgemeinschaften und Philosophenschulen gewesen sein, eine Erklärung, die besonders nahe liegt, wenn man die hellenistische Provenienz der Bezeichnung ἐπίσκοπος bedenkt.[160] Im Neuen Testament ist die genauere Funktion der Episkopen allerdings über die Bedeutung 'Aufsichtsführende' hinaus nicht genau zu bestimmen. Die Pastoralbriefe zeigen sie allerdings als Lehrer und Gemeindeleiter. Sie weisen ihnen wie den anderen Amtsträgern in Anlehnung an den antiken οἶκος die Rolle der den Hausherrn, also Gott, vertretenden οἰκονόμοι – 'Verwalter' – zu, die der Gemeinde als dem Haus Gottes vorstehen.[161]

Was auch immer für die Einführung des Monepiskopats ausschlaggebend gewesen sein mag, fest steht, daß er sich schon bald in den östlichen und westlichen Gemeinden durchsetzen konnte.

Seit der Wende vom 2. zum 3. Jahrhundert wurde ein anderes theologisches Argument für die episkopale Organisation der Gemeinde, die *successio apostolica*, angeführt, eine Vorstellung, die immer mehr an Einfluß gewann und bald zum eigentlichen Fundament für das Selbstverständnis der Bischöfe wurde.[162] Auch dies kann als eine Reaktion auf die Bedrohung durch Häretiker, Gegen- und Neben-

---

[160] Einen Überblick über die soziologischen Erklärungsversuche gibt A. Adam, "Die Entstehung des Bischofsamtes", in: Wort und Dienst: Jahrbuch der Theologischen Schule Bethel 5 (1957) 104–106. In die gleiche Richtung dürfte der Einfluß philosophischer Ideen gewirkt haben (Neumann, 656). Ders., 654: "Die Tatsache, daß uns im frühesten Schrifttum die Termini 'Episkopen' und 'Diakone' in christlichen Gemeinden im hellenistischen Kulturkreis (z.B. Philippi) begegnen, dürfte es wenig wahrscheinlich sein lassen, daß sie *direkt* vom jüdischen Herkommen beeinflußt sind, vielmehr eher aus der römisch-griechischen Tradition stammen. Weil die Episkopen in der Mehrzahl und gemeinsam mit den Diakonen erwähnt werden, dürfen sie auch kaum unmittelbar mit dem 'Aufseher' (*mebaqqer*) von Qumran zusammenhängen. Andererseits steht in der synodalen Ordnung neben dem *archisynagogos* der 'Diener' (*uperetes*) wie der Diakon neben dem Bischof."

[161] Tit 1.7. Ähnlich sind auch die Amtsvorstellungen des Bischofsspiegels (1 Tim 3.1–7). Zur Haus-Gottes-Ekklesiologie siehe u.a. Schöllgen, "Hausgemeinden, Oikosekklesiologie und monarchischer Episkopat", in: JAC 31 (1988) 74–90; Dassmann, Hausgemeinde und Bischofsamt, 74–95, der ebd., 75 darauf hinweist, daß es sich bei diesem Erklärungsmodell angesichts der dürftigen Quellenlage nur um "Möglichkeiten, nicht um unabweisbare Tatsachen" handele.

[162] Wie Dassmann, Zur Entstehung, 89 vornehmlich unter Berufung auf den ersten Clemensbrief zu zeigen vermochte, ist es allerdings ein Fehlschluß anzunehmen, daß die Berufung auf eine Nachfolge der Apostel notwendigerweise ein monokratisches Amtsverständnis voraussetzt. Zur *successio apostolica* siehe außerdem E. Molland, Le Développement de l'idée de succession des apôtres dans la littérature chrétienne primitive, in: Y. Congar (Hg.), L'Épiscopat et l'église universelle, Paris 1962; R.M. Grant, "Early Episcopal Succession", in: Studia Patristica 11 (1972) 179–184.

kirchen erklärt werden. Durch den Nachweis einer ununterbrochen
bis in die Zeit der Apostel zurückreichenden Kette von Vorgängern
war es möglich, sich als Träger des wahren Glaubens und der rechten
Lehre zu legitimieren, besonders wenn konkurrierende Anwärter wie
etwa die Marcionisten und Montanisten ihre Anfänge lediglich bis
ins 2. Jahrhundert zurückführen konnten.[163]

Cyprian, mit dem der Formierungsprozeß des Monepiskopats zu
einem gewissen Abschluß kam, sieht denn auch in der apostolischen
Tradition des Bischofsamtes die Gewähr für die Einheit der Kirche:
"'Wenn der wahre Hirt noch im Amt ist und in der Kirche als re-
gelrecht ernannter Nachfolger [seines Vorgängers] den Vorsitz führt',
kann jeder andere, der sich in derselben Gemeinde als Vorsteher zu
etablieren sucht, nur der Afterbischof einer häretischen Sonderge-
meinde sein."[164]

Rekapitulierend lassen sich also mehrere entscheidende Momente
in dieser Entwicklung festhalten: Die Evangelien haben es offenbar
bewußt vermieden, eindeutige Hinweise auf eine mögliche kirchliche
Organisation sowohl in horizontaler als auch in vertikaler Linie zu
geben. Sie haben statt dessen für die Mitarbeit in Mission und
Gemeinde die in der jüdischen und hellenistischen Umwelt ungewöhnliche Bezeichnung *diakonia* gewählt, die "nach den Synoptikern auf
Jesus selbst zurück[geht], der die Vollmacht der Jünger weder durch
Macht (Mt 10,44) noch durch Wissen (Mt 23,8–11) konstituiert sein
ließ, sondern allein durch die Bereitschaft zum Dienst. Die Jünger
sollten sich nicht Herr oder Rabbi nennen lassen, denn Macht und
Wissen vermögen die Gottesherrschaft nicht voranzubringen."[165] Wenn
im Neuen Testament also ein Amtsverständnis nahegelegt wurde,
dann hatte dies eindeutig einen Charakter, der die Nähe des Leiters
zur Gemeinde betonte und von ihm eine Einstellung der *humilitas*
forderte.

Mit der Notwendigkeit einer Institutionalisierung entstanden Organisationsformen, die durch den sie tragenden Gedanken der Kollegialität quasi einen Übergang von einer eher demokratischen zu einer
hierarchischen Konzeption bildeten. Das Auftreten konkurrierender

---

[163] So betont Tertullian die Glaubenssicherheit, die dadurch erreicht wird, daß
jede katholische Gemeinde sich als Nachfolger einer apostolischen Gründung ausweisen
kann. (Tert. praescr. 20.5 (CCL 1,202, 18–22)).

[164] Ep. 69.5 (CSEL 3, 2, 753, 19–23); siehe Dassmann, Zur Entstehung, 87–88.

[165] Dassmann, Zur Entstehung, 162.

Propheten und Wanderprediger machte sowohl eine Stärkung der Ämter als auch deren geistliche Legitimierung erforderlich.

Die Momente, die die Bischofsvita charakterisieren, sind also schon in der historischen Entwicklung des Amtes angelegt: erstens die Betonung des Bezugs zur Gemeinde sowie die Forderung nach *humilitas*, zweitens die Notwendigkeit, administrative Strukturen und Ämter zu schaffen, die mit einer gewissen Autorität verbunden sein sollten, und drittens ihre Legitimierung durch die Übernahme der Aufgaben und Funktionen, die bisher von den Propheten und Lehrern übernommen und ausgeübt worden waren. Daß sich letztere Entwicklung im griechisch-hellenistischen Kontext abspielte und die frühe Kirche die im Griechentum beheimatete Amtsbezeichnung übernahm, macht die Übernahme bestimmter Elemente der hellenistischen Biographie des heiligen Weisen mehr als wahrscheinlich.

Wie bereits angedeutet wurde, fand die Entwicklung des Monepiskopats mit Cyprian einen gewissen Abschluß. Es ist daher wohl kein Zufall, daß die erste Biographie, die ihren Helden zumindest teilweise in der Funktion eines Bischofs darstellte, die *Vita et Passio Cypriani*, ihm gewidmet ist. Zunächst mag es wohl so erscheinen, daß mit dem Abschluß dieser Entwicklung für die Bischöfe und damit auch für ihre Biographen keine Notwendigkeit mehr bestand, das Bischofsamt grundsätzlich zu legitimieren. Jedoch stellt die Tatsache, daß sich Cyprian so intensiv seiner Darstellung und Verteidigung widmet und um eine klare Definition des Bischofsamtes bemüht, dies wieder in Frage. Wie Dassmann betont, hatte Cyprian mit dem Problem zu kämpfen, den Monepiskopat schlüssig aus der *successio apostolica* herzuleiten.[166] Cyprians eigenes Wirken läßt jedoch noch eine weitere Legitimationsnotwendigkeit erkennen. Ein Teil seines Bemühens richtet sich – jenseits einer grundsätzlichen Legitimierung des Amtes – darauf, die Machtbefugnisse des Bischofs gegenüber den Presbytern und *Confessores* abzugrenzen. Cyprian mißt diesem Problem eine solche Bedeutung zu, daß er, für den die Einheit der Kirche

---

[166] Ebd., 68: "Dabei bleibt zu beachten, daß es Cyprian nicht gelingt, die Ausschließlichkeit des einen Bischofs zu begründen. Seine bibeltheologischen Hinweise auf die Verheißung Christi an Petrus und die Bevollmächtigung der Apostel vermögen wohl die Einmaligkeit des Petrusamtes einsichtig zu machen und zu fordern, daß 'die mächtige Körperschaft der Bischöfe durch gegenseitige Eintracht zusammengekittet und durch das Band der Einheit umschlungen' sein muß (ep. 68.3), sie können aber nicht erklären, warum nur ein Bischof einer Kirche vorstehen darf."

von größter Bedeutung ist, es in dieser Angelegenheit selbst auf ein Schisma ankommen läßt.[167]

Die Bischofsvita muß außerdem zu den strittigen Fragen nach der Form der Amtsausübung und der gesellschaftlichen Provenienz der Amtsinhaber Stellung nehmen: Fragen, die in einer Zeit der Normierung von höchster Relevanz waren. Die Probleme, die den Grad der Souveränität der Einzelbischöfe, die Form ihrer Zusammenarbeit, die Kompetenzverteilung bei Fragen des Dogmas und den Primat des römischen Bischofs und ähnliche Punkte betreffen, mußten in der Zeit, in die die Anfänge der Bischofsvita fallen, erst gelöst werden und prägten daher entscheidend ihren Charakter. In der Tat durchzieht diese "spannungsreiche Auseinandersetzung... die gesamte Kirchengeschichte bis in die Aussagen des II. Vatikanischen Konzils...".[168]

Was die gesellschaftliche Herkunft der Bischöfe betrifft, so galt eigentlich auch für sie der Grundgedanke, daß ein Christ den alten Menschen aus- und einen neuen anzieht.[169] Entsprechend der Grundtendenz der Evangelien berücksichtigte man anfangs bewußt auch die unteren Schichten:[170] "Noch am Anfang des 3. Jahrhunderts wählt eine so bedeutende und vermögende Gemeinde wie Rom ihren Bischof Kallist aus dem Sklavenstand... Sie wählt ihn im betonten Gegensatz zu einem Vertreter der gebildeten und besitzenden Schicht, Hippolyt, und nimmt dabei die Spaltung der Gemeinde in Kauf."[171] Wenn man die Bischöfe des 3. Jahrhunderts Revue passieren läßt,

---

[167] Zu Cyprians Kirchenpolitik siehe u.a. P. Hichcliff, Cyprian of Carthage and the Unity of the Christian Church, London 1974; C. Saumagne, Saint Cyprian, évêque de Carthage et 'pape' d'Afrique, Paris 1975; P. Granfield, "Episcopal Elections in Cyprian: Clerical and Lay Participation", in Theological Studies 37 (1976) 41–52; J.P. Burns, "On Rebaptism: Social Organization in the Third Century Church", in: Journal of Early Christian Studies 1 (1993) 367–403.

[168] Neumann, 658; ebd.: "Einerseits werden die papalistisch-zentralistischen Aussagen des I. Vatikanischen Konzils von 1871 aufgenommen, andererseits wird die Würde der bischöflichen Weihe betont."

[169] Siehe Neumann, 659.

[170] Siehe Paulus 1 Kor 1.26–29: "Sehet doch nur eure Berufung an, ihr Brüder, nicht viele Weise nach dem Fleische, nicht viele Mächtige, nicht viele Leute von vornehmer Geburt sind berufen, sondern was vor der Welt töricht ist, hat Gott erwählt, damit er die Weisen zuschanden mache, und was vor der Welt schwach ist, hat Gott erwählt, damit er das Starke zuschanden mache, und was vor der Welt niedrig geboren und was verachtet ist, hat Gott erwählt, das, was nichts gilt, damit er das, was gilt, zunichte mache, auf daß sich kein Fleisch vor Gott rühme."

[171] Aland, 17.

findet man unter ihnen jedoch nicht nur Bischöfe wie Calixtus I., sondern auch solche wie Cyprian von Karthago, Dionys von Alexandrien sowie Paul von Samosata, die alle der Oberschicht angehörten und teilweise sogar hohe Staatsämter innehatten. Daß hier ein Konflikt bestand, der sich auch auf die Bischofsvita auswirkte und sie sogar zum Organ bestimmter Interessensgruppen werden ließ, ist nicht erstaunlich. Eng verbunden mit der Frage nach der Herkunft der Bischöfe war auch die nach ihrer Bildung.

Grundsätzlich waren die ersten Jahrhunderte, in denen das Christentum seine verbindliche Form erhielt und eine Normierung der Lebensführung sowie des Dogmas erfolgte, von der Spannung zwischen der Forderung nach einer rigorosen Einhaltung der im Neuen Testament aufgestellten Forderungen und der Notwendigkeit, sich den tatsächlichen Gegebenheiten anzupassen, bestimmt, eine Spannung, die die Person des Bischofs und damit auch die Bischofsvita in besonderer Weise betrifft. Während der Verfolgungen sind es Fragen der Standhaftigkeit, mit dem Aufkommen asketischen Gedankenguts im Westen solche nach dem nötigen Grad der 'Weltabgewandtheit' und mit der Anerkennung des Christentums als Staatskirche solche nach dem Verhältnis des Bischofs zur weltlichen Macht: Fragen nach dem wahren Vertreter der wahren Kirche, die sich gegenüber Irrlehren und Häresien abzugrenzen hatte. Wichtigste Funktion der Bischofsvita war jedoch die persönliche Legitimierung des einzelnen Bischofs.

KAPITEL DREI

FRÜHE BISCHOFSVITEN IM SPANNUNGSFELD ZWISCHEN ASKESE UND AMT

Aufgrund spezifischer literarischer und struktureller Parallelen läßt sich – so sollte deutlich geworden sein – eine Anlehnung der Bischofs-biographie an bestimmte Topoi, Bilder und Konzeptionen der Bio-graphie des θεῖος ἀνήρ vermuten, die sich aus dem Bedürfnis erklärt, eine für die Legitimation des Bischofsamtes und seiner Inhaber adäquate literarische Form zu finden.[1] Diese Anlehnung beschränkte sich aufgrund des veränderten Personenkreises und des anderen Kontextes nur auf ganz bestimmte Elemente, da die Bischofsbiogra-phie, wie angedeutet, spezifisch christlichen Idealen und Traditionen verpflichtet war, die sich nicht leicht mit den Vorstellungen der Philo-sophenvita in Verbindung bringen lassen. Die christliche *humilitas*, der dem Christentum immanente Gleichheitsgedanke sowie das Primat des gottgeschenkten Glaubens über die philosophisch-intellektuelle Annäherung an Gott haben Einfluß auch auf die biographische Dar-stellung des Bischofs gehabt. Es läßt sich daher in den Bischofsbio-graphien ein immanenter Dualismus beobachten, der sich auf die Orientierung an zwei unterschiedlichen Idealen zurückführen läßt.

---

[1] Dieses Legitimationsbedürfnis bestand nicht nur gegenüber der 'untergeord-neten' Gemeinde, sondern vermutlich auch gegenüber Vertretern anderer, von der Universalkirche abweichender Glaubensrichtungen wie den Montanisten, die mit ihrem u.a. bei Tertullian formulierten Kirchenbegriff *Ubi tres, ecclesia est, licet laici* (Exh. cast. 7.3) radikal die Position des Bischofs untergruben. So stünde, laut Tertullian, die Vergebung der Sünde nur dem *spiritalis homo* nicht dem bischöflichen Amte zu. (Tert. pudic. 21) Das Primat und die Binde- und Lösegewalt seien nur dem heiligen Petrus gewährt (pudic. 21.9/11) und nicht auch den anderen Bischöfen. (Altaner-Stuiber, 162) Durch die Assimilierung des Bildbereiches des heiligen Weisen für die Bischofsdarstellung konnte man den von den Montanisten aufgestellten Antagonismus zwischen der Bischofskirche und den *homines spirituales*, den Geistesmännern (Propheten), denen der Montanismus alleinig die Nachfolge der Apostel zusprach, überbrücken, indem man ihnen auch eine den Propheten entsprechende Weisheit zukommen ließ. Da die Person des Weisen durchaus auch asketische Züge trug, konnte man so auch dem Vorwurf der Montanisten begegnen, die 'Bischofskirche' sei frivol und sittenlos, der in der Bezeichnung *physici* für die Katholiken (im Gegensatz zu den *spirituales*) deutlich wird.

Die Bischofsviten wollen einerseits dem Topos christlicher *humilitas* entsprechen, der sich seit den Anfängen der christlichen Biographie vor allem in den Mönchsviten finden läßt, andererseits die Macht und Autorität des Bischofs etablieren und legitimieren, was ihnen durch eine Darstellung im Sinne des seit der Antike existierenden Bildes des heiligen Weisen möglich wird. Dieser Konflikt ergibt sich zum ersten Mal in der christlichen Biographie mit der Darstellung von Bischöfen, die als spirituelle Führer, als geistige Elite dargestellt werden sollten, dennoch wie alle Christen *humilitas* an den Tag legen müssen. Die einzelnen Viten ordnen sich in dieses Spannungsfeld ein und nehmen auf unterschiedliche Weise Stilisierungen vor.

3.1. *Die* Vita et passio Cypriani *des Pontius*

Cyprian von Karthago hat nicht nur einen wesentlichen Beitrag zur Definition des Bischofsamtes geleistet, er erlitt auch als erster afrikanischer Bischof das Martyrium. Der genaue Ablauf der beiden gegen ihn angestrengten Prozesse und der Vollstreckung des Todesurteils wurde in den *Acta proconsularia Cypriani* festgehalten.[2] Bald nach seinem Martyrium im Jahre 258 n. Chr. verfaßte Pontius, enger Vertrauter Cyprians und Diakon in Karthago,[3] eine Schrift, in deren Vorwort er erklärt, er wolle nicht wie andere Martyriumsberichte, etwa die *Passio Perpetuae et Felicitatis*, lediglich das Martyrium des Helden beschreiben, sondern auch über die *gesta*, nämlich das, was Cyprian als Bischof getan habe, berichten.[4] Mit dieser Absicht weicht er in erheblichem Maße von den Verfassern anderer christlichen Märtyrern gewidmeten Schriften ab.

---

[2] A.A.R. Bastiaensen – A. Hilhorst (Hgg.), Atti e Passioni dei Martiri, Milano 1987, 207–231.

[3] Pontius berichtet in der Vita (= VC), daß er das Exil mit Cyprian geteilt (VC 12.3) und sich während der ersten Nacht seines Martyriums an seiner Seite befunden habe (VC 15.5). Er selber erwähnt seinen Namen nicht, dieser wird von Hieronymus (vir. Ill. 68) genannt: *Pontius, diaconus Cypriani, usque ad diem passionis eius cum ipso exilium sustinens egregium volumen vitae et passionis Cypriani reliquit.* (Vgl. Mohrmann, Introduzione, XII).

[4] Zitiert wird nach Bastiaensen, Vita di Cipriano, 1–49 (= VC). VC 1.2: *Certe durum erat, ut cum maiores nostri plebeis et catecuminis martyrium consecutis tantum honoris pro martyrii ipsius veneratione debuerint, ut de passionibus eorum multa aut ut prope dixerim paene cuncta conscripserint, utique ut ad nostram quoque notitiam qui nondum nati fuimus pervenirent, Cypriani tanti sacerdotis et tanti martyris passio praeteriretur, qui et sine martyrio habuit quae doceret.*

Die Frage, was Pontius zu dieser Neuerung bewogen hat und welcher Gattung sein Werk zuzuordnen ist, wurde seit Harnack, der es als die erste christliche Biographie überhaupt bezeichnet hat,[5] immer wieder gestellt und auf stark von einander abweichende Weise beantwortet. Reitzenstein war der Ansicht, daß das Werk des Pontius keine Biographie sei, sondern dem Genre der *exitus clarorum virorum* zuzuordnen sei.[6] Auch Mohrmann wollte es nicht eindeutig als Biographie, Panegyrikus oder Apologie bezeichnen.[7] Altaner und Stuiber hingegen betrachteten den Text ohne Einschränkung als Panegyrikus.[8] Auch Berschin hielt aufgrund seiner rhetorischen Durchgestaltung seine formale Einordnung als solchen für möglich.[9] Er verwies darauf, daß schon Hieronymus ihn als *Vita et passio* bezeichnet hat. Sowohl Delahaye als auch Uytfanghe betrachteten ihn wie Hieronymus als ein *mixtum compositum* bzw. als 'passage de la *passio* à la vita', ein Urteil, das auch von Zocca, die sich als eine der letzten mit der *Vita et passio Cypriani* beschäftigt hat, geteilt wurde.[10] Der hybride Charakter der Vita hat die meisten Forscher dazu veranlaßt, Pontius' literarisches Können in Frage zu stellen. Reitzenstein war der erste, der nach einem eingehenden Vergleich mit den *acta proconsularia* zu einem vernichtenden Urteil kam. Auch Delahaye und Mohrmann sahen in der *Vita et passio Cypriani* das Werk eines mediokeren Autors.[11]

Was Pontius dazu veranlaßt haben könnte, vom Genus der *acta martyrum* abzuweichen und die Hälfte seines Werkes den *gesta* Cyprians zu widmen, kann man nur verstehen, wenn man sich Leben und Wirken Cyprians vergegenwärtigt. Cyprian stammte aus einer

---

[5] A. v. Harnack, Das Leben Cyprians von Pontius, die erste christliche Biographie (Texte und Untersuchungen zur Geschichte der altchristlichen Literatur 39.3) Leipzig 1913. Harnack ist der Ansicht, daß Pontius mit dieser Schrift für eine ganz neue Literaturgattung den maßgebenden Typus geschaffen habe.

[6] R. Reitzenstein, "Die Nachrichten über den Tod Cyprians", in: Sitzungsberichte der Heidelberger Akademie der Wissenschaften. Phil.-hist. Kl. 1913, H. 14, Göttingen 1913, 52.

[7] Mohrmann, "Introduzione", in: Bastiaensen, Vita di Cipriano, 17.

[8] Altaner-Stuiber, 172.

[9] Berschin I, 62.

[10] H. Delahaye, Les Passions des martyres et les genres littéraires (Subsidia hagiographica 13B) Bruxelles ²1966, 76; Van Uytfanghe, L'hagiographie: Un 'Genre' Chrétien, 147; Zocca, 474.

[11] Delahaye, Les Passions, 103 bezeichnet ihn als sterilen Geist ohne Gespür für den größeren Kontext, in dem sein Text steht, und ohne jegliche Originalität. Mohrmann, Introduzione, XVI kommt zu einem ähnlichen Urteil: "... manca di iniziativa e di spontaneità...."

wohlhabenden Familie Karthagos und genoß eine hervorragende Bildung.[12] Zu seinem Bekanntenkreis gehörten Curiales, Ritter und Senatoren, also Mitglieder der führenden Kreise Karthagos. Nach einer kurzen Tätigkeit als Rhetor[13] faßte er den Entschluß, sich dem christlichen Glauben zuzuwenden. In kürzester Zeit durchlief er eine geistliche Karriere, an deren Ende das Bischofsamt stand.[14]

Sein Episkopat fällt in die Zeit der Christenverfolgungen in Afrika. Ungefähr ein Jahr nach seiner Ernennung – im Jahre 250 – löste das Opferedikt des Decius, das von allen Untertanen die Anerkennung der Götter durch offiziell beglaubigte Opferhandlungen forderte, eine Verfolgungswelle im ganzen Reich aus.[15] Die Märtyrerakten, aber auch Cyprians eigene Korrespondenz belegen, daß zu Beginn der Verfolgungen eine große Zahl von Christen der Aufforderung, das Opfer darzubringen, folgten. Diejenigen, die dem kaiserlichen Befehl nicht nachkamen, wurden, sofern sie sich nicht ins Exil begaben, mit Gefangenschaft, Prozeß, Folter und Verbannung bedroht. Diejenigen, die standhaft blieben, starben infolge der unmenschlichen Behandlung oder wurden als Märtyrer hingerichtet.[16] Cyprian selbst suchte schon zu Beginn des Jahres 250 ein Versteck auf und leitete von ihm aus ungefähr ein Jahr lang die Kirche von Karthago.[17] Dieser Rückzug hatte einen erheblichen Autoritätsverlust nicht nur in seiner eigenen Gemeinde zur Folge. Der römische Klerus schickte einen kritischen Brief an die Gemeinde Karthagos, in dem er von dem naheliegenden Vergleich zwischen dem Mietling und dem guten Hirten aus dem Johannesevangelium Gebrauch machte und betonte, sein Bischof zumindest sei nicht davongelaufen.[18] Cyprian verteidigte sein Verhalten in mehreren Briefen, in denen er erläutert, daß die Gläubigen während und nach der Verfolgung der Leitung eines Bischofs bedurft hätten

---

[12] VC 2.14–15; ep. 66.1; ep. 66.4.1; ep. 81.1.1; *Acta proconsularia Cypriani* 2.1; 3.3.

[13] Hier. vir. ill. 67.53.

[14] Ep. 1; ep. 59.6.1; ep. 29.1.2; ep. 43.1.3.

[15] Vgl. W.H.C. Frend, Martyrdom and Persecution in the Early Church, Oxford 1965; H.A. Pohlsander, "The Religious Policy of Decius", in: H. Temporini – W. Haase (Hgg.), Aufstieg und Niedergang der Römischen Welt. Geschichte und Kultur Roms im Spiegel der neueren Forschung 2.16.3., Berlin-New York 1986, 1826–1842; A. Alföldi, Studien zur Geschichte der Weltkrise des 3. Jahrhunderts n. Chr., Darmstadt 1967; R. Selinger, Die Religionspolitik des Kaisers Decius. Die Anatomie einer Christenverfolgung, Frankfurt a.M. u.a. 1994.

[16] Vgl. ep. 22.2; 37.3; 39.2.

[17] Ep. 43.4.1.

[18] Ep. 8.

und er sich trotz der räumlichen Trennung in ständigem Austausch
mit seinem Klerus und der Gemeinde befunden habe.[19] Während
seines Exils und in der Zeit danach beschäftigte sich Cyprian intensiv mit der Frage, wie mit der großen Zahl der Opfernden – der
lapsi – umgegangen werden sollte, die nach dem erzwungenen *sacrifi-
cium* wieder Anschluß an die Kirche suchten. Zunächst vertrat er die
Ansicht, daß sie erst dann wieder in die Gemeinschaft der Kirche
aufgenommen werden könnten, wenn diese ihren Frieden gefunden
und die Bischöfe gemeinsam einen einhelligen Entschluß gefaßt hätten. Diese Auffassung wurde jedoch nicht von den weniger rigorosen
Presbytern und *Confessores*, die gegen seine Anweisung die Abgefallenen
wieder in die Kirche aufnahmen, geteilt.[20] Um seine dadurch ge-
schwächte Autorität zu festigen, modifizierte Cyprian seinen Standpunkt
gegenüber den *lapsi* dahingehend, daß er im Sommer des Jahres 251
die Position des römischen Bischofs Cornelius übernahm und all
denen, die Buße geübt hatten und an lebensgefährlichen Krankheiten
litten, Verzeihung gewährte.[21] Auf Schwankungen der allgemeinen
Stimmung in Karthago reagierte er mit weiteren Änderungen seiner Position. Er zeigte sich mal mehr mal weniger tolerant. In zwei
Schriften, *De lapsis* und *De unitate ecclesiae*, betonte er die Notwendigkeit
der Einheit der Kirche und der Stärkung des Bischofsamtes.[22] Seine
Versuche, Entgegenkommen gegenüber den Gemeindemitgliedern zu
zeigen und zur gleichen Zeit die Integrität seiner Person und seines
Amtes zu wahren, führten zu einer tiefgehenden Spaltung der katholischen Kirche Karthagos. 252 standen sich in ihr zwei Parteien
gegenüber, die jeweils ihren eigenen Bischof hatten: die Rigoristen,
die die Position Novatians, des Gegenbischofs von Rom, vertraten,
und die Laxisten, die den Presbyter Fortunatus zu ihrem Bischof
machten.[23]

In der verfolgungsfreien Zeit von 251 bis 257 verschlechterten sich
die Beziehungen zwischen Karthago und Rom. In der Amtszeit

---

[19] Ep. 7; 14.1; 20.1. Vgl. H. Gülzow, Cyprian und Novatian. Die Briefwechsel
zwischen den Gemeinden in Rom und Karthago zur Zeit der Verfolgung des Kaisers
Decius (Beiträge zur historischen Theologie 48) Tübingen 1975, 38–68; 88–99.

[20] Vgl. M. Bévenot, "The Sacrament of Penance and St. Cyprians *De lapsis*", in:
Theological Studies 16 (1955) 175–213, 176–184.

[21] Ep. 20.

[22] M. Bévenot (Hg.), *De lapsis. De ecclesiae catholicae unitate* (Oxford Early Christian
Texts) Oxford 1971.

[23] Vgl. ep. 59.9.1–3. Schon nach seiner Rückkehr aus dem Exil nach Karthago

Stephans I., 254 bis 256, kam es zwischen ihm und Cyprian zu Differenzen über die Notwendigkeit einer erneuten Taufe von konvertierten Häretikern, die bereits in ihrer jeweiligen Sekte getauft worden waren.[24] Der eigentliche Streitpunkt zwischen den beiden Bischöfen war jedoch nicht das Problem der Tauferneuerung, sondern der römische Primat, den Stephan durch die Führungsposition, die Cyprian in Afrika einnahm, gefährdet sah.[25] Bevor es zu einem römisch-afrikanischen Schisma kommen konnte, brach im Sommer 257 die valerianische Verfolgung aus. Stephan von Rom und sein Nachfolger Xystos starben als Märtyrer. Cyprian wurde verhaftet und in die Verbannung geschickt.[26] Obwohl er reichlich Gelegenheit dazu hatte, verzichtete er darauf zu fliehen. Ein Jahr später wurde er auf Anordnung des Kaisers nach kurzem Verhör mit dem Schwert hingerichtet.

Was Pontius dazu veranlaßte, Cyprian eine Schrift zu widmen, in der nicht nur das Martyrium, sondern auch die Amtszeit des Bischofs beschrieben wird, ist unschwer zu erraten. Die Christenverfolgung in Afrika hatte Probleme aufgeworfen, die Glauben und Kirchendisziplin betrafen und einer möglichst schnellen Lösung bedurften. Die Auffassungen, die der Bischof von Karthago vertrat, waren offenbar nicht für alle akzeptabel und blieben nicht unangefochten. Spaltungen innerhalb und außerhalb seiner Gemeinde waren die Folge. Die Tatsache, daß in Karthago zwei Gegenbischöfe aufgestellt wurden, zeigt, wie groß die durch die *lapsi* aufgeworfenen Probleme waren und wie prekär die Stellung Cyprians dadurch zu werden begann.

Auch wenn Cyprian selbst die Notwendigkeit der besonderen Autorität des Bischofsamtes propagierte, wurde sie von anderen Personengruppen innerhalb der Gemeinde, vor allem von den *Confessores*, die aufgrund ihrer Standhaftigkeit hohes Ansehen genossen,

---

nach Ostern 251 hatte sich Cyprian in den beiden Schriften *De lapsis* und *De unitate ecclesiae* für eine Stärkung der Bischofsgewalt eingesetzt.

[24] Während Stephan der Ansicht war, daß eine bloße Handauflegung genüge, hielt Cyprian eine erneute Taufe für unabdingbar, weil er die prinzipielle Einheit der Kirche durch die Anerkennung der geistlichen Gültigkeit einer Taufe außerhalb der Kirche gefährdet sah (vgl. ep. 67–75).

[25] Vgl. M. Bévenot, "*Primatus Petro datur*. St. Cyprian and the Papacy", in: Journal of Theological Studies. New Series 5 (1954) 19–35.

[26] Vgl. ep. 80.

in Frage gestellt, ja geradezu unterminiert.[27] Noch gravierender
wurde der Dissens dadurch, daß sich mit der Diskussion über Stellung
und Autorität des Ortsbischofs auch diejenige über die noch ungeklärte Vorrangstellung der Bischofssitze von Rom und Karthago
verband.

Cyprians vornehme Herkunft, seine außergewöhnliche Erziehung
und sein schneller Aufstieg in der kirchlichen Hierarchie boten weitere Angriffspunkte. Überschattet wurde sein Episkopat aber in erster
Linie von dem Vorwurf, er habe, indem er ins Exil ging, in der Zeit
der Verfolgung nicht als guter Hirte seiner Gemeinde gehandelt.[28]

Cyprian selber hatte in vielen Schriften versucht, sein Verhalten
und seine Entscheidungen zu erklären und zu rechtfertigen. Nach
dessen Tod fühlte sich auch Pontius dazu verpflichtet, dies zu tun.
Seine *Vita et passio Cypriani* verfolgt die Absicht, Cyprians Handlungen
als Bischof zu legitimieren und die Art seiner Amtsführung gegen
die Anschuldigungen aus den unterschiedlichen Lagern zu verteidigen. Das Ergebnis war, um mit Harnack zu sprechen, die erste
christliche Biographie oder, um präziser zu sein, die erste Vita eines
Bischofs.

Schon in den ersten beiden Kapiteln verdeutlicht Pontius, welche
Absichten ihn bei der Abfassung seines Werkes geleitet haben und
in welchem Licht er Cyprian erscheinen lassen möchte. In erster
Linie will er den Bischof, dann den Märtyrer porträtieren: *Cyprianus
religiosus antistes ac testis Dei gloriosus, . . . qui et sine martyrio habuit quae
doceret.*[29] Dabei möchte er, so wird im weiteren Verlauf der Vita klar,
deutlich werden lassen, daß Cyprian sich in allen seinen Amtshandlungen als idealer Bischof gezeigt hat. Viele der literarischen Strategien,
zu denen Pontius in diesem apologetischen Bemühen greift, stimmen

---

[27] Vgl. B. Kötting, "Die Stellung des Konfessors in der alten Kirche", in: JAC
19 (1976) 7–23.
[28] Zu Cyprians Kirchenpolitik siehe H. Gülzow, Cyprian und Novatian, Tübingen
1975; G. Alföldi, Der heilige Cyprian und die Krise des römischen Reiches, in:
Ders., Die Krise des römischen Reiches, Darmstadt 1989, 295–318; P. Monceaux,
Histoire littéraire de l'Afrique chrétienne II. Saint Cyprien et son temps, Paris 1902;
Ch. Saumagne, Saint Cyprian, évêque de Carthage, 'pape' d'Afrique, Paris 1975;
J.P. Burns, "On Rebaptism: Social Organization in the Third Century Church",
in: Journal of Early Christian Studies 1 (1993) 367–403; G.S.M. Walker, The
Churchmanship of St. Cyprian, London 1968; P. Hinchcliff, Cyprian of Carthage
and the Unity of the Christian Church, London 1974.
[29] VC 1.1–2. Der weitaus längste Teil der Schrift – 10 Kapitel – ist der Vita
des Bischofs gewidmet. Nur 4 Kapitel beschäftigen sich mit seinem Martyrium.

mit denen überein, die aus der Biographie des θεῖος ἀνήρ bekannt
sind.

Die eigentliche Lebensbeschreibung beginnt mit einer Auffälligkeit.
Pontius geht nicht auf den familiären Hintergrund und die Jugendjahre
Cyprians ein. Er läßt seine privilegierte Herkunft, sein Ansehen als
Rhetor und seine Beziehungen zur 'high society' unerwähnt. Warum
Pontius dies tut, ist leicht zu verstehen. Diese Faktoren hatten den
Neid des näheren klerikalen Umfelds des Bischofs erregt und ent-
sprachen nicht dem an den Bischof gerichteten Postulat nach einem
Leben der *humilitas*. Pontius begründet diese Auslassung damit, daß
das eigentliche Leben eines Gottesmannes erst mit der Taufe ein-
setze, und betont, daß Cyprian – durch den Akt der Taufe quasi
neugeboren – aus dem Dunkel des Irdischen zum Licht geistlicher
Weisheit aufgestiegen sei: *et mundi nube discussa in lucem sapientiae spiritalis emersit.*[30] Ganz wie die Verfasser der Philosophenbiographien
wird er nicht müde, das Wunderbare dieser plötzlichen Reifung zu
betonen, und umgibt Cyprian so schon zu Beginn seiner Vita mit
einer beinahe überirdischen Aura: *Quis umquam tanti miraculi memi-
nit? ... praepropera velocitate pietatis paene ante coepit perfectus esse quam dis-
ceret. ... Nemo metit statim ut seruit, nemo vindemiam de novellis scrobibus
expressit, nemo adhuc cum maxime plantatis arbusculis matura poma quaesivit.
In illo omnia incredibiliter concurrerunt; praevenit – si potest dicere – res enim
fidem non capit –, praevenit inquam, tritura sementem, vindemia palmitem, poma
radicem.*[31] Daß Pontius die spirituelle Reife Cyprians so sehr hervor-
hebt, hat noch einen anderen Grund. Cyprians Wahl zum Bischof
erfolgte nur ungefähr ein Jahr nach seiner Ernennung zum Presbyter,
ein Umstand, der zum Protest von mindestens fünf anderen Presbytern
führte, die ihm diesen schnellen Aufstieg in der kirchlichen Hierarchie
mißgönnten.[32] Pontius weist darauf hin, daß auch die Apostelbriefe
von der Wahl eines Novizen zum Bischof abrieten. Die Schnelligkeit
und Tiefe der Wandlung Cyprians grenze jedoch – so Pontius – ans
Wunderbare. Wie in den Philosophenviten wird ein Gewährsmann
angeführt: Caecilianus, ein – wie Pontius betont – durch sein Alter
und seine Ehre gerechter und lobenswerter Mannes, *qui eum ad agni-
tionem verae divinitatis a saeculari errore correxerat*, fungiert als Garant für

---

[30] VC 2.3.
[31] VC 2.5–2.9.
[32] Vgl. ep. 59.6.

die Richtigkeit seines Denkens und Handelns.[33] Um zu verdeutlichen, daß Cyprian von Anfang an die rechte Lehre vertrat, versichert Pontius, dieser habe sich am Beispiel anderer gerechter Männer – *veterum exempla iustorum* – orientiert.[34] Es ist die Bibel, der Cyprian diese Vorbilder entnimmt. Ihre Lektüre zeigt ihm auch, was das Leben eines perfekten Christen ausmacht. Er setzt das, was er dort lernt, sofort in die Tat um, verzichtet auf weltliche Güter, gibt seinen Besitz den Armen und leistet andere Werke der *caritas*. Wie bei einem θεῖος ἀνήρ steht sein Haus allen Bedürftigen offen: *Domus eius patuit cuicumque venienti; nulla vidua revocata sinu vacuo, nullus indigens lumine non illo comite directus est, nullus debilis gressu non illo baiulo vectus est, nullus nudus auxilio de potentioris manu non illo tutore protectus est.*[35] Durch einen Vergleich mit Hiob, dessen Verhalten Cyprian sich zu eigen macht, verdeutlicht Pontius die Ernsthaftigkeit der Wandlung Cyprians: *Permansit in suis sedibus fixa virtus et altis radicibus fundata devotio nullo diaboli temptantis impetu cessit, quominus Dominum suum fide grata etiam inter adversa benediceret.*[36]

Der zum Bischof Gewählte verrät nicht nur in Haltung, Sprache, Miene und Kleidung Ausgeglichenheit und Maß, er gibt seiner Gemeinde in den Zeiten der Verfolgungen und der Pest das Gefühl der Stabilität durch dauernden Zuspruch: Er ist *pastor animae* und *doctor ecclesiae* im wahrsten Sinne des Wortes: *Debebat esse qui posset saucios homines varia expugnantis inimici arte iaculatos adhibita medicinae caelestis medella pro qualitate vulneris vel secare interim vel fovere. Servatus est vir ingenii praeter cetera etiam spiritaliter temperati, qui inter resultantes conlidentium scismatum fluctus ecclesiae iter medium librato limite gubernaret.*[37]

---

[33] VC 4.1. VC 4.2–4.3: *Hunc toto honore atque omni observantia diligebat, obsequenti veneratione suspiciens, non iam ut amicum animae coaequalem, sed tamquam novae vitae parentem. Denique ille demulsus obsequiis in tantum dilectionis immensae meritis provocatus est, ut de saeculo excedens adcersitione iam proxima commendaret illi coniugem ac liberos suos et quem fecerat de sectae communione participem postmodum faceret pietatis heredem.*
[34] VC 3.4–3.10: *multa . . . ad veterum exempla iustorum imitatione . . . persecutus. . . . Nam et sermo illi de hoc fuerat usitatus, ut si quem praedicatum Dei laudatione legisset, suaderet inquiri, propter quae facta placuisset. Si Iob aliquo testimonio gloriosus dictus est, verus Dei cultor et cui in terris nemo compararetur, faciendum docebat ille quicquid Iob ante fecisset . . . Et sic per bonorum omnium documenta decurrens, dum meliores semper imitatur, etiam ipse se fecit imitandum.*
[35] VC 3.9.
[36] VC 3.8. VC 3.7: 'Contemptis ille dispendiis rei familiaris in tantum exercitata virtute profecit, ut nec pietatis temporaria damna sentiret; non illum penuria, non dolor fregit, non uxoris suadela deflexit, non proprii corporis dira poena concussit. . . .'
[37] VC 8.3.

Nachdem Pontius Cyprian, was seine Amtsführung angeht, als idealtypischen Bischof gezeichnet hat, wendet er sich der entscheidenden Frage zu, warum Cyprian nicht schon zu Beginn der Christenverfolgungen das Martyrium erlitten habe. Er führt dafür mehrere Gründe an: Das Martyrium sei die größte Ehre für jeden Christen und Cyprian habe die Märtyrerkrone auch verdient. Es sei ihm jedoch bestimmt gewesen, erst alle Stufen des Ruhmes zu durchlaufen, bis er den Höhepunkt erreichte. Wenn Feigheit der Grund dafür gewesen wäre, während der Decischen Verfolgungen ins Exil zu gehen, dann hätte er auch später versucht, sich dem Martyrium zu entziehen, und wäre nicht den Märtyrertod gestorben. Cyprian habe vielmehr gefürchtet, er würde durch einen zu frühen freiwillig auf sich genommenen Tod gegen den Willen Gottes verstoßen. Entscheidend sei aber gewesen, daß die Kirche in den Zeiten der Verfolgungen eines Hirten bedurft habe. Er habe als guter Bischof seine Gemeinde nicht im Stich lassen dürfen, was Pontius die Kirche selbst bestätigen läßt: *Viderint qui putant posse fortuitu ista contingere; ecclesia illis clara luce respondet et dicit: Ego sine Dei nutu necessarios reservari non admitto, non credo.*[38]

Was die Kirche in diesen Zeiten in erster Linie gebraucht habe, sei ein Lehrer, der die Irrgläubigen zum rechten Glauben führen und die Gefallenen mit ihr versöhnen konnte. Nur Cyprian habe dies gekonnt. "Wer" – so Pontius – "hätte den Gefallenen erklären können, wie sie Buße leisten sollten? Wer hätte den Häretikern den Weg der Wahrheit weisen sollen? Wer hätte die Schismatiker wieder in die Einheit der Kirche eingliedern können? Wer hätte die Kinder Gottes lehren können, den Frieden zu lieben, und wer hätte ihnen beibringen sollen, wie man betet?"[39] Mit einer Reihe von rhetorischen

---

[38] VC 8.5.

[39] VC 7.3: *Finge enim tunc illum martyrii dignatione translatum: quis emolumentum gratiae per fidem proficientis ostenderet? Quis virgines ad congruentem pudicitiae disciplinam et habitum sanctimonia dignum velut frenis quibusdam lectionis dominicae coherceret? Quis doceret paenitentiam lapsos, veritatem haereticos, scismaticos unitatem, filios Dei pacem et evangelicae praecis legem? Per quem gentiles blasphemi repercussis in se quae nobis ingerunt vincerentur? A quo christiani mollioris adfectus circa amissionem suorum aut, quod magis est, fidei parvioris consolarentur spe futurorum? Unde sic misericordiam, unde patientiam disceremus? Quis livorem de venenata invidiae malignitate venientem dulcedine remedii salutaris inhiberet? Quis martyres tantos exhortatione divini sermonis erigeret? Quis denique tot confessores frontium notatarum secunda inscriptione signatos et ad exemplum martyrii superstites reservatos incentivo tubae caelestis animaret? Bene, bene tunc et vere spiritaliter contigit, quod vir necessarius tam multis et tam bonis rebus a martyrii consummatione dilatus est.*

Fragen stellt Pontius – beginnend mit der Schrift *Ad Donatum* – quasi
ein Verzeichnis der Werke Cyprians zusammen und zeigt so seine
Bedeutung als Schriftsteller. Cyprian habe allerdings auch als Prediger viel bewirkt, hier sei seine rhetorische Begabung ausschlaggebend gewesen. Wenn er – so beendet Pontius den den Amtshandlungen
des Bischofs gewidmeten Teil – von der *rostra* hätte sprechen können, würde er auch die Heiden sofort zum Christentum bekehrt
haben: *de quibus hoc tantum dixisse, satis est, quod si illa gentiles pro ros-
tris audire potuissent, forsitan statim crederent.*[40] Mit seinen Predigten habe
er zumindest seine Gemeindemitglieder dazu anleiten können, gute
Werke zu tun: *Et quis non sub tanto doctore properaverat invenire partem
aliquam talis militiae, quam placere et Deo patri et iudici Christo et interim
sacerdoti?*[41]

Die danach einsetzende Beschreibung der Verbannung und des
Martyriums Cyprians hat fast ausschließlich apologetischen Charakter.[42]
Cyprian hat danach am ersten Tag seiner Verbannung eine Vision,
in der ein Jüngling ihn zum Palast des Prätors führt, wo ihm vom
Prokonsul der Prozeß gemacht wird. Als verantwortungsbewußter
Bischof hat er vor seiner Exekution nur noch den Wunsch, daß ihm
ein weiterer Tag zugebilligt werden möge, damit er noch regeln
könne, was zu regeln sei. Der Wunsch wird ihm gewährt. Cyprian
– so fährt Pontius fort – erlitt sein Martyrium genau ein Jahr, nachdem ihm der Jüngling in seiner Vision erschienen war. Der eine Tag
der Vision wurde in Wirklichkeit zu einem Jahr.[43] Mit der Schilderung
der Vision Cyprians greift Pontius das bereits im ersten Teil angeschnit-
tene Thema der Verzögerung des Martyriums wieder auf. Cyprian
will erst seine irdischen Pflichten erledigen, bevor er sich durch den
Märtyrertod seines eigenen Heils und seiner Seligkeit vergewissert.
Er ist erst Bischof, dann Märtyrer. Auch die Vision verdeutlicht, daß
wie alles Handeln Cyprians auch der Aufschub seines Martyriums
von Gott gewollt und demnach von ihm vorherbestimmt war. Cyprian

---

[40] VC 10.1.

[41] VC 10.3.

[42] Zunächst verweist Pontius jedoch auf die *acta proconsularia* für eine ausführliche
Wiedergabe des Prozeßverlaufs. Das Werk des Pontius – so wird auch hier deut-
lich – ist in erster Linie Bischofsvita, Pontius will keine *acta martyrum* im traditionellen
Sinn verfassen.

[43] An dieser Stelle erfolgt wieder ein Verweis auf die Heilige Schrift. Pontius ist
sich zwar keiner Stelle bewußt, in der ein Tag als ein Jahr gedeutet wird, meint
aber dennoch, daß eine solche Deutung erlaubt sei.

– so erfahren wir weiter – geht seinem Martyrium ausgeglichen und mit heiterem Antlitz entgegen – *unde enim posset tamquam inproviso impetu mens praeparata subitari?*[44] Er zeigt *humilitas*, indem er das ihm als Bischof angebotene leinene Schweißtuch ablehnt, und erweist sich noch kurz vor seinem Tod als wahrer *magister*. Bevor er stirbt, möchte er predigen und zu den Anwesenden von Gott sprechen: *Videlicet tanti illi fuit cupido sermonis, ut optaret sic sibi passionis vota contingere, ut, dum de Deo loquitur, in ipso sermonis opere necaretur.* Laut Pontius hätten die gegen ihn als dem Lehrer seiner Schüler erhobenen Anschuldigungen des Richters nicht passender formuliert werden können: *'Sectae suae signifer' et 'inimicus deorum' et 'qui suis futurus esset ipse documento' et 'quod sanguine eius inciperet disciplina sanciri'. . . . Signifer fuerat, qui de ferendo signi Christi docebat, inimicus deorum, qui indola destruenda mandabat, documento autem suis fuit, qui multis pari genere secuturis prior in provincia martyrii primitias dedicavit, sanciri etiam coepit eius sanguine disciplina, sed martyrum, qui doctorem suum imitatione gloriae consimilis aemulati ipsi quoque disciplinam exempli sui proprio cruore sanxerunt.*[45]

In seiner *Vita et passio* wird Cyprian in erster Linie als *doctor ecclesiae* und *magister* dargestellt, womit ihr Verfasser der Biographie des Weisen entspricht. Dies ist nicht verwunderlich, befindet sich Cyprian doch in einer Situation – die Zeit der Christenverfolgungen –, die durchaus Parallelen zur Zeit des Hellenismus aufweist, in der gleichermaßen ein großes Bedürfnis nach spiritueller Leitung bestand, philosophische Schulen miteinander konkurrierten, diesem Bedürfnis zu entsprechen, und deren Leiter als Hirten ihrer Herde auftraten. Schon mit den ersten Sätzen macht Pontius deutlich, daß er nicht in erster Linie an einen Märtyrer, sondern an einen Schriftsteller und Intellektuellen erinnern möchte: *multa conscripsit . . . eloquentiae eius ac Dei gratiae larga fecunditas ita se copia et ubertate sermonis extendit.*[46] Die Vita ist denn auch in all ihren Teilen durch die für die Biographie der heiligen Weisen charakteristischen Darstellungsformen geprägt: Cyprian wird von einem geistigen Mentor zum Christentum hingeführt, weist vom Zeitpunkt seiner Bekehrung an eine außergewöhnliche geistige Reife auf, bleibt sich immer gleich, als Bischof fungiert er als *pastor* – als Beistand und Leiter seiner Gemeinde in Zeiten der

---

[44] VC 15.1.
[45] VC 17.1–3.
[46] VC 1.1.

Verfolgungen – und als *magister*, indem er vorbildhaft lebt, mit einer
außergewöhnlich großen rhetorischen Geschicklichkeit predigt und
bedeutsame theologische Werke verfaßt, was Pontius wie die Verfasser
vieler Philosophenviten mit einer Aufzählung seiner Werke belegt.

Pontius sieht in Cyprian zunächst den Bischof, erst in zweiter Linie
den Märtyrer, es sind die Pflichten seines hohen Amtes, die ihn
davon abhalten, sich schon früh dem Martyrium zu unterziehen.
Auch als er diesem nicht mehr entgehen kann und will, erweist er
sich ganz als Bischof. Um ihn als idealen Bischof zu zeigen, bedient sich Pontius literarischer Strategien, die für die hellenistischen
Philosophenviten charakteristisch sind.[47] Sie schaffen das verbindende
Element zwischen den beiden Teilen der Vita und geben ihr einen
einheitlichen Charakter. Die *Vita et passio Cypriani* ist daher keineswegs
das Werk eines mediokren Autors, der konzeptionslos von den
Vorgaben der *acta martyrum* abweicht. Die Neuerungen, die er in die
christliche Biographie einführt, sind wohl überlegt und funktions-
gerecht, dienen sie doch der Verteidigung der Amtshandlungen
Cyprians.

Die Vorstellung vom *magister* und *pastor* spielt auch schon in der
frühen Martyriumsliteratur eine Rolle. Auch in ihr werden die termini *magister, pastor* etc. verwandt.[48] Dennoch läßt sich anzweifeln,

---

[47] Daß Pontius sich am Bildbereich des heiligen Weisen der Philosophenbiographien
orientiert, kann auch an Cyprian liegen. Zum Verdruß nicht weniger seiner christlichen
Zeitgenossen blieb er sein ganzes Leben hindurch bis zu einem gewissen Grad den
Wertvorstellungen, die ihm durch seine pagane Erziehung mitgegeben worden waren
und die er selbst als Rhetor an andere weitergegeben hatte, verpflichtet. Auch wenn
er prinzipiell eine Trennung zwischen Christentum und antiker Philosophie vollzog
und Axiome etwa der stoischen Philosophie kritisierte (ep. 55.16; 60.3; test. 3.4.10;
bon. Pat. 2 f.), lassen sich in seinem Werk zahlreiche Anlehnungen an Seneca und
andere pagane Schriftsteller finden. Trotz seiner radikalen Hinwendung zum
Christentum legte er auch nie gänzlich den Habitus der *honestiores*, der Angehörigen
der wohlhabenden und einflußreichen Schicht der Kurialen, Ritter und Senatoren,
ab. (vgl. etwa ep. 8.1.1.) Auch Cyprians Prozeß und sein Martyrium verliefen, wie
es einem *honestior* zustand. Trotz der schwerwiegenden Anklage gegen ihn stand er
nur unter Hausarrest und wurde durch das Schwert hingerichtet. Sein Verhalten
im Angesicht des Todes – er ließ seinem Henker 25 Goldmünzen auszahlen (*Acta
proconsularia Cypriani* 5.4) – entsprach den großzügigen Stiftungen und finanziellen
Förderungen, die charakteristisch für diese Gesellschaftsschicht waren. Er erscheint
vor seinem Tod eher wie ein stoischer Weiser der antiken Tradition als wie ein
christlicher Märtyrer.
[48] Vgl. Zocca, 471,472. Dies ist nicht verwunderlich, weist doch die stoische
Akzeptanz des Todes Parallelen zum christlichen Martyriumsgedanken auf. "Accounts
of deaths of illustrious men, particularly philosophers and preeminently Socrates,
were appropriated to describe christian martyrs as seekers of truth who despised

daß Pontius die durch sie vermittelte Vorstellung vom Lehrer und Weisen vor Augen hatte, wird in ihr doch die Figur des Lehrers und Vorbilds auf den Moment des Sterbens bezogen und sind die *passiones* stark geprägt durch Todes- und Endzeitmotivik sowie Jenseitsvisionen. Pontius betont hingegen, daß Cyprian als Lebender ein besserer Lehrer sein kann als ein Märtyrer. Er entspricht damit den Vorstellungen seines Protagonisten, der sich zeit seines Lebens darum bemühte, die Stellung der Bischöfe gegenüber den Märtyrern zu stärken und den Episkopat scharf sowohl von Pneumatikern als auch von Märtyrern abzugrenzen.[49]

Die *Vita et passio Cypriani* läßt sich – wie gezeigt wurde – in zwei sich voneinander unterscheidende Teile gliedern. Harnack, Pellegrino und Mohrmann lassen den ersten Teil mit Kapitel 10 enden und sehen in Kapitel 11 den Beginn des zweiten Teils, der *passio*. Pontius selbst weist darauf hin, daß er im ersten Teil die *opera et merita* des Bischofs beschreiben will. Daß er in diesem Teil zwar in chronologischer Reihenfolge über das Leben Cyprians berichtet, dabei aber vieles unerwähnt läßt, hat erheblich zu der negativen Bewertung seines Werkes beigetragen. Berschin weist darauf hin, daß "man das

---

death." (E. Ferguson, "Martyr, Martyrdom", in: Encyclopedia of Early Christianity II (1997) 724–727).

[49] Die Märtyrer konnten sich wegen ihres Opfertodes als die wahren Nachfolger Christi verstehen. Durch ihn gingen sie quasi eine *unio mystica* mit Christus ein. Auch in der Vorstellung der meisten Christen hatten sie durch ihr Martyrium das Privileg einer direkten Kommunikation mit Gott erlangt. (Vgl. etwa J. Janssens, "La Spiritualità del Martirio nella Chiesa Antica", in: M. Lamberigts – P. Van Deun (Hgg.), Martyrium in Multidisciplinary Perspective (Bibliotheca Ephemeridum Theologicarum Lovaniensium 117) Leuven 1995, 397–407, 398: "La loro fede si presenta in primo luogo come una conoscenza intima di Dio e una communione di vita, a cui corrisponde una specifica dottrina religiosa. Da ciò risulta che la fede dei martiri, più che l'accettazione intelletuale di un insieme di verità dottrinali su Dio, consta sopratutto in un rapporto fiducioso e in un'unione personale con Dio e con Gesù Cristo.... La preghiera ... prende talvolta presso il martire la forma esplicita d'una conversazione familiale con Dio.") Sie galten als ideale Fürsprecher und *intercessores*, genossen ein besonderes Ansehen bei den Gläubigen und hatten ungefähr den gleichen Stand wie die Presbyter. Zur Zeit Cyprians besaßen sie beinahe bischöfliche Vollmachten. Läßt sich in den Schriften Cyprians eine gewisse Polemik gegen Märtyrer finden, so wurden Bischöfe ihrerseits in der frühen afrikanischen Märtyrerliteratur nicht immer positiv dargestellt. In der *Passio Perpetuae* etwa werden ein Bischof und ein Kleriker, die Perpetua kniefällig um Schlichtung ihres Streites bitten, von Engeln aufgefordert, die Märtyrerin nicht zu belästigen und den Ort des Martyriums zu verlassen. Auch andere Stellen in der *Passio* können als Kritik an den Bischöfen, ja als ausgesprochene Distanzierung vom Amtsklerus verstanden werden. (Vgl. Zocca, 471–474).

Werk tatsächlich gut – und von der folgenden Literaturtradition des
Mittelalters her betrachtet sogar optimal – mit *Vita et passio* bezeichnet und daß das Charakteristische dieser Biographie im Rahmen der
Martyrer- und Heiligenliteratur ihre rhetorische Durchformung ist."
Er betrachtet – wie schon Reitzenstein vor ihm – die *Vita et passio
Cypriani* nicht als eigentliche Biographie, sondern trotz Abweichungen
im einzelnen als einen christlichen Panegyricus.[50] Mohrmann erklärt
die Auslassungen dagegen damit, daß Pontius davon ausgehen konnte,
daß den meisten seiner Leser die wichtigsten Lebensdaten seines Protagonisten bekannt seien. Sie betont auch, daß es nicht in erster Linie
Pontius' Anliegen gewesen sei, eine Biographie zu schreiben, sondern daß er eine ganz bestimmte Absicht gehabt habe.[51] Daß diese
darin bestand, Cyprians Amtshandlungen zu erklären und zu verteidigen, ist unübersehbar.

3.2. *Die* Vita Martini *des Sulpicius Severus*

Das für die Bischöfe und die Bischofsvita charakteristische Spannungsfeld zwischen dem Ideal der *humilitas* und faktischer Macht war schon
für die *Vita Martini* des Sulpicius Severus bestimmend.[52] Es macht

---

[50] Berschin I, 64–65. Pontius hält sich in Teilen – in der Einleitung und in der
peroratio – an die Vorgaben der Panegyrik. Wenn er allerdings Herkunft, Familie,
Geburt, Kindheit und Erziehung überspringt, beinhaltet dies eine erhebliche
Einschränkung des rhetorischen Programms.

[51] Mohrmann, Introduzione, XVI: "Non si è capito che la Vita Cypriani è uno
scritto di circonstanza, determinato da precise intenzioni; e non si è tenuto conto
che l'autore, scrivendo per i contemporanei, considerava ben noti molti degli episodi
della vita di Cipriano."

[52] Beste Ausgabe, nach der die Vita (= VM) zitiert wird: Fontaine, Sulpice Sévère
(enthält ebenfalls die 3 Briefe des Sulpicius Severus, kritische Textausgabe, Einführung
und umfassenden Kommentar); Übersetzungen ins Deutsche bzw. Italienische: K.
Smolak, Leben des Heiligen Martin, Eisenstadt 1997 u. E. Ghianarelli, Vita di
Martino, Milano 1995. Die moderne Forschung zur *Vita Martini*, die durch E.Ch.
Barbut, Saint Martin de Tours, Paris [1912] eingeleitet wurde, hat sich hauptsächlich mit der Frage beschäftigt, warum ein *homo litteratus* wie Sulpicius Severus,
bei dessen Leserschaft es sich vornehmlich um Christen aus den Kreisen der gebildeten gallo-romanischen Aristokratie handeln mußte, die Heiligkeit des Martins besonders durch Wundertaten beweisen wollte. Die Frage stellt sich um so mehr, als
selbst Zeitgenossen und sogar solche, die in Martins eigener Klostergemeinschaft
lebten, den Wahrheitsgehalt der Berichte über Besuche Martins durch Engel, Teufel
und Dämonen kritisch beurteilten. Barbut, Vertreter eines äußerst skeptischen, positi-
vistischen Ansatzes, kritisiert die Vita; er unterstellt, daß Sulpicius selbst nicht an
die Heiligkeit des Martins geglaubt habe, diesen aber in Anlehnung an die Antoniusvita

sich in ihr schon in dem eigenartigen Widerspruch zwischen pro-
pagiertem Ideal und verwendeter Form bemerkbar. Das Werk des
Sulpicius Severus ist äußerst ausgefeilt, sentenzenreich und weist ein
"höchst gepflegtes, mit klassischen Zitaten versehenes und klassischen

---

des Athanasius als Wundertäter stilisiert habe, weil Martin als einziger Bischof mit
seinem radikalen Minoritätenstandpunkt sympatisierte. Martins Berühmtheit sei jedoch
fast ausschließlich auf eine bewußte literarische Stilisierung in der Vita zurückzuführen.
   Obwohl Barbuts Sichtweise keineswegs in toto aufrechterhalten bleiben kann, steht
doch die gesamte nachfolgende Forschung in seinem Schatten, da die meisten
Beiträge bemüht sind, einzelne seiner Behauptungen oder seine gesamte Herangehensweise zu hinterfragen. Wichtige Beiträge im diesem Sinne werden im folgenden genannt: H. Delehaye, "Saint Martin et Sulpice Sevère", in: Analecta
Bollandiana 38 (1920) 5–136 hat u.a. den kulturellen Hintergrund des Sulpicius
Severus analysiert. Ebenso betrachtet er den Einfluß der apokryphen Schriften und
des Typus des Propheten des AT auf die Vita und untersucht die von Sulpicius
Severus aufrechterhaltene 'Fiktion' des Genus der Historiographie. Jullian kommt
zu dem Ergebnis, daß die angeführten Ereignisse, für die es Zeugen gab, zunächst
einmal ernst genommen werden müssen, da die Vita von einem Christen für Christen
verfaßt worden sei. P. Monceaux, Saint Martin, Paris 1927 sowie die Textausgabe
mit dem grundlegenden Kommentar von Fontaine, Sulpice Sévère, und dessen
Einzelartikel (siehe Literaturverzeichnis) haben einen etwas anderen Ansatz: Laut
Fontaine müssen im Sinne eines modernen literaturwissenschaftlichen Ansatzes die
Erkenntnisse der modernen Psychologie an die Vita herantragen werden. Er schlägt
eine Entmythologisierung in Anlehnung an Bultmann vor, ebenso müsse man sich
vor Augen halten, daß das Analphabetentum und der Mangel an Bildung zur Zeit
des Sulpicius noch weit verbreitet waren, es seien daher Interferenzen aus dem
mündlich weitergegebenen Literaturgut anzunehmen. Man müsse weiterhin zwischen Fakten und literarischen Stilisierungen und damit zwischen objektiver und sub-
jektiver Wahrheit unterscheiden: "la storicità dei fatti riferiti da Sulpicio nelle sue
opere martiniane richiede una prudente analisi letteraria che segna le tappe della
percezione dei fatti: lettura da parte dello stesso Martino, della propria esperienza,
costituzione di tradizioni orali in cui l'immaginazione gallo-romana (celtica e latina,
populare e letteraria) ha svolto un ruolo capitale e oggi difficilmente decifrabile,
infine il virtuismo personale di un biografo che scrive all'indirizzo certo pubblico
letterato, aristocrato, un po' elitario, se non da cenacolo." (J. Fontaine, "Sulpicius
Severus", in: Dizionario Patristico e di Antichità Christiana (1983) 3334) Mohrmann,
Introduzione will über eine rein literaturwissenschaftliche Betrachtung hinaus den
Dämonen- und Wunderglauben der damaligen christlichen Bevölkerung untersuchen
und F. Ghizzoni, Sulpicio Severo, Roma-Parma 1983 fordert eine Betrachtungsweise,
die die Vita weniger als historisches als vielmehr literarisches und religiöses Dokument
eines spezifischen Zeitgeistes sieht. C. Piétri, La ville de Tours du IVe siècle: Naissance
d'une cité chrétienne, Rome 1983 beschäftigt sich mit der Rolle von Sulpicius
Severus für die Entwicklung des Kultes von Martin von Tour. Stancliffe untersucht
hingegen die Intentionen des Autors und geht der Frage nach, inwieweit unser
Verständnis der Wundergeschichten dem der Zeitgenossen entspricht. Sie versucht,
eine neue Erklärung für die feindliche Aufnahme der Darstellung Martins im 4.
Jahrhundert zu finden und zu prüfen, inwieweit Sulpicius' Portrait dem wirklichen
Martin entsprach. Dem Stil der Martinsvita widmeten sich u.a. E. Klebs, "Entlehnungen
aus Velleius", in: Philologus 49 (1890) 285–312; P. Hyltén, Studien zu Sulpicius

Reminiszenzen gespicktes Latein" auf.[53] Charakteristisch für den
Biographen ist die bewußte Paradoxie, selbst äußerst elaboriert zu
schreiben, aber den bescheidenen Stil zu loben.[54] Ein Blick auf die
Vita, die Intentionen des Verfassers sowie die damaligen Zeitverhält-
nisse kann diesen Widerspruch zwischen Form und Inhalt erklären.

Sulpicius Severus versucht mit seiner Martinsvita, zu der im Gallien
des 4. Jahrhunderts besonders virulenten Frage nach dem geeignet-
sten Bischof und der besten christlichen Lebensform Stellung zu
nehmen. Sollte ein Bischof der alten Aristokratie entstammen und
über eine klassische Bildung verfügen oder eher den Idealen des einfachen, aber gottesfürchtigen Mannes entsprechen, der sich auf die
Lektüre der Bibel beschränkt? Sollte er in seiner Lebensführung
rigoros dem Armuts- und Enthaltsamkeitsgebot der Bibel folgen oder
sollte er sich entsprechend dem Selbstverständnis der traditionellen
Führungsschichten und den Erfordernissen seines hohen Amtes mit
gewissen Insignien der Macht umgeben und einen gehobenen Lebensstil an den Tag legen?

Sulpicius Severus selbst war laut Gennadius *genere et litteris nobilis*.[55]
Er hatte es als Advokat zu einem hohen Ansehen gebracht, hatte in
eine reiche konsularische Familie eingeheiratet[56] und kann als typi-
scher Vertreter jener gebildeten gallo-römischen Aristokratie angesehen werden, die in Bordeaux zu Füßen jener Professoren saß, die
Ausonius in der *Commemoratio professorum Burdigalensium* im V. Buch
seiner Gedichte beschrieben hat.[57] Über seine Schwiegermutter Bassula
geriet er in den Bannkreis Martins von Tours und wurde damit Teil
jener Minderheit in Gallien, die, nachdem sie einmal den Entschluß
zu einer radikalen Befolgung des Evangeliums im Sinne eines asketischen Mönchtums gefaßt hatte, in einer beinahe anti-klerikalen Haltung
die 'mondänen' Bischöfe der gallo-römischen Kirche attackierte.[58]
Sowohl Martin als auch Sulpicius Severus rückten damit in gefährliche

Severus, Lund 1940; T. Janson, Latin Prose Prefaces. Studies in Literary Conventions,
Stockholm 1964, 135–141; Fontaine, Sulpice Sévère II, 360–393.
    [53] Berschin I, 197.
    [54] Ebd., 198; so die Verwendung zahlreicher Oxymora und Klauseln, nach Hyltén,
25 ff.
    [55] Genadius, *De viris illustribus* 19.
    [56] Siehe Paulinus von Nola, ep. 5.5.
    [57] Siehe Fontaine, Sulpicius Severus.
    [58] Ebd. Sulpicius beklagte wiederholt die Weltlichkeit der Bischöfe: z.B. dial.
1.21.3–4. Ammianus XXVII (siehe Stancliffe, 267).

Nähe zu Priscillian, der aufgrund seines 'häretischen' Gedankenguts, seiner extremen asketischen Haltung, vermutlich aber auch wegen seines Vermögens, das ihm den Neid seiner bischöflichen Kollegen einbrachte, vom Kaisergericht in Trier zum Tode verurteilt worden war.[59] Martin, der als einziger Bischof versuchte, das Urteil und seine Vollstreckung abzuwenden, geriet selbst in den Brennpunkt der Kritik[60] und hielt sich nach der Vollstreckung bewußt von allen Bischofsversammlungen fern.[61] Der Konflikt zwischen asketischen und 'weltlichen' Bischöfen spitzte sich zu und hielt bis ins 5. Jahrhundert an.[62]

Innerhalb der asketischen Bewegung selbst war man weit von einer eindeutigen Konzeption entfernt. So wie man im Osten unterschiedliche Formen der Askese und des Mönchtums kannte, die von einer absoluten Isolation über verschiedene Formen monastischen Zusammenlebens bis zur Integration in die christliche *Communio* reichten,[63] herrschten auch im Westen, wo das asketische Leben generell noch nicht in gleichem Maße wie im Osten praktiziert wurde, Unstimmigkeiten über die ideale asketische Lebensform. So vertritt Hieronymus die Vorstellung, daß der Mönch sich ganz aus der Gemeinschaft zurückzuziehen habe und ihm daher eine gänzlich andere Rolle zukomme als dem Klerus: Der wahre Mönch kann nicht in dieser Welt bleiben.[64] Sulpicius' monastische Vorstellungen

---

[59] Zum Priscillianismus in Gallien siehe besonders Stancliffe, 278–296; ebenso H. Chadwick, Priscillian of Avila, Oxford 1976; R. Van Dam, Leadership and Community in Late Antique Gaul, Berkeley 1985; V. Burrus, The Making of a heretic: Gender, Authority, and the Priscillian Controversy, Berkeley 1995.

[60] Stancliffe, 267. So schließt Ithacius, einer der beiden Ankläger Priscillians, Martin explizit in seinen Angriff ein gegen "all men, however holy, who were zealous for devotional study (*lectio*), or whose way of life involved striving through fasting, as associates or disciples of Priscillian." (Stancliffe, 281) Siehe dazu auch Fr. Prinz, "Der Testfall: Das Kirchenverständnis Bischof Martins von Tours und die Verfolgung der Priscillianer", in: Hagiographica 3 (1996) 1–15.

[61] Stancliffe, 282.

[62] Vor diesem Hintergrund werden auch die stark negativ gefärbten Schlußworte der Chronik des Sulpicius verständlich, in der er über die Auswirkungen des Priscillianismus in Gallien berichtet: *at inter nostros perpetuum discordiarum bellum exarserat, quod iam per quindecim annos foedis dissensionibus agitatum nullo modo sopiri poterat. et nunc, cum maxime discordiis episcoporum omnia turbari ac misceri cernerentur cunctaque per eos odio aut gratia, metu, inconstantia, invidia, factione, libidine, avaritia, arrogantia, somno, desidia depravata, postremo plures adversum paucos bene consulentes insanis consiliis et pertinacibus studiis certabant: inter haec plebs Dei et optimus unus quisque probo atque ludibrio habebatur.* (Chron. 2.51. 8–10).

[63] Überblick bei Stancliffe, 268–270.

[64] *Contra Vigilantium* § 15 und § 16 (PL 23, 351–352); ep. 117.1.2 (CSEL 55, 423); ep. 14.6–8; ep. 58.5 (CSEL 54, 52–56, 533–535) (Stancliffe, 300, siehe auch

waren hingegen geprägt von Hilarius von Poitiers,[65] vor allem aber von Martin von Tours, der versuchte, das Leben des Mönchs zunächst mit dem des Soldaten und dann mit dem des Bischofs zu vereinbaren.[66]

Die *Vita Martini* kann also in mehrfacher Hinsicht als ein Versuch der Legitimierung einer bestimmten Sondergruppe verstanden werden, wobei die ungewöhnliche Tatsache, daß sie noch zu Lebzeiten des Heiligen verfaßt wurde, die Dringlichkeit der Rechtfertigung und Selbstdarstellung unterstreicht. Die Vita sollte Martins Eignung für einen Bischofsstuhl unter Beweis stellen[67] und zugleich Plädoyer für das im Westen noch skeptisch aufgenommene Mönchstum sein, besonders für eine Form, die zwar zur Askese, nicht aber zu völliger Isolation und Aufgabe aller sozialen Bindungen verpflichtete.

Auch literarisch hatte sich Sulpicius eine besondere Aufgabe gestellt. Er wollte mit Martin eine bisher noch nicht literarisch fixierte, spezifisch westliche Form des Mönchtums beschreiben. Sein Hauptanliegen war jedoch die Porträtierung Martins als Bischof. Die einzige inhaltliche Vorlage dafür war die *Vita et passio Cypriani*, die diesen jedoch ebensosehr als Märtyrer wie als Bischof zeichnete. Die antike Herrscherbiographie diente ihm zwar formal als Muster, da er an den gallischen Bischöfen besonders ihren an weltlichen Herrschern orientierten Lebensstil ablehnte, kam sie jedoch inhaltlich kaum als

P. Rousseau, Ascetics, Authority and the Church in the Age of Jerome and Cassian, Oxford 1978).

[65] Siehe Fontaine, Hilaire de Poitiers, 70.

[66] Stancliffe nennt als weitere Unterschiede zwischen der Mönchsvorstellung des Hieronymus und Sulpicius Severus, daß Hieronymus Rusticus und der Jungfrau Demetrias empfahl zu arbeiten, wohingegen im Kloster von Marmoutier selbst Kopierarbeiten nur von den jüngeren Mönchen ausgeführt wurden, ebenso erwähnt sie die unterschiedliche Auffassung über die objektive Realität von Dämonen und die Frage, ob dem Teufel, wenn er Reue zeigt, vergeben werden kann. (Stancliffe, 300, 301).

[67] Der Personenkreis um Martin entstammte fast durchgehend der gehobenen, reichen und gebildeten Schicht. Martin selbst, der durch Sulpicius eher eine Stilisierung zum naiven und einfachen Mann erfährt, ist *parentibus secundum saeculi dignitatem non infimis, gentilibus tamen.* (VM 2.1) Damit standen sie in Konkurrenz zu solchen Mitgliedern des Klerus, die einfachen Familien entstammten, keine besondere Bildung erhalten hatten und sich deshalb als die wahreren Nachfolger Christi empfanden. Aufgrund ihrer radikalen Forderung nach Askese machten sich die Anhänger Martins jedoch auch in ihren eigenen aristokratischen Kreisen unbeliebt. Selbst Sulpicius betont in der Vita das Außergewöhnliche ihrer Entscheidung für die Askese: *Quod eo magis sit mirum necesse est, quod multi inter eos nobiles habebantur, qui longe aliter educati ad hanc se humilitatem et patientiam coegerant: pluresque ex eis postea episcopos vidimus.* (VM 10.8).

Modell in Betracht. Wie Sulpicius sich dem daraus ergebenden Problem stellte, soll im folgenden verdeutlicht werden.

Die ersten Kapitel der Vita beschreiben Martin als Soldaten des römischen Heeres. Für einen Mann Gottes war dies keineswegs der richtige Beginn einer geistlichen Laufbahn, zumal Martin noch nach der Taufe den Militärdienst ausübte.[68] Sulpicius verkürzt daher die Zeit seines Kriegsdienstes zugunsten der anschließenden *vita ascetica*. Sein Alter beim Beginn des Asketenlebens wird durch diese Manipulation mit dem des Antonius in Übereinstimmung gebracht, der mit 20 Jahren die Welt verließ.[69] Es überrascht nicht, daß sich Sulpicius auch in anderer Hinsicht literarisch eng an die Mönchsviten des Athanasius und Hieronymus anlehnt.

Es gibt jedoch einen entscheidenden Unterschied: *idem enim constantissime perseverabat qui prius fuerat*.[70] Martin bleibt sich immer gleich, er macht anders als der Antonius des Athanasius und die Wüstenväter des Hieronymus keine Entwicklung durch. Die *Vita Martini* ist keine 'Aufstiegsbiographie', Sulpicius befleißigt sich bewußt einer statischen Figurenkonzeption, die die Vita in die Nähe der hellenistischen Biographie des heiligen Weisen rückt, sind ihre Entstehungsbedingungen ja auch vergleichbar mit dem harten Konkurrenz- und Legitimationskampf der verschiedenen philosophischen Schulen.[71]

Wie in der Biographie des θεῖος ἀνήρ manifestiert sich Martins Bestimmung schon in frühester Jugend in seinem frühreifen Streben nach der *vita perfecta*:[72] Er führte den Kriegsdienst aus *non tamen sponte*,

---

[68] Dial. 3.15.4: "brizione, rimproverato da Martino, ingiuria il Santo rinfacciandogli tra l'altro *militiae actibus sorduisse*. L'accusa non è solo sfoga personale. Il 3⁰ canone del Concilio romano apertosi il 6 gennaio 386 proibisce di ammettere tra il clero 'coloro che hanno continuato a servire lo Stato dopo il battesimo'. Conc. Rom. (a. 386), c. 3, ML, t. 56, c. 727 b (= t. 3, c. 670b Mansi)" (Ghizzoni 87, Anm. 11).

[69] Vita Ant 2.1: *post obitum autem parentum remansit solus cum sorore sua valde brevi aetatem. Erat autem ipse annorum decem et octo vel viginti annorum constitutus.* (Vgl. Ghizzoni, 88).

[70] VM 10.1.

[71] Ebenfalls erinnert die auffällig lose Verbindung mit dem eigentlichen historischen Bezugsfeld an die Vita des heiligen Weisen. Auch in dieser Biographie ist z.B. die Zeitenfolge lediglich ein Akzidens. Die einzelnen Episoden werden locker durch vage Ausdrücke wie *nec multo post, sub idem fere tempus, aliquamdiu, insequenti tempore* etc. verbunden.

[72] Vgl. Fontaine, Une clé littéraire de la *Vita Martini* de Sulpice Sévère: la typologie prophétique, in: Mélanges offerts à Mademoiselle Christine Mohrmann, Utrecht-Anvers, 84–95, 86: "Le thème de l'élection *ab utero matris* apparaît discrètement transposé dès le récit de l'enfance de Martin, dans cette vocation précoce qui, à en croire Sulpice, se serait manifestée dès l'âge de 12 ans par le désir du désert."

quia a primis fere annis divinam potius servitutem sacra inlustris pueri spiravit infantia. Nam cum esset annorum decem, invitis parentibus ad ecclesiam confugit seque catechumenum fieri postulavit. Mox mirum in modum totus in Dei opere conversus, cum esset annorum duodecim, eremum concupivit, fecissetque votis satis, si aetatis infirmitas non fuisset impedimento. Animus tamen aut circa monasteria aut circa ecclesiam semper intentus meditabatur adhuc in aetate puerili, quod postea devotus inplevit.[73]

In einer Entwicklungsvita wäre das allmähliche Herauslösen aus der Welt des Militärs, in einer Konversionsvita der radikale Gesinnungswandel betont worden. Martin zeigt hingegen schon während seines Kriegsdienstes eine gänzlich unmilitärische, christliche Gesinnung, *solo nomine militavit.* Er unterscheidet sich von den anderen Soldaten durch seine *frugalitas,* seine *benignitas, mira caritas, patientia vero atque humilitas ultra humanum modum.*[74] Seinen Sklaven bedient er wie einen Herrn, gibt ihm häufig seinen Mantel und nimmt mit ihm zusammen die Mahlzeiten ein. Die berühmte Mantelteilung ist nur eine unter vielen Episoden, die seine *caritas* und *humilitas* unter Beweis stellen. So wird das für die Legitimierung der Übernahme des Bischofsamtes äußerst relevante Thema der *humilitas* geschickt durch das statische Moment, das wir aus der θεῖος ἀνήρ – Vita kennen, vorweggenommen. Martin zeigt *humilitas* schon in der Zeit, als er sich in einer Welt bewegte, die durch ganz andere Ideale als die des Mönchtums bestimmt war.

Die Kapitel 5–8, die Martins Leben nach seiner Entlassung aus dem Militär beschreiben, thematisieren seine außergewöhnliche *constantia.* Auf einer Reise nach Pannonien zu seinen Eltern ist er Versuchungen ausgesetzt. Der Satan versucht ihn in menschlicher Gestalt zu verführen, und die 'Arianer' greifen ihn an.[75] Er aber

---

[73] VM 2.2–5.
[74] VM 2.7.
[75] Ghizzoni, 89. Zum Begriff 'Arianismus' vgl. H.Chr. Brennecke, "Arius/ Arianismus", in: Religion in Geschichte und Gegenwart 1 (1998) 738–743, 738: "Der eigentlich polemische Begriff Arianismus (zuerst Greg. Naz. Or. 21, 22) bezeichnet zunächst die Lehre des alexandrinischen Presbyters Arius und seiner (auch angeblichen) Sinnesgenossen in den trinitarischen Auseinandersetzungen des 4. Jhds., wobei er von Anfang an polemisch auf alle Vertreter eines trinitarischen Subordinatianismus (vgl. Origenes) ausgeweitet wurde. Daher wurde die Auseinandersetzung um die Trinitätslehre eher zu Unrecht als 'arianischer Streit' bezeichnet." Treffender spricht man im Gallien, Illyrien bzw. Norditalien des 4. Jhd. anstatt von 'Katholiken' bzw. 'Arianern' von 'Homöern' und 'Nicaenern' bzw. 'Neunicaenern'. Siehe hierzu besonders Brennecke, Studien zur Geschichte der Homöer (Beiträge zur historischen

bleibt davon unberührt: *Tum vero constantissime profitebatur, numquam se tam fuisse securum, quia sciret misericordiam Domini maxime in temptationibus adfuturam.*[76] In diesen Kapiteln wird deutlich, welchen Anfeindungen Martin ausgesetzt ist. Sein geistiger Mentor Hilarius muß sich, kurz nachdem er Martin zum Exorzisten bestellt hat, aufgrund seiner anti-arianischen Haltung ins Exil begeben, und auch Martin selbst ist – wie schon gesagt – Attacken der Arianer ausgesetzt: *Dehinc cum haeresis Arriana per totum orbem et maxime intra Illyricum pullulasset, cum adversus perfidiam sacerdotum solus paene acerrime repugnaret multisque suppliciis esset adfectus – nam et publice virgis caesus est et ad extremum de civitate exire conpulsus –, Italiam repetens, . . . Mediolani sibi monasterium statuit.*[77]

Der Konflikt mit Andersdenkenden und der daraus erwachsende Rechtfertigungszwang wird besonders bei der Darstellung der Bischofs-erhebung deutlich. Sulpicius versucht zu unterstreichen, daß Martin das Bischofsamt keineswegs aus Machtstreben übernommen hat. Er kann nur gegen seinen Willen und aufgrund von Vortäuschung falscher Tatsachen zum Verlassen seines Eremitoriums veranlaßt werden: *Rusticius quidam, unus e civibus, uxoris languore simulato ad genua illius provolutus, ut egrederetur obtinuit.*[78] Seine Ernennung wird einstimmig von der Bevölkerung gefordert: *Una omnium voluntas, eadem vota eademque sententia, Martinum episcopatus esse dignissimum.*[79] Die Legitimierung durch die Gläubigen wird ergänzt durch eine *lectio prophetica*, einen Finger-zeig Gottes.[80] Einige der Bischöfe kritisieren seine Ernennung und

Theologie 73) Tübingen 1988. Vgl. ebenso M. Meslin, Les ariens d'Occident, Paris 1967; K. Schäferdiek, Der germanische Arianismus, in: D. Baker (Hg.), *Miscellanea Historiae Ecclesiasticae* III, Louvain 1970, 71–83; M. Simonetti, La crisis ariana nel IV secolo, Roma 1975; C. Kannengiesser, "Arius and the Arians", in: Theological Studies 44 (1983) 456–475; C. Gregg (Hg.), Arianism: Historical and Theological Reassessment, Cambridge 1985; R. Williams, Arius: Heresy and Tradition, London 1987; M.R. Barnes – D.H. Williams (Hg.), Arianism after Arius, Edinburgh 1993; J. Ulrich, Die Anfänge der abendländischen Rezeption des Nizänums (Patristische Texte und Studien 39) Berlin 1994.
[76] VM 5.5.
[77] VM 6.4.
[78] VM 9.1–2.
[79] VM 9.3.
[80] Zur Ordinierung von Bischöfen: O. Barlea, Die Weihe der Bischöfe, Presbyter und Diakone in vornicänischer Zeit, München 1969; H.E.J. Cowdrey, "The Dissemination of St. Augustine's Doctrine of Holy Orders During the Late Patristic Age", in: Journal of Theological Studies 20 (1969) 448–481; E. Ferguson, "Selection and Installation to Office in Roman, Greek, Jewish and Christian Antiquity", in: Theologische Zeitung 30 (1974) 273–284; P. van Beneden, Aux Origines d'une Terminologie sacramentelle: *Ordo, ordinare, ordinatio* dans la littérature chrétienne avant

verweisen auf sein unwürdiges Äußeres und seine dreckige Kleidung.[81] Aber gerade die darin zum Ausdruck kommende *humilitas* Martins ist es, die ihm die öffentliche Gunst sichert.[82]

Der Bischof zeigt sich seiner Stellung würdig, vernachlässigt aber nicht die *vita contemplativa* des Mönchs. Seine Tätigkeit als Bischof wird jedoch weitestgehend bestimmt durch seine Fähigkeit, Wunder zu wirken. Durch sie kann er, was an bestimmte Viten des θεῖος ἀνήρ – Typs denken läßt, Heiden bekehren, Tote erwecken und Kranke heilen, was bedeutet, daß er seine besondere *dynamis* in den Dienst der Glaubensverkündigung und der *caritas* stellt.[83] Im ersten Kapitel der Vita verwirft Sulpicius Severus die klassischen Prototypen des Heldentums und der Weisheit, Hektor und Sokrates. Mit wahrer christlicher Weisheit und wahrem Heldentum gelangt man hingegen zum ewigen Leben und zu dauerndem Gedächtnis, *non scribendo aut pugnando vel philosophando, sed pie sancte religioseque vivendo.*[84] Martin, das Modell wahrer Weisheit und echten Heldentums, erscheint denn auch in der Gestalt des wundertätigen Weisen, der durch sein aktives Leben einen größeren Beitrag zum Wohle der Christenheit leisten kann als durch bloße Kontemplation. Er ist *inlitteratus*, ohne literarische Bildung, aber *promptus et facilis in absolvendis scripturarum quaestionibus*: "è un esempio per quegli asceti colti e aristocratici, a cui Sulpicio si rivolge, di docta ignorancia, di quell 'estètica ascetica' che

---

313, Louvain 1974; P.-M. Gy, "Ancient Ordination Prayers", in: Studia liturgica 13 (1979). ND in E. Ferguson (Hg.), Church, Ministry and Organisation in the Early Church Era (Studies in Early Christianity 13) New York 1993, 122–145; J. Lécuyer, Le Sacrement de l'ordination: recherche historique et théologique, Paris 1983; P. Bradshaw, Ordination Rites of the Ancient Churches of East and West, New York 1990.

[81] VM 9.3: *pauci tamen et nonnulli ex episcopis, qui ad constituendum antistitem fuerant evocati, impie repugnabant, dicentes scilicet, contemptibilem esse personam, indignum esse episcopatu hominem vultu despicabilem, veste sordidum, crine deformem.*

[82] VM 9.4: *ita a populo sententiae sanioris haec illorum inrisa dementia est, qui inlustrem virum dum vituperare cupiunt praedicabant*

[83] Zentral in diesem Teil der Vita ist eine weitere Begegnung mit dem Satan, in der dieser Martins thaumaturgische Befähigung in Frage stellt. Der Satan versinnbildlicht hier die Versuchung der Macht, des Ruhms, des Hochmuts und eines falschen Mystizismus und Prophetismus. Sulpicius verbindet mit dieser Begegnung geschickt eine Verteidigung von Martins Standpunkt der Vergebung gegenüber 'gefallenen' Christen: "Con sottigliezza teologica il demonio ispira le accuse fatte a Martino di aver accolto nel suo monasterio fratelli che con le loro colpe hanno perso la grazia del loro battesimo, anima le discussioni sul perdono dei peccatori pentiti tra rigoristi e un Martino indulgente pastore di anime." (Ghizzoni, 94).

[84] VM 1.4.

è polemicamente contrapposto all 'incredula sufficienza dei litterati di mestiere'."[85] Martins Legitimation erfolgt aufgrund einer Weisheit, die sich in Wundertaten, in vollkommener Askese und in christlicher *humilitas* manifestiert. Die Gestalt des antiken Weisen wird so transformiert in die des Bischofs, der die Ideale des kontemplativen und asketischen Mönchtums mit einem aktiven, durch *caritas* geprägten Leben verbinden kann.

Bei der Beschäftigung mit der Struktur der Martinsvita muß berücksichtigt werden, daß sie nicht wie üblich nach dem Tode des Helden, sondern zu seinen Lebzeiten geschrieben wurde. Dies liegt daran, daß Martin eine kontroverse Figur war, der Sulpicius mit seiner Vita zur Seite treten wollte. Das Alter des Martin, der Tod und das Begräbnis mußten daher später, in drei zwischen 397 und 404 entstandenen Briefen und gleich vielen Dialogen, beschrieben werden,[86] was zeigt, in welchem Ausmaß die literarische Form auch der Hagiographie von konkreten Gegebenheiten abhängig war. Bei dem ersten Brief handelt es sich um eine Verteidigung der Vita, der zweite schildert einen Traum des Sulpicius, der den bevorstehenden Tod Martins ankündigt, und der dritte, der an Bassula, seine Schwiegermutter, gerichtet ist, berichtet vom Ende Martins. In den Dialogen schildert Sulpicius den großen Erfolg Martins und damit auch den seiner Vita. Die Vita selbst zeichnet sich durch einen ausgesprochen klaren Aufbau aus, ihre Gliederung entspricht weitgehend Sulpicius' eigener Ankündigung: *igitur sancti Martini vitam scribere exordiar, ut se vel ante episcopatum vel in episcopatu gesserit.*[87] Wie weit die Vita mit diesem Schema der suetonischen Form entspricht und sich damit an den biographischen Konventionen der Antike orientiert, ist umstritten. Kemper sieht in der Einteilung der Vita eine eindeutige Anlehnung an die Form Suetons: Kapitel 1–9 der Vita entsprechen nach ihm dem Abschnitt, in dem bei Sueton das Leben des Helden chronologisch bis zur Amtseinnahme beschrieben wird, Kapitel 10–24 beschreiben das öffentliche, Kapitel 24–27 das private Leben. Diese Auffassung, der sich Hoster ohne weitere Ausführungen anschließt,[88]

---

[85] Ghizzoni, 95.
[86] Berschin I, 206.
[87] VM 1.7.
[88] Für Hoster stellt sich in Bezug auf die Form lediglich das Problem, daß er die Vita in die Reihe der durch die Antoniusvita des Athanasius begründeten Aufstiegsviten einordnen will, was schwer fällt, wenn man bedenkt, daß in der Vita des Sulpicius

wird von Luck jedoch in Frage gestellt. Obwohl er darauf verweist,
daß Sulpicius die Kaiserbiographien allem Anschein nach gekannt
habe, will er beweisen, "daß die *Caesares* für den Aufbau praktisch
keine Bedeutung haben."[89] Sein Hauptargument ist die zeitliche
Verknüpfung der einzelnen Wunderberichte durch *eodem tempore* oder
per idem tempus. Es sei kein Versuch gemacht worden, "die Tätigkeit
Martins als Bischof zu gliedern, wie Sueton das bei Augustus mit
einigen kräftigen Strichen getan hat."[90] Daß zeitliche Übergänge
dieser Art eine Gliederung nicht ausschließen, liegt auf der Hand,
besonders wenn sie sich so leicht wie bei der *Vita Martini* erschließen
läßt. Luck räumt zwar ein, daß aus der Formulierung *interiorem vitam
illius et conversationem cotidianam et animum caelo semper intentum nulla
umquam, vere profiteor, nulla explicabit oratio*,[91] ersichtlich sei, daß Sulpicius
die Rubrik der *vita interior* Suetons kenne,[92] schließt aber aus der
Tatsache, daß Sulpicius sie nicht mit konkreten Einzelheiten füllt,
einen Einfluß Suetons aus – eine Feststellung, die symptomatisch ist
für die Sichtweise Lucks, der die genaue Übereinstimmung inhaltlicher
Kategorien zum Kriterium für die Einhaltung einer Form macht.
Ebenso läßt Luck die Tatsache außer acht, daß sich in den *Caesares*
nur ein lockeres Schema manifestiert, das von Biographie zu Biographie gewissen Veränderungen unterliegt.[93] Die Tatsache, daß Sulpicius nach dem chronologischen Teil kurz auf das ἔθος eingeht, "die

---

eindeutig das sachlich-gliedernde Moment gegenüber dem chronologischen überwiegt. Der Aufstiegsgedanke kann damit nur schwer in Verbindung gebracht werden. Hoster, 103 kommt daher zu einer etwas seltsamen Beschreibung der Form
der Vita: "Die Unterschiede zwischen Sueton und der Aufstiegsvita sind verwischt."
So sehr die Vita noch dem asketischen Gedankengut verbunden ist, muß sie meines
Erachtens doch als Bischofsvita betrachtet werden. Damit ergibt sich eine Figurenkonzeption, die nicht mehr durch den Aufstiegs- und Entwicklungsgedanken definiert
wird, sondern statisch ist und so viel eher dem suetonisch-klassifizierenden Stil ent-
gegenkommt. Einen strukturellen Einfluß der Vita des Athanasius schließt auch
Stancliffe, 95 aus: ". . . we must surely conclude that Sulpicius' arrangement of
material in the *Vita Martini* owes nothing to the *Vita Antonii*: the former's chronological first part, followed by its account of Martin's miracles as a bishop arranged
per species, has no paralell in Athanasius' work."
   [89] Luck, 238.
   [90] Ebd.
   [91] VM 26.2.
   [92] Diese Kenntnis wird durch die bei Fontaine, Sulpice Sévère III, 1081 und
Stancliffe, 90 erwähnte Tatsache unter Beweis gestellt, daß der Ausdruck *interior vita*
im christlichen Sprachgebrauch vor Sulpicius nicht gebräuchlich war.
   [93] Sueton selbst paßt sich den einzelnen Charakteren und historischen Gegebenheiten
an, er ist in keiner Weise so unflexibel, wie Luck es mit seinem Verständnis der
Form der christlichen Viten nahezulegen scheint.

wesentlichen Aussagen über das *ethos* des Mannes" aber "am Schluß von Kapitel 27"[94] stehen, kann nicht ausreichen, eine Anlehnung an Sueton auszuschließen, zumal da Luck in dem Sueton gewidmeten Abschnitt selber auf die unterschiedliche Stellung einzelner Rubriken in der Augustus- und in der Titusbiographie hinweist.[95]

Es spricht also vieles dafür, sich dem Urteil Claire Stancliffes – mit allen seinen Einschränkungen – anzuschließen: "Although Sulpicius never rigidly follows any model, and although he faced difficulties in accomodating the life of a monk-bishop to such a scheme, used by Suetonius for emperors, I still think there is truth in Kemper's thesis, notwithstanding more recent arguments to the contrary."[96] Zur Stützung dieser Ansicht verweist sie darauf, daß Kapitel 2–10 streng chronologisch verlaufen, daß Sulpicius' Ankündigung, erst die Zeit vor dem Episkopat, dann die danach zu beschreiben, akkurat ist, ja eine für Sueton typische *divisio* darstelle, der Hauptteil der Vita thematisch strukturiert sei und daß die drei letzten Kapitel Martins Persönlichkeit und seine persönliche Lebensgestaltung beschreiben.[97]

Stancliffe steht mit ihrer Anschauung nicht allein, auch Ghizzoni[98] und Berschin gehen von einer formalen Anlehnung an Sueton aus. Eine Gliederung der Vita muß daher wohl folgendermaßen ausse-hen: Nach dem Brief – übrigens einem Musterbeispiel für ange-wandte Dedikationstopik, wie Voss es ausdrückt – und dem Vorwort, das den Zweck und den Umfang des Werkes schildert (1), folgt ein chronologischer Bericht über Martins Leben bis zur Wahl zum Bischof und zur Errichtung des Klosters von Marmoutier (2–10). Hier setzt die Darstellung des Berichts über die Wundertaten Martins während seiner Zeit als Bischof von Tours (11–24) ein. Zunächst wird sein

---

[94] Luck, 238.

[95] So ist in der Titusvita die Beschreibung der körperlichen und geistigen Vorzüge vorweggenommen und folgt anders als in der Augustusvita direkt auf den chrono-logischen Teil. Luck bemerkt ebenfalls, 233: "Angesichts der vielen Ereignisse und Tatsachen, die berichtet werden müssen, damit ein Bild der Persönlichkeit besteht, hat Sueton die offizielle wie die private Sphäre des Herrschers in eine Anzahl von Sektoren eingeteilt und bringt sein Material jeweils unter, wo es sachlich hingehört. Ein ähnliches Prinzip liegt allen anderen Biographien zugrunde, auch dort, wo es nicht so viel zu berichten gibt, zum Beispiel in der Titus-Vita."

[96] Stancliffe, 89–90.

[97] Dies., 90.

[98] Ghizzoni, 83 betont die Qualität der von Sulpicius gewählten Einteilung: "La *Vita Sancti Martini* presenta anzitutto una struttura perfetta, nella quale la cor-rispondenza delle parti e il loro ritmo sono una prova del talento letterario del-l'autore e della sua cultura classica."

Kampf gegen falsche Religionen (11–15) geschildert, es folgt eine
Darstellung seiner Wunderheilungen und Dämonenaustreibungen
(16–19) und dann die Schilderung der Begegnung mit Kaiser Maximus
(20). Den Abschluß dieses Teils bildet die Darstellung von Begebenheiten, die Martins Gabe der *discretio spirituum* unter Beweis stellen
(21–24) und ihn zum θεῖος ἀνήρ reinsten Schlages machen. Der
Bericht über Sulpicius' Besuch bei Martin bildet einen natürlichen
Übergang[99] zur Beschreibung seiner Lebensweise und seiner Askese
(25–7).[100] Der Bericht über Ende und Testament, der üblicherweise
nun einsetzen müßte, fehlt aus den genannten Gründen.

3.3. *Die* Vita Ambrosii *des Paulinus von Mailand*

Ein eindrucksvolles Beispiel für die Legitimierung der zentralen
Stellung von Bischöfen als weltliche, politische und geistige Führungs-
kräfte liefert die Vita des Ambrosius,[101] dessen Wechsel von einem
weltlichen in ein geistliches Amt einem sicheren Gefühl für die
Machtverlagerung im römischen Reich von der alten, aristokratischen Führungsschicht zu den Amtsträgern der Kirche entsprang.
"Er hat, das ist die Summe dieses Mittelstücks der Vita (c. 10–37),
durch seinen Wechsel von der weltlichen in die kirchliche Laufbahn

---

[99] Stancliffe, 87.

[100] Daß sich Sulpicius sehr wohl der an dieser Stelle stehenden suetonischen
Kategorie, die das Äußere und die Kleidung beschreibt, bewußt ist, verdeutlicht
Berschin I, 206. Eine detailliertere Gliederung bei Fontaine, Sulpice Sévère, 88–96.

[101] Der Autor der 412 bzw. 413 oder 422 n. Chr. verfaßten *Vita Ambrosii* hat mit
den Autoren der anderen Viten gemeinsam, daß er aus dem engeren Umfeld seines
Protagonisten stammt und somit aus eigener Anschauung berichten kann. Anders
als Sulpicius Severus, Possidius, aber auch Ennodius und Ferrandus nimmt Paulinus
gesellschaftlich keine hohe Position ein. Er ist *notarius* und Sekretär des Ambrosius
in den letzten drei Lebensjahren des Bischofs (394–397) und Diakon. Neben der
Vita verfaßte er im Rahmen seiner antipelagianischen Aktivitäten einen kurzen
Bericht an Papst Zosimus, in dem er sich für sein Vorgehen gegen Caelestius rechtfertigt (*Collectio Avellana*, CSEL 35, 108 ff.) (Mohrmann, Introduzione, XXX). Paulinus'
gesellschaftlicher Status mag vielleicht auch als Erklärung für seine sehr schlichte
Sprache herhalten: ". . . le sue regole grammaticali sono elementari. Il lessico è limi-
tato, e riflette il contemporaneo idioma cristiano. Egli non abbondona certi termini technici, per esempio *perfidia* per designare l'eresia (il termine normale *heresis*
è molto rare nella sua opera" (Mohrmann, ebd., XLII, wo weitere sprachliche
Eigentümlichkeiten angeführt werden).

in allem gewonnen: Macht, Autorität, Geheimnis."[102] Daß sich diese neue Macht in der Kirche anders legitimieren mußte als die traditionelle römische Staatsgewalt, läßt sich ebenfalls an einer Schlüsselepisode verdeutlichen: Ambrosius, dessen maßgebliche Stellung als Führer in der Kirche durch die öffentliche Kirchenbuße Kaiser Theodosius' (24) bestens exemplifiziert wird, erhält auf dem Höhepunkt seiner Macht Besuch zweier weiser und mächtiger Perser, die von seinem Ruhm gehört haben und nach Mailand kamen, um ihn persönlich kennen zu lernen. Ambrosius wird mit dieser Begebenheit

---

[102] Berschin I, 218; Ausgaben: M. Pellegrino, (Hg.), Paulino di Milano: Vita di S. Ambrogio, Roma 1961; auf Pellegrino fußende Neuausgabe, nach der die Vita (= VAmbr) zitiert wird: Bastiaensen, Vita di Cipriano, Vita di Ambrogio, Vita di Agostino, 54–124; Bibliographie zu Ambrosius: Cento anni di bibliografia ambrosiana (1874–1974), Milano 1981. Zur Datierung der Vita siehe Pellegrino, Paulino di Milano, 6; dazu A. Paredi, Sant'Ambrogio e la sua età, Milano 1941, 213 und Berschin I, 213: "Die Abfassungszeit ergibt sich aus c. 31. Dort ist Johannes als *Praefectus praetorii* für Italien erwähnt, der in den Jahren 412/413 und 422 dieses Amt innehatte. Beide Daten sind prinzipiell möglich. Die Forschung bevorzugt das spätere, weil im ersten Satz der Vita Hieronymus besonders hervorgehoben wird. Das gilt als passender gegenüber dem schon toten Kirchenvater (+420) als gegenüber dem noch lebenden." Zur 'Politik' des Ambrosius: A. Alföldi, A conflict of ideas in the late Roman empire, Oxford 1952; H. Von Campenhausen, Ambrosius von Mailand als Kirchenpolitiker (Arbeiten zur Kirchengeschichte 12) Berlin 1929; J.R. Palanque, Saint Ambroise et l'empire romain, Paris 1933, der auch die Chronologie der Schriften des Ambrosius behandelt; F.H. Dudden, The Life and Times of St. Ambrose, Oxford 1935; A. Paredi, Sant'Ambrogio e la sua età, Milano 1941, ebenfalls Chronologie des Lebens und der Schriften; S. Mazzarino, L'Impero romano III, Bari 1973; N. McLynn, Ambrose of Milan. Church and Court in a Christian Capital (Transformation of the Classical Heritage 22) Berkeley 1994; C. Pasini, Ambrogio di Milano, Milano 1996; H. Savon, Ambroise de Milan, Paris 1997; M. Simonetti, La crisi ariana nel IV secolo, Roma 1975 geht wie schon M. Meslin, Les ariens d'Occident, Paris 1967 auf Ambrosius im Zusammenhang einer Betrachtung des 'Arianismus' in Illyrien, Norditalien und Gallien des 4. Jahrhunderts ein, und P. Courcelle, Recherches sur saint Ambroise. Vies anciennes, culture, iconographique, Paris 1973, 9–16 versucht ihn als philosophisch gebildeten Theologen zu rehabilitieren.

Die Vita selbst wird abgesehen von den frühen Arbeiten von E. Bouvy, "Paulin de Milan", in: Revue des Études Augustiennes 1 (1902) 497–514; G. Grützmacher, Die Lebensbeschreibung des Ambrosius von seinem Sekretär Paulinus, in: Geschichtliche Studien A. Hauck dargeboten, Leipzig 1916, 77–84; M.S. Kaniecka, *Vita S. Ambrosii*, Washington 1928 und J.R. Palanque, La "*Vita Ambrosii*" de Paulin. Étude critique", in: Recherches de science religieuse 4 (1924) 26–42, 401–420 nirgends so ausführlich behandelt wie etwa die *Vita Martini* bei Fontaine und Stancliffe. Kürzere Interpretationen jüngeren Datums finden sich bei M. Pellegrino, "Sul' antica biografia cristiana: Problemi e orientamenti", in: Studi in onore di Gino Funaioli, Roma 1955, 354–369; Ders., "Paulinus of Milan", in: Sacris Eruditi 14 (1963) 206–230; Mohrmann, Introduzione, XXVII–XLII und Berschin I, 212–224. Erwähnt werden muß auch É. Lamirande, Paulin de Milan et la *Vita Ambrosii*. Aspects de la religion sous le Bas-Empire, Paris-Montréal 1983.

eindeutig in die Nähe Jesu gerückt. Wie die römischen Kaiser seit
Augustus ihren Ursprung über Aeneas auf die Göttin Venus zurück-
führten, lassen hagiographische Bildbereiche dieser Art eine eindeutige
Parallele zur Darstellung Jesu im Neuen Testament erkennen. Anders
als in der Weihnachtsgeschichte bringen die drei Perser aber nicht
Weihrauch, Myrrhe und Gold nach Mailand, sie bringen viele Fragen,
deferentes secum plurimas quaestiones, und disputieren einen ganzen Tag
mit Ambrosius.[103] Die Macht des Bischofs legitimiert sich also aus
seiner geistigen Überlegenheit, es ist seine überragende Weisheit, die
ihm fast übermenschliche Autorität verschafft. Das Ende des Ambrosius
kündigt sich denn auch in einem Zustand höchster geistiger Intensität
an. Als er einer geistigen Beschäftigung nachgeht, während des Diktats
der Auslegung des 43. Psalms, verfärbt sich sein Gesicht, der Schreiber
sieht Feuer über seinem Haupt.

Auch die andere, eher noch als christlich im engeren Sinne zu
bezeichnende Legitimierung wird in der Vita nicht vernachlässigt.
Nicht ohne Grund folgt direkt auf die Schilderung der großen
weltlichen und kirchlichen Macht des Ambrosius im Mittelteil der
Vita eine Beschreibung seines durch Askese geprägten geistlichen und
religiösen Lebens. Er fastet, betet, *cotidiano ieiunio macerans corpus, cui
prandendi numquam consuetudo fuit, nisi die sabbati et dominico vel cum natali-
tia celeberrimorum martyrum essent. Orandi etiam adsiduitas magna die ac
nocte.*[104] Auch scheut der Bischof nicht die Mühe, mit eigener Hand
Bücher zu schreiben. Dem sozialen Aspekt eines θεῖος ἀνήρ kann
Ambrosius ebenfalls gerecht werden. Er sorgt für die Kirchen und
den Gottesdienst, tauft allein so viele Gläubige wie nach ihm fünf
Bischöfe zusammen, sorgt für die Armen und Gefangenen und
verzichtet auf seinen ganzen Besitz: *Sollicitus etiam pro pauperibus et cap-
tivis nimium; nam in tempore quo episcopus ordinatus est, aurum omne atque
argentum quod habere poterat, ecclesiae vel pauperibus contulit. Praedia etiam
quae habebat. . . . donavit ecclesiae . . .*[105]

Ganz im Sinne antiker Vorstellung von Heiligkeit wird seine zukünftige Größe durch mehrere Vorzeichen angekündigt. Bald nach seiner
Geburt sieht sein Vater ihn von einem riesigen Bienenschwarm
umgeben. Als die Amme diesen vertreiben will, hält sie der Vater

---

[103] VAmbr 25.1.
[104] VAmbr 38.1.
[105] VAmbr 38.4.

davon ab, weil er sehen möchte, welchen Ausgang das Ereignis ohne ihr Eingreifen nehmen würde, da er ahnt, daß es Großes für seinen Sohn versprechen könnte. Die Bienen ließen darauf tatsächlich den Sohn unbeschadet (3).[106] Ambrosius sieht schon als Kind sein späteres Schicksal voraus, er sieht sich schon als zukünftigen Bischof und verlangt von der Amme, daß sie ihm als solchen die Hand küssen solle (4). Ein drittes *praesagium* erfolgt bei der eigentlichen Wahl zum Bischof. Als das Volk sich zu Neuwahlen versammelt, zeigt ein Kind auf Ambrosius und bezeichnet ihn als Bischof (6).

Wie Martin entspricht auch Ambrosius eher dem Typus des Weisen als Wundertäter: Er heilt eine Gelähmte (10), treibt Dämonen aus und erweckt Tote (29). Mehrere Episoden geben zu erkennen, daß er sich sogar einer besonderen 'göttlichen' Begabung erfreuen konnte, die ihm Macht über Leben und Tod gegeben haben soll.

In der Ambrosiusvita werden zwei Aspekte in den Vordergrund gestellt. Der Bischof erscheint zum einen als machtvoller Repräsentant der katholischen Kirche, der deren Interesse gegenüber der weltlichen Herrschaft vertritt, zum anderen als Wundertäter,[107] der Macht über Leben und Tod besitzt. Wie in der Martinsvita ist die Weisheit des

---

[106] Bienenschwärme als glückliche Vorzeichen auch bei Cicero, Plinius und Iustinus (Cic. div. 1.73; Plin. nat. 11.18; Iust 23.4.7). (Berschin I, 214) vgl. auch E.G. Schmidt, "Biene", in: Der kleine Pauly. Lexikon der Antike I (1979) 898–900, 899 und I. Opelt, "Das Bienenwunder in der Ambrosiusbiographie des Paulinus von Mailand", in: Vigiliae Christianae 22 (1968) 38–44; Chr. Hünemörder, "Biene", in: Der neue Pauly 2 (1997) 648–650.

[107] Daß Ambrosius wie schon Martin in seiner Vita eher dem wundertätigen Typ des Weisen entspricht, ist wohl auf das religiöse Umfeld in Norditalien im 4. Jahrhundert zurückzuführen. Die Einführung des östlichen Mönchtums, die Zunahme des Reliquienkultes, die Nähe zum paganen Volksglauben, verbunden mit dem Interesse, auch niedere Bevölkerungsschichten anzusprechen, hat wohl zu dieser Entwicklung beigetragen: "una marea spirituale si diffuse nel mondo cristiano, trasformando i santi in taumaturgi, impegnati in una lotta incessante contro il Maligno e i suoi complici, i demoni." (Mohrmann, Introduzione XXIX) Dennoch muß, was die Wunderberichte angeht, zwischen den beiden Viten unterschieden werden. Wie Palanque, La *Vita Ambrosii*, 403 ff. zeigte, berichtet Paulinus von nur 15 Wundern, sie machen ungefähr ein Viertel der Vita aus, wohingegen die Wunderberichte fast die Hälfte der Martinsvita ausmachen. Besonders auffällig sind die qualitativen Unterschiede zur *Vita Antonii*, die von Palanque, ebd., 406 angeführt werden. In der *Vita Ambrosii* wird nur von Heilungswundern berichtet und dies nur in knappen, nüchternen Schilderungen, in der Antoniusvita gibt es hingegen himmlische Visionen, Erscheinungen von Dämonen, Fabelwesen und Kämpfe gegen den Satan. Wie Mohrmann, Introduzione, XXXIV betont, sind in der Ambrosiusvita die Wunder Teil der episkopalen Amtsausübung, sie stehen in Beziehung zu den öffentlichen Funktionen des Bischofs. Ganz anders in der *Vita Antonii*, wo sie alle Teil der innerlichen Erfahrungswelt sind. Daß in der Beschreibung eines so in weltliche Dinge

Bischofs dynamisch, thaumaturgisch. In der *Vita Martini* ist diese Form
der Porträtierung keineswegs verwunderlich, ist die Vita doch als
erste Bischofsvita nach der *Vita Cypriani* noch stark den frühen Mönchs-
und Asketenviten verpflichtet, in denen Wundertätigkeit ein entschei-
dendes Merkmal von Heiligkeit ist. Auch konnte ein charismatisches
Weisheitsverständnis im Gallien des 4. Jhds. mit größerem Verständnis
rechnen als etwa ein rationales. Im Falle des Ambrosius muß dieses
Bild jedoch überraschen, war er doch – anders als Martin – einer
der bedeutendsten Theologen und Kirchenlehrer. Ambrosius genoß
eine standesgemäße Erziehung, er war *edoctus liberalibus disciplinis.*[108]
Nach seiner Ernennung zum Bischof spielte er in dem großen trinitarischen Disput zwischen Homousianern und Homöern eine bedeutende Rolle, verfaßte in diesem Zusammenhang mehrere entscheidende
Schriften, unter anderem eine Abhandlung über den Heiligen Geist.[109]
Auch die Tatsache, daß das Nicaenum allgemeine Verbindlichkeit
erhielt, ist zum großen Teil auf Ambrosius' Einfluß bei den Kaisern
zurückzuführen. Ambrosius war außerdem der Autor mehrerer exegeti-
scher,[110] moralischer und mariologischer Schriften sowie ein bedeutender Förderer des weiblichen Asketentums.[111] Erstaunlicherweise
erwähnt Paulinus diese Qualitäten und Verdienste mit keinem Wort,
wenn man von den recht pauschalen und knappen Hinweisen auf
seine schriftstellerische Tätigkeit einmal absieht. Die thaumaturgi-
schen Fähigkeiten dominieren hingegen.[112]Auch Chr. Mohrmann[113]
weist darauf hin, daß sie als Teil seiner bischöflichen Amtsausübung

---

involvierten Mannes überhaupt Wundertaten einen Platz haben, ist laut Mohrmann,
Introduzione, XXXIII weniger auf Paulinus' eigene Vorlieben zurückzuführen, sondern entspricht Ambrosius' Vorstellungen: "Questa tendenza si spiega – io credo –
sopratutto con la grande influenza esercitata su Ambrogio da tutto ciò che proveniva
dalla Chiesa d'Oriente." Zu der Wundertätigkeit des Ambrosius bei Paulinus siehe
zuletzt L. Cracco Ruggini, Vescovi e miracoli, in: Vescovi e pastori, 15–37, 33.

[108] VAmbr 5.1.

[109] Siehe hierzu u.a. C. Markschies, Ambrosius von Mailand und die Trinitätstheologie (Beiträge zur historischen Theologie 90) Tübingen 1995; D. H. Williams,
Ambrose of Milan and the End of the Nicene-Arian Conflict, Oxford 1995.

[110] Zu Ambrosius' Exegese siehe L.F. Pizzolato, La dottrina esegetica di sant'
Ambrogio, Milano 1978 und T. Graumann, *Christus interpres.* Die Einheit von
Auslegung und Verkündigung in der Lukaserklärung des Ambrosius von Mailand
(Patristische Texte und Studien 41) Berlin 1994.

[111] Zu Ambrosius und dem Problem der Virginität siehe McLynn und Brown,
The Body and Society, 341–366.

[112] Anders Palanque, La *Vita Ambrosii* der die Anzahl der Wunderberichte mit
der der Martinsvita vergleicht.

[113] Mohrmann, Introduzione, XXXIV.

verstanden werden müssen. Sie haben einen ausgesprochen öffentlichen Charakter und sind eng mit den kirchenpolitischen Anliegen verknüpft, die zum jeweiligen Zeitpunkt die Amtsausübung des Ambrosius dominieren.

Die meisten der von Ambrosius gewirkten Wunder sind gezielt gegen die Homöer gerichtet. So ist die Zahl der Wunderberichte auch am größten in der Zeit unmittelbar nach der Ernennung zum Bischof, in der die Schilderung der Auseinandersetzung des Bischofs mit der 'arianischen' Kaiserin Iustina fällt. Direkt nach seiner Ordinierung wirkt der Bischof ein Heilungswunder, dann wird berichtet, wie in Sirmium eine Anhängerin der Kaiserin, die hier die Ernennung eines weiteren nicaenischen Bischofs verhindern wollte, den Bischof in der Kirche auf die Seite der Frauen zu ziehen versucht. Schon am nächsten Tag wird sie von Gott mit dem Tod bestraft.[114] Ebenso ergeht es einem gewissen Eutimius, der den Tod durch Überfahren, den er für Ambrosius geplant hatte, selbst erleidet. Als die Kaiserin mit einem Militäraufgebot dem Bischof und seiner Gemeinde den Zugang zur Kirche verweigern möchte, fallen die Soldaten wie durch ein Wunder vom 'arianischen' Glauben ab und werden 'Katholiken'. Besonders erbittert wird der Kampf der 'Arianer' gegen Ambrosius, als dieser sich als Dämonenvertreiber etabliert. Als ein Vertreter 'arianischen' Glaubens selber von Dämonen befallen wird und Ambrosius zu rühmen beginnt, wird er von seinen bisherigen Glaubensgenossen umgebracht. Zwei weitere 'Arianer', die mit Ambrosius diskutieren wollten, aber nicht zu der angesetzten Disputation erschienen, werden dafür von Gott mit einem Unfall bestraft.

Recht schnell etabliert sich im Hauptteil der Vita ein Muster, das fast die gesamte Wundertätigkeit, seien es Heilungswunder, die Vertreibung von Dämonen oder auch die göttliche Bestrafung solcher Menschen, die sich gegen den Bischof stellen, gezielt als gegen den 'arianischen' Glauben und seine Anhänger gerichtet erscheinen läßt. Paulinus läßt den Eindruck entstehen, daß Ambrosius einem systematisch von der Kaiserin Iustina gegen ihn organisierten Kampf ausgesetzt gewesen sei, den er nicht zuletzt mit seinen Wundern bestanden habe.

---

[114] Zu der Funktion von Strafwundern als Demonstrationen der Macht des Heiligen vgl. T. Fremer, "Wunder und Magie. Zur Funktion der Heiligen im frühmittelalterlichen Christianisierungsprozeß", in: Hagiographica 3 (1996) 15–89, 76–78.

Ambrosius erscheint in dieser Vita nicht nur als Wundertäter, wichtig ist auch seine Bedeutung als Förderer des Reliquienkultes. Die Translation der Reliquien des Gervasius und Protasius nach Mailand nimmt einen bedeutenden Platz in der Vita ein. Auch sie erfüllt in der Auseinandersetzung mit den 'Arianern' eine wichtige Funktion:[115] *Sed his beneficiis martyrum in quantum crescebat fides ecclesiae catholicae, in tantum Arrianorum perfidia minuebatur.*[116] Die Übertragung der Reliquien verstärkt denn auch, so Paulinus, den *furor* der 'Arianer' noch weiter. Sie intrigieren gegen ihn am Hofe und verbreiten Gerüchte, wonach Ambrosius Menschen bestochen habe, in der Öffentlichkeit zu berichten, sie seien durch die Reliquien der beiden Märtyrer von Dämonen befreit oder von Krankheiten geheilt worden.[117] Für die Vita ist es bezeichnend, daß diese Fragen, die in der Glaubenspraxis und im Leben der Kirchen von außergewöhnlich großer Relevanz, in theologisch-dogmatischer Hinsicht aber eher von sekundärer Bedeutung waren, im Vordergrund stehen, dogmatische Probleme, wie sie Ambrosius in seiner Kritik an der trinitarischen Konzeption der Homöer behandelt, aber mit keinem Wort erwähnt werden. Die Heftigkeit, mit der in der Vita gegen die Homöer polemisiert wird, und die Härte der von Gott über sie verhängten Strafen entsprechen wohl dem Gewicht, das Paulinus und auch Ambrosius diesen Fragen zukommen lassen, sie sind im übrigen wohl auch für den ausgesprochen dunklen Charakter der Vita verantwortlich.

Daß die Vita den Bischof von Mailand weniger als 'theoretischen' denn als 'praktischen' Weisen erscheinen läßt, hat vermutlich noch andere Gründe. Die Tatsache, daß er als Neophyt zum Bischof erhoben wurde, sein 'Kurs' beim Konzil von Nicaea und seine Kirchenpolitik wurden schon zu Lebzeiten von unterschiedlichen Seiten kritisiert. Wenn Paulinus in seiner Vita auf diese Punkte ausführlicher eingegangen wäre, hätten sie das Mißfallen einiger Leser wecken können. Zumal in Norditalien, wo breite Bevölkerungsteile noch paganen Vorstellungen anhingen, war es daher unverfänglicher, den Bischof als Charismatiker, Wundertäter und Herr über Leben und

---

[115] Das gleiche gilt für die Einführung des Psalmengesanges.
[116] VAmbr 14.3.
[117] Von diesen Vorwürfen der Fiktion berichtet Ambrosius selbst in einem Brief an seine Schwester Marcellina (ep. 22). Daß der Brief eine Quelle für Paulinus war, ist aus der Komposition der Episode deutlich erkennbar.

Tod darzustellen. In dieser Funktion konnte sein Wirken als deutlich von Gott sanktioniert, er selbst als für sein Amt durch übernatürliche Zeichen prädestiniert und die Position des Bischofs somit als unangreifbar für seine Widersacher erscheinen.

Die praktische, lebensnahe Orientierung ist keineswegs nur reine Fiktion, die sich aus ähnlichen Überlegungen oder aus den Gesetzlichkeiten einer literarischen Form ergeben haben könnte, sie ist charakteristisch für das gesamte Werk des Ambrosius. Nicht nur in seinen Schriften zur Askese, sondern auch in den Werken, die sich der Trinität widmen, deren Problematik im Zentrum seines schriftstellerischen und kirchenpolitischen Wirkens steht, überwiegt der praktische Aspekt das rein wissenschaftliche Interesse. Mehr als einmal bringt er expressis verbis seine Abneigung gegenüber bloß theoretischem Denken zum Ausdruck: "Nicht durch Disputierkünste (*in dialectica*) gefiel es Gott, sein Volk zu retten (fid. 1,5,42); wichtiger als die *argumenta philosophorum* ist die *veritas piscatorum* (incarn. 9,89).[118] Allzuleicht führt die Philosophie zur Häresie; sie hat die 'Arianer' auf den falschen Weg gebracht (fid. 1,13,85; in psalm. 118,22,10). Daß er trotzdem philosophisches Wissen verwendet, rechtfertigt Ambrosius mit dem Kunstgriff vom Diebstahl der Hellenen, demzufolge der Wahrheitsgehalt der Philosophen dem Alten Testament entnommen ist."[119]

Die Vita entspricht in dieser Hinsicht ganz dem ambrosianischen Gedankengut. Aber auch in dem Bemühen, möglichst wenig Angriffsfläche zu bieten, gewisse Aspekte der Persönlichkeit in den Vordergrund zu stellen, andere jedoch fast gänzlich zu vernachlässigen, reflektiert die Vita die Anliegen des Protagonisten. N. McLynn hat schon darauf hingewiesen, in welch außergewöhnlichem Maß Ambrosius sein Bild in der Öffentlichkeit, aber auch seine Schriften bewußt gestaltet und geglättet hat, um sich entsprechend seinem eigenen Amtsverständnis darstellen und möglichen Angriffen entgegen wirken zu können.[120]

Die Methode des 'Self-fashioning' wird auch im Hinblick auf die mit dem Bischofsamt substantiell verbundene Askese angewandt. Auch wenn sich sein Leben und Wirken als Bischof im Zentrum

---

[118] Es handelt sich hier zwar um einen Topos, doch Ambrosius bedient sich dieser und vergleichbarer Aussprüche an so vielen Stellen, daß man davon ausgehen muß, daß sie auch seine Anschauungen wiedergeben.

[119] E. Dassmann, in: Theologische Realenzyklopädie 2 (1978) 373.

[120] N. McLynn, Ambrose of Milan. Church and Court in a Christian Capital (Transformation of the Classical Heritage 22) Berkeley 1994.

kirchlicher und weltlicher Macht vollzog, betont Ambrosius als
Schriftsteller mit Nachdruck die Bedeutung der Askese und der
Bescheidenheit für sich und sein Amt. Durch ein asketisches Leben
könne man sich von den Gedanken dieser Welt freimachen und
seinen Geist ganz auf Gott richten.[121] Auch Paulinus, der Verfasser
der Vita, versucht, der Askese im Leben des Ambrosius Platz einzuräumen, wobei ihm zweifellos die Martinsvita und die frühen Asketenviten
vor Augen stehen, die er im Vorwort als seine Vorbilder nennt.[122]

Über die Struktur der Ambrosiusvita herrscht größere Einigkeit
als über die der *Vita Martini*: "Der Aufbau der Vita ist einigermaßen
klar als dreiteiliges, im allgemeinen chronologisches Schema zu erkennen: Kindheit und Jugend (3–5) Bischofsamt (6–41) – Ende und
Wunder nach dem Tode (42–54)."[123] Pellegrino hat hingegen eine
sechsteilige Gliederung vorgeschlagen.[124] Ungeachtet dieser Differenz
ist es eindeutig, daß die Vita in ihrem formalen Aufbau keineswegs
dem suetonisch-alexandrinischen Schema entspricht. Die chronologische Darstellung wird zwar durch die vier den *mores* gewidmeten
Abschnitte unterbrochen (38–41)[125] und die "chronologische Konzeption
des Hauptteils von einem sachlichen Prinzip durchdrungen",[126] was
aber, wie allgemein betont wird, nichts mit der suetonischen Methode
gemeinsam hat – eine Tatsache, die verwundert, wenn man bedenkt,
wie nahe die *Vita Ambrosii* thematisch den Kaiserviten – zumindest
im Vergleich mit anderen christlichen Biographien – steht.

Ungeachtet dieser strukturellen Unterschiede lassen sich Eigentümlichkeiten feststellen, die auf die Konventionen der suetonischen Biographie zurückzuführen sind. Luck erwähnt Paulins Bezeichnung der
Vita als *narratio*, ein Terminus, den Sueton zur Bezeichnung des chro-

---

[121] *Exhort. virgin.* 19.

[122] Paulinus muß sich aber auch vor einem Zuviel an Askese hüten, wie bei
Martin hätte man dem Bischof sonst eine zu große Nähe zum Pelagianismus bzw.
in diesem Fall zum Priscillianismus vorwerfen können.

[123] Berschin I, 220–221, so auch Hoster, 141; Luck, 239 und Mohrmann,
Introduzione, XXXVII: "Nel corso del racconto Paolino segue l'ordine cronologico;
e se lo abbandona (raramente) per parlare di un fatto anteriore, sente il bisogno
di precisarlo: *Ut retro redeam* (37,1), *superioribus autem diebus* (43,1)."

[124] Pellegrino, Paulino di Milano, 8 ff. Dieser unterteilt die Vita in folgende
Abschnitte: Von der Geburt bis zum Consularis (c. 3–5), Bischofswahl (c. 6–9),
Ausübung des Bischofsamtes (c. 10–37), Charakterbeschreibung (c. 38–41), drei
Wunder, letzte Krankheit, Tod, Begräbnis (c. 42–48), Nachleben (c. 49.54). Dazu
kommen Prolog (c. 1–2) und Epilog (c. 55–56).

[125] Eine Beobachtung, die schon von Cavallin, 1934, 16 gemacht wurde.

[126] Hoster, 141.

nologischen Teiles seiner Viten heranzieht,[127] Hoster betont die
'Weltzugewandtheit' der Vita, die an die Kaiserleben erinnere, und
meint: "Auch die *Vita Caesaris* bringt die Ereignisse bis kurz vor dem
Tod im großen und ganzen chronologisch", bis die Beschreibung
der *mores* des Kaisers einsetzt. "So erscheint auch in der *Vita Ambrosii*
– wenn auch kürzer – der *mores*-Abschnitt vor dem Todesbericht."[128]
Wie in der Augustusvita in Kapitel 44 eine kurze Übersicht über
das gesamte Leben des Herrschers gegeben wird, deutet auch Paulinus
mit mehreren Hinweisen die Zukunft an.[129] "Auch des Augustus
berühmtes Zitat aus einer attischen Komödie auf seinem Totenbett:
'Hat das Ganze euch gefallen, nun so klatscht zu unserm Spiel, und
entlaßt uns freudig alle insgesamt mit Beifallruf', hat sein christliches
Gegenstück in Ambrosius' würdigem Ausspruch (Kap. 45)."[130]

[127] Luck, 239.
[128] Hoster, 140.
[129] Ebd.
[130] Ebd., 141.

KAPITEL VIER

DAS LEBEN DES POSSIDIUS

Über die Person des Possidius informieren mehrere zeitgenössische Quellen.[1] Am aufschlußreichsten ist jedoch die von ihm selbst verfaßte *Vita Augustini*.[2] Sie berichtet, wie in der *Praefatio* angekündigt wird, nicht nur "über den Ursprung, den Fortgang und das angemessene Ende des genannten verehrungswürdigen Mannes", sondern auch, "was ich [i.e. Possidius] durch ihn gelernt und erfahren habe".[3] Auch wenn Possidius in der Vita den Forderungen der Bescheidenheit entsprechend seine eigene Person zurücknimmt oder seine Beteiligung an den von ihm geschilderten Begebenheiten verschleiert, lassen sich aus ihr indirekte Rückschlüsse auf sein Leben ziehen.[4] Eine weitere und für die Persönlichkeit des Possidius aufschlußreiche Quelle sind die Schriften des Augustinus, besonders die Briefe. Sie informieren zwar aus verständlichen Gründen nur in geringem Maße über den genauen Lebensweg des Possidius, gewähren hingegen wertvolle, wenn auch nur punktuelle Einblicke in seine Beziehung zu Augustinus, schildern bestimmte Episoden seines Lebens und verdeutlichen, mit welchen Problemen er als Bischof konfrontiert wurde.[5] Dokumente

---

[1] Zu den Quellen: M.-F. Berrouard, "Possidius", in: Dictionnaire de Spiritualité 12/2 (1986) 2007–2008; C. Lepelley, Les cités de l'Afrique Romaine au Bas-Empire I: La permanence d'une civilisation municipale, Paris 1979, 90–103, bes. 97–101; A. Mandouze, Prosopographie de l'Afrique chrétienne 303–533 (Prosopographie chrétienne du Bas-Empire I) Paris 1982, 890–896.

[2] Wie schon in der Einleitung gesagt, wird die *Vita Augustini* (= VA) nach Bastiaensen, Vita di Cipriano, Vita di Ambrogio, Vita di Agostino, 127–148 zitiert. Für die deutsche Version wird die Übersetzung Harnacks benutzt, wobei leichte Änderungen bei einem allzu antiquierten Sprachgebrauch vorgenommen werden. Harnack gilt bis jetzt als der "genaueste deutsche Übersetzer" (Berschin I, 233).

[3] VA Praef. 1.: . . . *mei memor propositi . . . de vita et moribus praedestinati et suo tempore praesentati sacerdotis optimi Augustini, quae in eodem vidi, ab eoque audivi, +minime reticere+*

[4] VA 11.3 und VA 29. 4 sind die einzigen Stellen, in denen sich Possidius selbst als Zeugen anführt. Weniger deutliche Verweise auf seine Person: VA 4.1–3; 13.5; 14.3; 15.1–6; 20.1; 22.7.4; 29.1–2. Selbst in VA 12.4–9, der Beschreibung der 'Crispinus-Affäre', bei der Possidius den Handlungsablauf im wesentlichen bestimmt hat, gibt er mit keinem Wort zu erkennen, daß er der Handelnde ist.

[5] Ep. 91 (CSEL 34, 432–433); ep. 101 (CSEL 34, 540); ep. 104 (CSEL 34, 594); ep. 245 (CSEL 57, 581–582).

gänzlich anderer Natur sind die Akten der afrikanischen Konzile und
der Konferenz – *conlatio* – in Karthago (411). In ihnen erscheint
Possidius lediglich als einer von vielen Teilnehmern, demnach wird
in ihnen nur ein Bild 'von außen' vermittelt. Dennoch haben diese
Texte einen höheren Aussagewert, als man zunächst annehmen
könnte.[6] Zum einen bilden sie eine zuverlässige und detaillierte
Ergänzung der Vita, zum anderen lassen sie aufgrund der Art der
in ihnen dokumentierten Konferenzbeiträge des Possidius Rückschlüsse
auf dessen Persönlichkeit zu.[7] Die letzte zu erwähnende Quelle, die
ihrer Natur nach Possidius nur am Rande erwähnt, ist die Chronik
des Prosper von Aquitanien, die nach Possidius' Tod verfaßt wurde,
also nicht zeitgenössisch ist.[8]

Die genannten Quellen beleuchten jeweils einen bestimmten Aspekt
aus dem Leben des Possidius. In keiner von ihnen, mit Ausnahme
der an ihn gerichteten Briefe des Augustinus, steht Possidius selbst
im Mittelpunkt, geschweige denn, daß sie eine zusammenhängende
chronologische Darstellung seines Lebens böten: Possidius steht im
Schatten der sehr viel bedeutenderen Persönlichkeit Augustins. Dementsprechend wissen wir nichts über den genauen Zeitpunkt und Ort
seiner Geburt. Auch seine Herkunft und das soziale Milieu, aus dem
er stammte, lassen sich nur ungefähr und indirekt ermitteln. Aufgrund
seiner Erziehung, seiner späteren Laufbahn und seiner Vertrautheit
mit Augustinus kann man nur vermuten, daß sein Elternhaus dem
anderer afrikanischer Vertrauter und Freunde Augustins entsprach,
möglicherweise sogar mit dem Augustins selbst vergleichbar ist.

Auch die frühe Entwicklung des Possidius bleibt bis zu seiner
Begegnung mit Augustinus im Dunkeln. Berrouard schließt aus der
Haltung des Schülers, die Possidius bis an sein Lebensende gegenüber Augustinus eingenommen hat, auf einen Altersunterschied von
ungefähr 20 Jahren.[9] Possidius' eigene Angabe über die Länge seiner Bekanntschaft mit Augustinus – sie betrug nach ihm 40 Jahre –

---

[6] Ch. Munier (Hg.), *Concilia Africae* A.345 – A.525 (CCL 149) Turnhout 1974,
209–211, 217; S. Lancel (Hg.), Actes de la conférence de Carthage en 411 (SC
194–195) Paris 1972–1979, 194–195, 224; Ders. (Hg.), *Gesta conlationis Carthaginiensis.
Anno 411* (CCL 149 A) Turnhout 1974.
[7] Berrouard, Possidius, 2000: "Ses interventions... manifestent l'attention, qu'il
porte aux débats, la rapidité de ses réactions et la pertinence de plusieurs de ses
répliques."
[8] *Epitoma Chronicorum* (MGH. AA 9/1, 341–485).
[9] Berrouard, Possidius, 1997.

sprechen für eine erste Begegnung in den Jahren 391–392, einem
Zeitraum, in den Augustins erstes Jahr als Priester in Hippo fallen
dürfte, da er, wie Possidius berichtet, etwa 40 Jahre im Priester- und
Bischofsstand lebte.[10]

Obwohl Possidius selbst sich nicht ausdrücklich als Mitglied der
von Augustinus im Garten der Kirche von Hippo gegründeten 'monastischen' Gemeinschaft zu erkennen gibt, wird aus mehreren Andeu-
tungen deutlich, daß er ihr wahrscheinlich schon zu einem frühen
Zeitpunkt angehörte.[11] Der Lebensstil dieser Gemeinschaft wird aus
seinen Angaben in der Vita über die Lebensführung Augustins deutlich.
Er blieb Augustin und dem Gartenkloster, wie Harnack es ausdrückt,
"trotz des Wechsels der äußeren Umstände treu und stand als Schüler
und Verehrer 40 Jahre lang mit Augustinus in der innigsten (*familiaris ac dulcis*), niemals getrübten Gemeinschaft."[12]

Wann er das Kloster verließ, um Bischof von Calama in der
Numidia Proconsularis zu werden, ist nicht genau bekannt.[13] Augustinus
hatte sich wohl für seine Berufung eingesetzt, wie er es auch bei der
Besetzung anderer Bischofssitze zugunsten von Mitgliedern seiner
Klostergemeinschaft getan hatte. Sein Ansehen muß schon zu diesem Zeitpunkt so groß gewesen sein, daß man auf sein Urteil vertraute. Da sich Possidius aufgrund des in Calama herrschenden
antikatholischen Klimas mit zahlreichen Problemen konfrontiert sah
und die dortigen 'Katholiken' sich bei ihrer Bewältigung nicht immer
als kooperationsbereit erwiesen, wandte er sich mit Fragen, die die
Kirchendisziplin und das Verhalten seiner Diözesanen betrafen, an
Augustinus.[14] Die Bindung, die durch die relativ kurze Entfernung
zwischen Calama und Hippo begünstigt wurde, beruhte also nicht
nur auf einem freundschaftlichen Lehrer-Schüler-Verhältnis und auf
der gemeinsamen Hinwendung zur *vita monastica*, sondern auch auf
der Gemeinsamkeit, die sich aus dem gleichen kirchlichen Amt ergab.

---

[10] VA 31.1.
[11] So in VA 11.3 und besonders in 12.4, wo Possidius von sich als einem "aus
der Zahl jener Männer, die er aus seinem Kloster und Klerus zu Bischöfen der
Kirche promoviert hatte" spricht und sich durch die Nennung seiner Diözese Calama
zu erkennen gibt. In VA 15.1 ist der Hinweis noch konkreter: "Nicht nur ich selber, sondern auch andere Brüder und Mitbrüder, die mit mir damals an der Kirche
zu Hippo mit dem heiligen Mann zusammenlebten, erinnern sich, daß er (einmal)
bei Tisch zu uns sagte . . .".
[12] Harnack, Possidius, Augustins Leben, 7.
[13] Mohrmann, Introduzione, XLIII, nennt das Jahr 397.
[14] Ep. 245 (CSEL 57, 1911, 581).

In der Funktion des Bischofs nahm Possidius an mehreren wichtigen Synoden und Konzilien teil, so an den antidonatistischen Konzilien, die von 403 bis 407 in Karthago stattfanden. Er spielte eine bedeutende Rolle auf der 411 in Karthago abgehaltenen Konferenz und nahm 416 bzw. 419 an den antipelagianischen Konzilien von Milevi und Karthago teil.[15] 409 und 410 unternahm er als offizieller Gesandter zwei Reisen nach Italien, um sich beim Kaiser für die Wiedereinführung der Gesetze gegen die Heiden und Häretiker einzusetzen.[16] 418 begleitete er gemeinsam mit Alypius Augustinus auf seiner Reise nach Cäsarea in Mauretanien, wo er an der Begegnung mit dem donatistischen Bischof Emeritus teilnahm.[17]

Possidius engagierte sich auch in anderen Bereichen. Ende 415 transferierte er die Reliquien des Erzdiakons und Protomärtyrers Stephanus nach Calama "et fait construire une *memoria* pour les abriter."[18] Es wurde in diesem Zusammenhang die Frage aufgeworfen, ob Possidius damit diese Form der Heiligenverehrung in Afrika initiierte oder ob ihm Evodius von Uzalis darin vorausging.[19] Augustin selbst folgte erst später diesen Beispielen. Possidius ist der erste, der die Berichte über die Wunder, die sich anläßlich dieser Translation ereigneten, redigierte.[20] Auch Augustinus berichtet von Wunderheilungen und der Bekehrung eines angesehenen, bis dahin hartnäckig im Heidentum verharrenden Martialis, der sich im Beisein des Possidius in Hippo zum christlichen Glauben bekannte.[21]

Im Frühling des Jahres 430 drangen die Vandalen bis nach Numidien vor. Possidius verließ Calama schon 428 und flüchtete wie andere Bischöfe nach Hippo, wo er bis zur Einnahme der Stadt durch die Vandalen an der Seite Augustins blieb, um ihm in seiner

---

[15] Munier, 209–211; Lancel, Actes, 194–195, 224.

[16] Über die Vorgeschichte dieser Reisen: M.-F. Berrouard, L'activité littéraire de S. Augustin du 11 septembre au 1er décembre 419 d'après la Lettre 23* A à Possidius de Calama, in: Les Lettres de Saint Augustin découvertes par Johannes Divjak, Paris 1983, 301–327; Dies., "Un tournant dans la vie de l'Église d'Afrique: les deux missions d'Alypius en Italie à la lumière des *Lettres* 10*, 15*, 16*, 22* et 23*A de Saint Augustin", in: Revue des Études Augustiniennes 31 (1985) 46–70.

[17] C. Lancel, "Saint Augustin et la Maurétanie Césarienne: les années 418–419 à la lumière des nouvelles lettres récemment publiées", in: Revue des Études Augustiniennes 30 (1984) 48–59.

[18] Berrouard, Possidius, 2004.

[19] Saxer, Morts, martyrs; Ders., Ursprünge des Märtyrerkultes, 1–11; Baumeister, Zeugnisse.

[20] Aug. civ. 22.8.21–22.

[21] Ebd. 8.13 und 15.580–582.

letzten Krankheit beistehen zu können.[22] Nach dessen Tod am 28. August 430 kehrte er nach Calama zurück, vermutlich 437 wurde er von dem Vandalenkönig Geiserich vertrieben. Von diesem Zeitpunkt an gibt es keine Nachrichten mehr über ihn.[23]

---

[22] VA 28.13; 31.5 usw. Vgl. dazu Ch. Courtois, Les Vandales et l'Afrique, Paris 1955, 164–168; Pizzica; A. Stuiber, Der Tod des Aurelius Augustinus, in: Jenseits-vorstellungen in Antike und Christentum. Gedenkschrift für A. Stuiber (JAC. Ergänzungsband 9) Münster 1982, 1–8.

[23] Prosper von Aquitanien, *Epitoma*, a. 437, 475. Vgl. auch E.-F. Gautier, Genséric. Roi des Vandales (Bibliothèque historique) Paris 1935, 175–179.

KAPITEL FÜNF

DIE *VITA AUGUSTINI*

5.1. *Einführung*

5.1.1. *Die Entstehung*

Possidius verfaßte die Vita seines Lehrers und Freundes Augustinus, sein einziges literarisches Werk im engeren Sinne, nach dessen Tod, wahrscheinlich zwischen 431 und 437. Er deutet selbst in der Vita an, daß die Belagerung von Hippo fast 14 Monate dauerte[1] und die Bewohner die Stadt nach ihrer Einnahme, aber noch vor ihrer Zerstörung verließen.[2] Das *Indiculum*, ein Verzeichnis der Schriften des Augustinus, das als Appendix der Vita verstanden wird, wurde vermutlich schon eher zusammengestellt.[3] Possidius dürfte durch Augustins wiederholte Hinweise, daß er seine Bibliothek als sein Vermächtnis betrachte,[4] aber auch aus Furcht, das Werk seines Lehrers könne den Vandalen zum Opfer fallen, zu seiner Zusammenstellung veranlaßt worden sein.

5.1.2. *Die Überlieferung*

Die Vita des Possidius erfreute sich – angesichts der Bedeutung Augustins nicht verwunderlich – seit der Spätantike einer weiten Verbreitung.[5] Sie ist nach den bisherigen Feststellungen in weit mehr

---

[1] VA 28.12.
[2] VA 28.10.
[3] Berrouard, Possidius, 2005 nimmt an, daß es nach Augustinus' Tod während der letzten Monate der Belagerung Hippos verfaßt wurde, also in der Zeit von September 430 bis Juli 431. Ähnlich A. Wilmart, *Operum S. Augustini elencus a Possidio eiusdem discipulo Calamensi episcopo digestus*, in: Miscellanea Agostiniana II, Roma 1931, 49–233, 217–219. Siehe zum Indiculum auch F. Dolbeau, La survie des oevres d'Augustin. Remarques sur l'*Indiculum* attribué à Possidius et sur la bibliothèque d'Anségise, in: D. Nebbiai Dalla Guarda – J.-F. Genest (Hgg.), Du copiste au collectionneur. Mélanges d'histoire des textes et des bibliothèques en l'honneur d'André Vernet (Bibliologia 18) Turnhout 1998.
[4] VA 18.10 und Augustinus, *Retractationes* II, 67.
[5] Neben den von Weiskotten, Pellegrino und Bastiaensen ihren Editionen voran-

als 200 vorwiegend aus dem Mittelalter stammenden Manuskripten überliefert, wobei die in liturgische Texte, Legenden- und Vitensammlungen aufgenommenen Kurzfassungen und Bearbeitungen unberücksichtigt bleiben. Die Art der Überlieferung – die Handschriften stammen zumeist aus Kloster- und Stiftsbibliotheken – und der Textbenutzung – die Vita diente entsprechend der allgemeinen Funktion hagiographischer Schriften in erster Linie der Erbauung – führte zu Modifikationen, Erweiterungen und Kürzungen des Textes, die die vorliegenden Editionen unberücksichtigt lassen, obwohl ihre Analyse zu wichtigen Einsichten in das 'Nachleben' nicht nur der Vita, sondern auch Augustins verhelfen könnte. Eines steht jedoch fest, daß sich nämlich die Überlieferung der Vita in zwei Stränge gabelte. Neben dem längeren weitgehend mit der ursprünglichen Fassung übereinstimmenden Text wurde eine *Recensio brevis* überliefert, die sich von der längeren Fassung u.a. durch den Verzicht auf die *Praefatio* und den in Kap. 30 wiedergegebenen Brief an Honorius unterscheidet.

Mit der Erfindung des Buchdrucks, vor allem aber der stark philologisch ausgerichteten Hinwendung der Humanisten und Reformatoren zu Augustinus, kam es zu Beginn des 16. Jahrhunderts zu einer Verengung der bisherigen breiten Überlieferung. Amerbach, der 1506 in Basel die *Editio princeps* der Werke Augustins veranstaltete, nahm die Vita des Possidius in ihrer längeren Fassung in das von ihm edierte Corpus der Schriften Augustins auf und begründete damit eine bis ins 18. Jahrhundert dauernde Tradition. Nach ihm haben Erasmus von Rotterdam, der 1529 seine Ausgabe Augustins bei Froben drucken ließ, die Löwener Theologen, die den Antwerpener Drucker Plantinus für seine Ausgabe gewannen, und schließlich die gelehrten Mauriner, deren 1690 in Paris erschienene Ausgabe in die *Patrologia Latina* Mignes aufgenommen wurde, die *Vita Augustini* wie selbstverständlich als Bestandteil oder doch wenigstens als Appendix der *Opera D. Augustini* angesehen und ediert. Erst mit Johannes Salinas, einem Mitglied der Lateranensischen Chorherrenkongregation, und den jesuitischen Herausgebern der *Acta Sanctorum*, den Bollandisten, für die Augustinus weniger als Gelehrter als vielmehr als Heiliger und Ordensstifter interessant war, kam es zu Einzelausgaben der

---

gestellten Darstellungen der Textüberlieferung: Bibliotheca Hagiographica Latina I, Bruxelles 1898–1899, 125–128; Dekkers-Gaar, 65; Fros, 101–103; Pellegrino, Intorno al testo, 195–229 und Schanz-Hosius, 402–405; De Ghellinck III, 37; Altaner-Stuiber, 419.

Vita, die jedoch den wissenschaftlichen Ansprüchen des 19. Jahrhunderts nicht mehr genügten. Weiskotten, der seiner Edition nicht
weniger als 100 Handschriften zugrunde legte, war als erster in der
Lage, einen zuverlässigen Text vorzulegen, der durch die Ausgaben
von Vega, Pellegrino und Bastiaensen zwar in Einzelheiten, nicht
aber in seiner Substanz verändert und verbessert worden ist.

5.1.3. *Die Struktur und der Stil*

Bereits bei einer nur vorläufigen Betrachtung der Form, Gliederung
und Kohärenz der Vita überwiegt der Eindruck einer lockeren
Aneinanderreihung längerer und kürzerer Einzelszenen, die thematisch durch den Wechsel zwischen der *vita activa* und der *vita monastica* gegliedert werden. Eine konsequent durchgehaltene Chronologie
fehlt. Die einzelnen Episoden sind in der Regel durch eine relative
Datierung verbunden,[6] dabei wechselt Possidius den Erzählrhythmus
passend zum jeweils dargestellten Inhalt.[7] Für die Struktur der Vita
wird der Einfluß Suetons geltend gemacht, eine Feststellung, die
durch Possidius selbst in seiner *Praefatio* nahegelegt wird: Seine Intention
sei es, so sagt er, *De vita et moribus . . . Augustini* zu schreiben.[8] Weiskotten
ist denn auch der Meinung, daß sich die Vita problemlos in die
Tradition der alexandrinischen Biographie einordnen lasse, eine
Ansicht, die von Harnack geteilt wird. Beide gliedern die Vita in
vier Abschnitte: Im ersten wird Augustins Leben bis zur Priesterweihe
und der Errichtung eines Klosters (1–5) geschildert, im zweiten seine
Leistungen für die Kirche (6–18) gewürdigt, im dritten seine *mores*
(19–27) und im letzten Abschnitt seine letzten Tage, der Vandaleneinfall und der Tod dargestellt (28–31).[9] Die *Praefatio* legt jedoch eine andere Einteilung, nämlich in drei Teile, nahe. Die Vita will, wie es in
der *Praefatio* heißt, *de . . . exortu, et procursu, et debito fine* berichten. Diese

---

[6] Possidius verwendet Begriffe wie *mox* (VA 2.1), *iam* (VA 7.4), *post* (VA 13.2;
14.1; 15.5 etc.), *brevi consequenti tempore* (VA 28.4), *sequenti tempore* (VA 6.8; 17.9), *eodem
tempore* (VA 3.3; 4.1; 6.6).

[7] Mit dem Wechsel zwischen schnellen und lang ausgedehnten Passagen, Schilderungen von Einzelbegegnungen und Zustandsbeschreibungen (VA 9.10.18) kann
der Eindruck der Wiederholung und der Umständlichkeit, der bei einer ersten Lektüre entstehen mag, zumindest reduziert werden.

[8] VA Praef. 1.

[9] Weiskotten, 20; Harnack, Possidius. Augustins Leben, 13 ff. Dieser Disposition
schließt sich auch Romeis an: Er unterteilt in Lebensgang; Taten, Sitten, Lebensende.

Gliederung wird von Pellegrino und Stoll übernommen,[10] Diesner
und Berschin hingegen schließen sich Weiskotten und Harnack an,
wobei sie die Einschnitte an jeweils unterschiedlichen Stellen vornehmen.[11] Welche Einteilung man auch für die Vita geltend machen
will, fest steht, daß die einzelnen Lebensabschnitte eine sehr unterschiedliche Länge aufweisen, eine Tatsache, die noch in jüngster Zeit
dazu veranlaßt hat, Possidius mangelnde Konsequenz bei der Anwendung des suetonischen Schemas zum Vorwurf zu machen,[12] obwohl es mittlerweile *communis opinio* ist, daß hagiographische Schriften
andere Zielsetzungen haben als die Einhaltung bestimmter vorgege-
bener Formen. Possidius schildert Herkunft, Kindheit und Jugend
des Augustinus im ersten Kapitel, das seinen Abschluß und Höhepunkt
in dem Bericht über die Taufe findet. Angesichts der 13 Bücher der
Confessiones, die sich ausschließlich mit diesem Lebensabschnitt beschäftigen, muß die Knappheit des Possidius, der fast alle einschlägigen Informationen auf komprimierte Weise schon im allerersten
Satz gibt, überraschen. Die auffällige Abweichung von den *Confessiones*
ist häufig kritisiert worden. So führt Diesner die Selbstbeschränkung
auf Possidius' Einsicht in seine "geistige wie literarische Unebenbür-
tigkeit" gegenüber Augustinus zurück und bemerkt, daß sie die
Ursache für Unausgeglichenheit und Unruhe in der Vita sei. Possidius
selbst begründet seinen Verzicht auf eine breitere Darstellung damit,

---

[10] Pellegrino gliedert folgendermaßen: 1. La vita (VA 1–18) 2. I mores (VA
19–27) 3. Le ultime vicende, La malatia e la morte; ebenso Stoll: Chronologisch
geordnete Erzählung des Lebens bis zum Höhepunkt (VA 1–18), Mores (VA 19–27),
Tod (VA 18–31).

[11] Diesner, Possidius und Augustinus, 350 ff., bes. 352. Er nennt jedoch keine
konkreten Einschnitte. Berschin I, 226–227: Werdegang bis zur Wahl zum Bischof
(VA 1–7), öffentliche Wirksamkeit (VA 8–21), häusliche Grundsätze und Gewohnheiten,
Bericht über den Tod des Bischofs (VA 18–31).

[12] So ist Diesner, Possidius und Augustinus, 352, der Meinung, daß die Einteilung
der Vita eindeutig durch den Anschluß an die antike Biographie mitbedingt ist, er
kritisiert aber das "freizügige Schalten auch mit den Oberabschnitten der Vita",
die für den Eindruck der Unausgeglichenheit verantwortlich seien. Auch Mohrmann
bemerkt Introduzione, XLV–XLVI, daß sich die ersten 18 Kapitel nur schlecht mit
den aus den Cäsarenviten bekannten Strukturen in Übereinstimmung bringen ließen und nimmt dies zum Anlaß, den Aufbau als willkürlich und unzusammenhän-
gend zu bezeichnen und Possidius' literarisches Können in Frage zu stellen: "... la
prima parte è mal composta, e dà l'impressione di possedere una struttura debole
e disorganica, anche per la presenza di elementi intercalati, che talvolta sembrano
una sorta di prologo, talvolta sono delle osservazioni di carattere generale che inter-
rompono lo svolgersi del racconto. ... Mi sembra che Possidio ... non sia all'altezza
del compito che si è proposto."

daß in den *Confessiones* schon ein ausführlicher Bericht vorliege.[13] Er will also mit seinem Meister nicht in Konkurrenz treten. Possidius' eigentliche Veranlassung ist aber nicht seine *modestia*, sein Verzicht ist bedingt durch seine spezifischen hagiographischen Intentionen. Die Auslassung gewisser, von Augustinus selbst als negativ stilisierte Aspekte seiner Jugend erlaubt seine Stilisierung zu einem Heiligen, wie Possidius ihn propagieren will. Da seine Hauptintention nicht unbedingt eine realistische und tiefergehende Darstellung seines Charakters ist, kann er auch auf eine Kindheitsbeschreibung verzichten, die für ein Portrait des eigentlichen Menschen Augustinus unentbehrlich wäre. Die Vernachlässigung der Kindheits- und Jugendgeschichte läßt sich seit der *Vita Cypriani* des Pontius in der Bischofsvita finden und geht auf "bewußte programmatische Überlegungen und anthropologische Konzepte" zurück.[14] Die Darstellung des *exordium Augustini* findet in gewisser Weise ihre Abrundung im 2. Kapitel. Nach dem in einem überaus raschen Erzähltempus gebotenen Überblick über die Jugenderlebnisse hält Possidius inne und beschreibt Augustinus' familiäre Situation, seine Befindlichkeit und seinen Entschluß, nur noch Gott zu dienen. Auch hier läßt sich deutlich der Einfluß der früheren christlichen Biographie spüren. Augustinus wird für Possidius erst wieder nach seiner Taufe interessant. Es ist also hier, daß Possidius zum ersten Mal verharrt, eine Zustandsbeschreibung eines kürzeren Abschnittes gibt und zumindest ansatzweise Einblicke in die momentane Geisteslage seines Protagonisten gewährt. Im dritten Kapitel setzt mit der Darstellung des Lebensabschnittes, den Possidius selbst miterleben konnte und dem sein Interesse in erster Linie gilt, die Beschreibung der eigentlichen, der christlichen Vita des Augustinus und seines Wirkens im Dienste Gottes und der Kirche ein. In diesem Kapitel wird kurz angedeutet, wie Augustinus sein Leben in der Gemeinschaft von Thagaste einrichtet, dann konzentriert sich Possidius auf eine Episode, die die außergewöhnliche Wirkung Augustins auf seine Mitmenschen verdeutlichen kann, nämlich die Begegnung mit einem *agens in rebus*, einem kaiserlichen Kommissar aus Hippo Regius, der eine radikale Lebensänderung verspricht, falls er Augustinus von Angesicht zu Angesicht gegenübertreten könne.

---

[13] VA Praef. 5: *Nec adtingam ea omnia insinuare, quae idem beatissimus Augustinus in suis Confessionum libris de semetipso, qualis ante perceptam gratiam fuerit qualisque iam sumpta viveret, designavit.*
[14] Berschin I, 64, 65.

Die Episode dient als Überleitung zur Schilderung eines weiteren
wichtigen Ereignisses im Leben des Augustinus, seiner Priesterweihe.
Nach seiner Ordination errichtet Augustinus ein Kloster, dessen Lebensstil in Kapitel 5 beschrieben wird. Ebenso wird von Augustins
Vollmacht berichtet, im Beisein seines Bischofs das Evangelium vor-
zutragen und auslegen zu können – eine Neuheit in der afrikanischen Kirche, die als eine Anerkennung der Gelehrsamkeit Augustins
verstanden werden kann. Daß Weiskotten und Harnack hier einen
ersten Einschnitt setzen, ist verständlich. Die Priesterweihe Augustins
hat für Possidius gleiches Gewicht wie die Bischofsordinierung für
die Ambrosiusvita.[15] Der Abschnitt bis zum Kapitel 5 wird von
Harnack mit "Augustins Leben bis zur Priesterweihe und zur Errichtung
eines Klosters in kurzem Überblick" überschrieben. Daß der Abschnitt
nicht mit der Priesterweihe endet, sondern auch noch Augustinus'
Klostergründung einschließt, ist verständlich, da die *Vita monastica*
Augustins und seine Karriere auf der Stufenleiter der kirchlichen
Hierarchie zusammengehören. Für einen Einschnitt an dieser Stelle
könnte die Tatsache sprechen, daß im folgenden Augustins Kampf
gegen die Häretiker einsetzt, der mit seiner Auseinandersetzung mit
dem Manichäer Fortunatus im sechsten Kapitel beginnt und Höhepunkt
und Abschluß im Kapitel 18, also in der Widerlegung und Verurteilung
der Pelagianer, findet. Schon im achten Kapitel wird diese Schilderung
durch die Beschreibung seiner Ordinierung zum Bischof unterbrochen. Sehr viel überzeugender erscheint mir daher eine Einteilung,
die die Bischofserhebung als Endpunkt der ersten Entwicklungslinie
sieht. Dies ist naheliegend, wenn man berücksichtigt, daß eine der
wichtigsten Zielsetzungen des Possidius – selbst Bischof – die Propagierung eines bestimmten Bischofsideals war. Wie in anderen Bischofsviten ist die Erhebung zum Bischof in der Vita eindeutig ἀκμή
und Ausgangspunkt für die große Wirksamkeit des Augustinus. Selbst
Stoll, die für eine andere Einteilung plädiert, sieht in der Bischofsweihe
im 8. Kapitel die Krönung der geistlichen Karriere Augustins.

---

[15] Die Topoi der 'kanonischen Resistenz' kommen schon hier voll zum Tragen.
Mohrmann, Introduzione, XLV führt folgende Argumente für einen Einschnitt an
dieser Stelle an: "in favore della prima ipotesi, si potrebbe dire che Possidio con-
sidera decisivo il momento dell'ordinazione sacerdotale e sopratutto della conces-
sione del privilegio (straordinario nel suo caso) di predicare. E à partire dal cap. 6,
I che comincia il racconto della predicazione di Agostino ed in particolare della
sua publica discussione con gli erretici (in questo caso con il manicheo Fortunatus).
Ciò significa che la lunga serie di *disputationes* e *collationes*, considerate da Possidio
come dei fatti decisivi."

Daß die Eignung zum Bischofsamt, im Falle Augustins die Fähigkeit
zur Widerlegung der Häresie, schon beim Priester offenkundig wird,
hat ebenfalls Parallelen in anderen Bischofsviten. So wirkt Martin
von Tours, dessen Heiligkeit sich für Sulpicius Severus in seinen
übernatürlichen Befähigungen manifestierte, schon vor seiner Weihe
Wunder. Auch Ambrosius' göttliche Weisheit ist schon vor der Ordinierung erkennbar. Dies ist nicht überraschend, denn die Tugenden
und Fähigkeiten, die ein Bischof aufzuweisen hatte, mußten schon
früh erkennbar sein, um die Wahl zu legitimieren. Wie der θεῖος ἀνήρ,
so war auch der Bischof schon von Anfang an als das zu erkennen,
was er in voller Entwicklung sein würde.[16]

In den Kapiteln, die Augustinus' Kampf gegen Irrlehren und seinen Verdiensten für die Kirche gewidmet sind, also seine öffentliche
Wirksamkeit beschreiben, stellt Possidius seine Hauptfigur Vertretern
der Manichäer, Donatisten, Arianer und Pelagianer gegenüber, dabei
hat die Alternierung zwischen Einzelgegnern und Gruppen gliedernde
Funktion.

Die Darstellung der Auseinandersetzung des Augustinus mit seinen Gegnern folgt mehr oder weniger der Chronologie der Ereignisse.
Die lockere zeitliche Verknüpfung und die Abhandlung jeweils einer
Häresie lassen dennoch den Eindruck eines kategorisierenden 'Lei-
stungsberichts' aufkommen. Die Gliederung der Vita in einen eindeutig chronologischen Teil, der in der ἀκμή der Bischofswahl seinen
Abschluß findet, und einen zwar chronologischen, aber auch kate-
gorisch gliedernden Teil kann als ein Nachklang der suetonischen
Form verstanden werden.[17]

Das Ende dieses Teils wird entweder nach Kapitel 18 angesetzt,
was dem Ende der antihäretischen Wirksamkeit entspricht,[18] oder
nach Kapitel 21, dem Abschluß des Berichts über Augustinus' öffentliches Wirken.[19] In Kapitel 18 bis 21 werden Augustinus' Tätigkeit
als Richter, seine Interzession bei der weltlichen Obrigkeit und seine

---

[16] Siehe die Ambrosiusvita und Ambrosius' frühes Erkennen seiner eigenen
Bestimmung. Ähnliche Einteilung auch Berschin, 226.

[17] Augustinus' Auseinandersetzung mit den einzelnen gegnerischen Gruppen eignet sich für eine Kombination chronologischer und kategorisierender Darstellung,
da sie sich jeweils bestimmten Phasen zuordnen läßt und sich Augustinus nur mit
jeweils einer häretischen Gruppe auseinandersetzt. Anders u.a. Diesner, Possidius
und Augustinus, der von einem rein chronologischen Teil spricht.

[18] So von Weiskotten, Harnack, Pellegrino, Stoll et al.

[19] Berschin.

Teilnahme an Konzilien und Synoden geschildert: Aspekte seines
öffentlichen Lebens, die auch ein Licht auf Augustins persönliche
Vorlieben und Abneigungen werfen, für Possidius aber keinesfalls die
gleiche Bedeutung haben wie sein Kampf gegen die Häresie.

Es ist daher sinnvoller, den Hauptteil der Vita mit Kapitel 18
enden zu lassen. Die Kapitel 19–27, die einer Beschreibung Augustins
"unter nur gelegentlicher Heranziehung von größeren Ereignissen . . .
vor allem auf der Grundlage des Alltagslebens, der *vita privata* oder
familiaris (Pellegrino)" gewidmet sind, geben, so muß selbst Diesner
zugestehen, einen nicht ungeschickten "'Querschnitt' durch seine vielfältigen Vorhaben und Aufgaben".[20] Der letzte, den *mores* gewidmete
Teil der Vita läßt am deutlichsten den Einfluß Suetons erkennen.
Stoll sieht ihn schon allein darin, daß die Beschreibung der *mores* die
Schilderung des Lebens unterbreche, und auch Berschin spricht von
der "Suetonschen Methode", wonach in diesem Abschnitt die
"Gesamtanschauung . . . durch ein Umschreiten der äußeren Bereiche"
zustande komme[21] und "von den Äußerlichkeiten her ein[en] Eindruck
von der Sammlung dieses Lebens, der Konzentration auf den Kern
der Existenz" gewonnen würde.[22] Auch die Überleitung von den
mores zum Bericht über die letzten Tage und das Ende erfolgt meines Erachtens in der Manier Suetons. In Kapitel 27 wird Augustins
Dienst an Notleidenden und Kranken beschrieben. Es wird außerdem berichtet, daß er oft von den letzten *dicta* des Ambrosius erzählte:
"Ich habe nicht so gelebt, daß ich mich schämen müßte, unter Euch
zu leben; den Tod aber fürchte ich nicht, denn wir haben einen
guten Herrn." Ihnen folgt die Erwähnung der letzten Worte eines
Mitbischofs, die Augustinus oft im Munde geführt habe, sowie Cyprians
Äußerungen über die Sterblichkeit. In Kapitel 28 wird geschildert,
was Augustinus vor seinem Tod edierte. Am intensivsten wird aber
auf den nahenden Tod Augustins durch die Beschreibung des Vandaleneinfalls eingestimmt, die mit ihrer Todes- und Zerstörungsmotivik
eindrucksvoll auf das bevorstehende Ende Augustins hindeutet.

Obwohl Weiskotten als einer der wohlwollendsten Interpreten der
Augustinusvita betrachtet werden muß, ist sein Urteil über die lite-
rarische und stilistische Qualität der Vita am negativsten. Possidius'
Stil lasse im Vergleich mit Augustinus' rhetorischer Brillanz zu wün-

---

[20] Diesner, Possidius und Augustinus, 356.
[21] Steidle, 122.
[22] Berschin, 230.

schen übrig: "... it lacks vivacity, versatility and copiousness. The form is somewhat stiff and the expression, while always marked by candor and often by naive beauty, frequently lacks fluency."[23] Kein Geringerer als Harnack trat zur Verteidigung von Possidius' Stil an. Den wenn auch geringen Anteil an Vulgärlatein, Neubildungen, grammatischen und syntaktischen Verstößen,[24] die Weiskotten bemängelt hatte, betrachtet er als selbstverständliches Attribut der Sprache der Zeit.[25] Possidius schreibe im Latein der Literaten,[26] ein Urteil, das auch in der späteren Forschung aufrechterhalten blieb.[27] Auffällig ist aber, daß Possidius' Stil gewissen Schwankungen unterliegt, er ist, laut Harnack, bei einfachen Berichten und Darstellungen am besten.[28] Generell wird die *praefatio*, die sehr umständlich, periodenreich und langatmig formuliert, als der stilistisch schlechteste Teil der Vita betrachtet.[29] Aber abgesehen davon, daß schon der Eingangssatz nicht satzlogisch zu Ende geführt wird,[30] zeigt auch sie eine gewisse stilistische Raffinesse: "Mit dem rhetorischen Kunstgriff der Paronomasie ... hat Possidius nicht nur eine bedeutend klingende Präsentationsformel gefunden, sondern auch etwas Wesentliches über

---

[23] Weiskotten, 22.

[24] Die vom klassischen Latein abweichenden Konstruktionen und Wörter werden in Bastiaensens Kommentar, Vita di Cipriano, Vita di Ambrogio, Vita di Agostino, 339–449 aufgeführt, hier daher nicht noch einmal ausführlich genannt.

[25] Harnack, Possidius. Augustins Leben, 9.

[26] Ebd.

[27] Siehe u.a. Berschin I, 234.

[28] Harnack, Possidius. Augustins Leben, 9: "Zum schlichten Bericht reicht das Können des Possidius vollkommen aus. Ja man liest ihn hier mit wirklicher Befriedigung und an einigen Stellen sogar mit Bewunderung der kraftvollen Einfachheit."

[29] So Harnack, ebd.: "Gleich die 'Vorrede' bietet ein abschreckendes Beispiel."

[30] Es steht nicht ganz eindeutig fest, ob es sich hier um einen Überlieferungsfehler handelt oder Possidius ein Anakoluth geschrieben hat, eine Auffassung, die Berschin, 233 mit Bastiaensen, Vita di Cipriano, Vita di Ambrogio, Vita di Agostino, 339 teilt. Dafür spricht, daß auch an anderen Stellen, vor allem in der *praefatio* ungenau konstruiert wird. (Vgl. Bastiaensen, ebd.) Obwohl schon Harnack Possidius' Unfähigkeit bei der Bildung von Perioden betont hatte und bei Hofmann-Szantyr, 730 das Anakoluth als "Zeichen von Denkträgheit und einseitiger Konzentration auf den Inhalt" beurteilt wird (vgl. Berschin), so scheint es sich bei seiner Verwendung in der Vita des Possidius eher um ein bewußt eingesetztes Stilmittel zu handeln, zumal, wenn man bedenkt, daß es mehrfach an prägnanter Stelle in der Vita in Erscheinung tritt. So urteilt denn Berschin I, 234 auch folgendermaßen: "Wir haben nicht fehlerhaftes klassisches Latein, sondern Spätlatein vor uns.... Wir ... weisen darauf hin, daß der erste Satz eine Stelle ist, wo in der Vitenliteratur des Mittelalters immer wieder ungewöhnliche, als 'Anakoluthe' bezeichnete Konstruktionen sind. Es scheint sich hier um eine Position zu handeln, an der gewisse Freiheiten erlaubt waren."

Augustinus gesagt, indem er ihn *praedestinatus et suo tempore praesenta-tus* nennt."[31]

Wie Mohrmann betont, hat die Sprache und der Stil der Vita eine gewisse 'klerikale Färbung', die die Gewohnheiten des Predigers widerspiegelt. Die devote, salbungsvolle Note wird noch durch die häufigen Bibelzitate unterstrichen.[32] Die Vita wird sprachlich aber nicht nur durch die Bibel und den Predigtstil geprägt, Harnack will in ihr auch Spuren Ciceros erkennen.[33] Hauptinspirationsquelle des Possidius ist jedoch das Werk Augustins und besonders dessen Be-kenntnisse. Wie stark sich Possidius sprachlich an sein Vorbild anlehnt, haben Pellegrino und Courcelle gezeigt.[34] Mohrmann will in der Vita gar eine 'Augustinische Phraseologie' sehen, da in ihr Phrasen, Formulierungen und Wörter, die Possidius aus den diversen Büchern der *Confessiones* übernommen hat, zu einem 'intreccio inestricabile' verbunden wurden.[35] Auch wenn Harnack Possidius' Anlehnung an Augustinus' "schriftstellerische Rhetorik" als ein Ärgernis betrach-tet,[36] wird dennoch aus der Vita deutlich, wie gut Possidius mit den Werken und Vorstellungen Augustins vertraut war.

5.2. *Die* Vita Augustini *als Bischofsbiographie: Versuch einer Einordnung*

Die Augustinusvita des Possidius ist wie die bisher behandelten älteren Bischofsviten durch den Dualismus zwischen dem Ideal der *humilitas* und dem Bedürfnis nach Legitimation des auf Macht und

---

[31] Berschin I, 233.

[32] Mohrmann, Introduzione, XLVIII. Die erbauliche Tendenz und der Versuch, die Größe Augustins zu unterstreichen, kommt laut Diesner, Possidius und Augustinus, 362 in einer Anhäufung "grammatische[r] und 'sachliche[r]' Superlative zum Aus-druck". In diesem Kontext nennt er Ausdrücke wie "*vas mundum* (3), *accensa et ardens levata super candelabrum lucerna* (5), *deo acceptus et carus sacerdos* (31), *magister noster* (17), *praecipuum dominici corporis membrum* (18)."

[33] Harnack, Possidius. Augustins Leben, 9. So führt er gleich in der *praefatio* das *divino afflati spiritu* an, das, wie Bastiaensen in seinem Kommentar, Vita di Cipriano, Vita di Ambrogio, Vita di Agostino, 341 präzisiert, an das *afflatus divinus* aus Ciceros De Divinatione 1.34.38 erinnert.

[34] Pellegrino, Reminiscenze, 21 ff.; Courcelle, Les Confessions, 609 ff.

[35] Mohrmann, Introduzione, XLIX. Besonders deutlich wird die Übernahme der augustinischen Gnadenterminologie. Nach Mohrmann, ebd., XLVIII ist ihr Gebrauch so exzessiv, daß das Aequilibrium gestört sei.

[36] Harnack, Possidius. Augustins Leben, 9: "Dazu kommt, daß zu dieser auch eine pathetische Anlage gehört, und diese fehlte dem Possidius vollkommen. Wohl besitzt er einen gewissen Sinn für Größe, aber er ist eine nüchterne Natur ohne Schwung."

Autorität beruhenden Bischofsamtes sowie der Spannung zwischen
Anachorese und öffentlicher Wirksamkeit geprägt. Als Augustinus
zum Bischof ordiniert wurde, also am Ende des 4. Jahrhunderts, war
das Amt des Bischofs schon fest etabliert, konnte die Bischofsbiographie
bereits auf eine längere Tradition zurückblicken. Die Notwendigkeit
einer prinzipiellen Rechtfertigung bestand also, soweit es die Bischofsbiographie betraf, nur noch in geringerem Maße. Dennoch war weiterhin eine Legitimierung des einzelnen Bischofs vonnöten, zumal
er sich mit so bedeutenden Vertretern wie Martin von Tours und
Ambrosius von Mailand messen mußte. Neben diesem individuellen
Rechtfertigungsbedürfnis hatte im Laufe des 4. Jahrhunderts ein
Aspekt an Bedeutung gewonnen, der in den einzelnen Regionen des
Reiches eine jeweils andere Ausformung fand. Im Prozeß der Normierung der Glaubenslehre und der Ausbildung einer allgemein verbindlichen Kirchenverfassung hatte sich auch für das Bischofsamt die
Notwendigkeit einer neuen, anders als zuvor gearteten Legitimation
ergeben. Die Inhaber, erst recht aber die Anwärter auf das exponierte Amt, hatten sich gegenüber einer Vielfalt theologischer Richtungen und geistlicher Lebensformen zu profilieren und in Theologie
und Kirchenpolitik Standpunkte einzunehmen, die mehrheitsfähig
waren – eine Notwendigkeit, die schon die *Vita Martini* und die *Vita
Ambrosii* entscheidend bestimmt hatte.

Die afrikanische Kirche war am Ende des 4. Jahrhunderts noch
stark von einem unter dem Eindruck der decischen und diokletiani-
schen Christenverfolgungen entstandenen Rigorismus geprägt, der
sich am Glaubenseifer der ersten Christen orientierte und mit einem
intensiven Märtyrerkult verbunden war. Diese Form des Christentums
fand ihre literarische Formulierung in erster Linie durch Tertullian
und wirkte in besonders starkem Maße auf den Donatismus ein.
Besonders das Problem der sogenannten Ketzertaufe, die von den
Montanisten und den Donatisten propagiert und erst verhältnismäßig spät von der Kirche als häretisch abgelehnt wurde, war in Afrika
bis ins 5. Jahrhundert äußerst virulent, so daß es hier für geraume
Zeit in mehreren Diözesen zu einem Nebeneinander 'katholischer'
und donatistischer Bischöfe kam. Daneben spielte auch das Heidentum, besonders unter der berberischen Bevölkerung, noch eine relativ große Rolle.[37]

---

[37] Vgl. A. Schindler, "Afrika I. Das christliche Nordafrika (2.–7. Jhd.)", in: Theologische Realenzyklopädie 1 (1977) 700–716, 650–676.

Dies galt im besonderen Maße für Calama, als dessen Bischof
Possidius amtierte.[38] Wie aus Inschriftenfunden, vor allem aber aus
dem zwischen Augustinus und Nectarius, einem dort tätigen hohen
Verwaltungsbeamten, geführten Briefwechsel hervorgeht,[39] war die
Führungsschicht der unter Trajan zum *municipium* erhobenen Stadt,[40]
deren heidnische und donatistische Bevölkerungsanteile sehr viel größer waren als im benachbarten Hippo Regius, ausgesprochen 'anti-
katholisch' eingestellt.[41] So zog am 1. Juni 408 bei einer heidnischen
Feier eine Reihe von Tänzern an der katholischen Kirche vorüber,
ein Affront, der durch ein Reichsgesetz vom 15. November 407 ver-
boten worden war[42] und, wie Augustinus betont,[43] auf diese Weise
noch nicht einmal unter Iulian Apostata stattgefunden hatte. Als der
katholische Klerus gegen das Auftreten der *petulantissima turba saltan-*
tium,[44] das, wie Lepelley annimmt,[45] dionysische Züge trug, Protest
einlegte, wurde die Kirche mit Steinen beworfen.[46] Der Konflikt eska-
lierte, und Possidius wandte sich, nachdem eine Klage bei den
Munizipalbeamten ergebnislos geblieben war,[47] an die Reichsbehör-
den. In ihrer Angst vor härteren Strafen wie der Tortur oder der Todes-
strafe wandten sich die Heiden an Augustinus, der sich mit der Forderung nach einer Geldbuße begnügte und versprach, sich für sie
zu verwenden.[48]

---

[38] Der Zeitpunkt, zu dem Possidius die Klostergemeinschaft Augustins in Hippo
verließ, um Bischof von Calama zu werden, ist nicht genau festzustellen. Es ist aber
wahrscheinlich, daß dies im Jahr 397 geschah, da Bischof Megalius im Sommer
diesen Jahres starb und der Sitz somit vakant wurde. Berrouard, Possidius, 1998
stellt jedoch eine Überlegung an, die gegen diesen Zeitpunkt sprechen würde, meiner Meinung nach jedoch nicht allzusehr ins Gewicht fällt: "... racontant des évé-
nements de 403, Augustin présente Possidius comme une "recrue de la veille" (*hes-*
ternus tiro; Contra Cresconium III, 46, 50; Bibliothèque Augustinienne = BA, t. 31, p. 72)
Faut-il supposer qu'il a succédé à Mégalius après plusieurs années de vacance du
siège, ou qu'il a été précédé par un autre évêque inconnu, mort assez rapidement?"
[39] Ep. 104.1 (CSEL 34, 594).
[40] Lepelley, 91.
[41] Ebd. Zu den Ereignissen des Jahres 408 in Calama: Berrouard, Possidus, 1999;
Lepelley, 97–100.
[42] Cod. Theod. 16.10.19: *Qua non licebat omnino in onorem sacrilegi ritus quicquam*
solemnitatis agitare.
[43] Ep. 91 (CSEL 34,2, 432).
[44] Ebd.
[45] Lepelley, 98.
[46] Augustinus, Ep. 91: *Deinde post dies ferme octo, cum leges notissimas episcopus ordini*
replicasset, et dum ea quae iussa sunt, velut implere disponunt, iterum ecclesia lapidata est.
[47] Ebd., 99.
[48] Ep. 104.1.

Der stärkste Widerstand gegen Possidius ging jedoch von der großen, straff organisierten Gemeinde der Donatisten aus, die sich nicht
scheute, auch Gewalt gegen ihn anzuwenden. Da Crispinus, der Ge-
meindevorsteher der donatistischen Gemeinde in Calama, den Possidius
408 aufgrund eines Synodalbeschlusses[49] wiederholt zu gemeinsamen
Gesprächen eingeladen hatte, einem Gespräch aus dem Weg ging
und sich damit zum Gespött der katholischen Kleriker machte, ließ
ein donatistischer Priester – ebenfalls Crispinus genannt – Possidius
von einem Schlägertrupp auflauern und fast zu Tode prügeln, um
seinen Bischof zu rächen.[50] Dieser erwies sich gegenüber solchen
Provokationen durchaus als seinem Amt gewachsen. Er intervenierte
bei den munizipalen Behörden, strengte Prozesse gegen die Friedens-
störer[51] an und reiste im Auftrag seiner bischöflichen Mitbrüder
nach Italien,[52] wo er Honorius veranlaßte, die von ihm erlassenen
Toleranzedikte zurückzunehmen[53] und Konferenzen von Donatisten und Katholiken einzuberufen, auf denen Possidius sich durch
Aufmerksamkeit, Reaktionsfähigkeit und Sachkunde auszeichnete.[54]
Die katholische Kirche hatte also in Afrika bis ins 5. Jahrhundert
verglichen mit den Kirchen Italiens und Galliens einen schweren
Stand. Als Augustinus seine kirchenpolitische Wirksamkeit entfaltete,
waren die Auffassungen der Donatisten noch nicht definitiv als häretisch empfunden und verurteilt, die Frage nach der wahren, also

---

[49] Der Beschluß der am 25. August in Karthago abgehaltenen Konferenz lautet
folgendermaßen:... *debere unumquemque nostrum in civitate sua per se convenire Donatistarum*
praepositos, aut adiungere sibi vicinum collegam, ut pariter eos in singulis quibusque civitatibus
vel locis per magistratus vel seniores locorum conveniant (Munier, 210–211).

[50] Augustinus, Ep. 105 (CSEL 34); ebenso VA 12.4–9 und *Contra Cresconium* 50.

[51] VA 12.4. Als die Beschwerde bei den Munizipalbeamten erfolglos blieb, berief
sich Possidius auf ein Reichsgesetz vom 15. Juni 392 gegen Häretiker. (Cod. Theod.
16.5.21.862) Das Gesetz droht eine Bußzahlung von 10 Pfund Gold jedem Kleriker
an, der "in einer häretischen Gemeinschaft jemanden ordiniert oder selbst ordiniert
wird." (A. Schindler, Die Unterscheidung von Schisma und Häresie in der
Gesetzgebung und Polemik gegen den Donatismus (mit einer Bemerkung zur Datierung
von Augustins Schrift: *Contra Epistulam Parmeniani*), in: *Pietas*. Festschrift für Bernhard
Kötting (JAC. Ergänzungsband 8) Münster 1980, 228–236, 228) Es wurde zum
ersten Mal um 395 von den Katholiken gegen Donatisten in einem Prozeß ange-
rufen, der gegen Optatus von Timgad angestrengt wurde, in diesem Fall aber
anscheinend ohne Erfolg.

[52] Den Auftrag erhält er zusammen mit drei anderen Bischöfen am 14.6.410
vom Konzil von Karthago (Munier (Hg.), CCL 149, 220), siehe Berrouard, 1986,
2000.

[53] Das Edikt wird von Honorius am 15.8. aufgehoben (Cod. Theod. 16.5.51.872).

[54] Berrouard, Possidius, 2000.

'katholischen' Kirche noch nicht eindeutig beantwortet worden.[55]
Bezeichnend für diese ungeklärte Situation ist es, daß die Donatisten,
die sich selbst als katholisch bezeichneten, die eigentlich katholische
Kirche jedoch als häretisch verurteilten,[56] den Kaiser angehen konnten, er möge die von ihnen als irrgläubig betrachtete donatistische
Untergruppe der Maximianisten als Häresie verurteilen lassen.[57] Diese
Verhältnisse ließen in Afrika ein besonders starkes Bedürfnis nach
Legitimierung und Abgrenzung gegenüber konkurrierenden Anwärtern
auf das Bischofamt entstehen, was sich nicht zuletzt in dem Bedürfnis
äußerte, die Bischöfe als Vermittler und Garanten der wahren Lehre
erscheinen zu lassen.

Für Possidius ergaben sich daraus zwei Konsequenzen: Seine Vita
mußte, wie auch andere Bischofsviten, die Idoneität für das Amt aufgrund menschlicher Überlegenheit glaubhaft machen, andererseits
hatte sie die Rechtfertigung und Abgrenzung gegenüber konkurrierenden Interessenten zu leisten. Die die Bischofsvita kennzeichnende
Spannung zwischen *humilitas* und Macht, zwischen Anachorese und
Amtsausübung wird in der Vita des Possidius noch durch ein weiteres Moment potenziert. Augustinus läßt sich, wie bereits zu Anfang
gesagt, als äußerst komplexe Persönlichkeit schwerer mit vorgegebe-
nen Mustern erfassen als andere Inhaber des Bischofsamtes. Als philosophisch gebildeter Theologe vertrat er eigene in seinen Werken
artikulierte Vorstellungen von Weisheit, Askese und Heiligkeit, hatte
er ein eigenes Verständnis vom Verhältnis zwischen der Gemeinde
und ihren spirituellen Leitern entwickelt und bezog in der Auseinandersetzung mit den Häretikern dezidiertere Positionen als seine
Amtsbrüder. Possidius' Aufgabe war also in mehrfacher Hinsicht

---

[55] Zwar wurden unter Konstantin gegen die Donatisten dieselben Maßnahmen
ergriffen wie gegen die Arianer (Exil für den Klerus, Konfiskation der Kultgebäude
usw.) und durch sein Edikt vom 1. September 326 die Gewährung von Immunitäten
an die donatistischen Kleriker untersagt, aber nach der Herrschaft Julians die antihäretische Gesetzgebung jedoch nicht gegen die Donatisten angewandt. "... etwa
von 370 an kann man deutlich beobachten, daß die antihäretische Gesetzgebung
in Nordafrika nicht zur Wirkung kommt gegen die Donatisten, während die Manichäer
verfolgt werden, insbesondere nach 380. Die reiche Gesetzgebung dieser Zeit, die
ja eigentlich zum Ziel hatte, jede nichtkatholische Religion oder Konfession zu unterdrücken, betraf offensichtlich die Donatisten nicht ..." (Schindler, 1980, 228).
[56] Siehe Schindler, Die Unterscheidung, 231: "Für sie waren die Glieder der
Großkirche, der in unserer Terminologie katholisch genannten, Häretiker."
[57] Nach Augustin *Contra Cresconium* 2.59.65; 4.48.58 (CSEL 52, 1909);
C. Emer. 9; Vgl. auch C. Parm. 1.13.20.

schwerer und anspruchsvoller als die seiner Vorgänger. Es hätte nahe-
gelegen, die Art und Weise, in der er diese Aufgabe erfüllt hat, wie
bei der Behandlung der anderen Bischofsviten systematisch darzustellen, d.h. auf bestimmte Problemfelder separat einzugehen. Wenn
statt dessen eine auf den ersten Blick umständlichere und langatmige
Darstellung gewählt wurde, die sich in ihrer Abfolge an die Gliederung
und Gedankenführung der Vita hält, war damit die Absicht verbunden, das Werk des Possidius und sein Vorgehen unmittelbarer, als
es bei einer systematischen Analyse möglich gewesen wäre, vor Augen
zu führen.

Possidius richtet sich an die *praesent[es] et absent[es] praesentis tempo-*
ris et futuri homin[es],[58] also an die Christen aller Zeit und, wie Harnack
betont, nicht etwa nur an Kleriker und Mönche. Seine Absicht, zur
'Erbauung' der ganzen Kirche beizutragen,[59] impliziert das Interesse,
Augustinus der gesamten Christenheit als Vorbild vor Augen zu führen. Dies läßt eine Darstellung erwarten, die nicht die Distanz zwischen Bischof und Gemeinde betont, sondern ihn als einen aus ihr
hervorgegangenen und mit ihr verbunden gebliebenen Teil betrachtet. Dieser anti-elitäre Ansatz und die Betonung der Verbundenheit
mit der allgemeinen Christenheit kommt auch in seiner Apologie der
Confessiones zum Ausdruck. Augustinus habe seine Bekenntnisse *humi-*
litatis sanctae more utique nihilo fallens[60] geschrieben, nicht zum eigenen
Ruhm, sondern zum Lob des Herrn und um der brüderlichen Fürbitte
der Gläubigen willen.[61]

Schon in der *Praefatio* ist ansatzweise zu erkennen, wie die privilegierte Stellung des Bischofs gegenüber der Gemeinde gerechtfertigt
wird. Possidius, selbst Bischof, sieht die geistige Befähigung als zentrale Voraussetzung für die Ausübung des Bischofsamtes an. Er habe
sich vorgenommen, so sagt er schon im ersten Satz der Vita, "der
allmächtigen und göttlichen Dreieinigkeit durch den Glauben zu dienen",[62] und dies äußert sich, wie es scheint fast selbstverständlich,
darin, daß er schon früher im Laienstand und jetzt im bischöflichen

---

[58] VA 31.11.
[59] VA Praef. 1: . . . *studens . . . aedificationi prodesse sanctae ac verae Christi Domini catho-*
licae ecclesiae
[60] VA Praef. 6.
[61] VA Praef. 6: . . . *laudem non suam sed sui Domini . . . quaerens . . . et fraternas preces*
poscens de his quae adcipere cupiebat.
[62] VA Praef. 1: *omnipotenti ac divinae Trinitati per fidem servire*

Amt[63] danach trachtete, "aus jedweder empfangenen geistigen und
rednerischen Fähigkeit der Erbauung der heiligen und wahren katholischen Kirche des Herrn Christus nützlich zu sein."[64] Daher habe er
sich auch verpflichtet gefühlt, die Vita Augustins zu verfassen.

Wenn er erklärt, daß er dies im Glaubensgehorsam "als der gering-
ste unter allen Verwaltern"[65] unternommen habe, ist das nicht nur
ein Bescheidenheitstopos. Possidius macht deutlich, daß er seine
schriftstellerische Tätigkeit bewußt als eine seiner priesterlichen und
bischöflichen Aufgaben versteht.

Aufschlußreich ist, welcher Aspekt bei der Darstellung des Lebens
Augustins für ihn im Vordergrund steht. Er will berichten "über den
Ursprung, den Fortgang und das angemessene Ende des genannten
verehrungswürdigen Mannes . . .: was ich durch ihn gelernt und erfahren habe."[66] Possidius' zentrales Anliegen ist somit, das, was er selber aus dem unmittelbaren Umgang mit Augustinus gelernt hat, zur
'Erbauung' der Kirche weiterzugeben an die gegenwärtige und zukünftige Christenheit. Augustinus ist sowohl Lehrer und Verkünder als
auch – durch die Vermittlung des Possidius – ein Werkzeug im Dienste
der Kirche – ein *servus ecclesiae*.

Die Besonderheiten der ersten Kapitel lassen sich bei einer
Einordnung der Vita in den Kontext der Bischofsvita relativ leicht
erklären. So sind die von Possidius bewußt vorgenommenen Veränderungen gegenüber den *Confessiones* auf die Absicht zurückzuführen,
die für eine Bischofsvita mittlerweile obligatorisch gewordenen Dar-
stellungskategorien zu beachten, um nicht den Gedanken aufkommen zu lassen, Augustinus bleibe hinter den Bischöfen zurück, deren
Leben bereits in Biographien dargestellt worden war. So versucht er
den Eindruck zu erwecken, daß auch Augustinus wie ein θεῖος ἀνήρ
seit frühester Jugend asketisch gelebt habe. Da dieser sich wie der

---

[63] Ebd.: . . . *et antea in vita laicorum et nunc in officio episcoporum* . . . Daß die für das
Bischofsamt befähigenden Eigenschaften schon vor der Ordination, also im Falle
des Possidius schon im Laienstand, zu Tage treten, ist typisch für die Bischofsvita
und auch die Biographie des θεῖος ἀνήρ, wie schon an anderer Stelle deutlich geworden ist.

[64] VA Praef. 1: *ex qualicumque adcepto ingenio et sermone aedificationi prodesse sanctae ac
verae Christi Domini catholicae ecclesiae*

[65] VA Praef. 3: *dispensatorum omnium minimus*

[66] VA Praef. 1: *de vita et moribus praedestinati et suo tempore praesentati sacerdotis optimi
Augustini, quae in eodem vidi ab eoque audivi*

christliche Bischof idealiter immer gleich blieb und schon in seiner
Kindheit über die ganze Weisheit verfügte, also keine Irrwege zu
begehen brauchte, um zu wahrer Einsicht zu gelangen, werden auch
Augustinus' jugendliches Suchen nach dem richtigen Weg und seine
in dieser Zeit gemachten sexuellen Erfahrungen nicht erwähnt, um
den Eindruck dauernder Askese und gleichbleibender Gottesnähe zu
erwecken. Auch die Ambiguität zwischen der Vorstellung von einer
angeborenen Weisheit und der Notwendigkeit, den zukünftigen Bischof,
was seine Erziehung und Bildung angeht, nicht hinter anderen Gebildeten zurücktreten zu lassen, stellt für Possidius eine Herausforderung
dar. Er begegnet ihr, indem er einerseits die Darstellung der einzelnen Etappen der Ausbildung des Augustinus aufs äußerste komprimiert, andererseits bei aller Abneigung gegenüber dem heidnischen
Bildungsgut betont, daß Augustinus mit großer Sorgfalt in den weltlichen Wissenschaften unterrichtet worden sei.[67] In diesem Lichte
betrachtet wird auch die Darstellung der Bekehrung und die besondere Rolle, die Possidius Ambrosius dabei spielen läßt, verständlich.
Wie Augustinus als Lehrer sowohl des Possidius als auch der ganzen Christenheit dargestellt wird, erscheint er selbst als Schüler des
Ambrosius. So wird der Prozeß der Bekehrung und die Abkehr vom
Manichäismus, dessen Bedeutung für Augustinus verständlicherweise
nur beiläufig erwähnt wird, im Gegensatz zu den *Confessiones* auf die
Belehrung durch Ambrosius, den *verbi Dei praedicator*,[68] zurückgeführt.
Augustinus hat nach Possidius "durch den so großen und so würdi-
gen Vorsteher Ambrosius sowohl die heilsame Lehre der katholi-
schen Kirche als auch die göttlichen Sakramente" empfangen.[69] Der
Bischof von Mailand erscheint als spiritueller Führer, der seiner
Mission durch die Festigung seiner Anhänger im Glauben gerecht
wird: ". . . divine philosophers are proselytizers, and their teaching not
only touches but changes the lives of their disciples."[70]
　Wenn Possidius die philosophisch geprägte Frühphase in der
Entwicklung des Augustinus nicht erwähnt und den Eindruck zu
erwecken versucht, bei seiner religiösen Suche habe es sich lediglich

[67] VA 1.1: *saecularibus litteris eruditus adprime*
[68] VA 1.3.
[69] VA 1.6: *ut per illum tantum ac talem antistitem Ambrosium et doctrinam salutarem eccle-siae catholicae et divina perciperet sacramenta.*
[70] Cox, 24.

um die Vertiefung eines von Anfang an vorhandenen Glaubens gehandelt, entspricht dies in gleicher Weise der Vorstellung vom Weisen, der *ab initio* einen eigenen Standpunkt eingenommen hat.[71]

Anders als im Falle des Ambrosius, der als einziger von den Bischöfen, die einen Biographen gefunden haben, nicht erst versucht, die Rolle des Mönchs mit der des Bischofs zu verbinden, und daher in seiner Vita auch eine weit weltlichere Porträtierung erfährt, kann Possidius bei Augustinus, der durch seine Klostergründungen eigene, bleibende Formen der *vita religiosa* geschaffen hat, keineswegs auf einen Rückgriff auf Heiligkeitsvorstellungen der Mönchs- und Asketenvita verzichten. Aufgrund der vom asketischen Ideal stark abweichenden Jugendgeschichte des Augustinus ist es Possidius aber unmöglich, schon vor der Bekehrung und Taufe auf die *vita ascetica* einzugehen. Um dennoch den Eindruck einer immer gleichen asketischen Haltung zu erwecken, werden in Kapitel 2, das nach der Beschreibung der Taufe einsetzt, komprimiert Augustins Verzicht auf Gattin, Kinder, weltliche Ambitionen und irdischen Reichtum geschildert und seine Armut und Besitzlosigkeit betont.

Das Nebeneinander der Ideale des weltflüchtigen Mönchs und des in der Öffentlichkeit wirksamen Bischofs, die nur schwer miteinander in Verbindung gebracht werden können, spiegelt sich deutlich im Aufbau der Vita wieder. Alle die asketisch-monastische Weltentsagung betreffenden Aspekte werden quasi *en bloc* behandelt. Der Bericht über die Klostergründungen und das Klosterleben unterbricht unvermittelt die Schilderung seines Aufstiegs auf der kirchlichen Karriereleiter. Andererseits wird die Darstellung des monastischen Lebens im dritten und fünften Kapitel ungeachtet des Erzählzusammenhangs durch das vierte Kapitel unterbrochen, in dem ausführlich die Priesterweihe behandelt wird.

Im Hauptteil der Vita, der der öffentlichen Wirksamkeit Augustins gewidmet ist, wird fast gänzlich auf eine Stilisierung im Sinne des monastischen Ideals verzichtet. Lediglich einmal, in Kapitel 11, wird es, wohl aus chronologischen Gründen, erforderlich, auf den Einfluß und Erfolg der augustinischen Form des Mönchtum zu verweisen. Auch das geschieht in einem unvermittelten Einschub, da Kapitel 10, das eine Beschreibung der Circumcellionen enthält, und Kapitel

---

[71] Dies entspricht darüber hinaus auch der Realität, war Augustinus doch nie Heide.

12, der Bericht des Überfalls auf Possidius und den darauffolgenden Prozeß, inhaltlich eng miteinander verbunden sind und in keinerlei thematischen Zusammenhang mit Kapitel 11 stehen. Der monastische Aspekt findet aus verständlichen Gründen im letzten Teil der Vita, der das private Leben des Augustinus beleuchtet, wieder einen Platz.

Das Bemühen, dennoch eine Verbindung zwischen Bischofsamt und Mönchtum herzustellen, führt zur Betonung der geistigen Komponente der jeweiligen Lebensform. Nach seiner Rückkehr aus Italien lebte Augustinus mit seinen Anhängern "Gott in Fasten, Gebet und guten Werken, über das Gesetz des Herrn nachsinnend Tag und Nacht."[72] Was man als Kontemplation des Mönchs bezeichnen könnte, trägt bei Possidius Züge der Weisheit des Philosophen, der seine Erkenntnisse seinen Jüngern vermittelt: "Und über das, was ihm Gott bei seinem Nachdenken und Beten als Erkenntnisse offenbarte, belehrte er die Anwesenden und die Abwesenden durch Reden und Bücher."[73] Dennoch wird Augustinus nicht — wie es normalerweise in der Biographie sowohl des θεῖος ἀνήρ als auch des Bischofs geschieht — als Hirt dargestellt. Als er beschloß, Gott mit seinen Freunden zu dienen, war er nach Possidius bemüht, "in jener kleinen Herde und aus ihr zu sein, welche der Herr also anredet: 'Fürchtet euch nicht, du kleine Herde, denn es ist der Gnadenwille eures Vaters, euch das Reich zu geben.'" Er war also entsprechend dem *humilitas*- und Gleichheitsgedanken zwar als guter Christ auserwählt, stand aber nicht über den anderen Erwählten.

In Kapitel 5 wird zunächst explizit auf die Klostergründung des Augustinus eingegangen, dann wendet sich Possidius wieder abrupt Aspekten zu, die die klerikale Laufbahn Augustins betreffen. Auch hier wird die geistige Komponente betont: Valerius, der Bischof von Hippo, ist hoch erfreut, daß "ihm Gott einen Mann bewillige, der im Stande wäre, durch das Wort Gottes und die heilsame Lehre die Kirche des Herrn zu bauen."[74] Er überläßt daher Augustinus die eigentlich dem Bischof selbst zukommende Aufgabe, in der Kirche

---

[72] VA 3.2: *Deo vivebat, ieiuniis, orationibus, bonis operibus, in lege Domini meditans die ac nocte*

[73] Ebd.: *Et de his quae sibi deus cogitanti atque oranti intellecta rivelabat et praesentes et absentes sermonibus ac libris docebat*

[74] VA 5.2: *ut sibi divinitus homo concederetur talis, qui posset verbo Dei et doctrina salubri ecclesiam Domini aedificare*

in seinem Beisein "das Evangelium zu verkünden und über dasselbe sehr oft zu predigen",[75] was ihm, da es gegen die Gewohnheit der afrikanischen Kirche verstößt, den Tadel einiger Bischöfe einbringt.

Der Versuch, eine Verbindung der beiden Lebensformen, der mönchisch-anachoretischen und der priesterlich-öffentlichen, durch eine Betonung ihres geistigen Charakters herzustellen, charakterisiert auch das 11. Kapitel. Es behandelt, wie oben erwähnt, die Weihe von Klosterbrüdern zu Priestern und deren Ordinierung zu Klerikern und Bischöfen in anderen Städten sowie ihre dortigen Klostergründungen. Possidius sieht in diesem Vorgang ein Zeichen des Erfolges, den Augustinus bei der Verbreitung der wahren katholischen Lehre erzielte. Er ordnet so die asketische Lebensform dem öffentlich wirksamen und der Verbreitung der Lehre verpflichteten Leben des Priesters bzw. Bischofs unter und macht die *vita monastica* damit zu einer Funktion der Glaubensverkündigung. Die Klosterbrüder werden zu Priestern ordiniert, und so "wurde durch viele und in vielen die Kirchenlehre des heilbringenden Glaubens, der Hoffnung und der Liebe immer mehr bekannt, nicht nur in allen Teilen Afrikas, sondern auch in den überseeischen Ländern . . .".[76] Die Männer, die aus dem Kloster entsandt werden, zeichnen sich nicht nur durch besondere Frömmigkeit und vorbildlichen Lebenswandel aus, sie weisen auch Gelehrsamkeit auf. Possidius spricht von ihnen als *sanct[i] ac venerabiles vir[i] continentes et doct[i]*.[77]

Augustinus trägt demnach zur Verbreitung des wahren Glaubens auf zweifache Weise bei, einmal auf dem Wege der Gründung seiner Klostergemeinschaft, die durch die Ordinierung der Brüder zu Priestern zur Pflanzstätte für die Vermittler des wahren Glaubens in Afrika wird, zum anderen durch seine Schriften.

Das Primat der Lehre in der Verbindung der beiden Aspekte wird durch zahlreiche Formulierungen des Possidius unterstrichen, in denen die Vermittlung des Glaubens anderen Aktivitäten vorangestellt wird: "Und als ferner die Wahrheit der Predigt der katholischen Kirche von Tag zu Tag bekannter wurde und hell strahlte und ebenso die Regel, die Askese und die tiefe Armut der heiligen Diener Gottes . . .".[78]

---

[75] VA 5.3: *evangelium praedicandi ac frequentissime tractandi*

[76] VA 11.5: *Unde per multos et in multis salubri[s] fidei, spei et caritatis ecclesiae innotescente doctrina, non solum per omnes Africae partes, verum etiam in transmarinis,*

[77] VA 11.3.

[78] VA 11.2: *Ac deinde innotescente et clarescente de die in diem ecclesiae catholicae praedicationis veritate sanctorumque servorum Dei proposito, continentia et paupertate profunda . . .*

In den Kapiteln, die weniger dem zurückgezogenen asketisch-monastischen Leben Augustins als vielmehr seiner öffentlichen Wirksamkeit gewidmet sind, tritt auch die Verwendung bestimmter die *humilitas* betonender Topoi hervor. Besonders deutlich wird der Versuch des Possidius, dem Vorwurf der *arrogantia* seines Protagonisten zu begegnen, bei der Darstellung der für Augustins öffentliche Karriere entscheidenden Etappen, der Weihe zum Priester und der Wahl zum Bischof. Augustinus, der schon früher eine Ordinierung zum Bischof erwartet hatte und deshalb sämtliche Städte mied, deren Bischofsstühle vakant waren, stand nach Possidius "sorglos und unkundig des Kommenden" in der Menge,[79] wurde "ergriffen", "angegriffen" und von der Menge zum Bischof gemacht, nachdem alle "einmütig und mit dem gleichen Verlangen den Vollzug erbaten und mit höchstem Eifer und Geschrei [es] forderten".[80] Entsprechend der mittlerweile obligatorischen Darstellungskonvention wird Augustinus gegen seinen Willen, fast mit Gewalt zum Priester gemacht, ja er vergießt – ebenfalls schon ein Topos – reichlich Tränen. Die Schilderung des Vorgangs erreicht einen Grad von Emotionalität, wie er bis dahin in der eher nüchternen und sachlichen Vita noch nicht zu erkennen war. Die Tränen des Augustinus wurden, so Possidius, von einigen Anwesenden als Zeichen verletzten Stolzes gedeutet, weil er lediglich zum Priester, nicht aber zum Bischof gemacht worden sei. Man versuchte ihn denn auch mit den Worten zu trösten, er habe zwar sehr wohl das Bischofsamt verdient, das Priesteramt käme diesem aber sehr nahe. Augustinus, der sich nach Possidius ganz im Gegenteil dennoch der Größe seiner künftigen Aufgabe als Priester bewußt war, hatte jedoch dank seiner größeren Weisheit erkannt und "beseufzte, auf wie viele und große drohende und heranrückende Gefahren für sein (inneres) Leben er sich von der Regierung und Verwaltung der Kirche her gefaßt machen müsse; und deshalb weinte er."[81]

---

[79] VA 4.1: *idem in populo securus et ignarus quid futurum esset adstabat*

[80] VA 4.2: *eum ergo tenuerunt et, ut in talibus consuetum est, episcopo ordinandum intulerunt, omnibus id uno consensu et desiderio fieri perficique petentibus magnoque studio et clamore flagitantibus*

[81] VA 4.3: *cum ille homo Dei, ut nobis retulit, et maiori consideratione intellegeret et gemeret, quam multa et magna suae vitae pericula de regimine et gubernatione ecclesiae inpendere iam ac provenire speraret, atque ideo fleret.* Vgl. Augustins eigene Darstellung in *Sermo* 355.2: *Usque adeo autem timebam episcopatum, ut quoniam coeperat esse iam alicuius momenti inter Dei servos fama mea in quo loco sciebam non esse episcopum, non illo accedere. Cavebam hoc, et gemebam quantum poteram, ut in loco humili salvarer, non in alto periclitarer. Veni ad istam civitatem . . . quasi securus, quia locus habebat episcopum.*

Augustinus ist sich in seiner dem Weisen gegebenen Einsicht des Konfliktes zwischen der auch für das Priesteramt erforderlichen öffentlichen Wirksamkeit und dem durch Innerlichkeit und Gottessuche bestimmten Mönchsleben bewußt. Er sieht, daß die Hinwendung zu einer der beiden Lebensformen notwendigerweise mit einem, wenn auch nur partiellen Verzicht auf die andere erkauft werden muß.

Auch der von Valerius heimlich vorbereiteten Ordination zum Bischof verweigert sich Augustinus zunächst, da eine solche Erhebung bei Lebzeiten des amtierenden Bischofs den Gepflogenheiten der afrikanischen Kirchen widersprach. Er kann nur durch eine Täuschung zur Annahme der Wahl veranlaßt werden, dann "gab er betroffen und gezwungen nach".[82] Später, als er von der Überrumpelung erfährt, ist er schmerzlich berührt und unternimmt alles, um ähnliche Vorkommnisse zu verhindern. Der Augustinus des Possidius empfindet also das Bedürfnis, was seine Amtsstellung und Machtausübung angeht, sich der allgemeinen Praxis anzupassen. Er will in keinem Fall eine höhere Position einnehmen als ihm unter den jeweiligen Umstanden zukommt.

Im Hauptteil der Vita wird die Auseinandersetzung Augustins mit den Häretikern seiner Zeit dargestellt: für Possidius dessen bedeutendster Beitrag zur Einheit und zum Wachstum der Kirche. In den Kapiteln 7 und 9–18 konfrontiert er seinen Protagonisten mit einzelnen Vertretern und größeren Gruppen aus dem Lager der Manichäer, Donatisten, Arianer und Pelagianer.

In der Auseinandersetzung mit seinen Opponenten manifestiert sich Augustins außergewöhnliche Weisheit besonders, ja sie ist Voraussetzung für seine Überlegenheit und seinen 'Sieg'. Er kämpft gegen die Häretiker in seinen Predigten, in seinen Schriften und Briefen, auf Konzilien und mit Hilfe seiner Anhänger und Jünger. Im Gegensatz zu seinen Gegnern sind seine 'Waffen' ausschließlich geistiger Art. Zwar stellt sich Augustinus auch größeren Gruppierungen, wichtigstes Moment ist jedoch die persönliche Konfrontation mit dem individuellen Gegner. Bei ihrer Darstellung wird die Parallele zur antiken Philosophenbiographie besonders deutlich. Sie besteht in dem starken Abgrenzungs- und Legitimationsbedürfnis gegenüber konkurrierenden Ansprüchen auf die wahre Lehre und den richtigen Lebensweg. In den Philosophenbiographien führte die Konkurrenz

---

[82] VA 8.4: *compulsus atque coactus succubuit*

der unterschiedlichen Lehrmeinungen und verschiedenen Schulen häufig zu heftigen Diffamierungen der Gegner und übersteigerten Elogen auf die Weisheit der Protagonisten. Charakteristisch ist für sie auch der Verzicht auf eine detaillierte Auseinandersetzung mit den jeweiligen Lehrmeinungen. Man beschränkte sich meist auf die persönliche Invektive, in der schablonenhaft Charakterfehler, angebliche oder tatsächliche Laster angeprangert wurden, wobei die Aggressivität des Tones der Notwendigkeit einer besonderen Rechtfertigung des eigenen Standpunktes entsprach. In erster Linie aber kam es auf den Nachweis der absoluten geistigen Überlegenheit des Favoriten über seine Gegner an. Seine Weisheit erscheint um so eindrucksvoller, je größer der Ruhm der Gelehrsamkeit des später widerlegten Konkurrenten war und je zahlreicher diejenigen waren, die Sieg und Niederlage bezeugen konnten.

Dieses Schema läßt sich deutlich in der in Kap. 7 beschriebenen Konfrontation von Augustinus und Fortunatus erkennen, die in die Zeit fällt, als Augustinus noch Priester war. Der Manichäer Fortunatus hat eine große Anhängerschaft[83]: "In der Stadt Hippo nun hatte die Pestilenz der Manichäer sehr viele Bürger und Zugezogene infiziert und durchdrungen".[84] Der "Verführer und Täuscher"[85] steht bei ihnen im Ruf, ein gelehrter Mann zu sein. Als Augustinus, gedrängt

---

[83] Zum Manichäismus siehe u.a. P. Brown, The Diffusion of Manichaeismus in the Roman Empire, in: Ders., Religion and Society in the Age of Saint Augustine, London 1972, 94–118; F. Decret, L'Afrique manichéenne (IVe–Ve siècle). Étude historique et doctrinale I–II, Paris 1978; Ders. – M. Fantar, L'Afrique du Nord dans l'antiquité. Histoire et civilisation des origines au Ve siècle (Bibliothèque historique) Paris 1981; Ders., Essais sur l'Église manichéenne en Afrique du Nord et à Rome au temps de Saint Augustin. Recueil d'études (Studia Ephemeridis Augustinianum 47) Roma 1995; P. Bryder (Hg.), Manichaean Studies: Proceedings of the First International Conference on Manichaeism, Lund 1988; S. Stroumsa – C.G. Stroumsa, "Aspects of Anti-Manichaean Polemics in Late Antiquity and under Early Islam", in: Harvard Theological Review 81 (1988) 37–58; W.W. Klein, Die Argumentation in den griechischchristlichen Antimanichaica, Wiesbaden 1991; G. Wiessner – H.-J. Klimkeit (Hgg.), Studia manichaica II: Internationaler Kongreß zum Manichäismus (6.–10. August 1989, St. Augustin/Bonn), Wiesbaden 1992; S.N.C. Lieu, Manichaeism in the Later Roman Empire and Medieval China, Tübingen ²1992; Chr. Markschies – A. Böhlig, Gnosis und Manichäismus (Beihefte zur Zeitschrift für die neutestamentliche Wissenschaft und die Kunde der älteren Kirche 72) Berlin-New York 1994; A. van Tongerloo (Hg.), The Manichaean *Nous*: Proceedings of the International Symposium Organized in Louvain from 31 July to 3 August 1991, Turnhout 1995.
[84] VA 6.1: *Sane in illa tunc Hipponiensi urbe Manichaeorum pestilentia quamplurimos vel cives vel peregrinos et infecerat et penetraverat*
[85] Ebd.: *seducen[s] et decipien[s]*

von Katholiken und Donatisten, ihn auffordert, mit ihm über die
Heilige Schrift zu diskutieren, versucht er jedoch auszuweichen, da
er es scheut, sich mit ihm zu messen. Er muß sich auf Drängen seiner Anhänger jedoch stellen. Es gelingt ihm in der zwei Tage dauernden und genau protokollierten Diskussion jedoch "weder die
katholische Darlegung zu widerlegen noch zu beweisen, daß die manichäische Sekte von der Wahrheit gestützt werde."[86]

Alle Anwesenden und diejenigen, die von dem Ereignis erfuhren,
halten Fortunatus, der bisher als *magnus et doctus*[87] galt, für widerlegt
und bekennen sich zum katholischen Glauben. Sie lesen Augustins
Schriften mit großem Eifer: "So begann mit Gottes Hilfe die katholische Kirche in Afrika ihr Haupt zu erheben, die eine lange Zeit
hindurch verführt, gedrückt und überwältigt am Boden gelegen hatte,
während die Häretiker erstarkt waren....".[88]

Nach der Wahl zum Bischof nimmt die Autorität des Augustinus
noch zu. Er verkündet das "Wort des ewigen Heiles noch eindring-
licher und glühender", was zu einem weiteren Wachstum der katholischen Kirche führt.[89] Die Übernahme des Bischofsamtes verstärkt
ganz im Sinne der Konzeption vom heiligen Weisen nur eine bereits
vorhandene Tendenz: "... the heroes of biographies of holy men
do not change in any way as their stories unfold. That they have
reached the pinnacle of glory is evident from the beginning of their
biographies, and the stories in the narrative serve to document their
multifaceted perfection."[90] Dementsprechend verlaufen die Gegenüber-
stellungen mit den jeweiligen Gegnern immer nach einem ähnlichen
Muster, es läßt sich aber durchaus eine gewisse Steigerung erkennen. Den größten Raum nimmt die Auseinandersetzung mit den
Donatisten ein,[91] was angesichts der Tatsache, daß zur Zeit Augustins

---

[86] VA 6.7: *catholicam adsertionem. . . . vacuare nec Manichaeorum sectam veritate subnixam valuit comprobare*
[87] Ebd.
[88] VA 7.2: *Atque Dei dono levare in Africa ecclesia catholica exorsa est caput, quae multo tempore illis convalescentibus haereticis praecipueque rebaptizante Donati parte, maiore multitudine Afrorum seducta et pressa et obpressa iacebat*
[89] VA 9.1: *Et episcopus multo instantius ac ferventius, maiore auctoritate, non adhuc in una tantum regione, sed ubicumque rogatus venisset, verbum salutis aeternae alacriter ac gnaviter pullulante atque crescente Domini ecclesia praedicabat*
[90] Cox, 53.
[91] Siehe Diesner, Possidius und Augustinus, 354, der Possidius die Unausgewogenheit zum Vorwurf macht: "... eine je ein- oder zweimalige Erwähnung der Pelagianer bzw. Arianer (17,18) wird weder der Bedeutung dieser Richtungen noch Augustins Kampf

die donatistische Lehre die stärkste Gefährdung für die katholische Kirche in Afrika bedeutete[92] und Possidius selbst von ihr stark betroffen war, nicht erstaunt. Hier wird auch die Aggressivität der Gegner mit den schwärzesten Farben,[93] durch eine Häufung biblischer Bilder,[94] geschildert. So "ergehen sich" die Donatisten "zornig und in wilden Worten" gegen Augustinus und verschreien ihn privat und öffentlich als Betrüger und Verführer der Seelen. Sie verkünden von der Kanzel, "wie einen Wolf müsse man ihn zur Verteidigung der Herde töten; man dürfe sicher glauben, daß alle Sünden von Gott denen, die das unternehmen und ausführen könnten, vergeben werden".[95] Die Circumcellionen, eine besonders aggressive Gruppierung, die sich aus der breiten Schicht ausgebeuteter Landarbeiter rekrutierte und ihrem sozialen Unmut in gewalttätigen Ausschreitungen Luft machte, erfahren eine noch negativere Beschreibung.[96] Sie werden als "unerhörte, perverse und gewalttätige Sorte von Menschen"[97] bezeichnet, die mörderisch und blutdürstig durchs Land ziehen. Anders als Augustinus haben sie den Weg von der *humilitas* zu einer *audacia superbia* eingeschlagen und können jetzt nur noch *contra ius fasque* handeln.

Bei der Charakterisierung der Donatisten und Circumcellionen wird besonders deutlich, daß Possidius die Gegner Augustins weniger als

gegen sie gerecht. Die Manichäer bzw. Donatisten-Circumcellionen werden allerdings an je 6–8 Stellen und über eine Reihe von Kapiteln hin 'behandelt'; hier ist . . . eine intensivere, dafür aber um so einseitigere Analyse erfolgt."

[92] Die Zahl ihrer Anhänger übertraf die der katholischen Kirche beträchtlich.

[93] Auch in seiner Beschreibung der Donatisten und Circumcellionen ist Possidius' Diktion von Augustinus sowohl in den Einzeltermini als auch in der dahinter stehenden moraltheologischen Konzeption beeinflußt. (Siehe Pellegrino, Reminiscenze, 32. Vgl. grundsätzlich E. Dinkler, Die Anthropologie Augustins (Forschungen zur Kirchen- und Geistesgeschichte 4) Stuttgart 1934, bes. 82 ff.) Daß aber auch schon vor Augustinus in der christlichen Literatur, besonders bei Tertullian, ähnliche Bilder und Motive zur Dämonisierung von Gegnern verwendet wurden, macht I. Opelt, Die Polemik in der christlichen lateinischen Literatur von Tertullian bis Augustin (Bibliothek der klassischen Altertumswissenschaft NF II, 63) Heidelberg 1980 deutlich.

[94] Siehe Stoll, 7.

[95] VA 9.4: *irati furiosa loquebantur atque esse credendum posse dimitti his qui hoc facere ac perficere potuissent, nec Deum timentes nec hominibus erubescentes*

[96] Zu den Circumcellionen siehe u.a. H.J. Diesner, Kirche und Staat im spätrömischen Reich, Berlin 1963; W.H.C. Frend, The Donatist Church: A Movement of Protest in Roman North Africa, Oxford ³1985; Ders., "Circumcellions and Monks", in: Journal of theological studies 20 (1969) 542–549; Ch. Pietri, Das Scheitern der 'kaiserlichen' Reichseinheit in Afrika, in: Die Geschichte des Christentums II: Die Entstehung der einen Christenheit (250–430), Freiburg-Basel-Wien 1995, 242–270.

[97] VA 10.1: *inauditum hominum genus perversum ac violentum*

konkrete Gruppierungen betrachtet, in ihnen vielmehr Verkörperungen
gottfeindlicher Mächte sieht. Sie werden durch Stereotypen gekennzeichnet und nach dem Freund-Feind-Schema in die Nähe des Dämo-
nischen gerückt. Seine Darstellung entspricht auch in dieser Hinsicht
dem Bild des heiligen Weisen: ". . . the philosopher was not simply
a passive figure, content to occupy a saintly periphery in ancient
society. He was a man with a mission, a mission that was central
to life in Late Antiquity: to communicate the divine, and to protect
from the demonic."[98]

Bezeichnenderweise wird die Gewalttätigkeit der Circumcellionen
nicht auf ihre soziale Lage, sondern auf den Einfluß von *mal[i]
doctor[es]*,[99] "schlimmen Lehrern", zurückgeführt. Bei der Auseinandersetzung Augustins mit den später als Häretiker bezeichneten
Landarbeitern soll seine geistige Überlegenheit und die Wahrheit der
von ihm verteidigten katholischen Lehre unter Beweis gestellt werden. Eine wirkliche Kontroverse mit ihnen kann nicht auf einer sozialen, sondern nur auf einer intellektuellen Ebene stattfinden. Aus
dem gleichen Grund zieht es Possidius vor, Augustinus mit konkreten Individuen statt mit einer anonymen Masse zu konfrontieren. Da
es im Falle der Donatisten und Circumcellionen keine persönliche
Begegnung gab,[100] berichtet Possidius, ohne seinen Namen zu nennen, denn auch von seinen eigenen Erfahrungen mit den Donatisten,
genauer über einen Prozeß mit Crispinus, seinem donatistischen
'Gegenbischof'.

Nicht die Schriften Augustins, sondern der Ausgang dieses Prozesses
und der Bischofskonferenz von Karthago trugen entscheidend zur
Niederlage der donatistischen Lehre bei. Obwohl Augustinus auf der
Konferenz eine wichtige Rolle gespielt hat, wird sie von Possidius

---

[98] Cox, 19.

[99] VA 10.2.

[100] Anlaß zur Darstellung einer persönlichen Begegnung ergibt sich erst nach dem
Bericht über die 411 in Karthago abgehaltene Konferenz in Kapitel 14, der
Schilderung der Begegnung mit dem Bischof Emeritus. Possidius folgt hier einem
ähnlichem Schema wie bei der Beschreibung der Begegnung mit dem Manichäer
Fortunatus. Emeritus behauptete, er hätte aufgrund der Parteilichkeit der Richter
auf der Konferenz nicht alles vorbringen können. Die Disputation findet, wie Possidius
betont, in Emeritus' eigener Stadt statt, im Beisein aller Mitbürger, die ihn drängten, seinen Standpunkt zu verteidigen und ihm versprachen, zu ihm zurückzukehren, "auch mit Verlust ihres Vermögens und ihrer zeitlichen Wohlfahrt." Ohne
jeglichen Versuch einer Verteidigung oder eines Disputes muß Emeritus zugestehen, daß die Konferenzakten eindeutig gezeigt hätten, welche Partei überlegen sei.

nicht explizit erwähnt. Er will Augustinus offenbar nicht aus der Gemeinschaft der Bischöfe herausheben, um auch hier dem Gleichheits- und *humilitas*-Gedanken zu entsprechen. In den abschließenden Bemerkungen über den Prozeß wird hingegen der positive Ausgang allein Augustinus zugeschrieben: "Und alle diese Erfolge sind, wie gesagt, durch den *einen* heiligen Mann unter der Zustimmung und dem Beifall unserer Mitbischöfe eingeleitet und erzielt worden."[101]

Die Gleichheit wird noch an anderer Stelle betont. Der Erfolg des Augustinus wird allerdings in erster Linie in seinem Beitrag zur "Einheit des Friedens, nämlich [der] Brüderlichkeit der Kirche Gottes",[102] gesehen. Wenn Augustinus durch seine öffentliche Tätigkeit besonders herausragt, so tut er dies nicht um seines persönlichen Ruhmes willen, sondern um die Brüderlichkeit und Gleichheit innerhalb der Kirche zu fördern. Er ordnet also seine Autorität dem Prinzip der Gleichheit unter. Generell erfolgt der wie auch immer gestaltete Hinweis auf die *humilitas* des Augustinus dann, wenn sein Ruhm und seine Erfolge besonders deutlich hervortreten. So spricht Possidius in diesem Zusammenhang davon, daß Augustinus für seine Taten vom Herrn, der ihm "im Diesseits die Palme" verlieh und für ihn "die Krone der Gerechtigkeit" bei sich bewahre, belohnt werde.[103]

Possidius unterläßt es auch bei der Darstellung der Auseinandersetzung mit dem Manichäer Felix, einem aus der Schar der "Auserwählten", und Pascentius, einem 'arianischen' *comes*, nicht, das Ansehen und die hohe Stellung der Gegner zu unterstreichen. Alle Häretiker, mit denen Augustinus einen Disput hatte, waren zumindest Presbyter oder wie Emeritus Bischöfe – der Manichäer Felix gehörte zu dem engen Kreis der *electi* – sie alle hatten eine öffentliche Position, die der des Augustinus vergleichbar war.

Durch die Betonung der exponierten Stellung der Gegner versucht Possidius, ihre Gefährlichkeit zu unterstreichen und Augustinus' Verdienst zu erhöhen. Er ist ihnen nicht aufgrund seines größeren

---

[101] VA 13.5: *Et totum illud bonum, ut dixi, per sanctum illum hominem, consentientibus nostris coepiscopis et pariter satagentibus, et coeptum et perfectum est.* Zur Bedeutung des Beifalls siehe T. Klauser, "Akklamation", in: RAC 1 (1950) 216–233; C. Roueché, "Acclamations in the Late Roman Empire: New Evidence from Aphrodisias", in: Journal of Religious Studies 74 (1984) 181–199; A. Chupongco, "Acclamations, Liturgical", in: Encyclopedia of the Early Church 1 (1992) 6.

[102] VA 13.1: *pacis unitas et ecclesiae Dei fraternitas*

[103] Ebd.: *Et de his omnibus pro pace ecclesiae gestis Augustino Dominus et hic palmam dedit et apud se iustitiae coronam servavit*

Einflusses oder seiner besonderen Stellung überlegen, sondern aufgrund höherer Weisheit, menschlicher Überlegenheit und der Fähigkeit,
die wahre Lehre zu erkennen – ein Indiz für Gottes Gnade und
Unterstützung.

Pascentius hatte als "Graf aus dem königlichen Hause" und als
"höchst scharfer Steuerforderer" eine eher weltliche Machtposition;
er konnte, laut Possidius, "durch die Autorität seiner Person den
katholischen Glauben heftig und unausgesetzt" bekämpfen und "sehr
viele einfältige, ihren Glauben lebende Priester Gottes durch seine
Geschwätzigkeit und seine Macht" verwirren.[104]

In den Pelagianern[105] bekämpft Augustinus äußerst "verschlagene
Streitredner und besonders subtile und schädliche Schriftsteller".[106]
Er muß daher gegen sie mit subtileren Mitteln als gegen die Circumcellionen reagieren. Zehn Jahre lang "stand er in heißer Arbeit, eine
Fülle von Büchern verfassend und edierend und in der Kirche den
Gemeinden gegen diesen Irrtum sehr oft predigend."[107] Die Pelagianer
versuchten sogar beim Römischen Stuhl Einfluß zu gewinnen, über-
trafen daher in ihrer Gefährlichkeit alle anderen zuvor bekämpften
Häresien. Auf Veranlassung der afrikanischen Bischöfe wurden sie
sowohl vom Papst mit dem Anathema belegt als auch vom Kaiser,
der höchsten weltlichen Autorität, verurteilt.[108] Mit der offiziellen
Widerlegung der Pelagianer ist der Höhepunkt und Abschluß der
antihäretischen Wirksamkeit Augustins erreicht.

---

[104] VA 17.1: *Praeterea cum quodam etiam Pascentio comite domus regiae Arriano, qui per
auctoritatem suae personae, fisci vehementissimus exactor, fidem catholicam atrociter ac iugiter obpug-
nabat et quamplurimos sacerdotes Dei simpliciore fide viventes dicacitate et potestate exagitabat et
perturbabat, interpositis honoratis et nobilibus viris, apud Carthaginem ab illo provocatus coram
contulit.*

[105] Zu den Pelagianern siehe u.a. B.R. Rees, The Letters of Pelagius and his
Followers, Woodbridge 1991; C. Ocker, "Augustine, Episcopal Interests, and the
Papacy in Late Roman Africa", in: Journal of Ecclesiastical History (1991) 179–201;
G. Bonner, "Pelagianism and Augustine", in: Augustinian Studies 23 (1992) 33–51;
R.A. Markus, Sacred and Secular. Studies on Augustine and Latin Christianity,
London 1994; A. Kessler, Reichtumskritik und Pelagianismus (Paradosis 42) Freiburg
i.Br. 1999.

[106] VA 18.1: *novos nostrorum temporum haereticos et disputatores callidos, arte magis subtili
et noxia scribentes*

[107] Ebd.: *per annos ferme decem elaboravit, librorum multa condens et edens et in ecclesia
populis et ex eodem errore frequentissime disputans*

[108] Für einen kurzen Überblick über diese Ereignisse siehe Ch. Pietri, Die
Schwierigkeiten des neuen Systems (395–431). Die führende Häresie des Westens:
Pelagius, in: Ch. u. L. Piétri (Hgg.), Die Geschichte des Christentums II: Das
Entstehen der einen Christenheit (250–430), Freiburg-Basel-Wien 1996, 525–552,
bes. 533–537.

Possidius hat im Hauptteil Augustinus mit verschiedenen häretischen Gruppen und Einzelpersonen konfrontiert. Obwohl sich die Darstellungen der Auseinandersetzungen weitgehend ähneln, ist eine Steigerung unverkennbar. Kennzeichnend für diese Darstellung und für den hagiographischen Diskurs im allgemeinen ist die Reduktion der Sachverhalte und die Stilisierung der Personen. Augustinus steht als Hauptfigur im Zentrum, alle anderen Personen sind ihm unterstützend oder kontrastierend zugeordnet.[109] Je härter der Widerstand der Gegner, desto größer der Erfolg Augustins. Die einzelnen Gruppierungen werden stilisiert, die Unterschiede zwischen ihnen nivelliert.

Die Monotonie und der Eindruck des Umständlichen und Schematischen sind besonders darauf zurückzuführen, daß Possidius auf eine Darlegung der recht unterschiedlichen Gegenstände der Auseinandersetzung verzichtet. Das kann damit erklärt werden, daß er seine Vita nur als eine unter vielen Informationsquellen betrachtet und dementsprechend den an einer konkreteren Darstellung interessierten Leser auf die Konferenzakten und auf Augustinus' eigene Werke verweist. Im gleichen Sinne ist das *Indiculum* am Ende des Werkes zu verstehen. Zentral für Possidius ist nur, daß Augustinus im Stande war, durch seine Argumentationsfähigkeit und dank seiner Kenntnis der Heiligen Schrift die Häresien zu widerlegen und der Sache der katholischen Kirche zum Sieg zu verhelfen.

Mitten im 18. Kapitel, nach einem letzten Resümee der Auseinandersetzungen mit den Manichäern, Donatisten, Pelagianern und Heiden,[110] wendet sich Possidius anderen Aspekten der Amtsführung seines Protagonisten zu. Daß auch dabei das Bild des Gelehrten und Weisen dominiert, ist schon am ersten Satz erkennbar: "Auch den Fortschritten und Studien gehörte seine Gunst und allen guten Dingen seine Freude. . . ."[111] Augustinus habe so viel geschrieben und herausgegeben, "daß kaum ein Gelehrter im Stande ist, alles durchzulesen und zur Kenntnis zu nehmen."[112] Ausdrücklich erwähnt werden charakteristischerweise nicht die philosophischen Schriften, sondern nur die Reden "gegen die verschiedenen Häretiker und die Auslegungen von

---

[109] Siehe Stoll, 6.
[110] VA 18.7.
[111] VA 18.8: *Provectibus quoque et studiis favens erat et exsultans bonorum omnium, indisciplinationes pie ac sancte tolerans fratrum, ingemiscensque de iniquitatibus malorum, sive eorum qui intra ecclesiam sive eorum qui extra ecclesiam sunt constituti, dominicis, ut dixi, lucris semper gaudens et damnis maerens.*
[112] VA 18.9: *ut ea omnia vix quisquam studiosorum perlegere et nosse sufficiat*

Abschnitten der kanonischen Bücher zur Erbauung der heiligen Söhne der Kirche".[113] Damit keiner, der das *veritatis verb[um]*[114] begehre, enttäuscht werde, habe er eine Liste der Werke an die Vita angehängt.

In Kap. 19–21 beschreibt Possidius weitere Aspekte der Amtsführung Augustins: die richterliche Tätigkeit in Kap. 19, das Interzessionsrecht in Kap. 20, die Teilnahme an Konzilien in Kap. 21, all dies Tätigkeiten, die Augustinus, wie Possidius betont, nur ungern ausführte. Es ist daher interessant, daß Possidius sich sowohl bei der Beschreibung der Amtsausübung Augustins als auch in dem darauf folgenden den *mores* gewidmeten Teil genau an die Vorschriften und Vorgaben für die Ausübung der administrativen, gesellschaftlichen und karitativen Pflichten des Bischofs hält, ja im Falle der richterlichen Tätigkeit Augustins ausdrücklich auf sie verweist.[115]

Angesichts der Tatsache, daß Augustins Amtsführung, ja sein ganzer Lebenswandel nicht ohne Kritik blieb und Augustinus selbst die mit dem Bischofsamt verbundenen Verpflichtungen als lästig empfand, kann Possidius' Bemühen, ihm die genaue Erfüllung seiner Pflichten zu bescheinigen, durchaus als Verteidigung und Rechtfertigung betrachtet werden. Der dritte Teil der Vita zeugt also nicht nur – wie bisher angenommen – von dem Bemühen des Autors, möglichst anschaulich das Alltagsleben Augustins zu schildern, er entspricht einem Bedürfnis, das schon die frühen Bischofsviten kennzeichnete, nämlich der Rechtfertigung und der vorbildhaften Darstellung des Bischofsamtes. Possidius will Augustinus als "vero pastore d'anime, un vero episcopo" zeichnen.[116]

Auch bei der Ausübung des Richteramtes wird der Weisheit des Bischofs entscheidende Bedeutung zugemessen: Possidius zitiert Paulus' Kritik an der Gemeinde von Korinth, die sich in Rechtsfragen an die Heiden wandte: "So ist also unter euch kein Weiser, der imstande ist, zwischen den Brüdern zu richten, sondern der Bruder geht mit

---

[113] Ebd.: *vel adversus diversos haereticos, vel ex canonicis libris exposita ad aedificationem sanctorum ecclesiae filiorum*
[114] VA 18.10.
[115] So beginnt Possidius die Beschreibung der richterlichen Tätigkeit Augustins mit einem Zitat aus 1 Kor. 6.1/7, das generell in der Kirche als Referenz für die Bestimmung der rechtlichen Kompetenzen und Pflichten der Bischöfe dient. In dem Korintherbrief werden die Christen ermahnt, Rechtshändel "nicht vor den 'Heiden' auszutragen, sondern untereinander beizulegen." Noethlichs, 40.
[116] Mohrmann, Introduzione, LIV.

dem Bruder zum Richterstuhl, und das bei den Ungläubigen."[117] Die
Ausübung der Funktion des Richters wird also eindeutig als Ver-
pflichtung des Weisen verstanden. Augustinus nimmt deshalb auch
für sie Opfer in Kauf: "Mochte es aber bis zur Stunde der Haupt-
mahlzeit dauern, oder mochte er den ganzen Tag fasten müssen,
unausgesetzt forschte er nach . . .".[118]

Er nutzt selbst die *episcopalis audientia*[119] zur Unterweisung und
Belehrung: "Und wenn seine Kenntnis der Umstände es ermöglichte,
lehrte er die Parteien die Wahrheit des göttlichen Gesetzes, schärfte
sie ihnen ein und ermahnte sie, wie sie das ewige Leben erwerben
könnten."[120] Er tat dies "wie ein Wächter, vom Herrn eingesetzt über
das Haus Israel",[121] "beschuldigend, ermahnend, scheltend mit aller
Geduld und Lehre."[122] Er bemühte sich dabei besonders,[123] "die zu
belehren, die 'geeignet wären, auch andere zu belehren.'" Da er
jedoch, wie bereits erwähnt, alle zeitlichen Angelegenheiten als
'Frondienst'[124] betrachtete, waren ihm − wie es für den θεῖος ἀνήρ
typisch ist − lediglich "die Beschäftigung mit den göttlichen Dingen
und die Ansprache und Wechselsprache brüderlicher und häuslicher
Vertrautheit" ein Vergnügen.[125]

---

[117] VA 19.1: *Sic non est inter vos quisquam sapiens, qui possit inter fratrem suum diiudicare, sed frater cum fratre diiudicatur, et hoc apud infideles?*
[118] VA 19.3: *Et eas aliquando usque in horam refectionis, aliquando autem tota die ieiu-
nans, semper tamen noscebat et dirimebat*
[119] Siehe dazu auch H. Last, *"Audientia episcopalis"*, in: RAC 1 (1950) 915–919;
W. Waldstein, Zur Stellung der *Audientia episcopalis* im spätrömischen Prozeß, in:
Festschrift für M. Kaser, Bonn 1976, 532–556; F.J. Cuena Boy, La *episcopalis audientia*, Valladolid 1985; G. Vismara, "Ancora sulla *episcopalis audientia*", in: Studia et
documenta historiae et iuris 53 (1987) 53–73; E. Dassmann, Kirchengeschichte II
1. Konstantinische Wende und spätantike Reichskirche, Stuttgart-Berlin-Köln 1996,
46–48.
[120] VA 19.4: *Atque compertis rerum opportunitatibus divinae legis veritatem partes docebat
eamque illis inculcabat, et eas quo adipiscerentur aeternam vitam et docebat et admonebat, nihil
aliud quaerens ab his quibus ad hoc vacabat, nisi tantum oboedientiam et devotionem Christianam,
quae et Deo debetur et hominibus, peccantes coram omnibus arguens, ut ceteri timorem haberent.*
[121] VA 19.5: *Et faciebat hoc tamquam speculator a Domino constitutus domui Israel.* Laut
Mohrmann, Introduzione, LIV ist dies eine Anspielung auf die Liturgie der
Bischofsweihe, in der in vielen westlichen und östlichen Gemeinden der Text von
Ezechiel 33.2–11 über den Wächter von Israel gelesen wurde, "che ben si adattava
a esprimere la responsabilità del vescoco, vero capo della sua Chiesa."
[122] Ebd.: *arguens, hortans, increpans in omni longanimitate et doctrina*
[123] Ebd.: *praecipue[que] operam dabat instruere eos, qui essent idonei et alios docere*
[124] VA 19.6: *angariam*
[125] Ebd.: *suavem semper habens de his quae Dei sunt vel adlocutionem vel conlocutionem fra-
ternae ac domesticae familiaritatis*

Bezüglich der Interzession bei weltlichen Behörden beruft sich Augustinus auf den Ratschlag eines Weisen. Er weist Ersuchen nach Vermittlung ab, indem er sagt, "man müsse das Urteil eines weisen Mannes befolgen,[126] von dem schriftlich überliefert ist, daß er aus Rücksicht auf seinen eigenen Ruf seinen Freunden vieles abgeschlagen habe."[127] Wenn er aber von der Notwendigkeit einer Interzession überzeugt werden kann, dann verfährt er so "fein und taktvoll", daß derjenige, bei dem er für den Supplikanten eintrat, zu folgendem Urteil kommt: "Mit Bewunderung erfüllt mich Deine Weisheit, sowohl in Deinen Publikationen als auch in dem Interzessionsschreiben für die Sträflinge . . ., denn die Bücher umschließen soviel Scharfsinn, Wissen und Heiligkeit, daß sie unübertrefflich sind . . .".[128] Hier erfolgt das Lob der Weisheit des Augustinus indirekt durch einen Dritten. Was die Priestersynoden angeht, so urteilt Augustinus, man solle dem Brauch und dem Urteil der Kirche entsprechen. Er ordnet sich also der Autorität der Kirche unter, zeigt *humilitas*.

Das Kapitel 22, das die Kleidungs- und Eßgewohnheiten behandelt, hat einen deutlich apologetischen Ton. Augustinus ist zwar bescheiden und versucht in allem "die Mitte zu halten",[129] sein Lebens-

---

[126] Die Identität dieses *sapiens* kann nicht genau festgestellt werden, "probabilmente è una massima di un ignoto rappresentante della sapienza pagana." (Bastiaensen, Vita di Cipriano, Vita di Ambrogio, Vita di Agostino, 409).

[127] VA 20.1: *Novimus quoque eum a suis carissimis litterarum intercessum apud saeculi potestates postulatum non dedisse, dicentem cuiusdam sapientis servandam esse sententiam, de quo scriptum esset, quod multa suae famae contemplatione amicis non praestitisset, et illud nihilominus suum addens, quoniam plerumque potestas, quae petitur, premit.* Auch hier läßt Possidius Augustinus weitestgehend den rechtlichen Vorgaben folgen, die, obwohl sie dem Bischof auch Eingriffsmöglichkeiten in weltliche Prozesse gewähren (so z.B. in Cod. Theod. 1. 27.1 (v. J. 318?, 321?, 324; Cod. Iust. 1.4.7 v. J. 398; Cod. Theod. 1.27.2 v. J. 408 u.a.), doch eher eine Trennung zwischen weltlicher und kirchlicher Gerichtsbarkeit vorsehen. Siehe zu diesem Problem Augustinus' Briefwechsel mit Macedonius (ep. 152; ep. 153; ep. 154; ep. 155 (CSEL 44)), in dem sich Augustinus nachdrücklich für die Interzession des Bischofs einsetzt. Siehe besonders ep. 153, 10: *Non iustissimus sed inhumanissimus iudicatur, si non interveniat* und ebd.,16: *Sed huic ordinationi rerum humanarum contrariae non sunt intercessiones episcoporum. . . ﹐. Non enim bonus est quispiam timore poenae sed amore iustitiae – verum tamen non inutiliter etiam metu legum humana cohercetur audacia, ut et tuta sit inter inprobos innocentia et in ipsis inprobis, dum formidabo supplicio frenatur facultas.* (Vgl. auch K.K. Raikas, "The State Juridical Dimension of the Office of a Bishop and the Letter 153 of St. Augustine to Vicarius Africae Macedonius", in: Vescovi et pastori, 683–694).

[128] VA 20.3–4: *Miro modo adficior sapientia tua [. . .] et in his quae interveniens pro sollicitis mittere non gravaris. Nam et illa tantum habent acuminis, scientiae, sanctitatis, ut nihil supra sit*

[129] VA 22.1: *medium tenebat.* Possidius verweist zur Rechtfertigung des Verzehrs

wandel ist jedoch nicht streng asketisch. Selbst bei der Nahrungs-
aufnahme läßt ihn Possidius daher als Weisen erscheinen: "bei Tisch
liebte er Lektion und Disputation mehr als Speis und Trank."[130]

Was die Einkünfte und Besitzungen seiner Kirche angeht, dele-
gierte er vertrauensvoll und ohne Interesse an ihrer Mehrung vieles
an andere: "An dem, was die Kirche hatte und besaß, hing sein
Herz nicht, noch verstrickte er sich darin, sondern durch die größeren geistlichen Dinge gefesselt und an ihnen hängend, machte er
sich nur ab und zu von der Betrachtung der ewigen Dinge für die
zeitlichen frei und bereit."[131] Wenn er sich seiner Pflichten entledigt
hatte, "kehrte sein Geist wieder zu dem Innerlichen und Oberen
zurück, sei es, um über das Auffinden neuer göttlicher Gedanken
nachzusinnen, sei es, um aus dem Gefundenen heraus etwas zu

---

von Fleisch darauf, daß dieses nur der Gäste und Kranken wegen da sei, zu derjenigen des Genusses von Wein, daß nichts, was von Gott empfangen wurde, zurück-
gewiesen werden dürfe. Er verweist weiterhin auf die *Confessiones*: Augustinus habe
dort gesagt, daß er nicht die "Unreinheit der Zukost, sondern die Unreinheit der
Begierde fürchte." Er wisse, daß "Noa jegliche Sorte Fleisch, die zur Speise dient,
zu essen gestattet hat, daß Elias durch Fleisch ernährt worden ist, und daß der
erstaunenswerte Asket Johannes durch den Genuß von Tieren, nämlich von
Heuschrecken, sich nicht verunreinigt habe."

Siehe Bastiaensen, Vita di Cipriano, Vita di Ambrogio, Vita di Agostino, 412:
"Quest'ascetismo moderato si allontanava dal rigore del monachesimo primitivo,
sopratutto in Oriente, ma anche in Occidente... Pellegrino (*Possidio*, pp. 218 sq.)
osserva giustamente che l'atteggiamento liberale di Agostino si può spiegare come
reazione all'ascesi manichea a base dualista; da notare che le citazioni paoline inse-
rite da Possidio qui e nel par. 4 erano largamente utilizzate nella lotta anti-mani-
chea: ved. *contra Fortunatum 22; contra Faustum VI, 7 sq., XIV II; de natura boni 34; de
moribus ecclesiae catholicae et de moribus Manichaeorum* I, 33, 72."

[130] VA 22.6: *Et in ipsa mensa magis lectionem vel disputationem quam epulationem pota-
tionemque diligebat*

[131] VA 24.10: *In his quoque, quae ecclesia habebat et possidebat, intentus amore vel impli-
catus non erat, sed maioribus magis et spiritalibus suspensus et inhaerens rebus, aliquando se-
ipsum ad illa temporalia ab aeternorum cogitatione relaxabat et deponebat.* Eigentlich wird
Augustinus hier nicht den Anforderungen an einen Bischof gerecht; wie in Joh.
Chrys. Sac. 3, 13/16 betont wird, setzt die Verwaltung des Kirchenvermögens vom
Bischof wirtschaftliche Befähigungen voraus. Possidius berichtet in diesem Kapitel
auch von Augustins Umgang mit Schenkungen, die der Kirche gemacht werden.
Der Umgang mit Schenkungen wird in Cod. Iust. 1.3.28.1 v. J. 468 geregelt. "...
der Staat sicherte dem 'episcopus' eine Kontrollfunktion über andere Bürger zu,
die Schenkungen oder Stiftungen für karitative Zwecke machten.... der Bischof
[wurde] als Garant dafür fest[gesetzt], daß derartige Testamentsbestimmungen...
auch ausgeführt wurden." (Noethlichs, 40) Augustinus wies laut Possidius in den
Fällen die Erbschaft zurück, wenn Söhne oder nahe Verwandte da waren, er insi-
stierte aber auf die Auszahlung in Fällen, in denen ein einmal der Kirche gemach-
tes Vermächtnis rückgängig gemacht werden soll.

diktieren oder um mindestens an dem bereits Diktierten und Niederge-
schriebenen Verbesserungen vorzunehmen, und dies tat er, am Tage
arbeitend und ebenso in der Nacht."[132] Possidius vergleicht denn
auch Augustinus mit Maria, der Jesus bestätigte, den besseren Teil
gewählt zu haben, indem sie es vorzog, seinen Worten zu lauschen
anstatt häuslichen Pflichten nachzugehen.

Die Weisheit Augustins tritt in den Kapiteln, die seine Lebensführung, seine alltäglichen Pflichten und Gepflogenheiten behandeln,
hauptsächlich in der Form praktischer Lebensweisheit in Erscheinung,
dabei läßt Possidius ihn sich bei vielen Handlungen an den Sprüchen
und Vorschriften weiser Männer orientieren. So hält er sich an die
Empfehlung des Ambrosius, "daß er für niemanden eine Braut werbe,
keinen für den Soldatenstand empfehle und an seinem Wohnort keine
Einladung zu einem Gastmahl annehme."[133]

Die Darstellung der letzten Lebensspanne und des Todes sind
geprägt von stoischer Akzeptanz des Willen Gottes. Sie sind durch
die Würde gekennzeichnet, die einem großen Weisen ansteht. Possidius
beginnt mit dem Hinweis darauf, daß Augustinus häufig die letzten
Worte einiger ihm Vertrauter wie z.B. des Ambrosius wiederholt und
sie wegen ihrer Weisheit gepriesen habe, da sie sich nicht fürchte-
ten, die Welt zu verlassen. Interessant ist, daß es Possidius nicht
unterläßt, ausführlich auf Augustinus' letzte schriftstellerische Tätigkeit,
die Redaktion seiner Schriften in den *Retractationes*, einzugehen. Auch
auf das *Speculum* weist er mit einer bis dahin unüblichen Intensität
hin. Der Inhalt des Werkes und der Zeitpunkt seiner Niederschrift
macht dies verständlich: "In seinem Bestreben, allen nützlich zu sein,
denen, die viele Bücher lesen können, und denen, die es nicht können, exzerpierte er aus beiden göttlichen Testamenten, dem Alten
und dem Neuen, die auf die Regulierung des Lebens sich beziehen-
den Gebote und Verbote Gottes mit einer Vorrede und faßte sie in
einem Kodex zusammen, damit wer es wolle, den Band lese und
durch ihn erkenne, wie es mit seinem Gehorsam gegen Gott und

---

[132] VA 24.11: *Quibus ille dispositis et ordinatis, tamquam a rebus mordacibus ac molestis
animi recursum ad interiora mentis et superiora faciebat, quo vel de inveniendis divinis rebus cogi-
taret, vel de iam inventis aliquid dictaret, aut certe ex iam dictatis atque transcriptis aliquid emen-
daret. Et id agebat in die laborans et in nocte lucubrans.*

[133] VA 27.4: *Servandum quoque in vita et moribus hominis Dei referebat, quod instituto sanctae memoriae Ambrosii compererat, ut uxorem cuiquam numquam posceret, neque militare volen-
tem ad hoc commendaret, neque in sua patria petitum ire ad convivium*

seinem Ungehorsam stünde."[134] Selbst in der Reaktion auf den Vandaleneinfall erweist Augustinus sich als Weiser: "Diese furchtbaren Einfälle und Verfolgungen der Feinde verstand und beurteilte der Mann Gottes in bezug auf ihre Ursache und Fortdauer nicht wie die anderen, sondern ging bei ihrer Betrachtung in die Höhe und in die Tiefe." Seine Erkenntnis erfüllt ihn mit großer Trauer, "denn wie geschrieben steht, 'Wer Erkenntnis hinzubringt, bringt Schmerz hinzu' und 'Erkenntnis im Herzen wirkt wie der Wurm in den Knochen'."[135] Aber er "tröstet sich bei allem diesem Schlimmen mit dem Ausspruch eines Weisen: 'Der ist kein Großer, der es für eine große Sache hält, daß Holz und Steine dahinfallen und die Sterblichen sterben'. All dieses beweinte Augustin, als der Mann hoher Weisheit, täglich reichlich, ...".[136]

Augustinus, dessen Leben, wie Possidius noch einmal betont, "von Gott zum Nutzen und zum Wohle der heiligen Kirche geschenkt" war, beschäftigte sich bis zu seiner letzten Krankheit mit Lehre und Predigt.[137] Seine letzte Verfügung ist bezeichnend für seine Existenz zwischen Weisheit und Askese: "Die Bibliothek der Kirche und alle Kodizes seien sorgfältig für die Nachkommen zu hüten."[138] Dem fügt Possidius hinzu: "Einen sehr zahlreichen Klerus und von männlichen und weiblichen Asketen erfüllte Klöster samt den dazugehörigen leitenden Persönlichkeiten hinterließ er der Kirche zusammen mit der Bibliothek und mit den Büchern, die seine Predigten und

---

[134] VA 28.3: *Quique prodesse omnibus volens, et valentibus multa librorum legere et non valentibus, ex utroque divino testamento, veteri et novo, praemissa praefatione praecepta divina seu vetita ad vitae regulam pertinentia excerpsit, atque ex his unum codicem fecit, ut qui vellet legeret, atque in eo vel quam oboediens Deo inoboediensque esset agnosceret*

[135] VA 28.6: *ille Dei homo et factam fuisse et fieri non ut ceteri hominum sentiebat et cogitabat; sed altius ac profundius ea considerans, et in his animarum praecipue vel pericula vel mortes praevidens, solito amplius – quoniam, ut scriptum est, qui adponit scientiam, adponit dolorem, et cor intellegens tinea ossibus – fuerunt ei lacrimae panes die ac nocte, amarissimamque et lugubrem prae ceteris suae senectutis iam paene extremam ducebat ac tolerabat vitam.*

[136] VA 28.11–12: *Et se inter haec mala cuiusdam sapientis sententia consolabatur dicentis: 'Non erit magnus magnum putans quod cadunt ligna et lapides, et moriuntur mortales'. Haec ergo omnia ille, ut erat alte sapiens, cotidie ubertim plangebat.*

[137] VA 31.1: *Sane ille sanctus in vita sua prolixa pro utilitate ac felicitate sanctae ecclesiae divinitus condonata – nam vixit annis septuaginta sex, in clericatu autem vel episcopatu annis ferme quadraginta – dicere nobis inter familiaria conloquia consueverat, post perceptum baptismum etiam laudatos Christianos et sacerdotes absque digna et competenti paenitentia exire de corpore non debere.*

[138] VA 31.6: *Testamentum nullum fecit, quia unde faceret pauper Dei non habuit. Ecclesiae bibliothecam omnesque codices diligenter posteris custodiendos semper iubebat.*

die anderer heiliger Männer enthielten."[139] Am meisten profitierten
jedoch die, die ihn als "Prediger und Liturgen in der Kirche hören
und sehen und dazu noch vor allem seinen Verkehr mit den Menschen
beobachten konnten."[140] "Er gehörte auch zur Zahl derer, von denen
das Schriftwort gilt: 'So sprecht und so tut' und das Wort des Heilands:
'Wer das tut und lehrt die Menschen also, der wird 'Groß' genannt
werden im Himmelreich'."[141]

5.3. Augustinus' Vorstellungen vom Bischofsamt und die Vita Augustini des Possidius

Possidius' Darstellung des Episkopats seines Protagonisten ordnet sich
nicht nur in die durch die *Vita et passio Cypriani*, die *Vita Martini* und
die *Vita Ambrosii* etablierte literarische Tradition ein, sie entspricht
auch Augustinus' eigenen, in vielen theologischen Abhandlungen,
Briefen und Predigten artikulierten Vorstellungen vom Bischofsamt.
Eine besonders prägnante Formulierung haben diese Vorstellungen
in den *Sermones* erfahren, die Augustinus aus Anlaß der Jahresfeier
seiner eigenen Ordinierung zum Bischof und der des Bischofs Antoninus
von Fussala verfaßt hat,[142] in Predigten, in denen er Passagen der
Bibel kommentiert, die auf den Dienst in der Kirche bezogen werden können,[143] und in Briefen, in denen er explizit vom Bischofsamt
spricht.[144] Augustinus stützt sich in diesen Texten neben der Bibel
auf Autoren wie Ignatius von Antiochien, Johannes Chrysostomus,
Origines, Cyprian, Tertullian und andere, die sich seit dem 2. Jhd.

---

[139] VA 31.8: *Clerum sufficientissimum et monasteria virorum ac feminarum continentibus cum suis praepositis plena ecclesiae dimisit, una cum bibliothecis libros et tractatus vel suos vel alio-rum sanctorum habentibus, in quibus dono Dei qualis quantusque in ecclesia fuerit noscitur, et in his semper vivere a fidelibus invenitur, iuxta quod etiam saecularium quidam poeta, suis iubens quo sibi tumulum mortuo in aggere publico conlocarent, programmate finxit, dicens: ...*

[140] VA 31.9: *Sed ego arbitror plus ex eo proficere potuisse, qui eum et loquentem in eccle-sia praesentem audire et videre potuerunt, et eius praesertim inter homines conversationem non ignoraverunt.*

[141] VA 31.10: *Erat enim non solum eruditus scriba in regno caelorum, de thesauro suo pro-ferens nova et vetera, et unus negotiatorum, qui,,inventa pretiosa margarita, quae habebat vendi-tis, comparavit, verum etiam ex his ad quos scriptum est: 'Sic loquimini et sic facite', et de quibus Salvator dicit: 'Qui fecerit et docuerit sic, hic magnus vocabitur in regno caelorum'.*

[142] *Sermo* 340; *Sermo* 340/A.

[143] Im Vordergrund stehen Ez 34; Io 10.21.

[144] Ich folge im wesentlichen der Darstellung von F. Bellentani, *Episcopus ... est nomen suscepti officii: Il vocabulario del servizio episcopale in alcuni testi agostiniani,*

um die Formulierung einer verbindlichen Vorstellung vom Bischofsamt bemüht haben.[145]

An vielen Stellen, besonders aber in *Sermo* 49, in dem er Ez. 34 kommentiert, bedient sich Augustinus des Bildes des Hirten, des *pastor*. Christus ist der *pastor bonus*, der seine Kirche beschützt.[146] Er steht im Gegensatz zu den schlechten Hirten, dem Teufel und den Häretikern, besonders den Donatisten, die die ihnen anvertraute Herde ins Verderben führen.[147] Der göttliche Hirte läßt seine Herde seine Stimme hören. Sie folgt seinen Anweisungen und bleibt unter seiner Führung vereint.[148] Christus ist der *unicus pastor*. Insofern seine Kirche und besonders ihre Führer, die Bischöfe, an ihm Anteil haben, sind auch sie *boni pastores*.[149] In Christo weiden alle guten Hirten, die sich uneigennützig für ihre Herde einsetzen und die der wahren, d.h. 'katholischen' Kirche angehören. Auch Petrus und Paulus waren wahre *pastores*, sie waren anders als Judas nicht *mercenarii*, verfolgten also nicht ihr eigenes Interesse.[150] Augustinus selbst ist *pastor bonus*, ebenso der Bischof Cyprianus, der seine Herde nicht in Stich gelassen hat.[151]

Des weiteren verwendet Augustinus zur Beschreibung des Bischofsamtes Ausdrücke wie *minister* (*ministerium* – *ministrare*), *officium*, *servus*

---

in: Vescovi e pastori, 668–681. Siehe ebenso V. Sacerdos, Il sacerdozio nell' esperienza e nel pensiero di Sant'Agostino, Fossano ²1965; A. Mandouze, L' évêque et le corps presbytéral au service du peuple fidèle selon saint Augustin, in: Ders.- H. Bouesse (Hgg.), L'évêque dans l'Église du Christ. Travaux du Symposium d'Arbresle, Paris-Bruges 1963, 123–151; G.C. Cerotti, Augustin, évêque et pasteur, in: G. Madec (Hg.), Le message de la foi, Paris 1987, 49–62. Aus den Briefen Augustins wird zitiert nach A. Goldbacher (Hg.), *S. Aurelii Augustini Hipp. Epis. Epistulae* (CSEL 18, 34, 44, 57) Prag-Wien-Leipzig, 1885/1904/1911/1923 und J. Divjak (Hg.), *Epistolae ex duobus codicibus nuper in lucem prolatae* (CSEL 88) Wien 1981; für die *Sermones* siehe F. Dolbeau, Augustin d'Hippone, Vingt six sermons au peuple d'Afrique, Paris 1996 und H.R. Drobner, "Für euch bin ich Bischof". Die Predigten Augustins über das Bischofsamt (*Sermones* 335/K, 339, 340, 340/A, 383 und 396) (Augustinus – Heute) Würzburg 1993; für alle anderen Werke Augustinus, *Opera omnia* (Nuova Biblioteca Agostiniana) Roma 1965 ff.
[145] Bellentani, 668.
[146] *Sermo* 47.20–21; *Sermo* 46.1.12.
[147] *Sermo* 46.31–34; Ebd. 28–29.
[148] Ebd. 12.20.29.30.32.35.
[149] Bellentani, 669: "in quanto Dio, è unito al Padre, che lo suscita a pascere accanto a se, in quanto uomo, è unito alla chiesa, e tutti i Christiani, in particulare i buoni *pastores*, sono sue membra, sia come fideli che come pastori. Gesù è il 'Pastore dei pastori'."
[150] *Sermo* 46.30; 137.4.10.11; 138.1.3.4.; Tract. In Io 46.7.
[151] *Sermo* 138.1.

(*servitium* – *servire*), die auf den Dienstcharakter des Amtes hinweisen.[152] Hierin unterschiedet er sich nicht von der Tradition,[153] er hebt aber in besonderem Maße die nötige *humilitas* des Bischofs hervor. In ep. 21, die er als Presbyter verfaßte, und in ep. 228, die er schrieb, als er das Bischofsamt innehatte, stellt er eine Verbindung zwischen den Vorstellungen vom *pastor* und vom *servus* her.[154] Christus konnte wahrer Hirte der Kirche sein, weil er *humilitas* zeigte und die Natur eines *servus* annahm. Wie Christus sind alle Bischöfe zum Dienst verpflichtet. Augustinus sieht sich selbst als Diener seiner Gemeinde in Hippo, häufig bezeichnet er sich als *servus vester* oder als *Augustinus servus Christi servorumque Christi*.[155]

In *Sermo* 340 geht Augustinus auf den tieferen Sinn dieses Dienstes an der Kirche ein. Es wird deutlich, daß seine Vorstellungen vom Bischofsamt in seiner Ontologie verwurzelt sind: "Infatti gli enti possono esistere secondo un duplico grado: quello dell'*esse*, dell'esistenza fisica, e del *vere esse*, dell' esistenza secondo verità, in cui raggiungono la loro finalità, quella per cui sono stato creati. Il vescovo inoltre deve farsi espressione non della *dominatio*, quella di Dio, quella dei pii, che ricercano *quae sunt Dei*, facendosi così servi dei fratelli."[156] Die Vorstellung von einem *praeesse* zum *prodesse* ist kennzeichnend für Augustinus' Theologie des Dienstes: "il vescovo non è in relazione stretta con il solo signore Gesù, ma anche con il popolo di Dio, infatti *praesumus*, si *prosumus*."[157] Augustinus empfindet sich als Bischof zusammen mit seiner Gemeinde als *conservus* im Dienste Gottes.[158] Zwar soll der Bischof seiner Gemeinde ein Lehrer sein, dennoch zieht Augustinus die Bezeichnung *minister* der Bezeichnung *magister* vor: *non tamquam magistri, sed tamquam ministri*.[159]

In den *Sermones* 339 und 340 spricht Augustinus von der Last des Episkopats: *Mihi curarum ecclesiastica sarcina imposita est*.[160] Er betont

---

[152] Bellentani, 672, Fußnote 61: "I termini ritornono con questa frequenza: *minister-minitrare* e derivati: 1636; *officium*: 600; *servio-servitium-servus*: 2950."
[153] Ebd., 672: Augustinus entspricht damit der Verwendung des Begriffs *servus* in den Briefen der Apostel – besonders häufig läßt er sich bei Paulus finden – und bei anderen Theologen des 2. und 3. Jahrhunderts.
[154] Ep. 21.5; 228.2.
[155] Vgl. auch *Sermo* 340/A 2 und *De peccatorum meritis et remissione* III. 1; ep. 124.4; ep. 130.
[156] Bellentani, 676.
[157] Ebd.
[158] Ep. 21.6.
[159] *Sermo* 229.1.
[160] Ep. 101.3.

jedoch, daß dies eine persönliche Erfahrung sei, die man nicht ver-
allgemeinern dürfe. Die Last ergibt sich aus der Verantwortung, die
ihm für seine Gemeinde übertragen wurde. Das Bischofsamt ist nicht
nur Last – *sarcina* –, es birgt auch Gefahr – *periculum*: "il *periculum*
nasce dallo sgomento del neo-presbitero, ordinato contro la sua
volontà, di fronte alla coscienza della sua impreparazione."[161] Nicht
nur die mangelnde Erfahrung des neugewählten Bischofs stellt eine
Gefahr dar. In erster Linie sind es das Lob und die Schmeichelei
der Gemeindemitglieder und die Macht, die mit dem Episkopat verbunden ist, die für den Bischof gefährlich werden können. Sie können eine Gefahr für sein eigenes Seelenheil werden und halten ihn
vom *otium sacrum* des monastischen Lebens ab.[162]

Augustinus hat dem Bischofsamt kein eigenes Werk gewidmet,
seine Vorstellung vom idealen Bischof tritt aber in seinen Schriften,
Predigten und Briefen klar hervor. Es ist erstaunlich, in welchem
Maße Possidius dieser Vorstellung in seiner Vita gerecht wird. Er
stellt Augustinus als 'wahren Hirten' dar, der als Teil seiner Herde
im Dienst an Gott und seiner Gemeinde seiner Verantwortung gerecht
wird und die Kirche vor Irrglauben bewahrt. Augustinus ist Lehrer,
zeigt aber dennoch *humilitas* und fühlt sich selbst als *doctor ecclesiae* nie
den anderen überlegen. Im Konflikt zwischen *vita ascetica* und Amt
trägt er verantwortungsvoll die Last des Episkopats und widersteht
den Verlockungen der Macht.

5.4. *Die Weisheits-Konzeption der* Vita Augustini

Einer der massivsten Einwände gegen die *Vita Augustini* ist der Vorwurf,
daß sie nur unzureichend Augustins Geistesgröße, seiner Bedeutung
als Philosoph und Theologe gerecht werde. Dies wird in der Regel
auf die prosaische Natur des Possidius zurückgeführt. So vertritt
Harnack die Meinung, daß "hier ein kleiner Mann, nüchtern und
eng, es gewagt hat, das Lebensbild eines Riesen auf dem Gebiet des
Geistlichen und des Geistes zu entwerfen."[163] Wenn die Vita eine

---

[161] Bellentani, 679–680.

[162] Ebd., 680: "Il *periculum* consiste nel fatto che il ministero è di ostacolo alla
salvezza di Agostino perché lo sottopone all'assalto delle lodi del popolo, lo carica
di responsabilità davanti al Signore, e lo distolgie dall'*otium sanctum* in cui aveva cer-
cato la pace dopo la conversione."

[163] Harnack, Possidius. Augustins Leben, 12.

positive Beurteilung erfährt, dann aufgrund anderer Verdienste. Für Weiskotten z.B. liefert sie nicht nur wertvolle Ergänzungen zu dem uns aus seinem eigenen Werk bekannten Bild des Augustinus, sondern auch "intimate revelations of every-day life".[164]

Die bisherigen Überlegungen haben deutlich gemacht, daß Possidius sich sehr wohl der geistigen Überlegenheit des Augustinus bewußt war, ja sie sogar mit direkten und indirekten literarischen Mitteln unterstreicht.[165] Was für eine spezifische Weisheitsvorstellung sich in der Vita zwischen den Polen von Macht und Gleichheit, Autorität und *humilitas*, öffentlicher Wirksamkeit und Weltflucht, *sacerdotium* und *vita monastica* entwickelt hat, soll nun genauer beschrieben werden.

Die Weisheit des Augustinus ist für Possidius nur insofern relevant, als sie zum Wohle der Kirche beiträgt. Sie ist nicht sein eigenes Verdienst, sie entspringt der Gnade Gottes und wird sowohl in seinen Handlungen als auch in seinen Reden und Schriften manifest.[166] In allem, was er tut und sagt, steht Augustinus im Einklang mit der Bibel, seine Schriften und Predigten sind "ausgerüstet mit einer Fülle von Argumenten und mit der Autorität der Heiligen Schriften".

Zentrale Bedeutung kommt ihr in der Auseinandersetzung mit den Feinden der katholischen Kirche, vor allem den Häretikern, zu. Augustins Weisheit ist charismatisch. Diejenigen, die ihm persönlich begegnen, können sich ihrem Einfluß nicht entziehen. Sie wird deutlich in einer tieferen Erkenntnis der Bedeutung bestimmter sozialer und historischer Phänomene wie z.B. des Vandaleneinfalls sowie in einer gottgemäßen Lebensführung. Auch in der alltäglichen Amtsausübung des Bischofs tritt sie zutage, jedoch ist die praktische, administrative und forensische eindeutig der höheren spirituellen Weisheit untergeordnet. Unwichtig ist die persönliche Ausformung des Geistes und die akademische Bildung losgelöst von ihrem Nutzen für die katholische Kirche.

---

[164] Weiskotten, 21.

[165] So kann man in der Einhaltung aller ihrer konventionellen Darstellungsmittel eine zwar indirekte, aber eindeutige Parallele zu der Biographie der heiligen Weisen erkennen.

[166] Possidius läßt keine Gelegenheit aus, zu betonen, daß der Erfolg Augustins ein Geschenk Gottes sei (so VA 7.2; 11.5 und 18.7: *Et illi divinitus donatus est . . .*), er selbst beruft sich auf die Inspiration durch Gott, den *rerum omnium factor et gubernator* (VA Praef 1) und fordert den Leser auf, Gott zu danken, daß er ihm geholfen habe, die *Vita Augustini* zu verfaßen. (VA 31.1).

Das für die Vita charakteristische Weisheitsverständnis ist nicht Ausdruck der geistigen Unangemessenheit des Possidius gegenüber seinem Gegenstand, es entspricht seinen spezifischen hagiographischen Intentionen. Possidius will, wie im Vorwort und in den letzten Worten der Vita deutlich wird, ein allen zugängiges Heiligenideal propagieren, Augustinus soll zum Vorbild nicht nur für den Bischofsstand, sondern auch für die ganze Christenheit werden, daher ist ein Verzicht auf die Darlegung seines komplexen, individuellen Denkens und aller Theorie durchaus verständlich.

Possidius lehnt sich bei der Charakterisierung der Weisheit Augustins ganz bewußt an die Vorstellung des Alten und Neuen Testamentes an, die für ihn höchste Autorität besitzen. Weisheit wird im Alten Testament[167] zwar als eine Art Ersatz für Philosophie verstanden, aber nur dann als positiv angesehen, wenn es sich nicht um eine theoretische, sondern um eine praktische und sittliche Qualität handelt. "Es handelt sich um ein vorsichtiges und überlegtes und daher geschicktes und sachkundiges Vorgehen und Handeln, um sich der

---

[167] Zum Weisheitsbegriff im Alten Testament siehe W. Zimmerli, "Zur Struktur der alttestamentlichen Weisheit", in: Zeitschrift für alttestamentliche Wissenschaft 51 (1933) 177–204; H. Ringgren, Word and Wisdom, Lund 1947; H. Gese, Lehre und Wirklichkeit in der alten Weisheit, Tübingen 1958; E.G. Bauckmann, "Die Proverbien und die Sprüche des Jesus Sirach", in: Zeitschrift für alttestamentliche Wissenschaft 72 (1960) 33–63; U. Wilckens – G. Fohrer, "$\sigma o \phi i \alpha$, $\sigma o \phi o \zeta$", in: Theologisches Wörterbuch zum Neuen Testament 7 (1964) 465–528; 476–496; H.H. Schmid, Wesen und Geschichte der Weisheit. Eine Untersuchung zur altorientalischen und israelitischen Weisheitsliteratur, Berlin 1966; G. von Rad, Weisheit in Israel, Neukirchen 1970; R.N. Whybray, The Intellectual Tradition in the Old Testament, Berlin-New York 1974; R.L. Wilken (Hg.), Aspects of Wisdom in Judaism and Early Christianity, Notre Dame 1975; H.-P. Müller – M. Krause, "*hakam, hokmah, hokmot*", in: Theologisches Wörterbuch zum AltenTestament 2 (1977) 920–944; M. Gilbert (Hg.), La sagesse de L'Ancient Testament, Gembloux-Leuven 1979; M. Küchler, Frühjüdische Weisheitstraditionen: Zum Fortgang weisheitlichen Denkens im Bereich des frühjüdischen Jahweglaubens (Orbis biblicus et orientalis 26) Göttingen 1979; D.F. Morgan, Wisdom in the Old Testament Traditions, Oxford 1981; R.E. Murphy, Wisdom Literature: Job, Proverbs, Ruth, Canticles, Ecclesiastes, Esther, Grand Rapids/Mich. 1981; J.L. Crenshaw, Old Testament Wisdom. An Introduction, London 1982; J. Blenkinsopp, Wisdom and Law in the Old Testament, Oxford 1983; E.J. Schnabel, Law and Wisdom from Ben Sira to Paul (Wissenschaftliche Untersuchungen zum Neuen Testament 2.16) Tübingen 1985; H.D. Preuß, Theologie des Alten Testaments II. Israels Weg mit JHWH, Suttgart-Berlin-Köln 1992, 219–224; J.G. Gammie – L.G. Perdue (Hgg.), The Sage in Israel and the Ancient Near East, Winona Lake 1990; St. Weeks, Early Israelite Wisdom, Oxford 1994; Chr. Klein, Kohelet und die Weisheit Israels, Stuttgart 1994; O. Kaiser, "Weisheitsliteratur", in: Evangelisches Kirchenlexikon 4 (1996) 1243–1249; H.-J. Hermisson, Weisheit, in: H.-J. Böcker – H.-J. Hermisson – J.M. Schmidt – L. Schmidt, Altes Testament (Neukirchener Arbeitsbücher) Neukirchen ⁵1996, 200–225.

Welt zu bemächtigen, die verschiedensten Aufgaben des Lebens und dieses selbst zu meistern. Es hat sich mit dem ganzen Leben zu befassen und auf allen Lebensgebieten zu betätigen."[168] Der Sinn für das kundige Handeln kann durch die Kenntnis der Tradition, Erziehung und eigene Erfahrung gefördert werden.[169] Diese Weisheit findet in Gleichnissen, Sprichwörtern und Ermahnungen ihren Ausdruck, erwartet wird von ihr, daß ein Leben nach ihren Regeln Segen und Wohlergehen bringt.[170] Im Besitz absoluter Weisheit ist nur Gott, die wahre menschliche Weisheit besteht demnach darin, dem göttlichen Willen zu folgen. Die von Gott eingegebene Weisheit ist nicht inaktiv, sondern "eine dynamische, reale, schöpferische Kraft in Gott." Sie steht daher parallel zum Geist und zum Wort. Ihre negative Spiegelung findet sie in der Verurteilung einer Klugheit wie sie bei den Wissensstolzen, die sich über die sittliche und religiöse Weltordnung hinwegsetzen, zu finden ist.[171] Die wahre Weisheit ist nicht von Gott zu isolieren und ist nicht von Menschen lehr- und

---

[168] Wilckens-Fohrer, 476. Vgl. Hermisson, 200: "Was ist Weisheit? Schon der Begriff ist umstritten, vollends, was damit im Alten Testament gemeint sein kann. Aber der Streit betrifft die breiten Randzonen, nicht das Zentrum, von dem man ausgehen muß. Die Begriffe 'weise/Weisheit' sind zunächst die gewöhnliche Übersetzung von hebr. *hakam/hokmah*, obwohl die hebräische Wortgruppe einen etwas weiteren Bedeutungshorizont hat und allerlei (Kunst-) Fertigkeit, Sachverstand bezeichnet.... Aber im besonderen ... steht die Wortgruppe '*hakam*' (mit allerlei Parallelbegriffen) für die Kunst gelingender Lebensführung, für die dafür notwendige Einsicht in die Ordnungen der Welt und des Lebens. Dieses Wissen beruht auf Erfahrung: auf der immer wiederholten Beobachtung von Lebensvorgängen und Weltverhältnissen."
[169] Ebd.
[170] V. Hamp – J. Blinzler – E. Biser, "Weisheit", in: Lexikon für Theologie und Kirche 10 (1965) 999–1004, 999; zu den alttestamentlichen Weisheitsbüchern, Proverbien und Sprüchen siehe u.a. Bauckmann. Hermisson, 200: "Weisheit ... findet Gestalt in einer bestimmten Literatur, vor allem in den *Weisheitslehren* ... und in Spruchsammlungen. Demgemäß sind die Proverbien (Sprüche Salomos) der Kernbestand der alttestamentlichen Weisheit ... Als nahe verwandt ... erweist sich ... vor allem die Problemdichtung in den Büchern Hiob und Kohelet (Prediger), die gewöhnlich beide zur Weisheitsliteratur im engeren Sinn zählen.... darüber hinaus fand man 'Jesaja unter den Weisen' (Fichtner), ähnlich Amos oder Hosea (Wolff); weisheitliche Einflüsse hat man auch in erzählender Literatur entdeckt, so besonders in der Josephgeschichte und in der Erzählung von der Thronnachfolge Davids. Außerhalb des hebräisch alttestamentlichen Kanons gehört zur israelitisch-jüdischen Weisheitsliteratur im engeren Sinn vor allem das Buch Jesus Sirach (*Ecclesiasticus*); gewöhnlich rechnet man auch die Weisheit Salomos (*Sapientia Sal*) dazu.... Die Frage nach dem Einfluß der Weisheit wird z.B. für das Buch Tobit, insbesondere aber für die apokalyptische Literatur diskutiert."
[171] Hamp – Blinzler – Biser, 999.

lernbar. Charakteristisch war, "daß a priori ein Abweichen vom reinen Monotheismus nicht in Frage kam und daß eben diese scheinbare persönliche Weisheit Gottes als Gnadengabe Menschen mitgeteilt werden konnte".[172]

Die Weisheitsvorstellungen des Neuen Testaments weichen von denen des Alten Testaments in einigen Punkten ab.[173] Der Begriff der Weisheit spielt in ihm eine weniger bedeutende Rolle als im Alten Testament, lediglich Paulus[174] und Jakobus[175] äußern sich explizit über das, was sie unter Weisheit verstehen. Daß es eine natürliche menschliche Weisheit gibt, bestreiten sie nicht, doch sprechen sie meist kritisch von ihr. Jakobus warnt in dem ihm zugeschriebenen Brief ausdrücklich vor der irdischen Weisheit.[176] Die Weisen und

---

[172] Ebd.

[173] Zu den Weisheitsvorstellungen des Neuen Testaments: E. Norden, *Agnostos Theos*. Untersuchungen zur Formengeschichte religiöser Rede, Darmstadt [4]1956, 277–308; H. Schlier, "*Kerygma* und *Sophia*", in: Die Zeit der Kirche (1956) 206–232; G. Bornkamm, "Glaube und Vernunft bei Paulus", in: Studien zu Antike und Urchristentum (1959) 119–137; E. Brandenburger, Fleisch und Geist. Paulus und die dualistische Weisheit (Wissenschaftliche Untersuchungen zum Neuen Testament 29) Tübingen 1968; B.A. Pearson, Hellenistic-Jewish Wisdom Speculations and Paul, in: R.L. Wilken (Hg.), Aspects of Wisdom in Judaism and Early Christianity, Notre Dame 1975, 43–66; R.A. Horsley, "Wisdom of Word and Words of Wisdom in Corinth", in: Catholic biblical quarterly 39 (1977) 224–39; J.A. Davis, Wisdom and Spirit. An Investigation of 1 Corinthians 1.18–3.20 against the Background of Jewish Sapiential Traditions in the Greco-Roman Period, New York-London 1984; D. Adamo, "Wisdom and its importance to Paul's Christology I Corinthians", in: Deltion biblikon meleton 17 (1988) 31–43; H. von Lips, Weisheitliche Traditionen im Neuen Testament (Wissenschaftliche Monographien zum Alten und Neuen Testament 64) Neukirchen 1990; H. Hegermann, "σοφία, ας, ἡ", in: Exegetisches Wörterbuch zum Neuen Testament 3 ([2]1992) 616–624, Ders., "σοφός", in: Ebd., 624–626.

[174] In 1 Kor 3.10 spricht Paulus vom 'weisen Baumeister'; in 1 Kor 6.5 fordert er, daß innerkirchliche Streitigkeiten durch ein Schiedsgericht von 'Weisen' geschlichtet werden sollen, eine Stelle, auf die sich Possidius beruft. Die wichtigsten Zeugnisse für die von den traditionellen, alttestamentlichen Vorstellungen abweichende Behandlung der Weisheit sind Röm, 11.33–36 und 1 Kor. 1 ff. Hegermann, 617: "Das Nomen σοφία findet sich im Neuen Testament 51 mal. Den Schwerpunkt bildet mit 19 Belegen Paulus und zwar weit überwiegend in kritischer Aufnahme der Sprache der korinthischen Gegner: 16 Belege allein Kor 1–3. Dieses Bild bestätigt sich für σοφός. So ist der Gebrauch in den Deuteropaulinen Kol/Eph (9 Belege) und im lukanischen Doppelwerk (Lk 6, Apg 4) besonders beachtlich. Es folgen Jak und Apk mit 4, Mt mit 3 Vorkommen und Mk sowie 2Petr mit je einem Beleg. Insgesamt eine sehr spärliche Beleglage."
Vgl. zum Korintherbrief: W. Schrage, Brief an die Korinther. I–III (Evangelisch-Katholischer Kommentar zum Neuen Testament 7.1–3) Zürich 1991–1999.

[175] So Apk 5.12; 7.22; 13.18; 17.9.

[176] 3.15.

Klugen haben nach Paulus die durch Jesus an sie ergangene Offenbarung Gottes nicht erkannt.[177] Jede nicht von Gott stammende
Weisheit gilt als Torheit.[178] Die 'Weisheit von Menschen',[179] die
'Weisheit dieser Weltzeit'[180] versagt, daher will der Apostel das
Evangelium nicht mit Worten dieser Weisheit verkünden.[181] Wahre,
von Gott kommende Weisheit besitzen Menschen wie Salomon[182]
und Joseph,[183] wie die Bußfertigen, die die Predigten Johannes' des
Täufers und Jesu hören,[184] wie der Diakon Stephanus[185] und die
anderen, die die Armen unterstützen.[186] Entscheidend ist, daß diese
Weisheit auch vom Durchschnittsmenschen erlangt werden kann,
wobei die Schrift, das Gebet und das gute Werk den Weg dazu
ebnen.[187]

Nach Paulus können die 'Vollkommenen' eine besondere Form
der Weisheit erreichen, wobei er unter ihnen diejenigen Christen
versteht, die schon auf einer höheren Stufe des Glaubensverständnisses
angelangt sind.[188] Die Zahl derjenigen, die die Geistesgabe der
Weisheitsrede besitzen, ist noch kleiner als die der Vollkommenen.[189]
Irrlehrer geben ihre Sonderlehren als Weisheit oder als 'Philosophie'
aus, obwohl es sich dabei nur um Schein-Weisheit, um eine noch
ganz dieser Welt verhaftete Denkungsweise handelt.[190] Die Fülle der
Weisheit besitzt sowohl nach dem Alten als auch nach dem Neuen
Testament nur Gott. Jesus Christus, der sich schon auf Erden als
Träger der Weisheit erwiesen hat, ist ihr Vermittler.[191]

Daß Possidius bei seiner Porträtierung Augustins die Weisheitsvorstellungen sowohl des Alten als auch des Neuen Testaments berücksichtigt hat, steht außer Frage. Besonders die Idee der falschen,

---

[177] Hamp – Blinzler – Biser, 1102.
[178] So 1 Kor 3.18 und 1 Kor 2.14; 1 Kor 3.19.
[179] 1 Kor 2.5.
[180] 1 Kor 2.6.
[181] Hamp – Blinzler – Biser; 1 Kor 2.4 vgl. 2.1.
[182] Mt 12.42.
[183] Apg 7.10.
[184] 'Kinder der Weisheit' Lk 7.30.
[185] Apg 6.3.10.
[186] Hamp – Blinzler – Biser.
[187] Ebd.; Eph 5.15; Kol 3.16; 4.5; 1 Kor 3.8; 2 Tim 3.15; Jak 1.5; 3.13 u. 17 ff.
[188] Hamp – Blinzler – Biser; 1 Kor 2.6.
[189] 1 Kor 12.8.
[190] Hamp – Blinzler – Biser; Kol 2.23; 2.8.
[191] 1 Kor 1.30; 2.8 usw.

weltlichen Weisheit und des mit ihr verbundenen Wissensstolzes sowie die Vorstellung eines universalen Zugangs zur Weisheit hat starken Einfluß auf seine Darstellung gehabt. So wichtig dieser Einfluß auch war, seine Wertung der Weisheit Augustins wird noch einsichtiger, wenn man sich dessen eigene Konzeption christlicher Weisheit vor Augen führt.

Augustins theologische Vorstellungen[192] machten im Laufe seines Lebens mehrere Wandlungen durch.[193] Einschnitte sind durch die

---

[192] Ich habe mich in dem folgenden Überblick weitgehend an die knappe Darstellung der Entwicklung in Augustins Denken bei Flasch, Augustin. Einführung in sein Denken, Stuttgart ³1994 gehalten, da eine Hinzunahme anderer Sekundärliteratur es angesichts der Komplexität des Augustinischen Denkens unmöglich gemacht hätte, die Darstellung auf wenige Seiten zu beschränken. Ich verweise weiterhin für eine differenziertere und Flasch, dessen Darstellung nicht in allem von der Forschung geteilt wird, an einigen Stellen korrigierende Sichtweise auf J. Lössl, *Intellectus gratiae*. Die erkenntnistheoretische und hermeneutische Dimension der Gnadenlehre Augustins von Hippo (Supplements to Vigiliae Christianae 37) Leiden-New York 1997 sowie auf V.H. Drecoll, Die Entstehung der Gnadenlehre Augustins (Beiträge zur historischen Theologie 109) Tübingen 1999, der wiederum in einigen Punkten von Lössl abweicht. Des weiteren sei auf folgende, ebenfalls aus der Fülle möglicher Abhandlungen herangezogene Darstellungen verwiesen: R. Lorenz, "Gnade und Erkenntnis bei Augustin", in: Zeitschrift für Kirchengeschichte 75 (1964) 21–78; E. König, *Augustinus Philosophus*. Christlicher Glaube und philosophisches Denken in den Frühschriften Augustins (Studia et Testimonia Antiqua 11) München 1970; A. Schöpf, Augustinus. Einführung in sein Philosophieren, Freiburg-München 1970; G. O'Daly, Augustine's Philosophy of Mind, London 1987; E. Dutoit, Tout Saint Augustin, Fribourg 1988; U. Wienbruch, Erleuchtete Einsicht. Zur Erkenntnislehre Augustins (Abhandlungen zur Philosophie, Psychologie und Pädagogik 218) Bonn 1989; M.T. Clark, Augustine, Washington 1994; J. Kreuzer, Augustinus, Frankfurt-New York 1995; Ders., *Pulchritudo* – Vom Erkennen Gottes bei Augustin. Bemerkungen zu den Büchern IX, X und XI der Confessiones, München 1995; M. Littlejohn, "Augustinian Wisdom and the Law of the Heart", in: Maritain Studies/Études Maritainiennes 12 (1996) 77–97.

[193] Zeit seines Lebens veränderte er teils grundlegend, teils in Nuancen Ansichten, die er früher vertreten hatte und von denen er meinte, sie nicht mehr in der bisherigen Form aufrechterhalten zu können. "Gegenstand dieses Lernprozesses war für Augustin sein (christlicher Glaube), wie er ihn in der Heiligen Schrift grundgelegt und von der kirchlichen Tradition überliefert vorfand. Ihm entspricht das Konzept des *intellectus fidei* und das zu ihm hinführende Lernprogramm einer *fides quaerens intellectum*, eines Glaubens, der seine Verwirklichung erst in der Einsicht fand. . . . Den Hintergrund für seine Überlegungen jedoch bildet die gesamte Tradition philosophisch-religiöser Gelehrsamkeit der heidnischen und christlichen Antike." (Lössl, 1) Im Zentrum dieses Denkens stand die von Paulus übernommene Gnadenlehre. Das Prozeßhafte seiner intellektuellen Entwicklung hat viele Forscher dazu veranlaßt, – besonders im Hinblick auf seine Gnadenkonzeption und seine Vorstellung vom freien Willen – die Divergenzen zwischen dem 'frühen' und dem 'späten' Augustinus zu betonen. Dementsprechend wurde das Frühwerk noch zur klassischen Latinität gerechnet, das Spätwerk "im grunde bereits zum Mittelalter, sowohl inhaltlich mit seiner Zuspitzung bibelexegetischer Fragestellungen auf christlich-

Taufe im Jahre 387, die Entwicklung der Gnadenlehre in der Schrift *Quaestiones ad Simplicianum* im Jahre 396 und die Veröffentlichung der *Retractationes* drei Jahre vor seinem Tod gegeben. In den *Retractationes* kritisiert Augustinus sein langwährendes, d.h. bis zu seiner Bischofswahl 396 andauerndes unzureichendes Verständnis der Gnade Gottes, die für ihn in seiner Spätphase "voraussetzungslos, frei und ohne jede Vorbedingung oder menschliche Mitwirkung von Gott geschenkt wird."[194] In der Zeit, in der er sich schon von Cicero, dem Manichäismus und dem antiken Skeptizismus losgesagt hatte, habe er der Philosophie immer noch eine falsche Bedeutung zugemessen und in dem Versuch, Christentum und Philosophie zu verbinden, der Philosophie den Primat zukommen lassen. Noch in der Zeit von 386 bis 391 erschienen ihm die christlichen Glaubensinhalte deswegen wahr zu sein, weil sie auf die neuplatonisch gefaßte wahre, d.h. inteligible Welt verwiesen.[195] Er verstand das Christentum als eine pädagogische Einrichtung', die es ermöglichte, in der sichtbaren Welt

---

dogmatische Problemfelder wie Erbsünden- und Prädestinationslehre, als auch formal der einfachen, oft wenig kunstvollen plakativen sprachlichen Form nach." (Ebd., 5) In letzter Zeit hat man jedoch eher die Geschlossenheit der intellektuellen Entwicklung Augustins betont und zu zeigen versucht, daß Augustinus auch in der Spätphase, in der seine Gnadenkonzeption ihre endgültige Form fand, dem Intellekt eine Lanze brach, ja auch dann noch die Auffassung vertrat, daß sich die Gnade Gottes in der intellektuellen Erkenntnis des Gnadenwerks Gottes selber artikuliere. "Für Augustin waren Gnade und Heil entweder in der Einsicht verwirklicht oder überhaupt nicht. (Lössl, 5).

[194] E. Dassmann, Augustinus. Heiliger und Kirchenlehrer, Stuttgart 1993, 118. Zur Gnadenlehre Augustins siehe ebenfalls K. Janssen, Die Entstehung der Gnadenlehre Augustins, Rostock 1936; J. Chéné, La théologie de St. Augustin. Grâce et prédestination, Le Puy-Lyon 1961; R. Lorenz, "Gnade und Erkenntnis bei Augustin", in: Zeitschrift für Kirchengeschichte 75 (1964) 21–78; A. Mandouze, St. Augustin. L'aventure de la raison et de la grâce, Paris 1968; A. Pincherle, "Sulla formazione della doctrina agostiniana della grazia", in: Rivista di storia e letteratura religiosa 11 (1975) 1–23; A. Vanneste, "Nature et grâce dans la théologie de St. Augustin", in: Recherches augustiniennes 10 (1975) 143–169; Ch. LePage, "Augustine on the Moral Agent", in: Gnosis 3 (1991) 49–67; J. Wetzel, Augustine and the Limits of Virtue, Cambridge-New York 1992; J. Lössl, "Wege der Argumentation in Augustinus' *De Libero Arbitrio*", in: Theologie und Philosophie 70 (1995) 321–354; R.A. Greer, "Augustine's Transformation of the Free Will Defence", in: Faith and Philosophy 13 (1996) 471–486; G.E. Ganssle, "The Development of Augustine's View of the Freedom of the Will (386–397)", in: Modern Schoolman 74 (1996) 1–18; E. Dubreucq, "Flesh, Grace and Spirit: Metempsychosis and Resurrection from Porphyry to Saint Augustine", in: Archives de Philosophie 60 (1997) 25–45; D.R. Creswell, St. Augustine's Dilemma. Grace and Eternal Law in the Major Works of Augustine of Hippo (Studies in Church History 5) Bern 1997.

[195] Flasch, 28; zum Verhältnis zwischen *ratio* und *auctoritas; intellegere* und *credere* bei Augustin siehe Schöpf, 47–64; A. Schindler, "Augustin/Augustinismus I", in:

befangene Menschen auf ihre Verwandtschaft mit dem göttlichen Geist zu verweisen. Es ist für ihn "die 'Philosophie' für Jedermann, der universale Heilsweg".[196]

Augustinus wandte sich schon in dieser Zeit gegen die Vorstellung vom elitären Charakter der Weisheit. Weisheit sollte allen zugänglich werden, entweder auf intellektuellem Weg oder durch den durch die Autorität geleiteten Glauben. Er verstand Christus als göttliche Weisheit, an der man durch intellektuelles Bemühen oder autoritative Bindung partizipieren konnte. Göttliche Weisheit war für ihn im neuplatonischen Sinne "das Wort", "der denkende Inbegriff der Ideenwelt, also das eigentliche Leben und die wahre Wirklichkeit",[197] von der die sinnliche Wirklichkeit nur Abbild ist. Der Mensch kann zu dem göttlichen Einen, aus dem das Wort hervorgeht, sowohl durch Einsicht als auch durch rechte Lebensführung zurückkehren. Das neuplatonische Konzept einer ethisch-intellektuellen Rückkehr zum Guten war schon vorher für eine Erklärung des Christlichen verwendet worden von Origenes, unter dessen Einfluß Ambrosius stand, und von Marius Victorinus, dessen Übertritt zum Christentum Augustinus stark beeindruckte.

Vor 396 war das 'glückselige Leben' für Augustinus die Suche nach Weisheit und Gotteserkenntnis. Der Mensch war aufgrund seiner Vernunft selbst in der Lage, durch die Fixierung auf das Wahre und Bleibende Glück zu finden. Das Christentum erschien ihm deshalb eine Hilfe, weil es an der sinnlichen Welterfahrung des Menschen anknüpfte, ihm aber gleichzeitig ermöglichte, am neuplatonischen Vernunftkonzept und seiner Übertragbarkeit auf Gott, der nach dem Johannesevangelium das Wort ist, festzuhalten. Augustinus zweifelte weder an dem elitären Primat des kontemplativen Lebens noch an der Durchsetzbarkeit dieser intellektualistischen Glückseligkeit in einem irdischen, sinnengebundenen Leben. All dies ist im Kontext des Versuches des Augustinus einer "kulturellen Assimilierung der Christen an die antike Zivilisation" zu sehen. Politische Probleme wurden zu diesem Zeitpunkt von Augustinus praktisch nicht behandelt.[198]

Theologische Realenzyklopädie 4 (1979) 646–698; K.-H. Lütcke, *Auctoritas* bei Augustin, Stuttgart 1968. Ders., "*auctoritas*", in: Augustinus-Lexikon 1 (1986–1994) 498–510.

[196] Schindler, Augustin, 664.

[197] Ebd.

[198] Zu Augustins Versuch, eine Verbindung zwischen antiker Philosophie und Christentum zu schaffen, siehe ausführlicher König.

Dies änderte sich ab 391, dem Jahr, in dem Augustinus zum Priester geweiht wurde. Von nun an traten für ihn andere Fragen, nämlich Probleme der Kirchenorganisation, in den Vordergrund. In seiner
Auseinandersetzung mit dem Donatismus, auf den er zunächst mit
Schriften und Diskussionen reagierte, gewannen Probleme der Bibel-
exegese und der Kirchengeschichtsschreibung, die in seinem neuplatonischen Konzept von Philosophie keinen Platz hatten, an Einfluß.[199]
Im weiteren Verlauf der Auseinandersetzung rief er selbst die kai-
serliche Polizei und das Militär zur Hilfe. Nach dieser entscheidenden Wende zur Institutionalisierung des menschlichen Wahrheitsbezugs
und zur Sakramentalisierung des christlichen Lebens wurden Wahrheit
und Glückseligkeit, die Augustin in seinen Frühschriften noch in der
Unterhaltung zwischen philosophierenden Freunden glaubte erlangen zu können, zur jenseitigen Erfüllung der Auserwählten. Für die
Zeit der irdischen Pilgerschaft verwalteten dann Autorität und Tradition die wesentlichen Interessen der Menschen.[200] Man hat diese
Entwicklung auf Augustins Auseinandersetzung mit dem Donatismus
zurückgeführt und gemeint, daß er bei dieser Gelegenheit die
Schwächen seines früheren Systems erkannt habe.[201] Er "überschätzte
den Einfluß vernünftiger Beschlüsse auf den realen Verlauf des Lebens.
Sie konzentrierte sich auf den Einzelnen, besonders den 'Weisen',
und unterbewertete die übergreifenden Gemeinschaften, denen er
angehört."[202]

---

[199] Das Interesse an der Bibel bestand bei Augustinus allerdings schon seit frühester Jugend.
[200] Ebd., 33, 34.
[201] Siehe dazu u.a. Lössl, 97: "Inwieweit hängt die geistige Entwicklung Augustins
während dieser Zeit mit diesen äußeren Einflüssen zusammen und was bedeutet
dies für das Konzept des *intellectus gratiae*? Wie . . . anhand von *ad Simplicianum* 2,1
deutlich werden dürfte, lag 397 im Kontext der Entwicklung zum *intellectus gratiae*
nicht nur die Gnadenlehre, sondern auch die Sakramentenlehre in ihren Grundlagen
bereits vor. Ebensowenig also, wie jene sich aus der Auseinandersetzung mit dem
Pelagianismus entwickelte, entstand diese ausschließlich im Kontext der Kontroverse
mit dem Donatismus. Die Kontroversen führten allerdings zu einer Verfestigung
bereits vorhandener philosophisch-exegetischer Grundpositionen. Anfangs 'in seiner
kirchlichen Haltung sehr flexibel', wurde Augustin 'von Erfahrungen, von *exempla*,
zur Änderung seiner Ansicht gedrängt.' Nicht er war es nach eigenem Empfinden,
der die religiöse Situation in Afrika derart politisch angeheizt hatte. Er fühlte sich
vielmehr in die Sphäre des Politischen hineingedrängt. Umso professioneller freilich
bewegte er sich darin. Er begann, der Politik immer mehr theologische Bedeutung
abzugewinnen und deutete schließlich die Zwangsmaßnahmen des kaiserlichen Staates
gegen die Donatisten im Sinne des *intellectus gratiae* als Mittel zur Ausbildung eines
gnadenhaft zum Tun des Guten konstituierten freien Willens."
[202] Ebd., 34.

Im Jahre 396, bezeichnenderweise im Jahr seiner Bischofswahl, verfaßte er die *Quaestiones ad Simplicianum*, in denen er die neue Gnadenlehre entwickelte. Mit der Wahl zum Bischof setzte eine Zeit ein, in der Augustinus sich immer mehr mit kirchenpolitischen Problemen beschäftigte und sich den sozialen, rechtlichen und politischen Problemen der Zeit zuwandte.[203] Mit der Gnadenlehre engte Augustinus das für sein früheres Denken entscheidende Konzept, nämlich die Möglichkeit einer philosophischen Erkenntnis Gottes, ein. Der Mensch kann sich nun weder durch Nachdenken noch durch sittliches Wollen auf die Gnade vorbereiten.[204] "Die Zustimmung zur göttlichen Berufung, also die *bona voluntas*, wirkt Gott allein."[205] Dennoch war Augustinus in seinem Wandel nicht radikal: "Er hielt bis an sein Lebensende daran fest, Gott sei dem philosophischen Leben zugänglich. Aber dieses menschliche Nachdenken über Gott stand nun unter erschwerten Bedingungen: Die Autorität der Schrift bekam zunehmend Gewicht."[206] Damit wurde der Charakter des Denkens verändert, "es verlor die unmittelbare Beziehung auf Glücksherstellung."[207] Das Erreichen der Glückseligkeit hing nach dieser Vorstellung allein von Gottes Willen ab, nicht von menschlicher Einsicht und Tugend. Augustinus gab das philosophische Ideal der Weisheit nicht gänzlich auf. "Aber er relativierte dies alles zugunsten faktischer Willensentscheide Gottes, der zwei große Gruppen schafft – die der Erwählten und die der Verworfenen."

Besonders in den *Confessiones* "gab er der spätantiken Idealvorstellung von 'Weisheit', indem er sie durch seine Gnadenlehre umstürzte,

---

[203] Vgl. hierzu A. Schindler, "Querverbindungen zwischen Augustinus' theologischer und kirchenpolitischer Entwicklung 390–400", in: Theologische Zeitung 29 (1973) 95–116 und Ders., 1979, 652–656. Lössl, 96: "Was sich bereits im Presbyterat gezeigt hatte, brach nun noch stärker durch: Augustinus identifizierte die Entwicklung seines *intellectus gratiae* mit dem aller ihm in der Seelsorge anvertrauten Gläubigen seiner Kirche. Entsprechend meinte er auch, ihn verkündigen zu sollen. Ihn wie in *Ad Simplicianum* 1,2 auf der Ebene von Grundlagenfragen zu diskutieren, reichte nun nicht mehr aus. Als Bischof mußte er auch theologisch-praktisch, was Kirchendisziplin und Dogmatik betraf, zu seiner sakramentaltheologischen Anwendung Stellung nehmen. Er tat dies vor allem in der Polemik zur Tauflehre, zwischen 397 und 411 im Kontext der Auseinandersetzung mit dem Donatismus um die Wiedertaufe und ab 411 mit Pelagius über die Heilsnotwendigkeit der Taufe angesichts der Vererbung der Ursünde."

[204] Ebd., 36; Vgl. Schöpf, 65–69; Schindler, Augustin, 672 ff.

[205] Schindler, Augustin, 673.

[206] Flasch, 37.

[207] Ebd.

einen Rückbezug auf das eigene, individuelle Leben, an dem sich die auswählende Gnade Gottes beweist, auch durch die eigenen Fehler und Irrtümer hindurch."[208] Die Gnadenlehre beschnitt den Gedanken der Gemeinsamkeit der Normen des göttlichen und des menschlichen Geistes, es entstand ein neues Bewußtsein des Abstand zwischen Schöpfer und Geschöpf.[209] In Bezug auf das Wissen erfolgte eine Verengung. So wurde auch das antike Bildungsgut in erster Linie als Mittel zum Zweck der Bibelauslegung auf die Schrift und die kirchliche Tradition bezogen.

---

[208] Ebd., 38.

[209] In Logik des Schreckens: Augustinus von Hippo, *De diversis quaestionibus ad Simplicianum* I 2 (Excerpta classica 8) Mainz ²1995 führt Flasch die Konsequenzen, die diese Einschränkung seiner Ansicht nach gehabt hat, weiter aus (119 f.). Er argumentiert dort, daß sich Augustin auch nach 397 seinen ontologischen und erkenntnistheoretischen Optimismus erhalten habe, seine Lehre von der Willensfreiheit allerdings manichäische Züge angenommen habe. Deswegen sei er "nach 400 zum Klassiker der christlichen Intoleranz geworden. . . . Je mehr Augustin die natürliche Sittlichkeit und den römischen Staat entwertete, je armseliger ihm der freie Wille der Unbegnadeten erschien, um so mehr verlegte er jeden wertvollen Inhalt, alle wirkliche Erfüllung in die Gnade. Ihr zur Hilfe zu kommen, und sei es mit rabiaten Maßnahmen, war alles legitim." Zwangsbekehrung, Inquisition, Religionskriege, Höllenangst, eine Geschichte der Angst vom 5. bis zum 18. Jahrhundert seien die Konsequenz der Rezeption der Gnadenlehre Augustins gewesen. (Logik des Schreckens, 135, 137) Lössl (bes. 94–95) kommt zu einer positiveren Wertung: "Kapituliert der Intellekt hier also gegenüber dem in einem irrationalen Glaubensakt anzunehmenden Faktum, daß einige Berufene sich als erwählt erweisen, die Masse aber nicht, oder kömme man sagen, er komme durch die Gnade zu sich, um im Gericht sogar über sich hinauszuwachsen, weil er in der Identifikation mit dem Richter selbst zum Richter wird? Über den heilsgeschichtlichen 'Rest', von dem im Anschluß an Röm 9,27 die Rede ist, wird in *ad Simplicianum* 1,2,20, im Zusammenhang mit Sir 33, 16 f. folgendes gesagt: "Ich selbst bin es. Wachgeblieben bin ich und halte gleichsam Nachlese hinter den Winzern her. . . . Auf den Segen des Herrn habe ich gehofft und gleichsam wie ein Winzer die Kelter gefüllt. Für Augustin ist es das Gesamt der Erlösten, das sich hier äußert: Obwohl nämlich der letzte wach gewesen sein wird, hat, weil, wie geschrieben steht (Mt 20,16), die letzen die ersten sein werden, das aus den Resten Israels gesammelte, auf den Segen des Herrn hoffende Volk aus der Üppigkeit des auf dem gesamten Erdkreis gedeihenden Weinbergs die Kelter gefüllt." Sie waren die letzen gewesen, hatten, ergriffen von der Gnade im Glauben, ihren Intellekt schon aufgegeben, waren hinter allen hergegangen und sind durch das Wirken der Gnade durch diese Nachlese, dadurch, daß sie dabei genug fanden, um die Kelter zu füllen, wieder die ersten geworden. . . . So erklärt sich auch der triumphalische Schluß der *Quaestio*: es gibt solche, die sich rühmen können. Aber niemand kann sich seiner selbst rühmen außer im Herrn. . . . Weder Ring noch Flasch haben diese abschließende Wendung berücksichtigt. . . . Der *intellectus gratiae* ist nach Augustin nicht dann erzielt, wenn die Aporie ausgeräumt ist. Sie gehört vielmehr dazu (Röm 11,33). Das Vorgehen Gottes bleibt Geheimnis. Kriterien für die Gnadenwahl können nicht angegeben werden. Aber, wie Mt 20,16 nahelegt, vom Glauben her ist der wirkkräftige Wille Gottes zum Heil aller Menschen mit Bestimmtheit anzunehmen. Die biblische Heilszusage steht

Schon in der Zeit von der Bekehrung bis zu der Entwicklung der
Gnadenlehre lassen sich Aspekte im Denken Augustins nachweisen,
die augenscheinlich Einfluß auf Possidius und seine Vita hatten.
Augustinus gelangte zur Einsicht, früher "die Philosophen zu hoch
geschätzt zu haben", eine Einschätzung, die Possidius aufgreift und
die ihn veranlaßt, auf eine ausführliche Darstellung der einzelnen
Phasen in der geistigen Entwicklung Augustins zu verzichten, vor
allen Dingen derjenigen, in denen sich dieser noch gänzlich an den
Idealen der antiken Philosophie orientierte. Seine Lektüre von Ciceros
Hortensius, sein Interesse an der Stoa und am Neuplatonismus, also
die entscheidenden Stadien seiner geistigen Entwicklung, werden in
der Vita mit keinem Wort erwähnt.

Aber auch in einer anderen, grundsätzlicheren Hinsicht ist die
Ablehnung der Philosophie durch den späten Augustinus prägend
für Possidius und die *Vita Augustini* geworden. Sie erklärt nämlich,
warum Possidius gänzlich auf eine 'akademische' Annäherung an die
Person des Augustinus verzichtet hat und auf keine seiner Lehrinhalte
und seiner philosophisch-theologischen Vorstellungen eingeht. Das
Mißtrauen des späten Augustinus gegenüber dem philosophischen
Zugang zu Gott hat Possidius offensichtlich von einem genaueren
Eingehen auf Augustins Gedankengebäude abgehalten. Ganz in diesem Sinne ist Augustinus' anti-elitäres Weisheitsverständnis von Possidius rezipiert worden. Er propagiert mit seinem Augustinusbild ein
allen zugängliches Heiligen- und Weisheitsideal. Hätte er versucht,
dem Denker Augustin besser gerecht zu werden, hätte er sich auf
eine philosophisch gebildete Leserschaft beschränken müssen. Weisheit
soll aber, laut Augustinus, nicht mehr nur einem kleinen Zirkel von
Auserwählten vorbehalten bleiben. Anders als in der Zeit vor seiner
Bekehrung, in der er allein den intellektuellen Aufstieg zu Gott für
möglich hielt, ist der ältere Augustinus der Ansicht, daß der Mensch
sich der göttlichen Weisheit auf zwei Weisen, durch Einsicht und
rechte Lebensführung, nähern kann. Es sind genau diese Aspekte,
die für die Porträtierung Augustins in der Vita des Possidius entscheidend sind.

Nach der Taufe spielt im Denken Augustins die Autorität der
Heiligen Schrift eine immer wichtigere Rolle. Auch dies ist für die

---

fest und ist glaubwürdig. . . . Für Augustin heißt *intellectus gratiae*, an den selbstver-
schuldeten Grenzen des Intellekts seine ungeschuldete Transzendenz wahrzunehmen, die identisch ist mit dem Heil."

Vita bestimmend geworden. Augustins Weisheit äußert sich für Possidius vornehmlich in "richtiger Begründung und der Autorität der heiligen Schriften." Daß Possidius das Bild des Augustinus am Neuen Testament normiert und seine Lebensführung und seine Äußerungen den im Neuen Testament vermittelten Vorstellungen anpaßt, wird immer wieder in der Vita, besonders durch die wiederholten Verweise auf Bibelstellen, deutlich.

Augustinus erkennt schon in der Zeit nach der Bekehrung die Notwendigkeit einer Einflußnahme der Weisen auf das öffentliche Leben der Christen. Daß Augustinus in der Vita des Possidius, besonders in der Darstellung seiner antihäretischen Tätigkeit, von diesem Gedanken getragen wird, sollte deutlich geworden sein.

Ebenso hat Augustinus schon jetzt Weisheit und Kirche in einen engen Zusammenhang gebracht. Auch für Possidius ist Weisheit, genauer diejenige Augustins, nur insofern relevant als sie für die katholische Kirche von Nutzen ist und zu ihrer Förderung und Stärkung beiträgt.

Im Zuge der Ausbildung seiner Gnadenlehre werden bestimmte Ansätze im Denken Augustins aufgegeben, andere hingegen verstärkt. So wird die Unterwerfung unter die Autorität der Bibel und der Kirche noch radikaler gefordert und die Rolle des Weisen weiter eingeengt auf seine Funktion als Stütze der christlichen Gemeinde und Förderer der Kirche. Die rein akademische Weisheit und der individuelle Zugang zu Gott werden mit größerem Nachdruck abgelehnt bzw. als unmöglich bezeichnet. Die Macht der Persönlichkeit wird zugunsten des Gnadenwirkens fundamental eingeschränkt.

Von dieser auch von Possidius geteilten Position her wird erst die normierende, fast alle individuellen Züge vernachlässigende Darstellung des Augustinus ganz verständlich. Der Verzicht auf den Versuch, ein psychologisierendes Portrait Augustins zu liefern und ihm als Individuum gerecht zu werden, entspringt also weniger der Possidius oft unterstellten Unfähigkeit als vielmehr der Übertragung der Gnadenlehre des Augustinus auf seine Personendarstellung. Die Verdienste des Protagonisten sollen nicht auf eine vom autonomen Individuum aus eigener Macht erworbene Befähigung zurückgeführt werden, sie entspringen nach Possidius' Auffassung vielmehr der Gnade Gottes.

Was die Rezeption der für Augustinus so entscheidenden Gnadenlehre angeht, ergeben sich jedoch gewisse Probleme. Augustins Gnadenverständnis und seine Prädestinationslehre gehen in letzter Konsequenz von einer durch Gesinnung und Handeln nicht zu beeinflussenden

Erwählung oder Verwerfung des Menschen durch Gott aus. Schon
der Anfang des Glaubens – *initium fidei* – und der Anfang des guten
Werkes – *initium boni operis* – gehen aus der vorauswirkenden Gnade
hervor, ja selbst die Bitte um Gnade ist schon Werk der Gnade.[210]
Wenn man diesen Gedanken folgerichtig weiterführte, müßte man
zu der Einsicht gelangen, daß jeglicher Versuch, Menschen zu einem
vernunfts- und tugendgeleiteten Leben zu veranlassen und ihnen
damit zukünftige Glückseligkeit in Aussicht zu stellen, im Grunde
überflüssig ist. Auch eine Hagiographie, die ihren Heiligen den Lesern
als Vorbild vor Augen stellen möchte, wird somit durch die konse-
quente Anwendung der Gnadenlehre des Augustinus hinfällig. Wenn
also Possidius Augustins Gnadenlehre wörtlich und in letzter Konsequenz rezipiert hätte, hätte er auf seine Vita verzichten müssen.
Daß Possidius dies nicht getan, sondern Augustinus in seiner Vita
als *exemplum* und Muster vorgeführt hat, sollte deutlich geworden sein.
Possidius bezeichnet sich selbst in den letzten Sätzen der Vita als
Nacheiferer und Nachahmer seines Protagonisten.

Augustins autobiographisches Werk hingegen hat, was die Anwendung der Gnadenlehre betrifft, durchaus seine Berechtigung. Augustinus
betont zwar die Beispielhaftigkeit seines Lebens, weniger im Sinne
eines *exemplum imitandi* als vielmehr als Beweis für die Prädestination
und die Gnade Gottes, die ihn trotz jugendlicher Sündhaftigkeit und
Verstrickung von vornherein für den Kreis der Erwählten vorbe-
stimmt habe. Je pointierter er seine eigenen Abirrungen und Umwege
darstellt, desto deutlicher kann er das Gnadenwirken und die Vorherbestimmung Gottes hervorheben.

Wie stark Possidius dennoch von der Gnadenwirkung Gottes auf
den Menschen überzeugt ist, wird bei genauerer Betrachtung der
Vita deutlich. Allein das häufige Vorkommen des Wortes *gratia Dei*
kann als Indiz dafür gelten, daß Possidius Augustins gesamte Wirksamkeit, seine Weisheit und seinen Nutzen für die Kirche in letzter
Konsequenz auf die Gnade Gottes zurückführt.

In der *Vita Augustini* zeigt sich die Gnade und Vorherbestimmung
Gottes anders als in den *Confessiones* nicht darin, daß ein Mensch
trotz seiner Sünden und Irrwege zum Glauben findet. Augustins
besondere Erwähltheit manifestiert sich in der Vita ganz im Gegensatz

---

[210] O.H. Pesch, "Gnade", in: Peter Eicher (Hg.), Neues Handbuch theologischer
Grundbegriffe 2, München 1984, 109–122, 117.

zu den *Confessiones* nicht durch die Dynamik und den Fortschritt einer
inneren Entwicklung, sondern in einer durch Statik gekennzeichne-
ten Existenz. Augustinus ist von Anfang an umgeben von der Aura
besonderer Weisheit und Gotteskenntnis, die keiner Entwicklung mehr
bedarf. Mit dieser Einordnung in eine bestimmte Tradition, die des
heiligen Weisen, und die damit verbundene eher indirekte Methode,
die besondere Erwähltheit des Augustinus anzudeuten, ist es Possidius
möglich, seinem Dilemma zu begegnen. Augustinus' Leben wird eindeutig als Gnadenwerk Gottes dargestellt, seine Erwähltheit äußert
sich in seiner Weisheit. Dadurch, daß Possidius der Weisheit des
Augustinus einen eher praktischen, nutzorientierten Charakter gibt
und ihr die elitäre Ausschließlichkeit nimmt, kann sich seine Vita
auch zur Aufgabe machen, mit dem Hinweis auf das Beispiel des
Augustinus zur *imitatio* anzuregen.

Possidius versteht das Leben des Augustinus weniger als Indiz für
die Wirksamkeit der Gnade Gottes in der individuellen Seele als vielmehr für die von ihm der gesamten Kirche gewährten Gnadenfülle.
Augustins Weisheit ist denn auch kein persönlicher Gewinn, sie steht
vielmehr im Dienste der Kirche, durch sie wird deren Autorität und
Überzeugungskraft gefördert. Ähnlich wie im Neuen Testament die
Menschwerdung Christi als höchster Ausdruck der Gnade Gottes
verstanden wird, ist die Existenz des Augustinus ein Zeichen für die
von Gott seiner Kirche gewährten Gnade. Possidius' Gnadenverständnis
ist also weniger individuell, innerlich und unbegreifbar als dasjenige
Augustins, Gnade wird von ihm eher als ein soziales, äußerlich auf-
weis- und erfahrbares Phänomen verstanden.

Dieses Gnadenverständnis wird deutlich in seiner Persönlichkeitskonzeption, die auf die Darstellung individueller Züge weitgehend
zugunsten einer Normierung im Sinne der Ideale des Evangeliums
verzichtet. In seinem universaleren Gnadenverständnis steht Possidius
den neutestamentlichen Vorstellungen näher als Augustinus. Dennoch
muß auch diese Abweichung als ein Indiz für eine Auseinandersetzung
mit dem augustinischen Geistesgut und für einen, wenn auch nicht
vollständig wortgetreuen Einfluß seiner Vorstellungen auf die Vita
gewertet werden. Wenn das Konzept der Gnade ganz allgemein in
der Vita eine wichtige Rolle spielt, ist das sicherlich auf den Einfluß
Augustins zurückzuführen. Daß Possidius' Vorstellungen jedoch nicht
gänzlich mit denen seines Lehrers übereinstimmen, macht die ganze
Konzeption der *Vita Augustini* deutlich.

Possidius wird in der Forschung als treuer Jünger und uneingeschränkter Bewunderer Augustins betrachtet. Seine Vita zeigt jedoch
weniger von dieser geistigen Jüngerschaft als man angenommen hat.
Es wird der Eindruck vermittelt, daß Possidius' intellektuelle Fähigkeiten
für eine adäquate Darlegung der religionsphilosophischen Konzeptionen des Augustinus und eine Vermittlung der Brillanz seiner Persönlichkeit nicht gereicht hätten.

Daß gerade die Punkte, die immer wieder einer scharfen Kritik
unterworfen wurden und zu einer negativen Beurteilung der Vita führten, die Beschränkung auf Augustinus' kirchenpolitische und öffentliche Wirksamkeit, die Unfähigkeit, der Individualität, Besonderheit
und Größe des Augustinus gerecht zu werden, sowie der Verzicht
auf eine Beschreibung der geistigen Entwicklung des Augustinus und
seiner frühen philosophischen Vorstellungen, ja die Absenz jeglichen
Einblicks in sein theologisches Gedankengebäude, Ausdruck einer
bewußten Rezeption und Folge einer intensiven Auseinandersetzung
mit dem Denker Augustin sind, wird schon bei einem flüchtigen
Blick auf Augustinus' Vorstellungen in dem Lebensabschnitt deutlich, in dem Possidius ihn selber kannte und der für ihn als Verfasser
einer Bischofsvita entscheidend war, nämlich dem des getauften und
des zum Bischof geweihten Augustinus.

KAPITEL SECHS

DREI BISCHOFSVITEN AN DER EPOCHENSCHWELLE ZWISCHEN SPÄTANTIKE UND FRÜHEM MITTELALTER

Kaum eine andere Epoche in der Geschichte Europas ist derart von Umbruch und Wandel gekennzeichnet wie die Zeit vom Ende des 5. bis zum Ende des 7. Jahrhundert, in der sich, was den abendländischen Westen angeht, der Übergang von der Spätantike zum Mittelalter vollzog.[1] War das 4. Jahrhundert nach der offiziellen Anerkennung des Christentums als Staatsreligion weitgehend geprägt von dogmatischen Auseinandersetzungen, so zeichneten sich im 5. Jahrhundert schon die Momente ab, die bestimmend für das Mittelalter werden sollten: das trotz der staatsrechtlich fortbestehenden Einheit des römischen Imperiums immer deutlicher werdende Auseinanderstreben der beiden Reichshälften sowie die zunehmende Bedeutung der Barbaren, die sich – besonders im Westen – immer schwerer integrieren ließen und damit wesentlich zum Zerfall der kaiserlichen Macht und dem Prozeß der Partikularisierung des Imperiums beitrugen, der schließlich

---

[1] Zum Problem der Kontinuität zwischen Altertum und Mittelalter siehe R. Buchner, Die römischen und die germanischen Wesenszüge in der neuen politischen Ordnung des Abendlandes, in: Caratteri del secolo VII in occidente (Settimana di Studio del Centro italiano di Studi sull'Alto Medioevo 5) Spoleto 1958, 223–269; M.A. Wes, Das Ende des Kaisertums im Westen des Römischen Reiches, Den Haag 1967; P.E. Hübinger (Hg.), Kulturbruch oder Kulturkontinuität im Übergang von der Antike zum Mittelalter (Wege der Forschung 201) Darmstadt 1968; Ders. (Hg.), Zur Frage der Periodengrenze zwischen Altertum und Mittelalter (Wege der Forschung 51) Darmstadt 1969; A.H.M. Jones, The Later Roman Empire 284–603. A Social, Economic and Administrative Survey I–III, Oxford ²1970; Chr. Meier, Kontinuität und Diskontinuität im Übergang von der Antike zum Mittelalter, in: H. Trümpy (Hg.), Kontinuität und Diskontinuität in den Geisteswissenschaften, Darmstadt 1973, 53–94; F. Schachermeyr, Die großen Zeitwenden am Beginn und am Ende des Altertums. Ein Vergleich, in: Ders., Forschungen und Betrachtungen zur griechischen und römischen Geschichte, Wien 1974, 7–20, bes. 13 ff.; A. Demandt, Der Fall Roms. Die Auflösung des Römischen Reiches im Urteil der Nachwelt, München 1984; Ders., Die Spätantike. Römische Geschichte von Diokletian bis Justinian. 284–565 n. Chr. (Handbuch der Altertumswissenschaft III, 6) München 1984, bes. 457–459; R. Herzog – R. Koselleck (Hgg.), Epochenschwelle und Epochenbewußtsein (Poetik und Hermeneutik 12) München 1987; J. Martin, Spätantike und Völkerwanderung (Oldenbourg – Grundriß der Geschichte 4) München 1987; A. Cameron, The Later Roman Empire, London 1993, bes. 152–176

zur Bildung der sogenannten Völkerwanderungsreiche führte. 418 siedelten sich die Westgoten als Föderaten in Aquitanien an, 429 setzten die Vandalen nach Nordafrika über, das Jahr 476 brachte das Ende des weströmischen Kaisertums und des Königtums Odoakers in Italien, nach 486 stießen die Franken bis zur Seine und Marne vor, unterwarfen 496/497 die Alamannen und beherrschten seither das Land vom Oberrhein bis zum Atlantik und vom Niederrhein bis zur Seine. Im 6. Jahrhundert gelang es Kaiser Iustinian zwar noch einmal, dem Imperium zu neuer Bedeutung zu verhelfen, aber bereits in den Jahrzehnten nach seinem Tod gingen Nordafrika, Italien und Südspanien, die er zurückgewonnen hatte, wieder verloren. Fast zur gleichen Zeit folgten die Eroberung großer Teile Nord- und Mittelitaliens durch die Langobarden und das Vordringen der Awaren und Slawen in den Donauraum.

Von gleicher Tragweite wie die politischen waren auch die kulturellen und gesellschaftlichen Veränderungen, die mit dem Zustrom der Germanen verbunden waren. Hatte man im 4. Jahrhundert noch eine Politik betrieben, die besonders, was den militärischen Bereich betraf, eine Assimilierung der Barbaren und ihre Eingliederung in das Römische Reich begünstigte, machten sich zu Beginn des 5. Jahrhunderts verstärkt Vorbehalte gegen sie bemerkbar, die zwar ihre politische Karriere erschwerten, ihre soziale und kulturelle Integration aber nicht verhinderten. Obwohl die mediterrane Kultur noch lange vorherrschend und in den auf dem Boden des Reiches entstandenen Nachfolgestaaten zumindest für die oberen Gesellschaftsschichten bestimmend blieb, nahm der Einfluß des germanischen Elementes immer mehr zu, so daß man seit dem 5. Jahrhundert von einer griechisch-römisch-germanisch geprägten Welt sprechen kann.[2] Der Übergang von einer spätantiken zu einer 'mittelalterlichen' Kultur,

---

[2] Zum Kontinuitätsproblem speziell im gallisch-germanischen Raum siehe E. Ewig, Das Fortbestehen römischer Institutionen in Gallien und Germanien (X. Congresso internazionale di scienze storiche, Relazione 6) Firenze 1955, 561–598. ND in: Ders., Spätantikes und fränkisches Gallien 1 (Beihefte der Francia 3. 1) München 1975, 409–434; E. Zöllner, Geschichte der Franken bis zur Mitte des 6. Jahrhunderts, München 1970; H.-D. Kahl, Zwischen Aquileja und Salzburg. Beobachtungen und Thesen zur Frage romanischen Restchristentums im nachvölkerwanderzeitlichen Binnen-Noricum (7.–8. Jahrhundert), in: H. Wolfram – F. Daim (Hgg.), Die Völker an der mittleren und unteren Donau im fünften und sechsten Jahrhundert (Veröffentlichungen der Kommission für Frühmittelalterforschung 4. Österreichische Akademie der Wissenschaften. Phil.-hist. Kl., Denkschriften 145) Wien 1978, 33–81; E. James, The Origins of France, London 1982; P. Geary, Before France and Germany, New

der in den einzelnen Regionen und Bevölkerungsschichten zu verschiedenen Zeiten erfolgte, ist in vielen Bereichen durch tiefgreifende Umbrüche, in anderen durch eine erstaunlich große Kontinuität gekennzeichnet.[3]

Welchen Einfluß die politischen, gesellschaftlichen und kulturellen Veränderungen auf die Funktion des Bischofsamtes und die Gestalt des Bischofs hatten, ist von der französischen Mentalitätsgeschichte und der italienischen, aber auch von der deutschen Mediävistik und Kirchengeschichtsschreibung intensiv untersucht und ausführlich dargestellt worden.[4] Dies ist wohl auf den besonderen Stellenwert zurückzuführen, den das Bischofsamt im 5. und 6. Jahrhundert hatte.

York 1988; W. Goffart, Barbarians and Romans: Techniques of Accomodation. A.D. 418–584, Princeton 1988; Ders., The Narrators of Barbarian History, Princeton 1988, 256–324; Ders., Rome's Fall and After, London 1989; S. Lebecq, Les Origines franques, Vᵉ–IXᵉ siècles, Paris 1990; R. Schneider, Das Frankenreich (Oldenbourg Grundriß der Geschichte 5) München ²1990; J. Drinkwater – H. Elton (Hgg.), Fifth-Century Gaul: A Crisis of Identity, Cambridge 1992, bes.: J.D. Harries, Sidonius Apollinaris, Rome and the Barbarians: A Climate of Treason?, 298–308; W. Pohl, Kingdoms of the Empire. The Integration of Barbarians in Late Antiquity, Leiden-New York-Köln 1997.

[3] Die Geschichtsschreibung neigte unter dem Eindruck der jeweiligen Zeitgeschichte dazu, entweder die Veränderungen, die durch die Völkerwanderungen hervorgerufen wurden, in den Vordergrund zu stellen oder aber das Bleibende und Verbindende zwischen Spätantike und frühem Mittelalter zu betonen. "Nach einer Überbetonung der germanischen Tradition im 19. Jahrhundert ist man in den Jahren nach 1945 vorsichtig bedacht gewesen, alle politischen, sozialen und kulturellen Veränderungen, alle verfassungsmäßigen Phänomene auf antik-römische und christliche Wurzeln zurückzuführen. Die germanische Komponente bei der Entstehung der mittelalterlichen Welt wurde geflissentlich übergangen. Erst allmählich scheint das übertriebene Festhalten an der antiken Kontinuität im allgemeinen einer differenzierteren Betrachtungsweise dieses so stark strapazierten Begriffs zu weichen." (G. Scheibelreiter, "Der frühfränkische Episkopat. Bild und Wirklichkeit", in: Frühmittelalterliche Studien 17 (1983) 131–147, hier 134) Auch die spätantiken bzw. frühmittelalterlichen Quellen vermitteln einen unterschiedlichen Eindruck. Die meisten Autoren des 5. Jhds. – etwa Salvian und Paulinus von Pella – entwerfen ein Bild des Schreckens und Zerfalls. Sidonius Apollinaris läßt hingegen den Eindruck eines bruchlosen Übergangs aufkommen. "To a very large extent the sources of the first part of the period which suggest calamity are moralizing tracts intended to prompt spiritual and social reform. Sidonius's writings are verse panegyrics addressed to emperors, and letters: both literary forms which tend to emphasize the traditional values of the senatorial aristocracy and imperial court." (I. Wood, The Merovingian Kingdoms, Harlow 1994, 20. Ebd., 22: "Except in very specific cases Sidonius's attitudes and style encourage the reader to see continuity where there may have been disruption.")

[4] Aus der Fülle der Literatur seien genannt K. Bosl, Der 'Adelsheilige'. Idealtypus und Wirklichkeit, Gesellschaft und Kultur im merowingischen Bayern des 7. und 8. Jahrhunderts. Gesellschaftsgeschichtliche Beiträge zu den Viten der bayerischen Stammesheiligen Emmeran, Rupert, Korbian, in: Cl. Bauer – L. Boehm – M. Müller (Hgg.), Speculum historiale. Geschichte im Spiegel von Geschichtsschreibung und

Nur wenige gesellschaftliche Gruppen spielten beim Übergang von der Spätantike zum Mittelalter eine ähnlich zentrale Rolle wie die der Bischöfe. Sie gehörten zu den entscheidenden Gestaltern und repräsentativen Vertretern der Epoche. Ihre Zahl stieg besonders in Gallien stark an. Während es in konstantinischer Zeit in Gallien 25 bis 28 Bischofssitze gab, war das Land bereits gegen 400 "mit Bischofssitzen übersät".[5] Fast alle 115 *Civitates* und und selbst einzelne *Castra* haben damals schon einen Bischof gehabt. Ihre Stellung innerhalb der Hierarchie, ihre geistliche Leitungsgewalt sowie ihre Funktion als Lehrer und Richter waren schon im spätrömischen Reich genau definiert. Durch den Zusammenbruch des Reiches und die sich daraus ergebenden Konsequenzen wurden viele ihrer Kompetenzen jedoch noch erweitert: "Ursprünglich Leitungsamt in der christlichen Gemeinde, Repräsentation der Kirche in einer Stadt und Garant des 'richtigen' Glaubens, darin abgesichert und kontrolliert durch die Synoden der Kirche, entwickelte sich der Episkopat im Laufe des 4. und erst recht des 5. Jahrhunderts in einigen Reichsteilen zu einer inoffiziellen, aber allzuständigen städtischen Einzelmagistratur, die über den Untergang des Römischen Reiches hinaus zum Verteidiger römischer Kultur und zum Stabilisator der römischen Sozialstruktur

---

Geschichtsdeutung. Johannes Spörl aus Anlaß seines 60. Geburtstages dargebracht von Weggenossen, Freunden und Schülern, Freiburg – München 1965, 167–187; E. Ewig, Spätantikes und fränkisches Gallien. Gesammelte Schriften (1952–1973) I–II (Beihefte der Francia 3, 1.2) München 1976/1979; Fr. Graus, "Die Gewalt bei den Anfängen des Feudalismus und die 'Gefangenenbefreiungen' der merowingischen Hagiographie", in: Jahrbuch für Wirtschaftsgeschichte 1 (1961) 61–156; G. Scheibelreiter, Der frühfränkische Episkopat, 131–147; M. Heinzelmann, "*Sanctitas* und 'Tugendadel'. Zu Konzeptionen von 'Heiligkeit' im 5. und 10. Jh.", in: Francia 5 (1977) 741–752; Ders., "Gallische Prosopographie 260–527", in: Francia 10 (1982) 531–718. Ungeachtet des starken Interesses an der Rolle der Bischöfe vom ausgehenden 5. bis zum 8. Jahrhundert ist die Zahl der literaturwissenschaftlichen Studien zu den Bischofsviten gering. Von ihnen seien erwähnt: F. Graus, Volk, Herrscher und Heilige im Reich der Merowinger. Studien zur Hagiographie der Merowingerzeit, Prag 1965; Ders., Sozialgeschichtliche Aspekte der Hagiographie der Merowinger- und Karolingerzeit. Die Viten der Heiligen des südalemannischen Raumes und die sogenannten Adelsheiligen, in: Arno Borst (Hg.), Mönchtum, Episkopat und Adel zur Gründungszeit des Klosters Reichenau (Vorträge und Forschungen. Konstanzer Arbeitskreis für Mittelalterliche Geschichte 20) Sigmaringen 1974, 131–176, sowie die bereits erwähnten Arbeiten von Fr. Prinz und M. Heinzelmann. Einen umfassenden Überblick bietet: Berschin I; II: Merowingische Biographie. Italien, Spanien und die Inseln im frühen Mittelalter (Ebd. 9) Stuttgart 1988.

[5] A. Angenendt, Das Frühmittelalter. Die abendländische Christenheit von 400 bis 900, Stuttgart-Berlin-Köln ²1995, 86.

in den germanischen Nachfolgestaaten wurde."[6] In einer Zeit, in der – wie P. Brown es ausdrückt – "aufgrund der großen Belastungen, denen das Reich ausgesetzt war, alle anderen bürgerlichen Vereine stagnierten",[7] wurden die Bischöfe mit einer Fülle von Kompetenzen ausgestattet, die vorher von einer Vielzahl von Funktionären des staatlichen Verwaltungsapparates wahrgenommen worden waren. Als Garanten von sozialer Stabilität und Ordnung übernahmen sie die Rolle von *patroni* der *civitates*, denen sie als geistliche Hirten vorstanden,[8] sie verteidigten sie gegen den Andrang von Barbaren, gegen ungerechtfertigte Übergriffe der Kaiser und gegen konkurrierende Interessen anderer Städte und Potentaten. In Gallien verfügten sie über eine fast unbegrenzte Zuständigkeit. Sie waren verantwortlich für den Straßenbau, die Errichtung von Befestigungen und Mauern sowie die Organisation der Stadtverteidigung.[9] Die Amtsinhaber traten als Diplomaten im Dienst des Reiches, einzelner Reichsteile, ihrer Städte oder als Repräsentanten der Germanenreiche auf.

Bischöfe waren nicht mehr nur für Rechtsstreitigkeiten unter Christen, sondern auch zwischen Christen und Nichtchristen zuständig. Nach einer Zwischenphase konkurrierender Gerichtsbarkeit weltlicher und geistlicher Richter in Zivilsachen, wurden sie auch die alleinige rechtsprechende Instanz im Bereich des Strafrechts.[10] Sie übernahmen die Verteilung öffentlicher *munera* zu karitativen Zwecken, und es oblag ihnen die Verwaltung großer Territorien, die der Kirche testamentarisch vermacht worden waren. Sie übten somit gesellschaftliche Funktionen aus, die zum Teil zwar schon in der Spätantike mit dem

---

[6] S. Baumgarten, Die Bischofsherrschaft im Gallien des 5. Jahrhunderts. Eine Untersuchung zu den Gründen und Anfängen weltlicher Herrschaft der Kirche, München 1995, 9. M. Heinzelmann, Bischof und Herrschaft vom spätantiken Gallien bis zu den karolingischen Hausmeiern. Die institutionellen Grundlagen, in: Fr. Prinz (Hg.), Herrschaft und Kirche. Beiträge zur Entstehung und Wirkungsweise episkopaler und monastischer Organisationsformen (Monographien zur Geschichte des Mittelalters 33) Stuttgart 1988.

[7] P. Brown, Die Entstehung des christlichen Europa (Europa bauen) München 1996, 54.

[8] Th.B. Andersen, *Patrocinium*: The Concept of Personal Protection and Dependence in the Late Roman Empire and the Early Middle Ages, New York 1974.

[9] Siehe dazu Prinz, Klerus und Krieg im frühen Mittelalter. Untersuchungen zur Rolle der Kirche beim Aufbau der Königsherrschaft (Monographien zur Geschichte des Mittelalters 2) Stuttgart 1971.

[10] Ausnahmen bildeten u.a. die Blutgerichtsbarkeit sowie politische Prozesse. Siehe dazu u.a. Scheibelreiter, Der Bischof in merowingischer Zeit, 172–202.

Bischofsamt verbunden waren, nunmehr jedoch sehr viel weiter über den kirchlichen Bereich hinausgingen.

In engem Zusammenhang mit der Ausweitung der sozialen Funktionen des Bischofs steht die zunehmende Aristokratisierung des Episkopates. Er rekrutierte sich nunmehr in starkem Maße aus dem Adel, der nach dem Zusammenbruch des Reiches in nur noch eingeschränktem Maße über andere adäquate Beschäftigungsmöglichkeiten verfügte,[11] aber dennoch als einzige Bevölkerungsgruppe über die nötige Kompetenz, die Bildung und den Einfluß verfügte, die erforderlich waren, um den sich dem Bischof nun stellenden Aufgaben gerecht zu werden. In den meisten Viten aus dieser Zeit wird denn auch die adelige Herkunft als etwas Selbstverständliches, ja geradezu als die eigentliche Qualifikation für das Amt des Bischofs angesehen.

Erwiesen sich die Bistümer als beharrende Institutionen, so blieben auch in den Bischofsviten – besonders in formaler Hinsicht – einige der für die Frühzeit charakteristischen Elemente konstitutiv. Auch wenn die wenigsten dieser Viten in ihrer Gesamtkonzeption auf ein einziges Vorbild zurückgeführt werden können und in den meisten Fällen lediglich Einzelaspekte an die älteren Viten erinnern, lassen sich im Hinblick auf die Proömien, den Aufbau, die Verknüpfung einzelner Episoden, die Kategorien und die Topen, die zur Beschreibung von Eigenschaften und Lebensabschnitten herangezogen werden, Reminiszenzen an die ältere Tradition feststellen, wobei man in einzelnen Biographien Parallelen zu weitaus mehr als einer der älteren Viten finden kann.

Bei aller Beharrungskraft, die sowohl das Amt des Bischofs als auch die literarische Darstellung der Inhaber dieses Amtes besaßen, ist jedoch nicht zu übersehen, in welchem Maße die Veränderungen des kulturellen und gesellschaftlichen Milieus auf die Bischofsbiographie Einfluß genommen haben. Entsprechend der fast explosionsartigen Vermehrung der Bistümer nahm auch die Anzahl der Bischofsviten zu. In vielen von ihnen spiegelt sich der um politische und administrative Aspekte erweiterte Aufgabenbereich der Bischöfe wider. Wohl aufgrund des zunehmend weltlichen Zuschnitts des Amtes bestand

---

[11] R.W. Mathisen, Roman Aristocrats in Barbarian Gaul: Strategies for Survival in an Age of Transition, Austin 1993. Siehe auch Angenendt, Das Frühmittelalter, 94: "Galliens Bischöfe stammten im 5. und 6. Jahrhundert in beträchtlicher Anzahl, schätzungsweise zu einem Drittel, aus senatorisch-adeligen Familien."

jedoch auch weiterhin das Bedürfnis, die Machtfülle des Bischofs
spirituell zu legitimieren. Diese Legitimierungsversuche waren angesichts
gesellschaftlicher Verhältnisse, die in weit stärkerem Maße als noch
im 4. und 5. Jahrhundert durch Kontraste und Differenzen gekennzeichnet waren, wesentlich komplexer als in der Frühzeit der Bischofsbiographie. Den großen Zulauf, den monastische Zentren wie die
Klostergründungen Martin von Tours, Cassians oder Honoratus' von
Arles seit dem späten 5. Jahrhundert bei der romano-gallischen, besonders aber bei der germanischen Aristokratie hatten, was sich
auch in den Bischofsviten widerspiegelt, mag man mit Fr. Prinz als
'Instinkthandlung' verstehen, mit der die jeweilige Führungsposition
im Rückgriff auf das Mönch- und Asketentum legitimiert und gefestigt
werden sollte.[12] In einem zunehmend agrarischen Umfeld, in dem
der Großteil der Bevölkerung numinösen, magisch-mythischen Vorstellungen anhing, hatte der Bischof als Vertreiber von Dämonen,
Wunderheiler und Propagator des Reliquienkultes eine noch unmittel-
barere und handgreiflichere Überzeugungskraft als der Asket. In noch
stärkerem Maße als in den Anfängen der Bischofsbiographie wird
denn auch mit der Darstellung des Bischofs als Thaumaturg einer
'Volksreligiösität' Rechnung getragen, die durch 'einfachere', 'archaische' Denklogiken gekennzeichnet ist.[13]

Von einem direkten Einfluß hellenistischer Philosophenbiographien
und dem Vorbild des von der klassischen *Paideia* geprägten Bildes
des Weisen[14] kann sicherlich nur noch eingeschränkt die Rede sein.
Das Ideal der Weisheit, das für die frühen Bischofsviten charakter-

---

[12] In Fr. Prinz, "Hagiographische Texte über Kult- und Wallfahrtsorte", in:
Hagiographica 1 (1994) 17–43, 25 spricht er von einer 'christlichen Selbstsakralisierung'
der spätantiken Aristokratie, die sich auch in der Übernahme von Kontrollfunktionen
beim ständig wachsenden Heiligen- und Reliquienkult erkennen läßt.

[13] Aus der Fülle der Literatur, die sich dem in der Forschung häufig postulierten
Kontrast zwischen 'Volks-' und 'Elitenreligiösität' bzw. zwischen 'archaischen' und
'elaborierten' Religionsformen widmet, seien hier nur genannt A. Borst, Lebensformen
im Mittelalter, Frankfurt a.M. – Berlin 1973; A.J. Gurjewitsch, Das Weltbild des
mittelalterlichen Menschen, München 1982; W. Haubrichs, "Christentum in der
Bekehrungszeit. Frömmigkeitsgeschichte", in: Realenzyklopädie der Germanischen
Altertumskunde 4 (1981) 520; G. Scheibelreiter, Die barbarische Gesellschaft.
Mentalitätsgeschichte der europäischen Achsenzeit 5.–8. Jahrhundert, Darmstadt
1999. Eine Analyse der dem Problem der Bewertung mittelalterlicher Religiösität
gewidmeten Forschung und der in ihr verwendeten Begrifflichkeiten bietet A.
Angenendt, Geschichte der Religiösität im Mittelalter, Darmstadt 1997, 1–31.

[14] Zur Rolle des Intellektuellen im Übergang von der Spätantike zum frühen
Mittelalter siehe M. Simonetti, L'intellettuale cristiano di fronte alle invasioni barbariche in occidente, in: Il comportamento dell' intelletuale nella società antica

istisch ist, bleibt jedoch – nicht in seinem ursprünglichen – dafür aber in einem anderen, veränderten Sinne relevant. Angesichts des generellen Bildungsverfalls hatte jegliche Form des Wissens einen nicht zu unterschätzenden Stellenwert. Über die Kenntnisse, die für die Ausübung des Bischofsamtes notwendig waren, verfügten nur noch wenige. Bildung war einer noch kleineren Elite zugängig als in der Spätantike. In den Klöstern, den wichtigsten Ausbildungsstätten der zukünftigen Bischöfe, vermittelte man neben der immer seltener werdenden Fähigkeit des Lesens und Schreibens theologische Grundkenntnisse und Kompetenzen, die nicht nur für die Ausübung des Bischofsamtes, sondern auch für die Wahrnehmung administrativer Funktionen etwa am Königshof relevant waren.

In theologischer Hinsicht sind in der ausgehenden Spätantike und im frühen Mittelalter keine mit denen des 4. Jahrhunderts vergleichbare innovatorische Leistungen erbracht worden. Es herrschte in zunehmenden Maße ein Traditionalismus, der sich bei allem Bemühen um die Vätertheologie in Wiederholungen, im Exzerpieren und im Sammeln von Sentenzen erschöpfte. Lediglich im 5. Jahrhundert lassen sich im Süden Galliens im Zuge der neuen Blüte des Asketentums eine Reihe von Bischöfen, zumeist Abkömmlinge aristokratischer Familien, als Verfasser theologischer Schriften ausmachen. Viele von ihnen standen dem Mönchtum nahe und waren auch in die Auseinandersetzungen um den Semipelagianismus[15] involviert: neben Honoratus von Arles und Johannes Cassianus etwa Vincenz von Lérins und Faustus von Riez als Vertreter des Semipelagianismus, Prosper Tiro von Aquitanien, Claudianus Mamertus von Vienne, Julianus Pomerius als Repräsentanten der augustinischen Gnadenlehre. Im 6. Jahrhundert traten im Süden Galliens von den dort tätigen 148 Bischöfen nur noch zwei theologisch und literarisch hervor: Avitus von Vienne und Caesarius von Arles.

Die Charakterisierung des Bischofs als eines Gelehrten und Theologen entsprechend einer Konzeption von Heiligkeit, die sich aus

---

(Istituto di Filologia Classica e Medievale 67) Genova 1980, 93–117; H. Beumann, Der Schriftsteller und seine Kritiker im frühen Mittelalter, in: Ders., Wissenschaft vom Mittelalter. Ausgewählte Aufsätze, Köln-Wien 1972, 9–4; S. Prioco, Monaci, filosofi, e santi: Saggi di storia della cultura tardoantica, Soveria Manelli 1992.

[15] E. Amann, "Semi-pélagiens", in: Dictionnaire de théologie catholique 14 (1941) 1796–1850; O. Chadwick, John Cassian, Cambridge ²1968; W.S. Babcock, "Grace, Freedom and Justice: Augustine and the Christian Tradition", in: Perkins Journal 27 (1973) 1–15.

dem Kampf um die Orthodoxie und den frühen dogmatischen Streitigkeiten ergeben hatte, behielt in diesem Zusammenhang zunächst
ihre Bedeutung. Die pelagianischen Auseinandersetzungen verloren
jedoch – hauptsächlich durch Caesarius von Arles' Wirken auf dem
Konzil von Agde – im Laufe der Zeit an Gewicht.[16] Die älteren
Konflikte zwischen 'Homöern' und 'Nicaenern' hielten zwar länger
an – bis zur Taufe Chlodwigs und der Unterwerfung der Westgoten.
In Gallien und in Italien, wo die Bischöfe um einen Ausgleich mit
den arianischen Herrschern bemüht waren, konnten sie[17] jedoch nicht
mehr offen ausgetragen werden. Auf ähnliche Weise verlor die dogmatische Komponente bei der Abgrenzung gegenüber dem Priscillianismus an Bedeutung.[18]

In welche Richtung sich die Bischofsbiographie weiterentwickelte,
ob und in welcher Form das für ihre Anfänge charakteristische bis
in die vorchristliche Antike zurückreichende Konzept von Weisheit,
Autorität und Heiligkeit weiterhin relevant blieb und bleiben konnte,
wird im folgenden am Beispiel dreier Bischofsviten des 6. Jahrhunderts
untersucht: Der *Vita Epiphanii* des Ennodius, der *Vita Caesarii Arelatensis*
und der *Vita Fulgentii* des Ferrandus von Karthago, die wie die für
das 4. und 5. Jahrhundert maßgeblichen Viten des Ambrosius von
Mailand, Martin von Tours und Augustinus von Hippo in Italien, Gallien
und Afrika, den drei bedeutendsten Regionen des Weströmischen
Reiches, entstanden sind.

---

[16] Zur Bedeutung des Pelagianismus siehe P. Brown, "Pelagius and his Supporters:
Aims and Environment", in: Journal of theological studies 19 (1968) 83–114; Ders.,
"The Patrons of Pelagius: The Roman Aristocracy Between East and West", in:
Journal of theological studies 21 (1970) 56–72; R. Markus, "Pelagianism: Britain
and the Continent", in: Journal of Ecclesiastical History 36 (1986) 191–204; Ders.,
The Legacy of Pelagius: Orthodoxy, Heterodoxy and Conciliation, in: R. Williams
(Hg.), The Making of Orthodoxy, Cambridge 1989, 214–234.
[17] E. Griffe, La Gaule chrétienne, Paris 1965; R.W. Mathisen, Ecclesiastical
Factionalism and Religious Controversy in Fifth-Century Gaul, Washington D.C.
1989.
[18] H. Chadwick, Priscillian of Avila, Oxford 1976; Van Dam, Leadership; V.
Burrus, The Making of a Heretic: Gender, Authority, and the Priscillian Controversy,
Berkeley 1995.
[19] Ausgaben: PL 63, 207–240; W. Hartel (Hg.), *Magni Felicis Ennodi Opera Omnia*
(CSEL 6) Wien 1882; G.M. Cook (Hg.), The Life of St. Epiphanius by Ennodius
(Studies in Medieval and Rennaisance Latin language and literature 14) Washington
1941; M. Cesa (Hg.), Ennodio. Vita del beatissimo Epifanio vescovo della chiesa
pavese (Biblioteca di Athenaeum 6) Como 1988.

6.1. *Die* Vita Epiphanii *des* Ennodius von Pavia

Die *Vita Epiphanii* des Ennodius, des Nachfolgers des Epiphanius im Bischofsamt in Pavia, ist nach der Ambrosiusvita die erste in Italien verfaßte Bischofsbiographie.[19] Wie diese stellt auch sie den Bischof nicht als Gelehrten oder Schriftsteller dar. Sie legt vielmehr den Akzent in erster Linie auf das Verhältnis des Bischofs zu den Machthabern. Seit der Abfassungszeit der Vita des Ambrosius hatte sich dieses Verhältnis in Italien wesentlich verändert. Die Völkerwanderung, innere und äußere Wirren und das Auftreten von Herrschern unterschiedlicher, meist nichtrömischer Herkunft hatten dazu geführt, daß der Bischof im politischen Geschehen eine anders akzentuierte Rolle übernahm als zu Zeiten des Ambrosius. Epiphanius erscheint in der Vita in erster Linie als *patronus civitatis*, der die Bürger seiner Stadt gegenüber ihren Feinden in Schutz nimmt, sich bemüht, die Gefangenen zu befreien und Steuernachlässe sowie andere Vergünstigungen bei den Herrschenden zu erwirken, diplomatische Missionen ausführt und zwischen den Mächtigen vermittelt: Eine Vielzahl von Aufgaben, die anschaulich den Zusammenbruch der imperialen und munizipalen Strukturen verdeutlicht.

Die Epiphaniusvita verzichtet im Unterschied zur Ambrosiusvita fast ganz auf Wunderberichte. Mit ihr hat sie gemeinsam, daß sie der Askese eine nur untergeordnete Rolle in der Lebensführung des Bischofs zuweist: Epiphanius ist kein Mönchsbischof. Er ist ein ausgesprochen 'weltlicher', um nicht zu sagen politischer Bischof. Sein Amtsverständnis entspricht noch stärker als das des Ambrosius dem eines römischen Magistrats, was dazu Anlaß gegeben hat, ihn als "Karrierefigur im spätantiken Gewande" zu bezeichnen.[20] Der Bezug auf antik-römische Werte kommt jedoch nicht nur in der Konzeption des Amtes zum Ausdruck, sondern auch in der außerordentlichen Wertschätzung der Rhetorik und dem großen Nachdruck, der auf Bildung im antiken Sinne gelegt wird. Auch in der literarischen Form der Vita selbst spiegelt sich die betonte Nähe zum antiken Bildungsideal wider. Mit ihren stark enkomiastischen Zügen steht sie in der Tradition der antiken Panegyrik.[21]

---

[20] Berschin I, 225; vgl. auch J.M. Pizzaro, "Images of Church and State: From Sulpicius to Notker Balbulus", in: Journal of Medieval Latin 4 (1994) 25–38, der neben anderen Quellen die Vita zu einer Analyse des Verhältnisses zwischen Staat und Kirche von der Spätantike bis zum Hochmittelalter heranzieht.

[21] Die *Vita Epiphanii* hat besonders in formaler Hinsicht zu kontroversen Diskussionen

In der *praefatio* thematisiert Ennodius mit großer Eloquenz und stilistischer Raffinesse die für die Bischofsvita wie für das gesamte hagiographische Schrifttum charakteristische Notwendigkeit, eine Stilebene zu finden, die auf der einen Seite dem Vorwurf begegnet, die Taten der beschriebenen Personen *ventoso nimium praeconio*, also zu pompös, zu behandeln, und auf der anderen vermeidet, aus allzu großer Bescheidenheit und einer *inopia eloquii* ihre Leistungen nicht ausreichend zu würdigen.[22] Dennoch überwiegt der Eindruck, daß das Lavieren zwischen der Forderung nach Bescheidenheit und der Notwendigkeit, die Bedeutung des Protagonisten herauszustellen, für ihn selbst nur rhetorisch ein Problem war. Die Art, in der Ennodius die niedrige Herkunft Epiphanius' – der Vater Maurus könnte ein maurischer Soldat, seine Mutter Focaria eine Köchin gewesen sein[23] – verschleiert, macht deutlich, welch geringes Gewicht der *humilitas* trotz der wiederholten Betonung ihres Wertes tatsächlich zukommt und wie sehr das Bischofsamt schon zur Domäne der maßgeblichen gesellschaftlichen Schicht geworden war. Ennodius betont als Kompensation für das Fehlen der als erforderlich angesehenen *nobilitas* nicht nur die umfassende Bildung und den hohen

---

Anlaß gegeben. Aufgrund des großen Anteils geschichtlicher Passagen sind viele Interpreten der Meinung, daß sie eigentlich ein historiographisches Werk sei. Diese Ansicht, die schon von H. Delehaye, Les légendes hagiographiques (Subsidia hagiographica 18) Bruxelles ⁴1955. ND Bruxelles 1973, 57 ff. vertreten wurde, wird von B.R. Voss, "Berührungen von Hagiographie und Historiographie in der Spätantike", in: Frühmittelalterliche Studien 4 (1970) 53–69, 54 ff. bes. 64; A.M. Orselli, "La città altomedievale e il suo santo patrono: (ancora una volta) il campione pavese", in: Rivista di Storia della Chiesa in Italia 32 (1978) 1–69, 1 ff., 33 sowie von M. Reydellet, La royauté dans la littérature latine de Sinoide Apollinaire à Isidore de Seville, Rome 1981, 148 geteilt. E. Pietrella, "La figura del santo-vescovo nella *Vita Epiphanii* di Ennodio di Pavia", in: Augustinianum 24 (1984) 213–219, bes. 218 f. spricht der Vita hingegen die historiographische Qualität ab, als Beleg dafür verweist er auf ihre vielen Unstimmigkeiten und Auslassungen. Der elaborierte Stil und die enkomiastischen Motive und Themen haben Hoster, 44 und D.A. Bullough, "Urban Change in Early Medieval Italy: the Example of Pavia", in: Papers of the British School 34 (1966) 82–98, 83 veranlaßt, in der Vita einen christlichen Panegyricus zu sehen. Weitere Studien zur Epiphanius' Vita: S.J.B. Barnish, Ennodius's Life of Epiphanius and Antony: Two Models for the Christian Gentleman, in: E. Livingstone (Hg.), Studia Patristica XXIV. Papers Presented at the Eleventh International Conference on Patristic Studies Held in Oxford 1991. Historica, Theologica et Philosophica, Gnostica, Leuven 1993, 13–19.

[22] Zitiert nach der Ausgabe von Cesa (Seitenzahl, Paragraph): Cesa, 43, 1.

[23] Siehe dazu E. Herrmann-Otto, "Der spätantike Bischof zwischen Politik und Kirche: Das exemplarische Wirken des Epiphanius von Pavia", in: Römische Quartalschrift für christliche Altertumskunde und Kirchengeschichte 90 (1995) 202.

Intellekt des Epiphanius, sondern auch – bisher ungewöhnlich für
die Beschreibung eines Bischofs – seine körperliche Schönheit und
gibt mit dem ausdrücklichen Hinweis auf die freie Herkunft – Epiphanius stamme von *hominibus ex liquido ingenuitatis fonte venientibus* ab[24]
– und die verwandtschaftlichen Beziehungen seiner Mutter zu Bischof
Mirocles zu erkennen, daß er meint, durch die genannten Substitu-
tionen die einfache Herkunft des Epiphanius' kaschieren zu können.

Mit der rhetorischen Frage, *sed quid illorum retexam sanguinis praero-
gativam, quorum familiae et nobilitatis caput est filius,*[25] wendet er sich den
frühen Jahren des Epiphanius zu. Er stellt ihn getreu der literarischen
Tradition als Idealtyp des *puer senex* dar, der über eine Weisheit verfügt, die ihn – durch ein ungewöhnliches Leuchten über seiner Wiege
angekündigt – schon in frühester Jugend in die Kreise ehrwürdiger
Häupter gelangen ließ.[26] Wie ein vorbildlicher römischer Magistrat
durchlief er alle Stufen des kirchlichen *cursus honorum* nicht nur *suo
anno*, sondern schneller als üblich. Mit acht Jahren wurde er Vorleser,
bald darauf *exceptor*, also Stenograph, mit achtzehn Subdiakon, mit
zwanzig Diakon, mit achtundzwanzig Bischof. Verglichen mit den
anderen Bischofsviten, selbst mit der *Vita Ambrosii*, fällt die Zielstrebigkeit
auf,[27] mit der der Verfasser diese Entwicklung sich vollziehen läßt.
Der Autor läßt es offenbar bewußt nicht zu dem Konflikt zwischen
Bischofsamt und Askese kommen, der die Dynamik etwa der Augustinusvita ausmacht. Daß Askese jedoch immer noch für das Ansehen
eines Bischofs entscheidend ist und auf ihre Darstellung und Würdigung
nicht verzichtet werden kann, weiß auch Ennodius. Den Kapiteln,
in denen er die Erhebung des Epiphanius zum Bischof schildert,
stellt er eine forciert anmutende Beschreibung seiner asketischen
Übungen[28] voran. Die folgenden Kapitel enthalten einen Katalog der

---

[24] Cesa 44, 7.

[25] Cesa 44, 8.

[26] Siehe zum *puer senex* bes. Chr. Gnilka, *Aetas spiritalis*: Die Überwindung der natürlichen Altersstufen als Ideal frühchristlichen Lebens (Theophaneia 24) Bonn 1972.

[27] Eine Analyse zeitgleich oder später geschriebener Viten macht deutlich, daß
die genaue Einhaltung des *Cursus* zumeist dann in den Vordergrund gestellt wird,
wenn der Bischof nicht durch adelige Herkunft legitimiert ist. Der große Unterschied
zur Ambrosiusvita besteht darin, daß Epiphanius nicht aus einer bedeutenden
weltlichen Machtstellung heraus direkt in den Episkopat überwechselte. Was seine
soziale Stellung angeht, ist er wohl am ehesten noch mit Martin oder auch Augustinus
zu vergleichen.

[28] Daß der Konflikt zwischen Askese und Amt in der Bischofsvita schon topi-
schen Charakter angenommen hat, wird auch in den Kapiteln deutlich, in denen

seiner Meinung nach für einen Bischof als kanonisch geltenden
Tugenden. Im Mittelpunkt steht die Lektüre der Heiligen Schrift,
die Grundlage der Weisheit, und – mit Abstand – die Askese. Daran
schließt sich mit mindestens gleichem Nachdruck die Beschreibung
seiner Fähigkeiten als Verwalter kirchlicher Güter und seines Einsatzes
für die Mittellosen und Armen an. Besonderes Gewicht aber wird
auf seine Beliebtheit bei den Gläubigen gelegt, die durch ihre begei-
sterte Zustimmung zu seiner Designation durch den Vorgänger eine
zusätzliche Legitimation verliehen.

Die rednerische Begabung des Epiphanius und seine Qualitäten
als Mittler und Schlichter, die ihn besonders für das Amt des Bischofs
prädestinieren, zeigen sich schon früh: *Erat in eodem sermo ad doctrinam congruus, fabricatus ad blanditias, ad intercessiones iam tunc artifex, ad
corripiendos singulos auctoritate plenus, ad exhortandos quosque necessario lepore
dulcissimus: vox sonora, suco virilis elegantiae condita, nec tamen agrestis ac
rustica nec infracta gradatimque a mascula soliditate deposita.*[29] Die rhetorische
Geschicklichkeit wird in der Vita in langen Passagen wörtlicher Rede,
u.a. in der Ansprache, die er als neuerwählter Bischofs an das Volk
richtet, dokumentiert: Ein Stilmittel, das bis dahin in der Bischofsvita
eher unüblich war. Zwar finden sich in den älteren Bischofsviten
gelegentlich – in weit geringerem Ausmaß als in den Asketenviten –
Logien, die dem Protagonisten in den Mund gelegt werden. Ansonsten
wird in ihnen gänzlich auf die wörtliche Rede verzichtet. Es ist zu
vermuten, daß die Biographen es vorgezogen haben, ihre Protagonisten
in Zeiten, in denen es in Fragen des Dogmas noch zu schwer-

---

die ebenfalls schon klassische 'kanonische Resistenz' beschrieben wird. Epiphanius
kann die Ernennung zum Bischof überzeugenderweise nicht mit dem sonst üblichen
Hinweis auf den Wunsch, ein asketisch-monastisches Leben fortsetzen zu wollen,
zurückweisen, statt dessen verweist er auf seine Unwürdigkeit, Nachfolger der Aposteln
zu werden. Es ist seine *humilitas*, die in den Vordergrund tritt. Auch gewinnt man
den Eindruck, daß die starke Betonung der Tränen, die der Bischof bei seiner
Weigerung vergießt, in gewisser Weise verschleiern sollen, wie geradlinig die Karriere
des Epiphanius auf die Ordination zum Bischof zusteuerte. Auf die Beschreibung
der Bischofswahl folgen wiederum mehrere Kapitel, in denen die Regeln ausführlich
beschrieben werden, die sich Epiphanius hinsichtlich eines asketischen Lebenswandels
setzt, in dieser Abfolge der *Vita Augustini* folgend.

[29] Cesa 45, 17. Als Diakon wurde Epiphanius mit der Aufgabe betraut, einen
Streit zu schlichten, der über Grundstücksfragen entbrannt war. In ihm vertrat er
die Ansprüche des Klerus mit Urteilskraft, Wortgewandtheit und Sanftmut. Cesa
46, 22–23: *electus est enim, qui et fortiter inlatas intentiones exciperet et maturitate consilii infer-
endas temperaret. . . . at ille paratissimus iram repressit nec vindictae spe provocatus efferbuit, tur-
batumque potius et adtonitum percussorem blandissimo delenibat affatu.*

DREI BISCHOFSVITEN AN DER EPOCHENSCHWELLE   173

wiegenden Auseinandersetzungen kam, nicht auf einen bestimmten Wortlaut festzulegen. Bei einem Bischof, der wie Epiphanius hauptsächlich politisch und sozial wirkte, war diese Vorsicht nicht nötig. Die stilistisch ausgefeilten Passagen mit wörtlicher Rede, die stark an die Verwendung dieses Stilmittels in der römischen Geschichtsschreibung erinnern, dienen ausschließlich der Veranschaulichung der Eloquenz des Bischofs, ihr 'Kunstcharakter' tritt deutlich zutage. Es werden vor allem die Gespräche in wörtlicher Rede angeführt, die Epiphanius auf seinen schon zu Beginn seines Episkopats unternommenen diplomatischen Missionen geführt hat, so etwa die Ansprache, die er im Auftrage des *magister militum* Ricimer im Jahre 471 vor Anthemius, dem Kaiser des Westen, gehalten hat. Hier wie bei anderen ähnlichen Gelegenheiten erscheint Epiphanius als geschickter Vermittler, der einen Ausgleich zwischen unterschiedlichen Positionen nicht zuletzt wegen seiner Herkunft herbeiführen kann, da er anders als die gallischen Adelsbischöfe keine spezifischen Interessensgruppen vertrat.

In erster Linie wird der Bischof Epiphanius jedoch als 'Heiliger Mann' porträtiert, der sich, politisch und sozial, aktiv in Notzeiten und Krisen um seine Gemeinde kümmert.[30] Er kann dies dank seiner Weisheit und seiner verbalen Kompetenz. Daß der rhetorischen Gewandtheit, der *eloquentia* im klassischen antiken Sinne, im 5. und 6. Jahrhundert eine solche Bedeutung zukam, war keineswegs Zufall, war die Beredsamkeit doch Ausdruck einer Bildung, die auch den Barbaren, besonders den mit der römischen Gedankenwelt mittlerweile vertrauten Ostgoten, noch zugänglich war und für alle ein Faktor der Kontinuität und Stabilität darstellte.[31]

---

[30] Die Antwort auf die Frage, inwieweit dieses politische Engagement mit der Rolle eines Bischofs zu vereinbaren war, fällt leicht, wenn man sich vor Augen führt, wie wichtig die Sicherung des Friedens in Italien und Pavia war. (Siehe dazu besonders L. Cracco Ruggini, Ticinum: dal 476 d.C. alla fine del Regno Gotico, in: Storia di Pavia I: L'Eta Antica, Pavia 1984, 271–312). Daß Bischöfe mit solchen Aufgaben betraut wurden, lag wohl in erster Linie an ihrer *sacrosanctitas* und an dem Ansehen, das sie genossen.

[31] Die Weisheit des Epiphanius artikuliert sich in erster Linie in der Beredsamkeit. Dies ist nicht nur charakteristisch für die *Vita Epiphanii*, sondern entspricht einer für die Spätantike bezeichnenden Entwicklung. Vgl. K.-H. Uthemann, Die Kunst der Beredsamkeit: Pagane Redner und christliche Prediger, in: L.J. Engels – H. Hofmann (Hgg.), Spätantike mit einem Panorama der byzantinischen Literatur (Neues Handbuch der Literaturwissenschaft 4) Wiesbaden 1997, 266–317, 266: "Bildung konzentriert sich auf Beredsamkeit (*eloquentia*), und insofern war der alte Gegensatz zwischen platonisch-philosophischem und isokratisch-rhetorischem Bildungsideal entschieden und

Wenn Ennodius Epiphanius vornehmlich als politisch aktiven Diplomaten und klassisch geschulten Redner erscheinen läßt, hat das nicht allein mit diesem, sondern auch mit ihm selbst zu tun. Der Biograph hatte nämlich schon früh durch sein rhetorisches Raffinesse auf sich aufmerksam gemacht. Als Diakon des Bischofs Laurentius von Mailand brillierte er in Rhetorik und Poetik und hat aller Wahrscheinlichkeit nach damals schon als eine Art Rhetoriklehrer an der Mailänder bischöflichen Schule gewirkt.[32] Er wurde mit bedeutenden politischen, vor allem kirchenpolitischen Aufgaben betraut – im laurentinianischen Schisma spielte er eine nicht unwichtige Rolle – und gelangte auf Missionen wie derjenigen zu Gundobad, die er in Begleitung des Epiphanius an den burgundischen Hof unternahm, an die "Zentralstellen der weltlichen und kirchlichen Macht."[33] In vielen seiner literarischen Werke, besonders in dem an Augustinus' *Confessiones* orientierten *Eucharisticum*, seiner Autobiographie, bringt er seinen ungebrochenen Glauben an die Macht des Wortes zum Ausdruck.[34] Ennodius macht sich in ihm zum Anwalt der klassischen Rhetorik. Sie veredele den Geist, regiere die Welt und sei "Muttergrund der Poetik, Jurisprudenz, Dialektik und Arithmetik."[35] Auch in politischer Hinsicht blickt Ennodius auf das antike Rom zurück. Er hofft wie Epiphanius, daß Italien seine Unabhängigkeit von Byzanz zurückgewinnen und so seinen alten Rang zurückerlangen könne. Er erwartet diese *Restitutio* von Theoderich dem Großen,[36] dem er eine eigene *laudatio* gewidmet hat,[37] was erklärt, warum er in politischer

---

zugleich verflacht. Seit dem Beginn der Kaiserzeit prägte die Kunst der Beredsamkeit mit ihren Kommunikationsregeln und ihrer Ästhetik mehr und mehr die Gesamtheit des geschriebenen Wortes literarischer Qualität, ja selbst Bereiche, die einer Fachprosa vorbehalten scheinen."

[32] Hermann-Otto, 199.

[33] Ebd.

[34] Zur Autobiographie des Ennodius siehe P. Courcelle, "Trois récits de conversion au Vᵉ siècle dans la lignée des Confessions de Saint Augustin", in: Historisches Jahrbuch 77 (1958) 451–453.

[35] O. Wermelinger, Ennodius von Pavia, in: Theologische Realenzyklopädie 9 (1982) 655.

[36] Chr. Schäfer, Der weströmische Senat als Träger antiker Kontinuität unter den Ostgotenkönigen (490–540 n. Chr.), St. Katharinen 1991.

[37] Chr. Rohr (Hg.), Der Theoderich – Panegyricus des Ennodius (Monumenta Germaniae Historica. Studien und Texte 12) Hannover 1995. Zum Theoderich-Panegyricus siehe R. Ficarra, Fonti letterarie e motivi topici nel Panegirico a Teodorico di Ennodio, in: Scritti in onore di Salvatore Pugliatti V. Scritti vari (Pubblicazioni dell' Istituto di scienze giuridiche, economiche, politiche e sociali della Università di

Hinsicht eine neutrale Haltung einnimmt und gänzlich auf theologische Einordnungen, die eine prokatholische, antiarianische Stellungnahme erforderlich gemacht hätten, verzichtet, was nicht unerheblich zum 'profanen' Charakter der Vita beiträgt.

Die Forschung betont – wie bereits erwähnt – den enkomiastischen Charakter der Vita und bringt sie mit der antiken Panegyrik in Verbindung. Dennoch sind gewisse Übereinstimmungen mit der suetonischen Biographie unübersehbar, auch wenn sie wohl nicht direkt von Sueton übernommen wurden, sondern – aller Wahrscheinlichkeit nach – auf den Einfluß älterer Bischofsviten zurückzuführen sind, die sich an dessen Vorbild orientierten. Wenn Cesa den Aufbau der Vita als strikt chronologisch beschreibt und damit auf dem unsuetonischen Charakter insistiert,[38] läßt sie außer Betracht, daß mit der Schilderung der Wahl zum Bischof ein neuer Darstellungsstil einsetzt, also von einer Zweiteilung der Vita ausgegangen werden muß. Im ersten Teil beschreibt Ennodius seinen Helden "anhand ausgewählter Jahresdurchschnitte (16,18,20,28),"[39] während mit dem zweiten Teil die "durch Reden illustrierte öffentliche Wirksamkeit"[40] beginnt, in der das chronologische Element weit weniger im Vordergrund steht.

Als suetonisch beeinflußt kann man auch die rubrizierende Darstellungsweise bezeichnen. Die Tugenden des jungen Epiphanius werden en bloc geschildert (10–12), es folgt eine lange und ausführliche Beschreibung seines Äußeren (13–16), nach der das Lob seiner Eloquenz einsetzt. (17) Bei der Beschreibung der Amtstätigkeit geht Ennodius zwar grosso modo chronologisch vor, unübersehbar ist aber die sachliche Trennung zwischen rein politischen Aufgaben, bei denen sich Epiphanius für das Wohl ganz Italiens einsetzt, und seiner sozialkaritativen Tätigkeit als Bischof, die sich auf Pavia beschränkt.[41]

Messina 111) Milano 1978, 233–254; Chr. Rohr, Überlegungen zu Datierung und Anlaß des Theoderich-Panegyricus, in: K. Brunner – Br. Merta (Hgg.), Ethnogenese und Überlieferung. Angewandte Methoden der Frühmittelalterforschung, Wien-München 1994.

[38] Cesa, 28.
[39] Berschin I, 225.
[40] Ebd.
[41] Auf die Darstellung der Tugenden in Kapitel 47–50 folgt eine geschlossene Darstellung der diplomatischen Missionen. Nach einem kurzen seiner Schwester, Honorata, gewidmeten Abschnitt (76–78) berichtet Ennodius über den Besuch bei Kaiser Glicerius (79), ihm folgt die ausführlichere Darstellung der im Auftrage Julius

Unsuetonisch ist das Ende der Vita. Der Bericht über das Sterben des
Bischofs folgt unmittelbar auf die Darstellung seiner letzten Mission.
Der Verzicht, abschließend auf die *vita privata* und *mores* einzugehen,
verstärkt den Eindruck, der Tod habe den Bischof mitten im Leben
bei der Ausübung seiner Pflichten ereilt. Das Fehlen eines *ultimum
testamentum* resultiert hingegen wohl daraus, daß Epiphanius kein
Vermächtnis als Theologe, Klostergründer oder Asket hinterließ, das
eine besondere Erwähnung verdient hätte.

6.2. *Die* Vita Caesarii Arelatensis

In Gallien, wo die Vita des Caesarius von Arles entstand, kam es
im 5. Jahrhundert im Süden des Landes zur Ausbildung mehrerer
monastischer Zentren. Schon bald nach dem Tod Martins wurde
seine Klostergründung in Marmoutier zu einem Mittelpunkt asketischen Lebens und sein Grab in Tours zur Stätte kultischer Verehrung.[42]
Ein weiteres Zentrum geistigen Lebens entstand im ersten Jahrzehnt

---

Nepos' unternommenen Gesandtschaft nach Toulouse zu Eurich, an die sich ein
kurzer Aufenthalt in Lérins anschließt (80–94).

Mit der Beschreibung der der Belagerung Pavias vorausgehenden Ereignisse setzt
in Paragraph 95 wiederum ein neuer Abschnitt ein, in dem das Wirken als *patronus*
für Pavia im Vordergrund steht. Paragraph 109 bedeutet insofern einen weiteren
Einschnitt, als er die Begegnung Epiphanius' mit Kaiser Theoderich beschreibt. Da
dieser die Begegnung zum Anlaß nimmt, sich mitsamt seiner Familie aus Schutz
vor den Feinden nach Pavia zurückzuziehen, bleibt er Teil dieses Abschnittes. Es
folgt die Beschreibung der zweiten Belagerung durch die Ruger und der erneuten
Wiederaufbaumaßnahmen (120–121). Auch die Bittgänge nach Ravenna zu Theoderich, die eine Erleichterung der Steuerlast herbeiführen sollen, und der anschließende
Gang nach Lyon zu Gundobad, um die Freilassung der Kriegsgefangenen zu erbit-
ten, ebenso wie weitere Handlungen dieser Art gehören zu den Aktivitäten, die im
engeren Sinne dem Wohle Pavias und Liguriens dienen.

[42] Zur Bedeutung des Martinkultes in Gallien: J.H. Corbett, "The Saint as Patron
in the Work of Gregory of Tours", in: Journal of Medieval History 7 (1981) 1–13;
L. Piétri, La ville de Tours du IVe au VIe siècles: Naissance d'une cité chrétienne,
Roma 1983; C. Stancliffe – B.W. Reynolds, *"Familia sancti Martini: Domus Ecclesiae
on Earth as it is in Heaven"*, in: Journal of Medieval History 11 (1985) 137–143;
A. Rousselle, From Sanctuary to Miracle-Worker: Healing in Fourth-Century Gaul,
in: R. Forster – O. Ranum (Hgg.), Ritual, Religion, and the Sacred, Baltimore
1982, 95–127; Dies., Croire et guérir: La foi en Gaule dans l'Antiquité tardive,
Paris 1990; S. Farmer, Communities of Saint Martin: Legend and Ritual in Medieval
Tours, Ithaca 1991; R. Van Dam, Saints and their Miracles in Late Antique Gaul,
Princeton 1993; M.-E. Brunnert, Das Ideal der Wüstenaskese und seine Rezeption
in Gallien bis zum Ende des 6. Jahrhunderts (Beiträge zur Geschichte des alten
Mönchtums und des Benediktinerordens 42) Münster 1994, 145–175.

des 5. Jahrhunderts auf einer der lerinischen Inseln vor der süd-
französischen Küste bei Cannes, das schon bald eine Anziehungskraft
entfaltete, die sich durchaus mit der der Klostergründung Martins
messen konnte.[43] Die Bedeutung Lérins ist nicht zuletzt darauf zurückzuführen, daß hier zahlreiche gallische Bischöfe ihre Ausbildung
erhielten. Honoratus,[44] der Gründer von Lérins, wurde Bischof von
Arles, sein Verwandter, Hilarius,[45] der Verfasser seiner Vita, folgte
ihm in diesem Amt. Maximus und Faustus, die Nachfolger des Honoratus als Äbte von Lérins, wurden nacheinander Bischöfe von Riez.
Waren für Marmoutier und Tours neben der Askese vor allem die
Wundertätigkeit und das Charisma des Heiligen von Bedeutung, so

---

[43] Zum lerinischen Mönchtum: A.C. Cooper-Marsden, The History of the Islands
of Lérins, Cambridge 1913; E. Griffé, La Gaule Chrétienne à l'époque romaine III,
Paris [2]1965, 332–341; Fr. Prinz, Frühes Mönchtum im Frankenreich, München
[2]1988, 47–87; P. Courcelle, "Nouveaux aspects de la culture lérinienne", in: Revue
des Études Latines 46 (1968) 379–409; J. Fontaine, L'ascétisme chrétien dans la littérature gallo-romaine d'Hilaire à Cassien, in: La Gallia Romana (Accademia
nazionale dei Lincei. Actes du Colloque sur la Gallia Romana. Rome 1971) Roma
1973, 87–115; S. Prioco, "Modelli di santità à Lerino. L'ideale ascetico nel *Sermo
de Vita Honorati* di Ilario d'Arles", in: Siculorum Gymnasium 27 (1974) 54–88; Ders.,
L'isola dei santi. Il cenobio di Lerino e le origini del monachesimo gallico, Roma
1978; Ders., Monaci; R. Nouailhat, Saints et Patrons. Les premiers moines de Lérins
(Centre de Recherches d'Histoire Ancienne 4. Annales littéraires de l'Université de
Besançon 382) Paris 1988; Cl. Kasper, O. Cist., Theologie und Askese. Die Spiritualität
des Inselmönchtums von Lérins im 5. Jahrhundert (Beiträge zur Geschichte des
alten Mönchtums und des Benediktinerordens 40) Münster 1991; A. de Vogüé, "Les
Débuts de la vie monastique à Lérins: Remarques sur un ouvrages récent", in:
Revue d'Histoire Ecclésiastique 88 (1993) 5–53; Brunnert 176–282.

[44] Zu Honoratus: D. Woods, "The Origin of Honoratus of Lérins", in: Mnemosyne
46 (1993) 78–86; S. Prioco, Modelli, 54–88; Brunnert, 187–205. Editionen des Le-
bens des Honoratus: S. Cavallin, *Vitae sanctorum Honoratii et Hilarii episcoporum Arelatensium*
(Publications of the New Society of Letters at Lund 40) Lund 1952; Ders. – P.A. Jacob
(Hgg.), Honorat de Marseille. La vie d'Hilaire d'Arles, Paris 1995; M.-D. Valentin
(Hg.), Hilaire d'Arles, Vie de saint Honorat. Introduction, texte critique, traduction
et notes (SC 235) Paris 1977; M. Labrousse (Hg.), Saint Honorat fondateur de
Lérins et évêque d'Arles. Étude et traduction de textes d'Hilaire d'Arles, Fauste de
Riez et Césaire d'Arles (Vie monastique 31) Begrolles-en-Mauges 1995.

[45] Cooper-Mardin, 185–191; P.R. Coleman-Norton, Roman State and Christian
Church III, London 1966, 732–736; K.F. Strohecker, Der Senatorische Adel im
spätantiken Gallien, Darmstadt, 1970, 182–183; J. Doignon, Hilarius avant l'exil,
Paris 1971; P. Riché, Education and Culture in the Barbarian West: Sixth through
Eighth Centuries, Columbia 1976; M. Heinzelmann, The 'Affair' of Hilary of Arles
(445) and "Gallo-Roman Identity in the Fifth Century", in: J. Drinkwater – H. Elton
(Hgg.), Fifth-Century Gaul: a crisis of identity, Cambridge 1992, 239–251; Brunnert,
235; Editionen des Lebens des Hilarius: Cavallin, *Vitae sanctorum Honoratii et Hilarii*;
P.A. Jacob (Hg.), Honorat de Marseille: La Vie d'Hilaire d'Arles (SC 404) Paris
1995.

zeichnete sich Lérins, wo man zönobitische und eremitische Lebensweise miteinander verband, als Schule monastischer Theologie aus.
Namentlich Eucherius, Faustus von Riez und Caesarius von Arles,
die alle durch das lerinische Mönchtum inspiriert worden waren,
haben bedeutende theologische Werke hinterlassen. Von erheblicher
Bedeutung war Lérins auch für die Bischofsbiographie in Gallien.
Mit dem Leben des Honoratus wurde eine ganz neue Art der Lebensbeschreibung des Bischofs geschaffen, der *Sermo*, der fast noch in
stärkerem Maße als die in Italien entstandene *Vita Epiphanii* des
Ennodius der rhetorischen Kultur der Spätantike Rechnung trug. Die
Vita des Hilarius, die entweder von Reverentius oder – wie Gennadius
behauptet – von Honoratus von Marseille verfaßt wurde, ist ebenfalls in der Form einer Rede geschrieben worden, war aber von
Anfang an nur für die Lektüre bestimmt und ist literarisch von weitaus geringerer Qualität als der *Sermo de vita S. Honorati*.

Die Biographie des Caesarius von Arles ist kein *Sermo*, die gesproche-
ne Rede spielt dennoch in ihr eine große Rolle, war Caesarius[46]

---

[46] Zu Caesarius: P. Riché, Césaire d'Arles, Paris 1958; W.M. Daly, "Caesarius
of Arles: A Precursor of Medieval Christendom", in: Traditio 26 (1970) 1–28; R.L.H.
Collins, "Caesarius von Arles", in: Theologische Realenzyklopädie 7 (1981) 531–536;
W.E. Klingshirn, "Charity and Power: Caesarius of Arles and the Ransoming of
Captives in Sub-Roman Gaul", in: Journal of Religious Studies 75 (1985) 183–203;
D. Bertrand (Hg.), Césaire d'Arles et la christianisation de la Provence. Actes des
journées 'Césaire'. Aix-en-Provence, Arles, Lérins, 3–5 novembre 1988, 22 avril
1989, Lyon-Paris 1994; W.E. Klingshirn, Caesarius of Arles: The Making of a
Christian Community in Late Antique Gaul, Cambridge 1994; Ders., Caesarius of
Arles. Life, Testament, Letters (Translated Texts for Historians 19) Liverpool 1994;
M.-J. Delage, Un évêque au temps des invasions, in: D. Bertrand, Césaire d'Arles,
21–43; K. Berg, Cäsarius von Arles. Ein Bischof des sechsten Jahrhunderts erschließt
das liturgische Leben seiner Zeit. Festgabe zum 85. Geburtstag des Verfassers,
Alterzbischof von Salzburg Karl Berg (Frühes Christentum. Forschungen und
Perspektiven 1) Thaur 1994; Cl. Carozzi, Le voyage de l'âme dans l'au-delà d'après
la littérature latine (Vᵉ–XIIIᵉ siècle) (Collection de l'École Française de Rome 189)
Roma 1994; R.A. Markus, From Caesarius to Boniface: Christianity and Paganism
in Gaul, in: Sacred and Secular. Studies on Augustine and Late Christianity (Collected
Studies Series 465) Aldershot 1994; E. Rebillard, "Étude critique du sermon 393
de saint Augustin: *de paenitentibus*", in: Recherches augustiniennes 28 (1995) 65–94;
V. Deprez, Le monachisme lérinien d'Honorat à Césaire d'Arles, in: The Spirituality
of Ancient Monasticism. Acts of the International Colloquium held in Cracow-
Tyniec, 16–19th Nov. 1994 (Pontificia Academia Cracoviensis. Facultas Theologica.
Studia IV 1) Wydanictwo Benedytynow 1995, 197–26; M. Heinzelmann, Clovis
dans le discours hagiographique du VIᵉ au IXᵉ siècle, in: Olivier Guyotjeannin,
Clovis chez les historiens. Études réunis, Paris-Genève 1996, 87–112; P.-A. Février,
Césaire et la Gaule méridionale au VIᵉ siècle, in: D. Bertrand (Hg.), Césaire d'Arles
et la christianisation de la Provence. Actes des journées 'Césaire' (Aix-en-Provence,
Arles, Lérins, 3–5 novembre 1988, 22 avril 1989) Lyons-Paris 1994, 45–73.

doch einer der großen Theologen und Prediger der ausgehenden Spätantike und des beginnenden Mittelalters. Wie Augustinus, sein großes Vorbild, machte sich Caesarius zum Verfechter der Orthodoxie in der Auseinandersetzung mit den Häresien seiner Zeit. Er präsidierte auf den Konzilien von Agde, Valence und Orange und erreichte auf ihnen die Verurteilung des gallischen Semipelagianismus unter Berufung auf die augustinische Gnadenlehre. Mit der intellektuellen Präzision und gedanklichen Stringenz, die seine Beiträge kennzeichneten, aber auch mit seiner Fähigkeit, dogmatische Fragen zum Gegenstand öffentlicher Diskussion zu machen, steht Caesarius in Gallien so gut wie allein.[47] Als Prediger war Caesarius jedoch noch bedeutsamer als als Dogmatiker. Bardenhewer bezeichnet ihn als "vielleicht den größten Volksprediger, den das christliche Altertum überhaupt gesehen hat". Er predigte, wie seine Biographen festhalten, gegen *rusticitas* und *superstitio, . . . sed et contra ebrietatis ac libidinis malum contraque discordiam et odium, contra iracundiam atque superbiam, contra sortilegos et aruspices, contra kalendarum quoque paganissimos ritus contraque augures, lignicolas, fonticolas, diversorumque errorum vitia. . . .*[48] Auch von seinen Mitbischöfen forderte er, unermüdlich gegen heidnische Vorstellungen und Praktiken zu predigen. Eine große Gefahr sah er darin, daß selbst Bischöfe noch oft in heidnischen Vorstellungen befangen waren, da das Amt seiner Meinung nach allzuhäufig aus rein politischen Gründen vergeben wurde. Dies ist ein Grund dafür, daß er sich – ganz in lerinischer Tradition – für eine Form des Christentums einsetzte, in der der Rhetorik eine größere Bedeutung zukam als etwa dem Reliquienkult.[49] Caesarius, der dank seines Aufenthalts bei Julianus Pomerius bestens mit den Regeln der antiken Rhetorik vertraut war, forderte von Bischöfen und Priestern jedoch

---

[47] Faustus von Riez, der sich ebenfalls mit der Gnadentheologie auseinandersetzte und sich dabei auch auf Augustinus stützte, spielte eine vergleichbare Rolle. Siehe hierzu P.-M. Duval, La Gaule jusqu'au milieu du Ve siècle I 2, Paris 1971, 745–748; M. Djuth, "Faustus of Riez: *Initium bonae voluntatis*", in: Augustinian Studies 21 (1990) 35–53; T.A. Smith, *De Gratia*: Faustus of Riez's Treatise on Grace and its Place in the History of Theology, Notre Dame 1990.

[48] *Vita Caesarii* I 55, zitiert nach MGH SS rer. Merov. 3, 433–501, hier 479.

[49] "By concentrating on the writings of a preacher steeped in the traditions of Lérins rather than a hagiographer devoted to St. Martin we may call attention to a strategy of christianization in which the power of rhetoric was more highly esteemed than the potency of relics, and to a measurement of christianization that does not equate its progress with the success of a local saint's cult." (Klingshirn, Caesarius of Arles: The Making, 3).

den *sermo humilis*, Einfachheit, eine Haltung der Demut und die Abkehr vom Luxus der "Herde". [50]

Seine Bedeutung ist aber nicht nur auf die Intensivierung der Predigt und seinen Versuch, das Bischofsamt zu reformieren, zu reduzieren. Er spielte ebenso wie Epiphanius in seiner Bischofsstadt, einem strategisch wichtigen Ort, an dem sich die Interessensphären der Ostgoten, Westgoten, Burgunder und Franken und nicht zuletzt auch des Papsttums überschnitten,[51] eine bedeutende, für ihn persönlich nicht ungefährliche Rolle als *patronus civitatis* und *pastor animae*.[52]

Auch als Asket zeichnet sich Caesarius aus. Schon während seines Aufenthalts in Lérins, wo er bereits mit 21 Jahren Mönch geworden war, verschaffte er sich, wie wir aus seiner Vita erfahren, den Ruf ungewöhnlicher Strenge.[53] Das Amt des Kellermeisters wurde ihm wegen seiner als übertrieben empfundenen asketischen Übungen wieder genommen, und seine Mitbrüder waren denn auch erleichtert, als er nach Arles zu Pomerius in die Rhetorikschule geschickt wurde. Wie Augustinus – wahrscheinlich sogar nach seinem Vorbild – verfaßte er mehrere Regeln, eine für Männer, in der die Forderung nach Eigentumslosigkeit und *stabilitas loci* erhoben wird, eine andere – sie gilt als die älteste Nonnenregel des Abendlandes – für ein von ihm vor den Toren Arles' gegründetes Frauenkloster, dessen Leitung er seiner Schwester Caesaria der Älteren übergeben hatte. [54]

---

[50] Es handelt sich hierbei um eine typische Kombination. Vgl. E. Auerbach, *Sermo humilis*, in: Ders., Literatursprache und Publikum in der lateinischen Spätantike und im Mittelalter, Bern 1958, 25–53.

[51] Caesarius wurde zweimal der Kollaboration bezichtigt: 505 wurde er von Alarich II. exiliert, 508 jedoch von Theoderich dem Großen von jedem Verdacht freigesprochen. (Ebd., 88–104).

[52] Dies hat schon Baronius hervorgehoben, der sich am Ende des 16. Jhds. als einer der ersten wissenschaftlich mit ihm beschäftigte (C. Baronius, *Annales Ecclesiastici* VI, Roma 1595, 192, sub anno 453; siehe Klingshirn, Caesarius of Arles: The Making, 5) Er sieht in ihm in erster Linie den Kirchenfürsten, der die Kirche vor dem Ansturm der Barbaren in Schutz nahm, was von der neueren Forschung ähnlich gesehen wird. (Fr. Prinz, Die bischöfliche Stadtherrschaft im Frankenreich vom 5. bis zum 7. Jahrhundert, in: F. Petri (Hg.), Bischofs- und Kathedralstädte des Mittelalters und der frühen Neuzeit, Köln-Wien 1976, 1–26, 13).

[53] Mit 18 Jahren Kleriker tritt Caesarius mit 21 in das Kloster ein.

[54] Siehe dazu A. de Vogüé – J. Courreau, Césaire d'Arles. Oeuvres monastiques I. Oeuvres pour les moniales (SC 345) Paris 1988; A. de Vogüé, "La règle de S. Césaire d'Arles pour les moines, une résumé de sa règle pour les moniales", in: Revue d'ascétique et de mystique 47 (1971) 369–409; L. de Seilhac, L'utilisation par S. Césaire d'Arles de la Règle de S. Augustine (Studia Anselmiana 62) Roma 1974; Fr. E. Consolino, Ascetismo et monachesimo femminile in Italia dalle orig-

Die Vita des Caesarius ist das Werk von insgesamt fünf Autoren. Die Bischöfe Cyprianus von Toulon, Firminus von Uzès und ein nicht weiter bekannter Viventius sind die Verfasser des ersten Buches. Ein Priester, Messianus, und ein Diakon, Stephanus, schrieben das zweite Buch. Alle Autoren stammen aus der näheren Umgebung des Caesarius, sie haben die Vita unmittelbar nach dem Tod des Bischof im Auftrag seiner Schwester geschrieben. Die Einteilung der Vita in zwei Bücher ist ganz offenbar unter thematischen Gesichtspunkten erfolgt. Die drei Bischöfe behandeln im ersten Buch in chronologischer Folge das Leben und das öffentliche Wirken ihres Mitbruders, im zweiten Buch berichten Messianus und Stephanus, die beiden engsten Vertrauten des Caesarius, über dessen *vita privata*, sein geistiges Leben und sein Wunderwirken. Die Beschreibung des Todes steht am Ende des zweiten Buches, interessanterweise folgt sie der Darstellung der postum gewirkten Wunder. Die Zweiteilung der Vita ist auch stilistisch wahrzunehmen. Die Verfasser des ersten Buches wenden sich zwar im Vorwort entsprechend den Forderungen des Caesarius gegen einen rhetorisch überzüchteten Stil – sie polemisieren wie ihr Vorbild gegen *pompa verborum* und *cautela artis grammaticae* – befleißigen sich aber, wenn auch auf einem sehr viel niedrigerem Niveau als Caesarius eines Lateins, das bei aller bewußter *rusticitas* durchaus höheren stilistischen Ansprüchen zu genügen vermag. Das zweite Buch ist durch und durch in einem Latein geschrieben, das stark von den klassischen Standards abweicht. Zwischen den beiden Büchern verläuft in der Tat die Demarkationslinie zwischen 'Spätlatein' und 'merowingischem Latein.'[55]

Fast alle Aspekte der schillernden Persönlichkeit des Caesarius werden in der Vita berücksichtigt. Neben seiner Rolle als *monachus* und Klostergründer erscheint er als *patronus civitatis*, Theologe,[56] Krankenheiler und Wundertäter. Fast nirgendwo ist in der Vita die Spannung zu spüren, die etwa für die Vita des Possidius charakteristisch ist, in der auf die Darstellung der übernatürlichen, charismatischen Fähigkeiten Augustins zugunsten einer Beschreibung seiner Weisheit verzichtet wurde. Zentral ist Caesarius' Funktion als Prediger. Durch

---

ini all' età langobarda (IV–VIII secolo), in: L. Scarrafia – G. Zarri (Hgg.), Donne e fede. Santità e vita religiosa in Italia, Roma-Bari 1994, 3–4.

[55] Berschin I, 258.

[56] Bei der Beschreibung der Synoden und Konferenzen wird vielfach im Wortlaut Caesarius' Ansicht wiedergegeben, seine Position wird eindeutig fixiert.

die ganze Vita hindurch ziehen sich wie ein Leitmotiv Hinweise
auf seine Reden, Ermahnungen und Belehrungen. Selbst wenn das
umfangreiche Corpus seiner Predigten nicht überliefert worden
wäre – einige von ihnen wurden lange Zeit bezeichnenderweise für
augustinische gehalten und sind zusammen mit dessen Werk ediert
worden – würde das zentrale Anliegen des Bischof von Arles durch
seine Vita bestens dokumentiert: Caesarius predigt jeden Sonntag,
jeden Festtag, oft werktags zur Matutin. Zur Vesper werden Homilien
verlesen, damit sich kein Mitglied seiner Gemeinde mit Unwissenheit
entschuldigen kann (I 59). Unaufhörlich wird das Wort verkündigt:
Oportune, importune, volentibus nolentibus.[57] Damit das Volk keine Zeit
hat, sich in der Kirche zu unterhalten, muß es Psalmen, Hymnen
und Antiphone auf Lateinisch und Griechisch singen (I 19). Seine
Predigten zu versäumen, hält Caesarius für eine so große Sünde,
daß er die Kirchentüren zusperren läßt, damit niemand schon nach
dem Evangelium die Kirche verlassen kann (I 27). Seine bischöflichen
Mitbrüder, aber auch die Priester und Diakone ermahnt er zur
Predigt, da sie vor Gott Rechenschaft abzulegen hätten über jedes
Schaf, das sich verirrt, wenn der Herr nicht ruft (I 54). Wer Diakon
werden will, muß viermal das ganze Alte und ebenso oft das Neue
Testament gelesen haben (I 56). Auch während des Essens wird
vorgelesen, und Caesarius beschwert sich, wenn seine Schüler keine
Fragen zu den gehörten Texten zu stellen haben (I 52). Im Kloster
seiner Schwester werden Bücher geschrieben bzw. kopiert (I 58).
Caesarius selbst spricht sogar noch im Schlaf von Gott, getreu dem
dictum Augustins: *Vae tacentibus de te, quoniam loquaces muti sunt.*[58]

Bei allem Eifer fühlte Caesarius jedoch, daß seine Mühe so gut
wie vergeblich war: *Trahensque longa de profundo corde suspiria dicebat:
'Vere factus est Christus blaterator et garrulus sordidus; et tamen rogat omnes,
suadet, admonet, contestatur'.*[59] Selbst seine unmittelbare Umgebung fand
seine Ermahnungen nicht selten lästig. Caesarius war – wie es Berschin
formuliert – "ein Abraham a Sancta Clara ohne Zuhörer, ein Augustin
ohne Leser . . . noch bevor die Deklamationen der Spätantike ver-
stummen, ist man ihrer überdrüssig geworden."[60]

---

[57] *Vita Caesarii* II 31, 45.
[58] *Vita Caesarii* I 54; Conf. I.1.
[59] Ebd. I, 20.
[60] Berschin I, 254.

6.3. *Die* Vita Fulgentii *des 'Ferrandus'*

Die Vita des Fulgentius, Bischof von Ruspe in der afrikanischen Provinz Byzacena, ist fast genau ein Jahrhundert nach der *Vita Augustini* des Possidius entstanden.[61] Sie unterscheidet sich in ihrem Aufbau, ihrer Topik und ihrem Charakter kaum von ihr. Die enormen Veränderungen in der Zwischenzeit scheinen fast spurlos an ihr vorübergegangen zu sein. Ein Grund dafür liegt darin, daß Fulgentius wie Augustinus nicht nur die Amtspflichten des Bischofs mit dem monastischen Leben verband, sondern auch einer der bedeutendsten Theologen seiner Zeit war, der überdies bewußt in der geistigen Nachfolge des Bischofs von Hippo stand. Neben Prosper von Aquitanien gehörte er zu den wichtigsten Rezipienten und energischsten Vertretern seiner Theologie. Er radikalisierte die augustinische Trinitätskonzeption und entwickelte seine Gnadenlehre konsequent weiter.[62]

Ähnlichkeiten bestehen auch zwischen den Verfassern der beiden Viten. Es ist zwar nicht sicher, daß es sich bei dem Autor der *Vita Fulgentii*, wie lange Zeit angenommen wurde, um den Diakon Ferrandus handelt.[63] Es ist jedoch unbestritten, daß ihr Verfasser ein enger Vertrauter des Fulgentius gewesen sein muß. Wie Possidius hat 'Ferrandus' das Klosterleben mit Fulgentius geteilt, er lebte, wie es im Vorwort der Vita heißt, in dessen Kloster auf Sardinien "Tag und Nacht unter seinen Augen" und wurde durch "die Ströme seiner himmlischen Beredsamkeit... erfrischt".[64] Er ist mit Fulgentius in enger Freundschaft verbunden und hat – wie Possidius – das, was er in der Vita beschreibt, von seinem Freund und Lehrer erfahren oder gar selbst erlebt.

---

[61] Ausgabe der Vita: P.G.G. Lapeyre, Vie de saint Fulgence de Ruspe, avec traduction française, Paris 1929, zitiert wird – wie üblich – nach PL 65, 117–150.

[62] Vgl. W.G. Rusch, The Later Latin Fathers, London 1977, 192–197; M. Djuth, "Fulgentius of Ruspe: The *Initium bonae voluntatis*"; in: Augustinian Studies 20 (1989) 39–60; B. de Margerie, Vous ferez ceci en mémorial de moi. Annonce et souvenir de la mort du Ressuscité, Montréal-Paris 1989; B. Studer, Una teologia patristica, in: E. Dal Covolo, Storia della Teologia I. Dalle origini a Bernardo di Chiaravalle, Bologna 1995, 599–611; H. Diesner, Fulgentius von Ruspe als Theologe und Kirchenpolitiker, Stuttgart 1996.

[63] A. Isola, "Sulla paternità della *Vita Fulgentii*", in: Vetera Christianorum 23 (1986) 63–71.

[64] *Vita Fulgentii, Prologus 2: Cujuslibet enim sit meriti oratio mea, nec augere poterit tanti viri merita nec minuere: sed proficere tantummodo ad testimonium caritatis, in qua illi semper inhaerere desiderans, salutiferis ejus monitis ad suscipiendam professionem monachorum conversus,*

Die auffällige Ähnlichkeit der beiden Viten ist aber nicht nur auf die weitgehende Übereinstimmung der Lebensumstände der beiden Verfasser, sondern auch auf strukturelle Parallelen zurückzuführen, die ungeachtet der historischen Veränderungen ihre Ursachen in einem vergleichbaren politischen und sozialen Kontext haben.

Mit dem Auftreten der Vandalen in Nordafrika im Jahre 429 begann für die dortigen 'Katholiken' eine Zeit harter Verfolgungen.[65] Die 'arianischen' Invasoren wurden durch die 'arianischen' Afrikaner, die Augustinus ein Leben lang bekämpft hatte, zu rücksichtslosem Vorgehen gegen die Katholiken angestachelt, wozu sie sich nicht zuletzt durch ihre Zurücksetzung im römischen Kaiserreich legitimiert fühlten. Wie sie unterstützten auch die Donatisten, die auf Veranlassung der katholischen Bischöfe – besonders Augustins – seit der Synode von Hippo im Jahre 411 unter harten Strafbestimmungen zu leiden hatten, die Vandalen. Viele von ihnen konvertierten aus Erbitterung über die grausame Behandlung durch die römischen Kaiser zum 'Arianismus'. Nach der Einnahme Karthagos wurden die 'katholischen' Bischöfe von den Vandalen des Landes verwiesen. Die vakanten Bischöfsstühle blieben über Jahrzehnte verwaist, katholische Kirchen wurden beschlagnahmt und für arianische Gottesdienste verwendet, das kirchliche Vermögen und die liturgischen Geräte eingezogen, Geistliche und Laien wegen ihres Glaubens gefoltert und getötet. Fulgentius wurde in seiner Jugend Zeuge schwerer Verfolgungen. Seine Amtszeit als Bischof fiel jedoch in die Regierungszeit Kaiser Thrasamunds, der zwar in Einzelfällen gegen die 'Katholiken' gewaltsam vorging und einige ihrer Bischöfe in die Verbannung schickte, generell jedoch eine bereits von seinem Vorgänger Guntamund initiierte Religionspolitik verfolgte, die den Supremat der Homöer auf andere Weise durchzusetzen versuchte als mit bloßer Gewalt.[66]

---

in illo parvissimo monasterio quod sibi apud Sardiniam pro Christi nomine relegatus effecerat, ubi jam tu presbyter habitas, diebus ac noctibus, ante eum positus vixi, quando me super mel et favum dulciora coelestis ejus eloquii flumina frequenter irrigabant. Deutsche Übersetzung: L. Kozelka, Das Leben des heiligen Fulgentius von Diakon Ferrandus von Karthago, in: Fulgentius von Ruspe (Bibliothek der Kirchenväter. Zweite Reihe 9) München 1934, 52–118.

[65] Siehe dazu C. Courtois, Les Vandales et l'Afrique, Paris 1955; J. Cuoq, L'Église d'Afrique du Nord du IIe au XIIe siècle, Paris 1984; C.-G. Picard, La civilization de l'Afrique romaine, Paris ²1990; S. Raven, Rome in Africa, New York ³1993; E.M. Clover, The Late Roman West and the Vandals, Brookfield 1993.

[66] Zur arianischen Religionspolitik zur Zeit des Fulgentius siehe P.G.G. Lapeyre, Saint Fulgence de Ruspe. Un évêque catholique africain sous la domination vandale, Paris 1929; C. Courtois, Les Vandales et l'Afrique, Paris 1955; F. Chatillon,

Er ließ den 'Katholiken', die zum 'Arianismus' übertraten, Ehrungen und Ämter zukommen und ließ Gefangene frei, wenn sie konvertierten. Der theologisch interessierte König vertraute jedoch in erster Linie darauf, mit Hilfe der *persuasio*, d.h. in öffentlichen Konferenzen und Streitgesprächen, den 'Arianismus' gegenüber dem 'katholischen' Glauben durchsetzen zu können.

Trotz der relativen Milde des Königs befand sich der katholische Klerus in einer prekären Situation. Wie zu Augustinus' Zeiten fiel dem Episkopat, besonders Fulgentius, die Rolle eines Anwaltes des katholischen Glaubens zu. Wie damals diejenige Augustins war es nun seine Aufgabe, die Überlegenheit des katholischen Glaubens auf diskursive Weise gegenüber den Vertretern des Arianismus darzulegen. Auch wenn er nicht wie Augustinus mit einer Vielzahl von Glaubensrichtungen und Häresien konfrontiert wurde, war seine Lage nicht weniger schwierig, da es sich in seinem Fall nicht wie in dem des Bischofs von Hippo um eine innerkirchliche Auseinandersetzung handelte, die für ihn maßgebliche politische Instanz, König Thrasamund, vielmehr dem arianischen Glauben anhing und von Byzanz kaum Unterstützung gegen die Repressalien der Arianer zu erwarten war.

Im Zentrum der *Vita Fulgentii* steht eine theologische Auseinandersetzung über das Wesen der Trinität. Fulgentius diskutiert mit dem König und einem arianischen Bischof. Es gelingt ihm die katholische Position mit so schlagenden Argumenten zu verteidigen, daß der arianische Klerus den König veranlaßte, ihn ins Exil nach Sardinien zu schicken. Auch wenn Ferrandus den Sieg des Fulgentius mit großer Eloquenz feiert, über den genauen Gegenstand der Disputation und die von Fulgentius vorgebrachten Argumente sagt er kein Wort. Ferrandus zeigt kein Interesse, auf Fragen des Dogmas und theologische Probleme genauer einzugehen. Wie Possidius begnügt er sich mit Hinweisen auf die Schriften des Fulgentius und den Versuch, seine Opponenten mit abwertenden, aber unpräzisen Feststellungen in Mißkredit zu bringen. Die Häufung negativer Epitheta auf König

---

"L'Afrique oubliée de Christian Courtois et les *ignotae regiones* de la *Vita Fulgentii*", in: Revue du moyen âge latin 11 (1965) 377–37; bes. 275–310; Diesner, s.o.; W. Eck, "Der Episkopat im spätantiken Afrika", in: Historische Zeitschrift 236 (1983) 265–295, 287–290; Y. Modérans, La chronologie de la Vie de Fulgence de Ruspe et ses incidentes sur l'histoire de l'Afrique vandale, in: Mélanges de l'École française de Rome. Antiquité 105, 1 (1993) 135–188.

Thrasamund ist geradezu augenfällig. Hier kommt, so wird deutlich,
ein ähnlicher Mechanismus zum Tragen wie in den hellenistischen
Philosophenviten. In Zeiten, in denen unterschiedliche Lehrmeinungen miteinander konkurrieren und es noch nicht deutlich ist,
welche Position in der Folgezeit dominieren wird, war es risikoloser,
die Konfrontation von der inhaltlichen auf die persönliche Ebene zu
verlagern. Die Methode, die Weisheit des Heiligen zu betonen und
die Lauterkeit seines Lebenswandels hervorzuheben – dies der Grundduktus der ganzen Vita –, Andersdenkende hingegen zu desavouieren,
erfüllte einen doppelten Zweck. Sie diente der Polemik, schützt aber
zugleich vor dogmatischen Komplikationen. Auf die prekäre Situation
der katholischen Kirche in Afrika ist auch die Tendenz der Vita
zurückzuführen, Schulzusammenhänge und damit ihre Verhaftung
in der Orthodoxie zu unterstreichen. Fulgentius ist – wie Ferrandus
betont – Schüler des Augustinus. Er wird in seiner Verteidigung des
Nicaenums durch seinen großen Vorläufer legitimiert. Ferrandus selbst
ist Schüler des Fulgentius, versteht sich wie er als Dogmatiker und
sieht es als seine Aufgabe an, Sprachrohr der Lehren seiner geistigen Väter zu sein.

Diese Tendenzen werden schon im Vorwort der Vita deutlich.
Ferrandus stellt sich in ihm als *discipulus* des Fulgentius, des *magister
ecclesiae*, vor.[67] Was seinen Lehrer zu einem 'Leuchtenden' werden
ließ, macht der Schüler mit einem Topos deutlich, den auch Possidius
am Schluß der Augustinusvita verwandte: *Ecce fulget beati Fulgentii sana
doctrina, quoniam leguntur ab omnibus libri ejus. Quasi ille loquitur, quando
codex ejus titulatus nomine legitur.*[68] Dementsprechend wird Fulgentius in
der ganzen Vita als ein *sapiens* bezeichnet, dessen schriftstellerisches
Talent und rhetorische Begabung immer wieder betont werden. Gleich
zu Beginn der Vita gibt Ferrandus zu verstehen, daß es ihm nicht
darum gehe, die Theologie des Fulgentius zu referieren. Wie Possidius
verweist er die Leser lediglich auf dessen Werk. In der Vita möchte
er, so sagt er, zeigen, wie sehr sich das Leben des Bischofs durch
sapientia auszeichnete. Fulgentius ist für ihn über alle Kritik erhaben.
Er lebt nach Ferrandus zeit seines Lebens so asketisch, daß man den
Eindruck gewinnen könnte, es handele sich bei diesem Werk in erster

---

[67] Zu den Personen im Umkreis des Fulgentius: S.T. Stevens, "The Circle of
Bishop Fulgentius", in: Traditio 38 (1982) 327–341.
[68] *Vita Fulgentii, Prologus* 2.

Linie um eine Mönchs- und nicht um eine Bischofsbiographie. Nach Ferrandus sind es "zwei Eigenschaften, die von den Lehrern der katholischen Kirche verlangt werden, frommes Leben und rechte Lehre": *Duo igitur Ecclesiae catholicae doctoribus necessaria judicantur: vita bona et sana doctrina.*[69] Ferrandus macht auch deutlich, warum es diese beiden Aspekte sind, die er betont. Beide Eigenschaften bieten Schutz vor Kritik Andersdenkender: *Vita bona tollit occasiones detrahentibus, doctrina sana resistit contradicentibus.*[70]

Fulgentius, dessen Vater aus seinem Exil nach Afrika auf seine Besitzungen in der Byzakena zurückgekehrt war, von wo sein Großvater 439 von den Vandalen vertrieben worden war, stammte aus einer kolonialrömischen Familie senatorischen Ranges und war, wie sein Biograph betont, dazu prädestiniert, höchsten Ruhm zu erlangen. Seine Mutter Mariana gab ihm den Vornamen Fulgentius in Vorahnung seiner zukünftigen Bedeutung. Nach dem frühen Tod des Vater ließ sie ihm eine sorgfältige Erziehung und gründliche Ausbildung angedeihen. Griechisch, besonders die Lektüre Homers und Menanders, standen dabei im Vordergrund. "Mit seinen reichen Geistesanlagen erfaßte er den dargebotenen Stoff mit großer Klarheit und behielt ihn stets im Gedächtnis."[71] Es sind die "herrlichen Geistesgaben" des Sohnes, die sie über den Verlust ihres Gatten hinwegtrösten.[72] Fulgentius muß bald an dessen Stelle die Verwaltung des Familienbesitzes übernehmen. Dabei läßt er Eigenschaften erkennen, wie sie für eine leitende Funktion in der Kirche erforderlich sind. "Er vergilt Freunden ihre Dienste mit Wohlwollen, wendet Angriffe von Feinden bedachtsam ab, versteht es, die Sklaven mit Milde und Strenge zu lenken und zurechtzuweisen, das väterliche Gut mit Sorgfalt zu verwalten und sich die Beliebtheit der Obrigkeit zu erwerben."[73] Bald wird er Prokurator und beginnt wie Ambrosius mit einem weltlichen Amt seine spätere kirchliche Laufbahn. Als Prokurator ist Fulgentius den vandalischen Herren gegenüber für die Eintreibung von Steuern verantwortlich, die negativen Erfahrungen, die er dabei macht, lassen

---

[69] *Vita Fulgentii, Prologus* 1.

[70] Ebd.

[71] *Vita Fulgentii* 5: *magnitudine ingenii cuncta sibi tradita memoriter et veraciter retinens.*

[72] Ebd.: *Gaudebat venerabilis mater, et praeclara indole sapientis filii moerorum viri amissi consolabatur.*

[73] Ebd.: *Coeperat in illa familia esse, qui amicis obsequium benevolus redderet, inimicos rationabiliter repelleret, servos mansuetus et severus regeret et corrigeret, patrimonium diligens coleret, sublimioribus potestatibus carissimus fieret.*

in ihm bald den Wunsch nach einem asketischen Leben aufkommen. Obwohl der Bischof Faustus von Praesidium Diole zunächst
Zweifel an der Ernsthaftigkeit dieses Wunsches hegt, läßt er sich von
Fulgentius überreden, ihn in sein Kloster aufzunehmen. Verfolgungen
durch die arianischen Vandalen, denen das Kloster des Faustus ausgesetzt war, veranlassen Fulgentius dann, in dasjenige seines Jugend-
freundes Felix überzuwechseln. In beiden Klöstern übt Fulgentius
strengste Askese, er belastet durch sein hartes Fasten seinen Körper
bis auf Äußerste, verzichtet auf seinen Besitz zugunsten seines Bruders
und läßt sich auch nicht durch das Flehen der Mutter von seinem
Vorsatz abbringen. Wie in den anderen Bischofsviten ist auch in
dieser keine sich steigernde Intensität der Askese zu erkennen. Fulgentius
lebt sie in *constantia*, ein Fortschreiten wird lediglich von den anderen
konstatiert. Fulgentius wird von seinen Mitbrüdern genötigt, gemeinsam mit Felix die Leitung des Klosters zu übernehmen. In einer
Passage, in der beide gegenübergestellt werden, wird deutlich gemacht,
was den zukünftigen Bischof von dem Abt unterscheidet. Beide sind
"von der gleichen Gottesliebe durchdrungen, sie ähneln sich in ihren
Lebenssitten, beide sind gleich in ihrem Streben nach Vollkommenheit,
beide gleichen sich in ihrem frommen Wandel, der eine überragte
jedoch den anderen an Wissenschaft."[74] Fulgentius widmete sich denn
auch der Unterweisung der Brüder, während Felix für das leibliche
Wohl der Klostergemeinschaft besorgt war. Wenn Brüder einkehrten,
predigte der eine mit Beredsamkeit das Wort Gottes, während der
andere die Vorbereitungen für den Empfang der Gäste traf. Dennoch
begegneten beide einander mit gegenseitiger Hochachtung.[75] Ein arianischer Priester ist der Meinung, Fulgentius könne kein einfacher
Mönch sein, und glaubt, daß sich unter dem Mönchsgewand ein
Priester verstecke, denn "in der Tat übte er damals priesterliche
Tätigkeit aus, indem er nicht nur einige für die wahre Lehre zurück-
gewann, sondern alle, die er erreichen konnte, mit heilsamen Er-

---

[74] *Vita Fulgentii* 15: *Ita duo viri sanctissimi, diligentes aequaliter Deum et proximum, ambo
moribus similes, ambo meliores proposito, conversatione aequales, unus scientia superior, jugum
bonum gubernandae congregationis excipiunt.*
[75] *Vita Fulgentii* 16: *Felix vocabatur Fulgentius viam Domini currens, et fama crescente
Fulgentii, capiebat fructum sui culminis Felix. Unus tamen eorum, beatus videlicet Fulgentius,
docendis fratribus peculiariter vacabat, alter in quotidiano ministerio sollicitus laborabat. Supervenientibus
fratribus, unus verbum Dei singulariter praedicabat, alter hospitalitatem diligenter praeparabat, et
hilariter offerebat. . . . de mutua quam sibi reddebant invicem subjectione sublimes.*

mahnungen zur Wiederversöhnung einlud."[76] Aus Angst vor dieser
Konkurrenz nimmt er Fulgentius und Felix gefangen und mißhan-
delt sie. Dank seiner *eloquentia* gelingt es Fulgentius jedoch, sich und
Felix zu befreien. Fulgentius hegt den Wunsch, angeregt durch die
Lektüre Cassians, nach Ägypten zu gehen und dort noch strenger
als bisher nach dem Vorbild der ersten Asketen zu leben. Wegen
des Schismas rät man ihm aber davon ab. Statt dessen geht er nach
Rom, um die Gräber der Apostel und Märtyrer aufzusuchen. Nach
seiner Rückkehr bemühen sich die Mönche mehrerer Klöster, ihn
als Abt oder Mitbruder zu gewinnen: Man sieht – wie daraus deutlich wird – in ihm den "von Gott vorbestimmten Lehrer der afrikanischen Kirche"[77], der überall "durch seine außerordentliche Wissenschaft und geistliche Beredsamkeit" auffällt, sich aber dennoch "in
bemerkenswerter Demut und einzigartigem Gehorsam zum Diener
aller" macht.[78] Ihm widerstreben die Last der Verwaltung und die
weltlichen Aufgaben, die mit der Leitung eines Klosters verbunden
sind. Er will lieber Schüler als Lehrer sein, nur aufgrund eines
bischöflichen Beschlusses kann er zum Abt gemacht und zum Priester
geweiht werden. Als man in Afrika beschließt, mehrere vakante
Bischofssitze neu zu besetzen, entzieht er sich der Übernahme des
Bischofsamtes durch Flucht in ein entlegenes Kloster. Der Ruhm
seines Namens hatte sich aber schon so weit verbreitet, daß Bischof
Viktor, Primas von Numidien, dem ausdrücklichen Wunsch des Volkes
entsprach, als er ihn zum Bischof der Stadt Ruspe machte. Was ihn
für dieses Amt neben dem Ruhm seines Namens und seiner Weisheit
qualifizierte, wird bei dieser Gelegenheit klargemacht. Sein Konkurrent,
ein Diakon namens Felix, wird deswegen abgelehnt, weil er versucht
habe, seiner Bewerbung mit seinem gesellschaftlichen Einfluß und
seiner adeligen Herkunft Nachdruck zu verleihen. Fulgentius wird
gewählt, weil er "so demütig das Streben nach größerer Ehre mit

---

[76] *Vita Fulgentii* 17: *Et revera sacerdotis officium laudabiliter etiam tunc implebat, non aliquos
reconciliando, sed omnes quos attingere poterat, ad reconciliationem salutaribus monitis invitando.
Cujus sermo dulcis et rectus, quia dura quoque corda molliebat, nec immerito hunc presbyterium
sic timere pro sua perfidia compellebat.*

[77] *Vita Fulgentii* 28: *laetantur omnes honesti ac nobiles viri quod beatus Fulgentius Africanae
Ecclesiae doctor praedestinatus, non diu defuisset transmarinis regionibus occupatus.*

[78] *Vita Fulgentii* 30: *et adunatus multitudini monachorum, fulget quidem super caeteros mi-
rabili scientia eloquentiaque speciali, sed subjicitur omnibus laudabili humilitate atque obedientia
singulari.*

Füßen getreten hatte."[79] Sofort nach seiner Ernennung schließt ihn
das Volk denn auch "wegen der gewinnenden Schlichtheit seiner
Kleidung und seines bescheidenen Auftretens in sein Herz."[80] Wenn
er das Wort ergriff, hing das Volk an seinen Lippen. "Aus seiner
väterlichen Redeweise erschloß es, in welcher Gesinnung ihr geistlicher
Lehrer es in Zukunft unterweisen werde."[81] Das Kapitel, das unmittelbar auf die Beschreibung der Ordinierung folgt, widmet Ferrandus
noch einmal der Askese. Auch als Bischof lebt Fulgentius asketisch,
trägt Mönchskleidung, macht Bußübungen und verzichtet während
seiner gesamten Amtszeit nicht auf das Zusammenleben mit Gleichgesinnten in einer klösterlichen Gemeinschaft.

Als er auf Befehl des Vandalenkönigs nach Sardinien ins Exil
gehen muß, fungiert er aufgrund seiner rhetorischen Brillanz und
seiner intellektuellen Schärfe wie einst Augustinus in Afrika bei allen
gemeinsamen Kundgebungen als Sprecher der mit ihm verbannten
Bischöfe. Er richtet seelsorgerische Schreiben an die Diözesen anderer
Bischöfe und "erfüllte so durch seinen Mund die Pflichten ihres
Amtes."[82]

Die Darstellung der bischöflichen Tätigkeit erreicht ihren Höhepunkt
in der Beschreibung einer Auseinandersetzung mit Thrasamund und
Pinta. Die nächsten Kapitel widmen sich wieder ausführlicher der
Rolle der *vita monastica* in Fulgentius' Leben. Als er ins Exil nach
Sardinien zurückgekehrt war, errichtete er mit über 40 Mönchen in
Cagliari ein Kloster, dessen Beschreibung ein bezeichnendes Licht
auf den Stellenwert von Bildung, Wissen und Weisheit wirft. Das
Kloster, in dem er sich vor allem der Unterweisung der Brüder
zuwendet, wird von zwei Arten von Mönchen bewohnt. "Die arbei-
tenden Brüder, die die körperlichen Werke mit unermüdlichen Kräften übten, aber keinen Eifer zur Lesung hatten, liebte er weniger
und hielt sie auch nicht der höchsten Ebene würdig. Wer aber Liebe

---

[79] *Vita Fulgentii* 35: . . . *quod honoris superioris sic calcaverat appetitum.*
[80] *Vita Fulgentii* 36: *Nimis autem gratissimus viri sapientis aspectus, et favores populi suffragentis augebat; et a quocunque tunc videbatur incognitus, humilitate vestium blandus, modestoque incessu venerabilis habebatur.*
[81] Ebd.: *Cum vero loqui quidpiam cogente interdum ratione voluisset, in ore ejus omnis turba pendebat, ex locutione considerans qualis esset spiritalis magistri futura doctrina.*
[82] *Vita Fulgentii* 41: *Ita sicut sanctae memoriae Aurelius Carthaginiensis Ecclesiae antistes inter sua privilegia meruit ut litteras ex Africano concilio dandas ipse solus scriberet; sic iste meruerat ut litteras ex illo concilio dirigendas solus ipse dictaret. Sexaginta quippe et eo amplius episcopos tunc catena ligabat exsilii, quorum lingua et ingenium beatus Fulgentius episcopus fuit.*

zur Wissenschaft hatte, wenn er auch so kraftlos war, daß er nie mit
Händen arbeiten konnte, der war ihm besonders lieb und wert."[83]
Berschin spricht von einem "Hauch von Intellektualität und Dekadenz",
der über dem Kloster hänge, und nennt es eine "kulturelle Pflanzstätte ersten Ranges." Fulgentius bereitet es größte Freude, schwierige
exegetische Fragen zu beantworten. Er schreibt Abhandlungen und
wechselt Briefe mit Schülern in Rom und Karthago. Als mit dem
Regierungsantritt Hilderichs in Afrika die Verfolgung aufhört, werden er und die anderen Katholiken nach Afrika zurückgerufen. Wie
ein Vater wird er von der Gemeinde in Karthago begrüßt und vor
allen anderen Bischöfen mit Ehrenbekundungen überhäuft, so hatte
sich sein Ruhm in ganz Afrika und besonders in der Byzakena verbreitet.

Ferrandus widmet sich in den folgenden Kapiteln ausführlicher
und breiter den alltäglichen seelsorgerischen und administrativen
Pflichten des Bischofs und Abtes. Die Verwaltung der Diözese, die
Praxis, Mönche aus seinen Klöstern zu Klerikern zu machen, Fasten-
und Vigilregeln, die er für seine Gemeinde aufgestellt hat, werden
detailliert wiedergegeben. Nichtsdestoweniger wird deutlich, daß
Fulgentius wie Augustinus das Studium der Ausübung der administrativen Pflichten vorgezogen hat.

Schon ein Jahr vor seinem Tod entsagt er den kirchlichen Pflichten,
zieht sich in die Einsamkeit des Inselklosters Chilmi zurück, verrichtet Bußübungen und übt Askese. Um seinen Mitbrüdern nicht den
gewohnten Umgang vorzuenthalten, kehrt er jedoch in sein eigenes
Kloster zurück. Während seiner letzten Krankheit wiederholt er 70
Tage lang den Ausspruch 'Herr, gib mir hier Geduld, dort oben
Verzeihung'.[84] Es wird, wie zu erwarten, ein Nachfolger bestimmt,
dann verteilt er Geld an die Armen und stirbt im Alter von 65
Jahren. Anders als in den frühen Bischofsviten folgt dem Bericht
über seinen Tod die Beschreibung des Schicksals der Leiche, seiner
post mortem-'Erscheinungen' und der Wahl seines Nachfolgers.

Bezeichnend für den Aufbau der Vita ist wie für die *Vita Augustini*
das Alternieren von Kapiteln, die der Askese bzw. der Amtstätigkeit

---

[83] *Vita Fulgentii* 52: *Laborantes fratres et opera carnalia indefessis viribus exercentes, lectionis autem studium non habentes, minus diligebat, nec honore maximo dignos judicabat. In quo
autem fuisset scientiae spiritalis affectus, etiamsi virtute corporis destitus operari manibus nunquam
posset, ab eo peculiariter habebatur dilectus et gratus.*
[84] *Vita Fulgentii* 63: *Domine, da mihi modo hic patientiam, postea indulgentiam.*

des Bischofs gewidmet sind. In den ersten, der Ernennung zum
Bischof vorausgehenden Kapiteln, überwiegt das asketische Moment.
In ihnen wird zunächst die Ernsthaftigkeit der Berufung zum Asketen
und die Reinheit seiner Lebensführung anschaulich verdeutlicht.
Man kann aufgrund dieses Auftaktes den Eindruck gewinnen, eine
typische Asketenvita mit ihrem graduellen Aufstieg vor sich zu haben,
würde nicht immer wieder vom Biographen deutlich gemacht, daß
Fulgentius' Tugend und Askese nur in der Wahrnehmung der anderen
zunahmen, er selber sich jedoch weder in Vorsatz noch in Ausführung
änderte, sondern immer der Gleiche blieb. Vor der Ordinierung zum
Bischof hatte sich Fulgentius in den Augen der Umwelt bereits als vorbildlicher Christ erwiesen. Wie in der Augustinusvita wird jedoch nach
der Beschreibung der Ordinierung noch einmal auf sein monastisch-
asketisches Leben eingegangen. Die Fulgentiusbiographie ist eindeutig
eine Bischofsbiographie. Schon in den frühen, von der Askese
dominierten Kapiteln werden, sozusagen hinführend, die die Amtsausübung des Bischofs charakterisierenden Grundkonstellationen dargelegt.
So weist die Beschreibung eines Überfalls, dem Fulgentius und seine
Mitbrüder zum Opfer fallen, schon auf die späteren, intellektuelleren
Konfliktsituationen hin, in die der Bischof gerät. Wie in der Augustinusvita sind auch im letzten Teil der Fulgentiusvita deutlich Anklänge
an Suetons Kaiservita zu erkennen. In ihm widmet sich der Verfasser
Fragen der alltäglichen Amtsausübung, der Verwaltung und der
Regel. Wie schon angedeutet wird auf den Tod des Fulgentius ähnlich wie in der Augustinusvita hingeführt. Anders als in dieser folgt
eine Beschreibung der post mortem gewirkten Wunder und ein Bericht
über die Ernennung des Nachfolgers.

6.4. *Die* Vita Epiphanii, *die* Vita Caesarii Arelatensis *und die* Vita Fulgentii, *drei Bischofsviten an der Grenze zwischen Spätantike und frühem Mittelalter*

Die Viten des Epiphanius, Caesarius und Fulgentius sind in unterschiedlich hohem Maße von den drei Bischofsviten des 5. Jahrhunderts
geprägt worden. Bei der *Vita Fulgentii* ist die Nähe zur *Vita Augustini*
des Possidius unübersehbar. Das ist nicht nur darin begründet, daß
sie, wenn auch ein Jahrhundert später als die Augustinusbiographie,
in Afrika verfaßt wurde und auf einen Autor zurückgeht, der im
augustinisch geprägten Milieu Nordafrikas beheimatet war und aller
Wahrscheinlichkeit nach die Darstellung des Augustinusleben durch

dessen Schüler Possidius kannte. Die auffällige Übereinstimmung ist aber vor allem auf die Parallelität des historischen, politischen und sozialen Kontextes zurückzuführen, in denen die beiden Bischöfe, Augustinus und Fulgentius, standen. Die *Vita Epiphanii* stimmt in der Betonung der 'politischen' Aktivität und ihrer Bezugnahme auf die *romanitas* mit der *Vita Ambrosii*, der ersten auf italischem Boden entstandenen Bischofsbiographie, überein. Sie unterscheidet sich von ihr jedoch nicht nur dadurch, daß ihr Protagonist aus einem anderen Milieu stammte als Ambrosius und weitaus stärker als dieser an der Kooperation mit den Herrschern interessiert war, sondern auch durch den Verzicht darauf, aus ihm wie aus Ambrosius einen Wundertäter zu machen. Die in Gallien entstandene Vita des Caesarius stimmt mit der *Vita Martini* in der Hochschätzung der Askese überein, inhaltlich und literarisch ist sie jedoch weniger an ihr als an dem *Sermo de vita Honoratii* bzw. der *Vita Hilarii* orientiert. Sie porträtiert Caesarius als einen der bedeutendsten Gelehrten Galliens, der sich als Theologe und Prediger ganz bewußt von einem Amtsverständnis distanzierte, das wie das des Martin in der *Vita Martini* in erster Linie charismatisch definiert und legitimiert wird.

Trotz aller durch den jeweiligen Kontext bedingten Verschiedenheit lassen sich signifikante Übereinstimmungen feststellen. In allen drei Viten wird die Rolle des Bischofs in der Übergangszeit von der Spätantike zum frühen Mittelalter erkennbar. Die Völkerwanderung ist in ihnen allgegenwärtig. Während der Amtszeit des Caesarius befindet sich Arles zunächst unter der Herrschaft der Ostgoten, wird dann von den Westgoten in Besitz genommen und kommt schließlich in die Hände der Franken. Fulgentius von Ruspe sieht sich mit den Vandalen konfrontiert und hat sich gegen die von ihnen vertretene theologische Auffassung, den Arianismus, zur Wehr zu setzen, Epiphanius versucht, mit allen ihm zur Verfügung stehenden Mitteln Pavia und seine Bewohner vor den Angriffen der 'Barbaren' zu schützen. Alle drei Bischöfe tragen wie ihre Amtsbrüder in Afrika, Gallien und Italien politische Verantwortung – ihr Amt sichert Kontinuität in einer Zeit, die ständigem Wandel unterworfen ist. Im Wirbel der sich überstürzenden Ereignisse bilden sie und ihre straff organisierten Gemeinden oft den einzigen Ruhepol. Diese Stabilität, die die Voraussetzung für die Geltung des katholischen Glaubens und die Macht der Kirche ist, wirkt anziehend auch auf die germanischen Invasoren. Sie bedienen sich der Bischöfe und der Organisationsstrukturen, die sie in den Bistümern vorfinden, was im Falle Pavias und seines Bischofs besonders deutlich wird. Im Laufe der

Zeit nehmen die neuen Machthaber den Glauben der katholischen
Orthodoxie an und rekrutieren – allerdings zu einem relativ späten
Zeitpunkt – Bischöfe aus ihrer eigenen Umgebung. Es ist jedoch
nicht nur die Stabilität der Organisationsstrukturen, die die Macht
der Kirche und ihres Episkopats ausmacht, entscheidend ist – das
bringen die drei Viten unmißverständlich zum Ausdruck – auch ihre
Rolle als Bewahrer der antiken Kultur und Träger der traditionellen
Bildung.

Kriegerische Auseinandersetzungen, Plünderungen und Belage-
rungen hatten zur Konsequenz, daß das Bildungsniveau auch bei der
römischen Bevölkerung stark absank. Was die Invasoren angeht, so
konnte man noch nicht einmal durchgehend mit der Kenntnis der
lateinischen Sprache rechnen, geschweige denn mit Bildung im antiken
Sinne. Die Vita des Caesarius schildert eindrucksvoll die Verzweiflung,
die den Bischof angesichts dieser Ignoranz befällt. Fulgentius richtet
in seinem Kloster eine Stätte ein, die der Bewahrung des überkomme-
nen Wissens dient, wie es schon eines der wichtigsten Anliegen des
Possidius gewesen war, die Schriften des Augustinus und damit sein
philosophisches und theologisches Werk vor der materiellen Vernichtung
durch die Vandalen zu bewahren und durch das Erstellen eines
Indikulus zumindest einen Hinweis auf ihre Existenz zu geben. Auch
in Lérins bemüht man sich, einen Ort zu schaffen, wo – wider den
Strom der Zeit – die Ausbildung in der Theologie, die Tradierung
des Glaubens und das Studium der Heiligen Schrift gewährleistet
waren. Ihre Gefährdung ging nicht nur von der Vernichtung der
materiellen Basis, die Possidius zu verhindern suchte, aus. Die meisten der Christen, erst recht aber der 'Heiden', die man für den
Glauben gewinnen wollte, waren nicht in der Lage, zu lesen und zu
schreiben, was einer der Gründe dafür war, daß dem gesprochenen
Wort eine neue Bedeutung zukam.[85] Die Bischöfe Fulgentius, Epiphanius und Caesarius zeichnen sich gleichermaßen durch eine

---

[85] Zur Bedeutung von Schriftlichkeit und Mündlichkeit im frühen Mittelalter:
J. Baloch, "*Voces paginarum*. Beiträge zur Geschichte des lauten Lesens und Schreibens",
in: Philologus 82 (1927) 84–109, 202–240; H. Vollrath, "Das Mittelalter in der
Typik oraler Gesellschaften", in: Historische Zeitschrift 233 (1981) 571–594; La cul-
tura antica nell' occidente latino dal VII all' XI secolo (Settimane di Studio del
Centro Italiano di Studi sull'Alto Medioevo 22) Spoleto 1975; H. Keller – Fr.J.
Worstbrock, "Träger, Felder, Formen pragmatischer Schriftlichkeit im Mittelalter.
Der neue Sonderforschungsbereich 231 an der Westfälischen Wilhelms-Universität

außergewöhnliche Eloquenz aus. Epiphanius ist Diplomat und Vermittler, er versteht es zu überzeugen und sich mit wohlgesetzten,
angenehmen Worten zu artikulieren – *fabricatus ad blanditias, necessario
lepore dulcissimus* –, Fulgentius predigt das Wort Gottes auf einzigartige
Weise – *singulariter praedicabat* – und Caesarius tut das gleiche ohne
Unterlaß bis zur eigenen Erschöpfung und der seiner Zuhörer, wobei
er versucht, möglichst verständliche und eindringliche Formulierungen
zu finden.

Alle drei Viten bedienen sich auch selbst in auffällig großem Maße
der wörtlichen Rede als Stilmittel. Schon Possidius hatte – ganz im
Sinne Augustins – in der *Vita Augustini* immer wieder auf die Bedeutung
der Predigt und des gesprochenen Wortes hingewiesen. Die hier
untersuchten Viten weisen aber eine noch größere Zahl und längere
Passagen wörtlicher Rede auf als sie. Die Verlagerung auf das gesproche-
ne Wort und das Gewicht, das auf Stil und Rhetorik[86] gelegt wird,

---

Münster" in: Frühmittelalterliche Studien 22 (1988) 388–409; D.H. Green, "Orality
and Reading: The State of Research in Medieval Studies", in: Speculum 65 (1990)
267–280; P. von Moos, "Zwischen Schriftlichkeit und Mündlichkeit. Dialogische
Interaktion im lateinischen Frühmittelalter", in: Frühmittelalterliche Studien 25 (1991)
300–314; M. Banniard, Viva Voce. Communication écrite et communication orale
du IVe au XIe siècle en Occident latin (Collection des Études Augustiniennes. Série
Moyen Age et Temps Modernes 25) Paris 1992; Kl. Düwel, Epigraphische Zeugnisse
für die Macht der Schrift im östlichen Frankenreich, in: A. Wieczorek – P. Périn –
K. v. Welck – W. Menghin (Hgg.), Die Franken – Wegbereiter Europas. 5.–8.
Jahrhundert n. Chr. Katalog-Handbuch in zwei Teilen, Mainz ²1997, 540–553;
J. Vezin, Schrifttum und Schriftgebrauch in der Merowingerzeit, ebd., 553–559;
W. Haubrichs, Sprache und Sprachzeugnisse der merowingischen Franken, ebd.,
559–574; M. Banniard, Die Franken zwischen Spätlatein und Altfranzösisch, ebd.,
574; H. Röckelein, Zur Pragmatik hagiographischer Schriften im Frümittelalter, in:
Th. Scharff – Th. Behrmann (Hgg.), *Bene vivere in communitate*. Beiträge zum italieni-
schen und deutschen Mittelalter. Hagen Keller zum 60. Geburtstag überreicht von
seinen Schülerinnen und Schülern, Münster-New York-München-Berlin 1997
[86] Zur Verwendung des Begriffs 'Rhetorik' siehe etwa M. Cekic, "Rhetorik", in:
Europäische Enzyklopädie zu Philosophie und Wissenschaften 4 (1990) 143–148:
"Der Terminus Rhetorik ist in mehrfacher Hinsicht begrifflich unscharf, in sich
inkongruent und widersprüchlich.... Die inhaltliche, strukturelle und funktionale
Heterogenität liegt wesentlich in der Herausbildung und Geschichte des rhetorischen
Systems, in der Eigentümlichkeit seiner philosophischen und unmittelbar praxisbe-
zogenen Entwicklung... Hieraus erklärt sich ein Bewußtsein der Rhetorik und des
Rhetorischen, das wenigstens fünf miteinander korrespondierende und ineinander-
greifende Bedeutungen impliziert: 1. Rhetorik ist die mündliche Kommunikation
bzw. sprechsprachliche Tätigkeit, also ein spezifischer Typ sprachlich-sozialer
Interaktion... 2. Rhetorik ist rhetorische Kommunikation, die einen spezifischen
Typ der sprechsprachlichen Kommunikation darstellt. Nach dem Konzept der sprech-
wissenschaftlichen Rhetorik werden die Existenzformen der rhetorischen Kommunikation – Rede, Gespräch und Diskussion – als Prozesse aufgefaßt, die ausschließlich

ist so auffällig, daß man fast von einem Paradigmenwechsel in einem
Strang der Bischofsviten sprechen könnte. Deutlicher als in den itali-
schen und afrikanischen Viten ist diese Verlagerung in Gallien zu
beobachten. Die dort unter dem Einfluß der Vita des Honoratus im
Übergang von Spätantike zum frühen Mittelalter entstandenen Biographien weisen einen auffällig starken Bezug zur Rhetorik auf. Die
in der auf Pomerius zurückgehenden rhetorischen Tradition stehende
Vita des Honoratus, die als *Sermo* am Todestages des Heiligen während
der Liturgie in seiner Bischofskirche vorgetragen wurde, markiert wie
kein anderer Text dieses Genres den Übergang vom geschriebenen
zum gesprochenen Wort.[87]

Die *Vita Caesarii*, die in das um Lérins zentrierte literarische Umfeld
gehört, läßt ein komplexeres Verhältnis zur Rhetorik erkennen als
dasjenige, das in den beiden anderen Viten zu konstatieren ist.
Caesarius, ihr Protagonist, vertraut auf die Macht des gesprochenen
Wortes, indem er unermüdlich in eigener Person predigt und in den
Schriften, in denen er eine Erneuerung des Bischofsamtes propagiert,
auf die Bedeutung der Predigt hinweist. Er wendet sich jedoch bewußt
von der Rhetorik als Disziplin ab. Statt dessen propagiert er den
sermo simplex der ersten Christen.

---

zielgerichtet und nach einem Plan verlaufen.... 3. Rhetorik ist ein gegen den
üblichen Sprachgebrauch verstoßendes, ästhetisch motiviertes, expressives und
effektvolles Redeverhalten. 4. Rhetorik ist ein System wissenschaftlich-objektiver
Beschreibung und Erklärung der rhetorischen Kommunikation. 5. Rhetorik ist
Redeschulung bzw. mündliche/rhetorische Kommunikationsbefähigung.... Die
ambivalente Vorstellung von Rhetorik und die Vielzahl ihrer semantischen
Implikationen resultieren aus einer dem griechisch-römischen Altertum verpflichteten,
nahezu ungebrochenen Traditionslinie. Schon die historische Rhetorik trägt in ihren
zentralen Bestimmungsstücken mehrdeutige Züge...". Der Begriff Rhetorik wird
hier entsprechend der Unterscheidung Cekics zum einen verwendet als mündliche
Kommunikation im Gegensatz zur geschriebenen Sprache, als "ästhetisches
Redeverhalten" im Sinne der antiken *elocutio*, des *ornatus* und als Disziplin. Vgl. auch
H. Hommel – K. Ziegler, in: Der Kleine Pauly. Lexikon der Antike 4 (1979) 1396–
1415, 1396: "Das Überreden, die schöne Form der Rede und die auf Handwerkskunst
gegründete Erfahrung sind also die drei Hauptkennzeichen der Rhetorik." Auf einen
Verweis auf die Fülle der sich der Rhetorik widmenden Literatur ist hier verzichtet
worden.
[87] Die Tatsache, daß der *Sermo de Vita S. Honoratii* in der Kirche vorgelesen
wurde, ist in der Geschichte der Bischofsbiographie ein Novum. Bei der frühen
Martyrienliteratur handelte es sich allerdings um eine weitverbreitete Praxis: Viele
acta martyrum wurden am Todestag des Märtyrers an den Gräbern oder in den ihnen
geweihten Kirchen vorgetragen.

Die *Vita Caesarii* ist nicht nur für die Auffassung des Bischofs von Arles signifikant, sie vermittelt besser als die anderen hier untersuchten Viten einen Eindruck von der komplexen Rolle der Rhetorik in der Übergangzeit von der Spätantike zum frühen Mittelalter:[88] Einerseits übernahm sie als elementarer Bestandteil des Bildungskanons die Funktion eines Vehikels für den Kulturtransfer von der alten zu der neuen Bildungswelt. Sie half, in monastischen Zentren und Rhetorikschulen, wenigstens rudimentär die antike Vorstellungswelt zu bewahren und die Vertrautheit mit der römischen Kultur und Bildung zu schaffen, die eine entscheidende Legitimation für die christlich-römischen Bischöfe in einem zunehmend barbarisierten Umfeld lieferte. Die neuen Machthaber, die Westgoten, Ostgoten und Franken, waren sich in gleichem Maße der Bedeutung der durch die Rhetorik vermittelten Bildung als eines Mittels, ihre neuerworbene Machtstellung zu sichern, bewußt. Das Bemühen um elaborierte Sprache und stilistisches Raffinement, das viele Bischofsviten, besonders aber die in Lerins vor der *Vita Caesarii* verfaßten Biographien auszeichnet, ging somit keineswegs auf einen Zufall zurück. Daß Caesarius sich gegen dieses Stilideal wandte, war jedoch ebensowenig zufällig, war es doch eine der wichtigsten Aufgaben der Bischöfe und damit auch der Verfasser ihrer Viten, sich einer breiten, ungebildeten Bevölkerung verständlich zu machen.[89] Wenn man die 'heidnischen' bzw. 'arianischen' Franken, West- oder Ostgoten missionieren wollte, konnte man sich nicht eines Lateins bedienen, das das Produkt jahrhundertelanger stilistischer Bemühungen war und die Wahrnehmungsfähigkeit der Adressaten inhaltlich und formal überforderte. Um auch

---

[88] Zur Rhetorik im Mittelalter siehe Fr. Quadlbauer, Die antike Theorie der *Genera dicendi* im lateinischen Mittelalter (Österreichische Akademie der Wissenschaften, Phil.-herm. Kl., Sitzungsberichte 241.2) Wien 1962; J.J. Murphy, "Saint Augustine and Rabanus Maurus: The Genesis of Medieval Rhetoric", in: Journal of Western Speech 31 (1967) 88–96; Ders., Rhetoric in the Middle Ages. A History of Rhetoric Theory from St. Augustine to the Renaissance I. Theory and its Continuation, Berkeley-Los Angeles-London 1974; G. Kennedy, Greek Rhetoric under Christian Emperors, Princeton 1983; K. Eden, "Hermeneutics and the Ancient Rhetorical Tradition", in: Rhetorica 5 (1987) 59–86; J.-L. Solère, "De l'orateur à l'orant. La rhétorique divine dans la culture chrétienne occidentale", in: Revue de l'histoire des religions 211 (1994) 187–224.

[89] Vgl. S. Menache, The *Vox Dei*, Communication in the Middle Ages (Communication and Society) New York-Oxford 1990, 24: "Already the Council of Mayence (813) states that it was the preacher's duty to preach in a simple language that would be understandable in the common folk."

breitere Bevölkerungskreise erreichen und den dort verbreiteten paganen Vorstellungen entgegentreten zu können, war es also notwendig,
sich eines einfacheren Stils zu befleißigen.[90]

Die Vorliebe für den *sermo simplex* – wie sie bei Caesarius von
Arles zu beobachten ist – hatte aber auch noch andere Gründe. Sie
war, wie bekannt und oft dargestellt, die Folge einer grundsätzlichen
Skepsis des Christentums gegenüber der 'Äußerlichkeit' schöner
Worte.[91] Augustinus, Tertullian und andere christliche Schriftsteller
haben die heidnische Gedankenwelt, die durch sie wohl oder übel
vermittelt wurde, wegen des vom Inhalt ablenkenden Kunstcharak-
ters ihrer Sprache, der ihr inhärenten Sophistik und der damit einhergehenden 'Unwahrheit' vehement kritisiert. Sie kamen jedoch

---

[90] Zum Bildungsstand der Laien siehe P. Riché, "L'Enseignement et la culture
des laïcs dans l'occident pre-carolingien", in: La scuola nell' occidente latino dell'
alto medioevo (Settimane di Studio del Centro Italiano di Studi sull'Alto Medioevo
19.1) Spoleto 1972, 231–253; Ders., Éducation et culture dans l'Occident médiéval
(Collected Studies Series 420) Aldershot 1993; A. Murray, Reason and Society in
the Middle Ages, Oxford ²1985; R. McKitterick, The Carolingians and the Written
Word, Cambridge 1989; R. Copeland, Rhetoric, Hermeneutics and Translation in
the Middle Ages: Academic Traditions and Vernacular Texts (Cambridge Studies
in Medieval Literature 11) Cambridge-New York-Port Chester-Melbourne-Sidney
1991.
[91] Siehe etwa Augustinus, *De doctrina christiana* IV, 12,17,18,19. Vgl. auch Chr.
Mohrmann, Die altchristliche Sondersprache in den *Sermones* des heiligen Augustin,
Nijmegen 1932; Dies., Augustin prédicateur, in: Dies., Études sur le latin des chrétiens I, Roma ²1961, 391–402; Dies., Saint Augustin and the *eloquentia*, in: Ebd.,
351–370; E. Norden, Die antike Kunstprosa I. Vom VI. Jahrhundert v. Chr. bis
in die Zeit der Renaissance, Leipzig-Berlin ¹⁰1995; E. Auerbach, *Sermo humilis*, in:
Ders., Literatursprache und Publikum in der lateinischen Spätantike und im Mittelalter,
Bern 1958, 25–53; H.I. Marrou, Saint Augustin et la fin de la culture antique,
Paris ⁴1958; J. Fontaine, Aspects et problèmes de la prose d'art latine au IIIᵉ
siècle – La genèse des styles latins chrétiens, Torino 1968; Ders., L'apport d'Hilaire
de Poitiers à une théorie chrétienne de l'esthétique du style (Remarques sur *In psalm.*
13.I), in: Hilaire et son temps. Actes du colloque de Poitiers 29 septembre–3 octobre 1968 à l'occasion du XVIᵉ centenaire de la mort de saint Hilaire, Paris 1969,
287–305; E.L. Fortin, "Augustine and the Problem of Christian Rhetoric", in:
Augustinian Studies 5 (1974) 85–100; G. Kennedy, Classical Rhetoric and its Christian
and Secular Tradition from Ancient to Modern Times, Chapel Hill 1980; J. Schmitz,
Ambrosius. Über die Sakramente. Über die Mysterien (Fontes Christiani 3) Freiburg-
Basel-Wien 1990; W. Blümer, *Rerum Eloquentia* – Christliche Nutzung antiker Stilkunst
bei St. Leo Magnus, Frankfurt a.M.-Bern-New York-Paris 1991; A. Cameron,
Christianity and the Rhetoric of Empire: The Development of Christian Discourse,
Berkeley – Los Angeles – Oxford 1991; S.M. Oberhelman, Rhetoric and Homiletics
in Fourth-Century Christian Literature. Prose Rhythm, Oratorical Style, and Preaching
in the Works of Ambrose, Jerome, and Augustine, Atlanta 1991; P. Prestel, Die
Rezeption der ciceronischen Rhetorik durch Augustinus' *De doctrina christiana*, Frankfurt
a.M. 1992; Uthemann.

nicht umhin, sich ihrer zu bedienen, wollten sie doch gerade mit den gelehrten, rhetorisch versierten heidnischen Schriftstellern in Konkurrenz treten. Selbst die einfachsten christlichen Texte sind daher Beispiele angewandter Rhetorik. Da sie ihre Leser für den christlichen Glauben zu gewinnen oder sie in ihm bestärken wollten, mußten sie sich aller Mittel der *persuasio* bedienen, womit sie in einer bis in die Frühzeit des Christentums zurückreichenden Tradition standen, handelt es sich doch beim frühchristlichen Schrifttum – beginnend mit dem Evangelium – fast durchgehend um appellative Textsorten.

Der allmähliche Niedergang der Bildung hatte auch noch andere Konsequenzen. In immer stärker werdendem Ausmaße gewannen charismatische Fähigkeiten an Bedeutung.[92] Die Wundertätigkeit spielt in der *Vita Epiphanii* fast keine Rolle, sicherlich weil Pavia und die Lombardei noch immer von der römischen Hochkultur, die unter den Ostgoten eine Neublüte erlebt hatte, geprägt waren. Auch in der *Vita Fulgentii* war – wohl nicht zuletzt aufgrund des Einflusses Augustins und der Augustinusvita und infolge eines ähnlichen kulturellen Milieus – diese Form der Legitimierung von Amtsidoneität und Heiligkeit von nur geringer Bedeutung. In der *Vita Caesarii* ist das mirakulöse Element hingegen stark ausgeprägt. Die Legitimierung des Bischofs durch Wundertätigkeit entsprach zweifellos einer 'Volksfrömmigkeit', die auch an heidnische, autochthone Vorstellungen anknüpfte, wobei es offenbleiben muß, auf welche ethnische Gruppen

---

[92] Zur Bedeutung der Wundertätigkeit der Heiligen besonders im gallischen Raum siehe E. Demm, "Zur Rolle des Wunders in der Heiligkeitskonzeption des Mittelalters", in: Archiv für Kulturgeschichte 57 (1975) 300–344; I. Wood, "Early Merovingian Devotion in Town and Country", in: Studies in Church History 16 (1979) 61–76; S. Boesch-Gajano, Demoni e miracoli nei *Dialogi* di Gregorio Magno: Hagiographie, culture e société, Paris 1981, 398–415; L. Cracco Ruggini, Il miracolo nella cultura del tardo impero: concetto e funzione: Hagiographie, culture e société, Paris 1981, 161–204; A. Rousselle, From Sanctuary to Miracle-Worker: Healing in Fourth-Century Gaul, in: R. Forster – O. Ranum (Hgg.), Ritual, Religion, and the Sacred, Baltimore 1982, 95–127; A. Dierkens, Superstitions, christianisme et paganisme à la fin de l'époque mérovingienne, in: H. Hasquin (Hg.), Magie, sorcellerie, parapsychologie, Bruxelles 1985, 9–26; A. Rousselle, Croire et guérir: La foi en Gaule dans l'Antiquité tardive, Paris 1990; A. Dierkens (Hg.), Apparitions et miracles (Problèmes d'histoire des religions 2) Bruxelles 1991; S. Farmer, Communities of Saint Martin: Legend and Ritual in Medieval Tours, Ithaca 1991; R. Van Dam, Saints and their Miracles; D. Attwater, Vite dei santi. Martiri, predicatori, mistici, guerrieri, eremiti venerati e invocati nel culto tradizionale, Casale Monferrato 1993; G. Barone, Modelli di santità e modelli di comportamento, Torino 1994; S. Boesch-Gajano, Vescovi e miracoli, in: Vescovi e pastori, 15–36.

und soziale Schichten bei diesem Legitimationsbemühen Bezug genommen wurde. Sicher ist, daß es weite, wahrscheinlich den Großteil der Bevölkerung umfassende Personenkreise waren, für die Wunder einen weitaus überzeugenderen Nachweis von Heiligkeit als Askese oder gar Gelehrsamkeit lieferten.[93]

---

[93] Siehe u.a. A.J. Gurjewitch, Probleme der Volkskultur und der Religiosität im Mittelalter, in: Ders., Das Weltbild. Seiner Ansicht nach hätten die Hagiographen, um eine große Wirkung bei der Masse der Bevölkerung zu erzielen, die Taten ihrer Helden und speziell die Wunder mit Merkmalen ausstatten müssen, die dem Bewußtsein des Publikums nahestanden, weshalb der Heilige beständig als Zauberer und Heilender auftrete. Der Rückgriff auf magisch-mythische Vorstellungen ist auch als bewußtes Mittel christlicher Mission und Kultpropaganda verstanden worden. Siehe hierzu u.a. Fr. Prinz, Der Heilige und seine Lebenswelt. Überlegungen zum gesellschafts- und kulturgeschichtlichen Aussagewert von Viten und Wundererzählungen, in: Santi e Demoni nell'alto medioevo occidentale, Spoleto 1989, 285–311, 292: "Wie hartnäckig sich diese magisch besetzte bäuerliche Laienwelt der völligen Einordnung in das kirchliche Ordnungssystem widersetzte, vermag man mittelbar aus den kirchlichen Bemühungen ersehen, durch intensive Kultpropaganda Magie und Wunderkraft in der Gestalt des wundertätigen Heiligen kirchlich zu monopolisieren." Fremer, 17: "Hierbei liegt die Vermutung zugrunde, daß die Wunderhandlungen der Heiligen insbesondere an das magisch-mythische Weltverständnis breiterer Bevölkerungsschichten appellierten und daß es nur so möglich war, den christlichen Kult weiträumig zu etablieren." Auch auf die Konkurrenzsituation zwischen christlichen Heiligen und paganen Magiern, Wundertätern und Heilern ist wiederholt verwiesen worden: L. Kolmer, "Heilige als magische Helfer", in: Mediävistik 6 (1995) 153–175 z.B. ist der Meinung, daß die Kirche ihre Heiligen in Konkurrenz mit anderen magischen Heilern als Helfer anbot und sich bewußt magische pagane Elemente aneignete, aber dennoch versuchte, den Kult in dogmatisch tolerierbare Bereiche zu lenken. Siehe auch Fr. Graus, Mittelalterliche Heiligenverehrung als sozialgeschichtliches Phänomen, in: P. Dinzelbacher – D.R. Bauer (Hgg.), Heiligenverehrung in Geschichte und Gegenwart, 105: "Von ihren heidnischen Konkurrenten unterschieden sich Heilige dadurch, daß sie ihre Wundertaten dem 'richtigen' Glauben verdankten, denn letztlich war der eigentliche Urheber des Wunders nicht der/die Heilige, sondern Gott selbst. . . . Über die Argumentationsweise der Gegner erfahren wir nur wenig. Allerdings kann ein Einwand immer wieder festgestellt werden: der Vorwurf der Magie oder des Betruges, derselbe, der von christlicher Seite die Vorwürfe gegen die Heiden bestimmte."

KAPITEL SIEBEN

DIE BISCHOFSVITA BIS ZUM BEGINN DES
9. JAHRHUNDERTS. EIN AUSBLICK

Es ist sehr schwer, pauschale Aussagen über die Bischofsviten zu machen, die in Gallien, Italien, in Spanien, Pannonien, Britannien und Germanien vom 6. bis zum 9. Jahrhundert also bereits jenseits der Epochenschwelle zwischen Spätantike und frühem Mittelalter geschrieben worden sind.[1] Dies liegt nicht nur an der Weite des Raumes und der Länge der Zeitspanne, in der sie entstanden, sondern auch daran, daß sich die politischen, sozialen und kulturellen Gegebenheiten – ihre Entstehungsbedingungen also – in den Regionen des früheren römischen Reiches noch stärker als in der vorhergehenden Periode voneinander unterschieden. Die Ausbildung und Verfestigung einer neuen 'Staatenwelt' – am wichtigsten die Errichtung des Merowinger- und späteren Karolingerreiches –, die Missionen der Iren und Angelsachsen, die sich auf dem Kontinent vollziehende Expansion des Christentums von Süden nach Norden und von Westen nach Osten, die Herausbildung einer neuen 'feudalen' Gesellschaftsordnung, lassen ein solches Unterfangen als so gut wie unmöglich erscheinen. Eine systematische Kategorisierung der Bischofsviten verbietet sich auch deswegen, weil es – aufgrund der Verschiedenheit der jeweiligen Lebensläufe – fast unmöglich ist, die gesellschaftlichen Zusammenhänge, in denen die Bischöfe sich bewegten, und die sozialen Funktionen, die sie ausübten, eindeutig zu bestimmen, erst recht aber miteinander zu vergleichen.[2] Dies gilt auch für die Konstellationen, in denen es zur Abfassung der Viten kam. Auch sie

---

[1] Für einen Überblick siehe Berschin II und III. Bibliographische Angaben in: Cl. Leonardi – L. Pinelli (Hgg.), Medioevo Latino. Bolletino bibliografico della cultura europea da Boezio a Erasmo (secoli VI–XV), Spoleto 1980 ff.

[2] Wenn ich mich im folgenden auf Viten konzentriere, die im gallischen Raum entstanden sind, entspricht dies den faktischen Gegebenheiten, da hier der weitaus größte Teil der Viten geschrieben worden ist. Das Zentrum der literarischen Tätigkeiten lag zunächst im Süden Galliens, der weiterhin in engem Austausch mit Italien stand. In der Merowingerzeit verlagerte es sich nach Norden, wo in der Karolingerzeit die meisten Bischofsviten entstanden.

divergieren erheblich.[3] Bei einigen von ihnen besteht zwischen dem
Biographen und dem porträtierten Bischof ein Lehrer-Schüler-Ver-
hältnis, das so eng war wie das zwischen Possidius und Augustinus.
Die Viten, die im Umkreis von Lérins und in Fontenelle-St. Wandrille
entstanden, wurden hingegen von Mitbrüdern in den Klöstern oder
Nachfolgern auf dem Bischofsstuhl geschrieben. In anderen Fällen
waren es verwandtschaftliche Beziehungen, die dazu anregten, die
Biographie eines Bischofs zu schreiben. Gregor von Tours hat fast
allen Bischöfen, die seiner *gens* angehörten, eine Vita gewidmet: seinem
Onkel Gallus, Bischof von Clermont, seinem Großonkel Nicetius,
Bischof von Lyon, und seinem Urgroßvater Gregor, Bischof von
Langres.[4] Mit großem Stolz berichtet er davon, daß Mitglieder seiner
Familie nicht nur Bischöfe waren, sondern auch zu den ersten
Senatoren zählen "und zwar so, daß es nichts Edleres gab."[5] Gregor
liefert damit nicht nur den Beweis dafür, daß das 'Schulprinzip'
durch das der Familienzugehörigkeit abgelöst wurde, sondern auch
den Nachweis, daß sich eine bestimmte soziale Schicht, in diesem
Falle die römische Provinzialaristokratie, bemühte, durch die Betonung
der Bedeutung des von ihren Mitgliedern ausgeübten Bischofsamtes
ihr eigenes Prestige zu erhöhen. Bezeichnend für diese Tendenz ist

---

[3] Siehe hierzu u.a Fr. Prinz, "Hagiographie als Kultpropaganda: Die Rolle der
Auftraggeber und Autoren hagiographischer Texte des Frühmittelalters", in: Zeitschrift
für Kirchengeschichte 103 (1992) 174–194; D. von der Nahmer, Die lateinische Heiligenvita. Eine Einführung in die lateinische Hagiographie, Darmstadt 1994, 170–178;
Röckelein.

[4] In der Spätantike stand der institutionelle Charakter des Bischofsamtes im
Vordergrund. Interessensdurchsetzung zugunsten der eigenen Person oder auch der
eigenen Familie widersprach dem 'öffentlich' – objektiven Zug des Amtes. Der
Amtsträger hatte ganz und ausschließlich im Sinne des Amtes zu wirken und war
hinsichtlich des Kirchenbesitzes nur Sachwalter. Wegen der naheliegenden Versuchung,
daß ein Amtsträger Eigen- oder Familieninteressen durchsetzen wollte, sollten alle
Familienbande gelöst werden und die leiblichen durch geistliche Brüder und Schwestern
ersetzt werden. "An die Stelle der Blutsverwandtschaft trat die Glaubensverwandt-
schaft, an die Stelle der leiblichen Verwandtschaft die geistig-geistliche Verwandtschaft. . . . Die Kirchenverfassung war darum nicht personenverbandlich oder familiar,
sondern oft pointiert antifamiliar, eben 'öffentlich'." (Angenendt, Das Frühmittelalter,
64) Zur Bedeutung des 'Familien'–Prinzips im frühen Mittelalter siehe hingegen
L. von Padberg, Heilige und Familie. Studien zur Bedeutung familiengebundener Aspekte
in den Viten des Verwandten- und Schülerkreises um Willibrord, Bonifatius und
Liudger, Münster 1980; G. Althoff, Verwandte, Freunde und Getreue: Zum politischen Stellenwert der Gruppenbindungen im frühen Mittelalter, Darmstadt 1990.

[5] Gute Herkunft ist jetzt kein Manko mehr für einen Bischof, aus einer guten
Familie zu stammen ist somit nicht nur eine Voraussetzung dafür, einen Bischofssitz
zu erlangen, sondern auch dafür, in einer Vita gewürdigt zu werden.

es, daß die Bischöfe, denen er eine Vita widmete, gallischer bzw. gallo-römischer und nicht etwa fränkischer Herkunft waren, obwohl zu diesem Zeitpunkt bereits viele Angehörige des fränkischen Adels, der politisch über weitaus größeren Einfluß verfügte, einen Bischofssitz einnahmen.

Ein nicht minder häufiges Motiv für die Abfassung von Bischofsviten war das Bemühen von Städten und Kommunen, durch die Propagierung der Verehrung ihrer Bischöfe, vor allem der 'Gründerbischöfe', ihr eigenes Ansehen zu mehren und sich auf diese Weise zu profilieren. In diesen wie auch in anderen Fällen lagen oft lange Zeitabstände, gelegentlich sogar Jahrhunderte, zwischen der Abfassungszeit und dem Tode des Bischofs, was bedeutete, daß der Biograph geringe oder überhaupt keine Kenntnisse über die Person besaß, über die er zu schreiben hatte, worauf die geringe historische Authentizität vieler Viten und die Zunahme legendärer Züge nicht zuletzt zurückzuführen ist.[6] Vielfach wurden auch Personen mit der Abfassung der Vita betraut, die keinen Bezug zur Bischofsstadt oder zu dem porträtierten Bischof hatten, sich aber – was freilich immer mehr zu einer

---

[6] Neben anderen hat W. Goffart in seinem Buch The narrators of barbarian history, Princeton 1988, 432–437 darauf hingewiesen, daß mittelalterliche Autoren wie Jordanes, Gregorius von Tours, Beda oder Paulus Diakonus in ihren 'literarischen Kunstwerken' mehr über sich selbst und ihre Zeit erzählen als über die Geschichte, die sie zu schreiben glauben. Anknüpfend an die Ansätze der modernen Linguistik, Sprachphilosophie, Literaturwissenschaft und Semiotik, die seit Ferdinand Saussure den arbiträren Charakter der Beziehung zwischen *signifiant* und *signifié* betonen, hat man in der modernen Geschichtswissenschaft und Mediävistik vielfach auf die Probleme hingewiesen, die sich aus dem Versuch ergeben, die 'historische Wirklichkeit' hinter Sprache und Texten erkennen zu wollen. Begriffe wie Autor, Publikum, historischer Kontext u. dgl. seien nur illusorische Ausbruchswege aus dem Gefängnis von Sprache und Text. Historiographische Quellen könnten höchstens als Objekt einer textlinguistischen oder semiologischen Analyse dienen, ein Ansatz, der u.a. vertreten wird von É. Patlagean, "Ancienne hagiographie byzantine et histoire sociale", in: Annales. Economies, Société, Civilisation 23 (1968) 106–126; J.-L. Derouet, Recherches d'histoirc des mentalités sur les textes hagiographiques du Nord et de l'Est de la Gaule, VIIᵉ–VIIIᵉ siècles, Paris 1972; Ders., "La possibilité d'interprétation sémiologique des textes hagiographiques", in: Revue d'histoire de l'église de France 62 (1976) 153–162; R. van Dam, "Hagiographie and History: the Life of Gregory Thaumaturgus", in: Classical Antiquity 1 (1982) 272–308; P. Fouracre, "Merovingian History and Merovingian Hagiography", in: Past and Present 127 (1990) 3–38. M. van Uytfanghe, Die Vita im Spannungsfeld von Legende, Biographik und Geschichte, in: A. Scharer – G. Scheibelreiter (Hgg.), Historiographie im frühen Mittelalter, Wien-München 1994, 194–221 versucht wie viele andere zwischen traditioneller Geschichtsforschung und postmoderner Historiographie zu vermitteln, indem er besonders für den Bereich der Frühmittelalterforschung für einen Ansatz

Seltenheit wurde – durch schriftstellerisches Können auszeichneten.
Schon Constantius von Lyon, der keinerlei erkennbare Verbindung
zu Germanus von Auxerre besaß, aber dennoch von Patiens, einem
Nachfolger des Germanus, mit der Abfassung der *Vita Germanii* betraut
wurde, weil er ihn als Schriftsteller schätzte, erklärt im Vorwort seines
Werkes, daß er die große Zahl von Wundern, die der Heilige gewirkt
habe, nicht länger unter dem Schleier des Vergessens verborgen sein
lassen wolle, es aber harter Arbeit bedurft habe, die historischen
Fakten zu ermitteln, weil so viele Jahre seit dem Tod des Heiligen
vergangen seien.[7] Auch Venantius Fortunatus, der angesehene Repräsentant spätantiker Dichtkunst und Beredsamkeit und einer der
ersten wirklichen Literaten unter den Bischofsbiographen, spricht im
Vorwort zu seiner *Vita Marcelli* von dem Problem, daß ihn ein allzu
großer zeitlicher Abstand von Bischof Marcellus trenne. Alles, was
ihm von dem Heiligen bekannt sei, seien die Wunder, die er gewirkt
habe, mehr wisse er nicht von seinem Leben.[8] Auf das Bedürfnis,
wenigstens die wichtigsten Lebensdaten und Amtshandlungen der
Bischöfe festzuhalten und damit die ununterbrochene Abfolge der
Amtsträger, die für die Legitimation des Bischofsamtes grundlegende
successio, zu dokumentieren, gehen die Reihenbiographien, die für das
7. Jahrhundert charakteristisch sind, zurück. Aquileia, Ravenna,
Neapel und andere Städte haben mit dieser Absicht über Jahrhunderte

plädiert, der im Sinne der mittelalterlichen Debatte zwischen Nominalisten und
Realisten mutatis mutandis dem Nominalismus entspricht, in der Praxis jedoch im
Sinne der Realisten verfährt, "weil sonst nicht nur unsere Wissenschaft, sondern
auch das Leben selbst unmöglich wird." (195)

[7] *Vita Germani, Praef.* (MGH. SS rer. Merov. 7, 225–283, hier 249): *Plerique ad
scribendum, sollicitante materia uberiore, producti sunt, dum per multiplices sensus locupletari cre-
duntur ingenia, sed mihi inlustrissimi viri Germani antistitis vitam gestaque vel ex aliqua parte
dicturo incutitur pro miraculorum numerositate trepidatio.... Idcirco malui verecundiam meam
neglegere quam virtutes divinas usquequaque oblivione veterescere. Excusat materia dictorum, et cui
verborum abiectio displicuerit, pulchri sensus placebunt. Nec vereor pervasorem me huiuscemodi
ministerii iudicandum; tanta enim iam temporum fluxere curricula, ut obscurata per silentium vix
colligatur agnitio.*

[8] *Vita Marcelli* II 8–9 (MGH. AA. 4.2 (*Opera Pedestria*) 49–54, hier 50): *Accedit etiam
ad difficultatem ingenii ... inpediti res altera, quod de actibus beatissimi Marcelli plurima sunt
invisenda, temporum vetustate subrepta, nec facile memoria recolit quod annositas numerosa frau-
davit, quoniam quidquid in libris non figitur vento oblivionis aufertur. Pauca quidem de eius gestis
felicibus sunt ad nostra tempora relatione vivente perducta, ne in totum quod sui amatores in
posterum quaererent deperiret, quia etsi sancta membra iam dudum sepulchro sunt condita, non
tamen miracula sunt sepulta, quae tanto clariora sunt quanto plus memoria vivere meruere non
scripta, quoniam licet non tenerentur in pagina, fixa sunt in cordis membrana.*

hinweg das Leben und die Amtshandlungen ihrer Bischöfe wenigstens skizzenhaft aufgezeichnet.[9]

Von vielen Bischofsviten liegen mehrere Fassungen vor, die sich,
was ihre historische Zuverlässigkeit und ihre literarische Qualität
angeht, erheblich voneinander unterscheiden. Oft ist kaum noch zu
erkennen, wo der Darstellung gesicherte historische Fakten zugrunde
liegen und wo der Autor sich des im Laufe der Zeit angesammelten
Arsenals der einschlägigen Motive und Legenden bedient. Ebenso
schwer ist es, die jeweiligen Entlehnungen, Adaptationen und Übernahmen auszumachen, da sich die möglichen literarischen Verwandt-
schaften bei der großen Zahl der Viten erheblich vermehren und die
gegenseitige Vernetzung dementsprechend unübersichtlich wird.

Die literarische Qualität der Viten entspricht im allgemeinen dem
Klischee des in den *dark ages* einsetzenden kulturellen Niederganges.
Das Latein entfernt sich immer weiter vom klassischen Standard,
wohingegen Elemente der sich entwickelnden Volkssprachen zunehmend deutlicher hervortreten.[10] Mit dem 'Verfall' des Stils und der

---

[9] Berschin II, 138 sieht in diesen Serienbiographien, zumindest in dem *Liber
pontificalis* die Entsprechung zu den Kaiserbiographien und in ihrer rubrizierenden
Darstellungsweise die idealtypische Fortsetzung der suetonischen Form.

[10] Auf die Veränderung der lateinischen Sprache von der Spätantike bis in die
Karolingerzeit kann hier wegen der Fülle des Materials und der Komplexität des
Themas nicht weiter eingegangen werden. Aus dem gleichen Grund wird darauf
verzichtet, die sprachlichen Eigenschaften der einzelnen Bischofsviten zu analysieren
und sie in der Sprachgeschichte genauer zu verorten. Zur lateinischen Sprache des
Mittelalters siehe das ausführliche Literaturverzeichnis in P. Stotz, Handbuch zur
lateinischen Sprache des Mittelalters III. Lautlehre (Handbuch der Altertumswissenschaft II, 5,3) München 1996, XV–XX. Aus dem Komplex der diesbezüglichen
Literatur seien hier erwähnt: L. Traube, Einleitung in die lateinische Philologie des
Mittelalters. Vorlesungen und Abhandlungen, hg. von Franz Boll II, München 1911;
K. Strecker, Einführung in das Mittellatein, Berlin ³1939; Chr. Mohrmann, Études
sur le latin des chrétiens I–IV, Roma 1958–1977; D. Norberg, "A quelle époque a-t-on
cessé de parler latin en Gaule?", in: Annales. Economies, Sociétés, Civilisations 21
(1966) 346–356; M. Manitius, Geschichte der lateinischen Literatur des Mittelalters I
(Handbuch der Altertumswissenschaft IX, 2,1) München 1911. ND 1974; F. Brun-
hölzl, Geschichte der lateinischen Literatur des Mittelalters I–II, München 1975/1992;
A. Önnerfors, Mittellateinische Philologie (Wege der Forschung 292) Darmstadt 1976;
W. Bulst, Lateinisches Mittelalter. Gesammelte Beiträge (Supplemente zu den
Sitzungsberichten der Heidelberger Akademie der Wissenschaften. Phil.hist. Kl. 3.
1983) Heidelberg 1984; M. van Uytfanghe, "Histoire du Latin, protohistoire des
langues romanes et histoire de la communication", in: Francia 11 (1983) 579–63;
Kl. von See, Das Frühmittelalter als Epoche der europäischen Literaturgeschichte,
in: Ders. (Hg.), Europäisches Frühmittelalter (Neues Handbuch der Literaturwissenschaft 6) Wiesbaden 1985, 5–71; Langosch; A. de Prisco, Il latino tardoantico e
altomedievale, Roma 1991; E.R. Curtius, Europäische Literatur und lateinisches

Sprache geht das Sinken des literarischen Niveaus[11] Hand in Hand. Ungebildete Verfasser wie die Autoren des zweiten Buches der *Vita Caesarii*, die anfangs noch eine Seltenheit waren, traten neben gebildete Kleriker und feinsinnige Literaten.

Die erwähnten Erscheinungen sind nicht nur auf die mangelnde Kenntnis der historischen Fakten oder das verminderte Können der Autoren zurückzuführen, der 'neue' Stil entspricht auch der Mentalität, dem Interesse und den Fähigkeiten der Leser weitaus besser als literarisch ausgefeilte Texte, dogmatische Erörterungen und nüchterne Darstellungen.[12] Die Tendenz, einer einfachen Vorstellungswelt zu entsprechen und sich einer volksnahen, leicht verständlichen Sprache zu bedienen, war wie schon ein Jahrhundert zuvor nicht nur eine Reaktion auf die veränderten Verhältnisse, sondern oft auch das Ergebnis mehr oder weniger bewußter Entscheidungen.[13] Gregor von

---

Mittelalter, Tübingen [11]1993; M. Richter, "Latein als Schlüssel zur Welt des frühen Mittelalters", in: Mittellateinisches Jahrbuch 28 (1993) 15–26; Berschin I–III, passim; Ders., Lateinische Wörter, Wortformen und Junkturen in 'Biographie und Epochenstil', in: Archivum Latinitatis Medii Aevi 52 (1994) 253–279; G. Calboli, Latino volgare et latino classico, in: G. Cavallo – Cl. Leonardi – E. Menestò (Hgg.), Lo spazio letterario del Medioevo. Il Medioevo latino, Roma-Salerno 1994, 11–6; W. Haubrichs, Sprache und Sprachzeugnisse der merowingischen Franken, in: A. Wieczorek – P. Périn – K. v. Welck – W. Menghin (Hgg.), Die Franken – Wegbereiter Europas, 559–574; M. Banniard, Die Franken zwischen Spätlatein und Altfranzösisch, ebd., 574; Engels-Hofmann.

[11] Größere Authentizität und höhere literarische Qualität wurden immer wieder auch vor der karolingischen Renaissance angestrebt. Besonders der Einfluß des irischen Monastizismus verleiht Viten wie der *Vita Columbani* einen neuen und authentischen Charakter.

[12] Zum Publikum frühmittelalterlicher Hagiographie siehe B. de Gaiffier, L'hagiographie et son public au XIe siècle, in: Les fonctions des saints. Miscellanea historica in honorem Leonis van der Essen I, Bruxelles-Paris 1947, 135–166; M. Van Uytfanghe, L'hagiographie et son public à l'époque mérovingienne, in: Studia Patristica 16.2: E.A. Livingstone (Hg.), Papers presented to the Seventh International Conference on Patristic Studies held in Oxford 1975 II (TU 129) Berlin 1985, 54–62; R. Schieffer, Über soziale und kulturelle Voraussetzungen der frühmittelalterlichen Literatur, in: Kl. von See, Europäisches Frühmittelalter (Neues Handbuch der Literaturwissenschaft 6) Wiesbaden 1985, 71–991; M. Goodich, "A Note on Sainthood in the Hagiographical Prologue", in: History and Theory 20 (1981) 168–174; R. Collins, "Beobachtungen zu Form, Sprache und Publikum der Prosabiographien des Venantius Fortunatus in der Hagiographie des römischen Gallien", in: Zeitschrift für Kirchengeschichte 92 (1981) 16–38; K. Heene, "Merovingian and Carolingian Hagiography: Continuity or Change in Public and Aims?", in: Analecta Bollandiana 107 (1989) 415–428; zum 'Sitz' der Hagiographie 'im Leben': H. Keller, "Vom 'heiligen Buch' zur 'Buchführung'. Lebensfunktionen der Schrift im Mittelalter", in: Frühmittelalterliche Studien 26 (1992) 1–31.

[13] Eine klare Trennung zwischen einer 'Theologie der Priester' und einer 'Volksreligiosität' ist jedoch nicht möglich: "Völlig verfehlt wäre es, die Glaubens- und

Tours etwa verwendet ganz bewußt den *sermo rusticus*.[14] Er entschuldigt
sich im Vorwort seiner Historien zwar für sein nicht den Regeln der
Grammatik entsprechendes Latein und den Mangel an sprachlichem
Schliff, vertritt aber die Ansicht, daß er sich so sehr viel besser verständlich machen könne als rhetorisch bewanderte Autoren.[15] Der
Abstieg auf eine niedrigere Stilebene wird in den *Dialogi* seines Zeitgenossen und Namensvetters Gregor des Großen in seiner Funktiona-
lität noch deutlicher zum Ausdruck gebracht. Der Papst, der sich in
seinen theologischen Schriften durch außergewöhnliche intellektuelle
Schärfe, stringente Argumentation und ungewöhnlich elegantes Latein
auszeichnet, verwendet in den Dialogen das Umgangslatein, um einen
möglichst weiten Kreis von Lesern anzusprechen, deren Erwartungen

---

Lebenspraxis der gebildeten Kulturträger und Kulturvermittler mit der von ihnen
vertretenen oder zumindest 'gewußten' Theologie zu identifizieren und so beides
miteinander zu verwechseln. Vielmehr hatte der Klerus trotz ausgiebiger theoreti-
scher Beschäftigung mit christlichen Glaubensinhalten auf weiten Strecken gleiche
Vorstellungen und Erwartungen wie die Laien, wodurch alle in Vergangenheit und
Gegenwart postulierten Gegensätze letztlich aufgeweicht werden." (St. Haarländer,
"Die Reliquien der Bischöfe", in: Hagiographica 1 (1994) 117–159, 120) Einen
Überblick über die reichen Publikationen auf diesem Gebiet gibt die Bibliographie
von P. Dinzelbacher, Zur Erforschung der Geschichte der Volksreligion. Einführung
und Bibliographie, in: Ders. – D.R. Bauer (Hgg.), Volksreligion im hohen und
späten Mittelalter (Quellen und Forschungen auf dem Gebiet der Geschichte N.F.
13) Paderborn-München-Wien-Zürich 1990. Die neuere Forschung ist allmählich
von der Frage nach 'Volksfrömmigkeit' und 'Elitenfrömmigkeit' abgekommen, die
beherrscht ist von einem 'dichotomen Interpretationsmuster', das die populare Religiosität "immer in Wechselbeziehung mit einem jeweils zu konkretisierenden nicht-
popularen Korrelat konzipiert "(M.N. Ebertz – F. Schultheiß, Einleitung, in: Dies.
(Hgg.), Volksfrömmigkeit in Europa. Beiträge zur Soziologie popularer Religiösität
aus 14 Ländern, München 1986, 11–52, 23) und hat den schichtenübergreifenden
Charakter der Frömmigkeit betont, "deren auf lebenspraktische Hilfen bedachte,
unreflektierte, affektbetonte Seite nicht einseitig einer einzigen Gruppe der Gesellschaft
im Unterschied zu allen anderen zugewiesen werden darf." (Haarländer, 120)

[14] Siehe auch H. Beumann, Gregor von Tours und der *Sermo Rusticus*, in: K. Rep-
gen – St. Skalweit (Hgg.), Spiegel der Geschichte. Festgabe für Max Braubach,
Münster 1964, 69–98; Van Uytfanghe, L'hagiographie et son publique, 57; S. Wittern,
Frauen, Heiligkeit und Macht. Lateinische Frauenviten aus dem 4. bis 7. Jahrhundert
(Ergebnisse der Frauenforschung 33) Stuttgart-Weimar 1994, 99.

[15] *Gregorii Episcopi Turonensis Libri Historiarum X, Praef.* (MGH. SS rer. Merov. 1.1,1–3,
hier 1): *Decedente atque immo potius pereunte ab urbibus Gallicanis liberalium cultura litterarum, cum nonnullae res gererentur vel rectae vel inprobae, ..., nec repperire possit quisquam peri-
tus dialectica in arte grammaticus, qui haec aut stilo prosaico aut metrico depingeret versu: .... etsi
inculto effatu, nequivi tamen obtegere vel certamena flagitiosorum vel vitam recte viventium; et praesertim his inlicitus stimulis, quod a nostris fari plerumque miratus sum, quia: 'Philosophantem
rhetorem intellegunt pauci, loquentem rusticum multi.' Ebd. I, 3: ... Sed prius veniam legentibus
praecor, si aut in litteris aut in sillabis grammaticam artem excessero, de qua adplene non sum
inbutus.*

er nicht in erster Linie mit theologischem Räsonnement, sondern
mit ausführlichen Schilderungen von Wundern und Wundertaten zu
entsprechen sucht.[16]

Die Bischofsbiographik der Merowingerzeit ist, wie sich aus dem
Gesagten ergibt, durch zwei Tendenzen gekennzeichnet, die schon
in den Viten des Fulgentius, Epiphanius und Caesarius von Arles zu
erkennen waren, sich aber in den folgenden Jahrhunderten verstärk-
ten. Mönche, Kleriker und Bischöfe und Literaten bemühten sich,
ein Bildungsniveau aufrechtzuerhalten, das dem der Antike so weit
wie möglich entsprach. Für sie war angesichts des allgemeinen kulturellen Niedergangs und des evidenten Mentalitätswandels die Aufrechterhaltung des bisherigen intellektuellen und literarischen Niveaus
eine unabdingbare Voraussetzung sowohl für die Bewahrung der
Reinheit des Glaubens als auch für die Sicherung ihrer eigenen politischen und sozialen Stellung. Andererseits verzichteten Autoren wie
Caesarius von Arles, Gregor von Tours und Gregor der Große mit
der Absicht, eine größere Leserschaft anzusprechen, dem Gebot der
humilitas gerecht zu werden und dem Vorbild der frühen christlichen
Texte zu entsprechen, bewußt auf einen elaborierten Stil. Mit den
Bildern und Metaphern, die sie verwendeten, und den Gedanken,
die sie formulierten, versuchten sie der Lebenswelt gerecht zu werden, in der sie und ihre Leser lebten. Diese beiden Tendenzen werden nicht selten in den Vorworten der Viten artikuliert. Die Autoren
der *Vita Caesarii* distanzieren sich wie Gregor von Tours in seinen
Historien vom gehobenen Stilideal,[17] der Verfasser der *Vita Ansberti*

---

[16] Zur Vorliebe des illiteraten Laienpublikums für Wunderberichte siehe u.a.
Wittern, 98; L. Kolmar, "Heilige als magische Heiler", in: Mediävistik 6 (1993)
153–175. Zur Frage, inwieweit der Wechsel der Stilebenen bei Gregor dem Großen
einer bewußten Entscheidung entspringt, siehe das ausführliche Literaturverzeichnis
in R.A. Markus, "Gregor I", in: Theologische Realenzyklopädie 14 (1985) 135–145.

[17] *Vita Caesarii* I, *Prologus* 2 (MGH. SS rer. Merov. 3, 433–501, hier 457): *Unum
tamen hoc in praesenti opusculi devotione a lectoribus postulamus, ut si casu scolasticorum aures
atque iudicia nos simplices contigerit relatores attingere, non arguant, quod stilus noster videtur
pompa verborum et cautela artis grammaticae destitutus, quia nobis actus et verba et merita tanti
viri cum veritate narrantibus lux sufficit eius operum et ornamenta virtutum. Etenim memoratus
domnus Caesarius, quem habemus in opere, solitus erat dicere: 'Nonnulli rusticitatem sermonum
vitant et a vitae vitiis non declinant.' Meretur siquidem hoc et Christi virginum pura sinceritas,
ut nihil fucatum, nihil mundana arte compositum aut oculis earum offeratur aut auribus placitu-
rum, sed de fonte simplicis veritatis manantia purissimae relationis verba suscipiant. Atque ideo
noster iste sermo integritatis religione contentus rennuit mundanam pompam, quia respuit cum suis
operibus gloriae mundanae iactantiam, et potius delectatur eloquio piscatorum concordare quam
rethorum.*

entschuldigt sich wie viele andere Biographen für seine mangelnde Beredsamkeit.[18] Man findet also in den Bischofsviten der Spätzeit auf der stilistischen Ebene die Dichotomie zwischen Bildungsskepsis und Bildungsbeflissenheit, die für die älteren Bischofsviten charakteristisch ist, in dieser Phase der Entwicklung jedoch noch größere Bedeutung erhält als zuvor.

Im folgenden soll mit einem wegen der angedeuteten Schwierigkeiten auf einige wenige, dafür aber besonders aussagekräftige Viten aus der Zeit vom 6. Jahrhundert bis zu Beginn des 9. Jahrhunderts beschränkten Überblick eine Antwort auf die Frage gegeben werden, inwieweit in ihnen einer neuen, veränderten Lebenswelt Rechnung getragen und zugleich der bisherigen Tradition der Bischofsvita gerecht zu werden versucht wurde. Wenn dabei anders als zuvor die in Gallien entstandenen Bischofsviten im Vordergrund stehen, ist das kein Zufall. Hier war in dieser Zeit die literarische Produktion am höchsten und an ihnen lassen sich die generellen Entwicklungslinien daher am deutlichsten ablesen.

Die *Vita Aniani*, die im Anschluß an Gregor von Tours und Venantius Fortunatus, also frühestens am Ende des 6. Jahrhunderts, verfaßt wurde, porträtiert den *patronus civitatis* par excellence.[19] Keine der ihr

---

[18] *Vita Ansberti, Praefatio* (MGH. SS rer. Merov. 5, 618–641, 619): *Sed duas ob causas in tali praecipuo opere valde coartor, hinc me retrahente exiguitate sensus ac vilitate sermonis, hinc provocante vestrae iocundae paternitatis praecepto, cui inoboedientes existere nefas ducimus. Ea tamen fide, qua ad nos clarae conversationis eius actus pervenerunt, ipsius intercessionibus adiuvantibus, licet inerudito, fideli tamen promemus eloquio.Vita Germani, Praef* (MGH. SS rer. Merov. 7, 225–283, 249): *Manifeste enim condemnatio in me manebit, si verborum meorum abiectio doctorum offeratur auditui. Reiecto itaque pudoris velamine, obtemperans iussioni, transmissi vobis inpensae devotionis obsequium, pro fiducia karitatis deposcens, ut duplici me favore tueamini, quatenus et legentum examen evadam et ministerium meum per intercessionem vestram domni mei sancti Germani sensibus intimemur. Passio Leudegarii I, Prologus* (MGH. SS rer. Merov. 5, 249–362, 282): *Oro ergo vestram fidelem devotionem inprimis, ut meae rusticitati veniam detis et tantummodo, quae vobis placuit, clam soli interim lectitetis, donec aut cultiore sermone ea, quae nobis, vobis iubentibus, ursupavimus, reparitis, aut aliorum presolum correcta iuditio, inreprehensibilis, quam post elegitis, post vos probata resedeat dictio.* In der *Vita Lupi Trecensis*, die im Umfeld von Lérins entstanden ist, aber auch in der *Vita Aniani* erscheint der bekannte Topos nicht. Dieser Verzicht kann als Zeichen besonderen 'Literatenstolzes' gewertet werden.

[19] Die *Vita S. Aniani Aurelianensis* wird zitiert nach MGH. SS rer. Merv. 3, 108–117. Zu Anianus siehe J.-C. Poulin, "Anianus", in: Lexikon des Mittelalters I (1980) 644; A. Loyen, La Role de saint Anian dans la défense d'Orléans, in: Académie des Inscriptions et Belles-Lettres. Comptes rendus 1969, 64–74; G. Renaud, "Les miracles de saint Anian d'Orléans (IXe s.)", in: Analecta Bollandiana 94 (1976) 245–274; Prinz, Frühes Mönchtum, 276, 301, 312, 347 f.; Br. Beaujard, "Germain d'Auxerre, Aignan d'Orléans et Médard de Noyon, trois évêques gaulois et la justice de leur

vorausgehenden Viten hat sich mit einer solchen Ausschließlichkeit
wie sie auf diejenige der Aktivitäten des Bischofs konzentriert, die
für seine Stadt am wichtigsten waren.[20] Nach wenigen einführenden
Worten entwirft der Biograph bereits im ersten Satz das entscheidende Szenario: Die Hunnen brechen aus dem Osten auf, um wie
ein unheilbringender Sturm ganz Gallien zu verwüsten. Anianus,
dem Mann der Stunde und dem Mann der Tat, gelingt es, die
Einwohner seiner Stadt wie ein guter Hirte seine Schafe zu schützen.[21]
Wir erfahren nichts über seine Herkunft, seine Erziehung und Bildung.
Mit großem Tempo führt der Autor den Leser zu dem entscheidenden Geschehen, der Belagerung der Stadt durch die Hunnen.
Mit anschaulichen Worten zeichnet er – möglicherweise unter dem
Einfluß Gregors von Tours – ein Bild von den Schrecken der Belagerung, das in seinem Realismus und in seiner Treue zum Detail
an die großen römischen Historiker erinnert.[22] Die allgegenwärtige
Präsenz des Krieges im Gallien des Frühmittelalters ist deutlich an
der Unmittelbarkeit, dem Erzähltempo und dem mitreißenden Charakter der Vita abzulesen. Die Beschreibung der Belagerung nimmt
in ihr einen so großen Raum ein, daß man schon fast von einer Genre-
überschreitung von der Biographie zur Historiographie sprechen

---

temps", in: Bulletin de la Société Nationale des Antiquaires de France (1993) 295–303;
Fr. Michaud-Fréjaville, "Les processions à Orléans au XV^c siècle", in: Revue Mabillon
67 (1995) 205–223.

[20] Daß sich der Biograph in seiner Vita auf diesen Aspekt beschränkt, liegt natürlich nicht in erster Linie an der Bedeutung des Ereignisses und der Rolle des *patronus
civitatis* während der Völkerwanderungen. Der Autor der ersten Vita verfügte – wie
Heinzelmann ("Anianus", in: Lexikon für Theologie und Kirche 1 (1993) 678) meint
– über keine weiteren Kenntnisse über den Bischof von Orléans. In einem Brief
des Sidonius Apollinaris an Bischof Prosper von Orléans (ep. 8.15) wohl aus dem
Jahr 479 und bei Gregor von Tours (Hist.Franc. II, 7), wird lediglich diese Tatsache
erwähnt. In einer späteren Vita – Vita II a (BHL 474) aus der Mitte des 9. Jhds,
die von der *Vita Evurtii* beeinflußt wurde (BHL 2799–2800) – wird außerdem die
Berufung und das Begräbnis des Heiligen behandelt. Eine Vita III a oder *Sermo*
(BHL 476) aus dem 10. Jhd. erwähnt die Belagerung von Orléans nicht, geht dagegen auf die Herkunft Anians weiter ein.

[21] *Vita Aniani* 1: *In temporae illo cum Chunorum exercitus a partibus Orientis a populan-
dam omnem provintiam exisset, et cum exceleris eorum adversus Galliam dire procella detonaret,
eodem tempore sanctus ac beatissimus Anianus episcopus Aurelianensium civitatis ut bonus pastor
ovium amore tenebatur*. In der von B. Krusch für seine Edition MGH. SS rer. Merov.
3, 108–119 als maßgeblich betrachteten Handschrift wird schon im Titel prägnant
auf das für die Vita Entscheidende hingewiesen: *Incipit Virtus Sancti Aniani Episcopi,
Quemadmodum Civitatem Aurelianus Suis Orationibus A Chunis Liberavit.*

[22] Diese Eigenart der Vita mag man auf den Einfluß Gregor von Tours zurückführen wollen.

kann. Inwieweit diese Einseitigkeit darauf zurückzuführen ist, daß der Autor keine weiteren Informationen über die Amtszeit des Anianus besaß, kann nicht mit Sicherheit gesagt werden, auffällig ist jedoch, wie sehr die Darstellung des Hunneneinfalls derjenigen der *Vita Lupi Trecensis* ähnelt.

Die *Vita Lupi Trecensis*, die nach Krusch *ineunte aevo Carolingico* verfaßt wurde, wahrscheinlich aber schon früher zu datieren ist, unterscheidet sich abgesehen von dieser Übereinstimmung stark von der *Vita Aniani*.[23] Schon ihre Einleitung entspricht anders als diejenige der Aniansvita dem üblichen Schema. Es gibt genug im Leben des Lupus, das sich zu berichten lohnt, so die Aussage des ersten Satzes. Der Autor beschreibt die Herkunft des Bischofs aus einer Honoratiorenfamilie und verweist auf seine sorgfältige Erziehung: *Fuit namque ex urbe Leucorum familiae primus e Piirichio genitus patre. Quo defuncto, Lystichio patruo, aeque familiae meritis decorato, scolis traditus, rhetoricis imbutus studiis, quem deinceps adprimae eruditum per regiones florentes eloquii fama vulgabat.*[24] Einige Jahre nach der Eheschließung mit der Schwester des Bischofs Hilarius von Arles faßt er, inspiriert durch Honoratus – hier der klassische Verweis auf das 'Lehrer-Schüler Verhältnis' –, den Entschluß asketisch zu leben. In Lérins kommt er in den Genuß der Unterweisung des Honoratus. Er zeichnete sich, nachdem er Bischof geworden war, durch seine Predigten aus: *Cuius talia perfectionis fuere primordia, ut civibus suis viam salutis non nisi semper praedicationibus aperiret et inperitos populi sensus divina instrueret lectione.*[25] Lupus ist *pollens ingenio, clarus eloquio,*

---

[23] Editionen: MGH. SS rer. Merov. 3, 117–124; 7, 284–302. Br. Krusch hat seine Ausgabe der Vita in SS rer. Merov. 3 ersetzt durch die in SS rer. Merov. 7, nach der zitiert wird. Cl. M. Kasper ("Lupus v. Troyes", in: Lexikon für Theologie und Kirche 6 (1997) 1126) geht davon aus, daß die Vita kurz nach Lupus' Tod verfaßt wurde und historisch zuverlässig ist. Auch Berschin I, 303 ordnet sie in den Kreis der lérinschen Literatur ein und weist auf die intensiven Textbeziehungen zum *Sermo de vita S. Honorati* und zur *Vita S. Hilarii* hin. Zu Lupus und seiner Vita siehe außerdem M. Heinzelmann, Bischofsherrschaft; Ders., "Gallische Prosopographie 260–527", in: Francia 10 (1982) 531–718, 641; Ders., "Lupus", in: Lexikon des Mittelalters VI (1993) 15; P. Gassmann, Episkopat in Gallien, Bonn 1977; E. Ewig, Bemerkungen zur Vita des Bischofs Lupus von Troyes, in: T. Struve (Hg.), Geschichtsschreibung und geistiges Leben im Mittelalter: Festschrift für Heinz Löwe zum 65. Geburtstag, Münster 1978, 14–26; R. Nürnberg, Askese als sozialer Impuls. Monastischasketische Spiritualität als Wurzel und Triebfeder sozialer Ideen und Aktivitäten der Kirche in Südgallien im 5. Jahrhundert (Hereditas. Studien zur Alten Kirchengeschichte 2) Bonn 1988, 257–260; Brunnert 235–237.

[24] *Vita Lupi* 1.

[25] Ebd. 3.

sanctitate praecipuus.[26] Um seine Amtszeit als Bischof zu kennzeichen, erwähnt der Biograph an aller erster Stelle seinen Kampf gegen die Häresie der Pelagianer und seine Reise nach Großbritannien, die er zu diesem Zweck gemeinsam mit Caesarius von Arles unternommen hat. Erst an zweiter Stelle – und dies ist wohl auf den Einfluß älterer Viten wie derjenigen des Possidius zurückzuführen, in denen das Ideal des gebildeten Bischofs dargestellt wird,[27] – wird all das erwähnt, was in der *Vita Aniani* einen so breiten Raum einnimmt, nämlich die Art und Weise, auf die Lupus den Hunnenfürsten Attila von der Verwüstung von Troyes abhält.[28]

Die Vita des Germanus,[29] der zusammen mit Lupus die Missionierung Großbritanniens betrieb, stellt den Bischof auf eine fast anekdotisch zu nennende Weise als Asketen, Dogmatiker, Wundertäter

---

[26] Ebd. 4.

[27] Daß sein Episkopat vor allem durch dogmatische Stellungnahmen und Auseinandersetzungen geprägt war, bezeugt allerdings auch sein eigenes Werk – um 453 verfaßte er mit Eufronius von Autun einen Brief über liturgische und kirchenrechtliche Fragen, der an Bischof Thalassius von Angers adressiert war (CCL 148, 140 f.) – sowie die fünf an ihn gerichteten Briefe des Sidonius Apollinaris (epp. 6.1; 6.4; 6.9; 8.11; 9.11).

[28] Daß Lupus nicht nur Gelehrter war und sein Leben deutlich durch die historischen Umstände bestimmt wurde, macht jedoch auch der weitere Inhalt der Vita deutlich. Es wird berichtet, daß Lupus seinen Bischofssitz für zwei Jahre auf den Mont Lassois verlegt und sich in der Folge wegen mangelnden Zuzugs der Bevölkerung auf seine eigenen Besitzungen in Macon begeben habe. (c. 6 ff.) Auch seine Auseinandersetzung mit weltlichen Herrschern bleibt nicht unerwähnt. Er intervenierte, so die Vita, erfolgreich bei Attila v. Gebavultus, dem König der Hunnen und Alemannen, für die Bewohner des *pagus* Brenois im Osten seiner Diözese. (c. 10)

[29] Editionen: MGH. SS rer. Merov. 7, 247–283; R. Borius, Constance de Lyon. Vie de Saint Germain d'Auxerre (SC 112) Paris 1965. Deutsche Übersetzung: K.S. Frank, Frühes Mönchtum im Abendland II, Zürich 1975. Englische Übersetzung in: Th. F.X. Noble – Th. Head (Hgg.), Soldiers of Christ. Saints and Saints' Lives from Late Antiquity and the Early Middle Ages, University Park PA 1995, 75–106. Zu Germanus siehe W. Levison, "Germanus von Auxerre", in: Neues Archiv der Gesellschaft für ältere deutsche Geschichtskunde 29 (1904) 97–17; G. Le Bras – É. Gilson (Hgg.), S. Germain d'Auxerre et son temps, Auxerre ²1955; W. Gessel, "Germanus von Auxerre (um 378 bis 448)", in: Römische Quartalschrift für christliche Altertumskunde und Kirchengeschichte 65 (1970) 1–44; H. Atsma, "Klöster und Mönchtum im Bistum Auxerre bis zum Ende des 6. Jahrhunderts", in: Francia 11 (1983) 1–96; E.A. Thompson, Saint Germanus of Auxerre and the End of Roman Britain, Woodbridge 1984; Nürnberg, 260–269; J. Roumailhac, Saint Germain d'Auxerre et Charles le Chauve. Un example du culte des reliques au XIᵉ siècle, in: *Memoriam sanctorum venerantes.* Miscellanea in onore di mons. Victor Saxer, Città del Vaticano 1992, 711–723; Br. Beaujard, "Germain d'Auxerre, Aignan d'Orléans et Médard de Noyon, trois évêques gaulois et la justice de leur temps", in: Bulletin de la Société Nationale des Antiquaires de France (1993) 295–303; Brunnert, passim, bes. 235–270; A. de Vogüé, Saint Germain d'Auxerre à Jean de Chypre:

und Missionar dar.[30] Er zwingt von Dämonen besessene Diebe dazu, ihre Tat zu gestehen, salbt Todkranke mit heilbringendem Öl, bringt Hähne wieder zum Krähen und vertreibt Geister aus einem verwunschenen Haus, das von allen gemieden wurde und deswegen dem Verfall anheimgefallen war. Neu für das Genre ist die Bedeutung der Reise, fast alle Wunder finden unterwegs statt. Der Bischof ist ständig in Bewegung, verändert sich aber dennoch nicht. Einen besonderen Stellenwert hat die Beschreibung der Fahrt über das Meer nach England. In der Dunkelheit, die das Boot umgibt, sind nur die Stimmen von Dämonen zu hören, ein aufkommender Sturm verbreitet Angst und Schrecken unter den Reisenden. Der Bischof segnet die Wellen mit dem Kreuzzeichen, Germanus, Lupus und die anderen erreichen denn auch unversehrt die Küste Englands. Die Darstellung der Seefahrt, aber auch der Missionstätigkeit der beiden Bischöfe haben als Vorlage für viele spätere Viten gedient. Beide Bischöfe folgen dem Vorbild der Apostel. Sie predigen in England das Wort Gottes in Kirchen, auf dem Feld, auf den Straßen und an Kreuzungen mit solchem Erfolg, daß die abgefallenen Katholiken zurückgewonnen und die Pelagianer zum katholischen Glauben bekehrt werden.

In den Biographien des 7. Jahrhunderts begegnen wir dem Bischof häufig in der Nähe des königlichen Hofes. In den *Gesta et passio S. Leudegarii* ist die Gefahr, die vom Hof und den Mächtigen ausgeht, ein zentrales Motiv.[31] Leudegar, so erfahren wir aus den *Gesta*, die

---

l'arithmétique du miracle chez le moines et les clercs en Occident et en Orient, in: P. Guichard (Hg.), Papauté, monachisme et théories politiques. Études d'histoire médiévale offertes à Marcel Pacaut (Collection d'histoire et d'archéologie médiévales 1) Lyon 1994, 405–412.

[30] Dezidiert der Vita widmen sich E. Griffe, "L'hagiographie gauloise au Vᵉ siècle. La vie de saint Germaine d'Auxerre", in: Bulletin de littérature ecclésiastique 66 (1965) 289–294; W. Gessel, "Germanus von Auxerre (um 378–448). Die Vita des Constantius von Lyon als homiletische Paränese in hagiographischer Form", in: Römische Quartalschrift für christliche Altertumskunde und Kirchengeschichte 65 (1970) 1–44.

[31] Diese erste, fragmentarisch überlieferte Vita des Heiligen wurde vor 693 von einem anonymen Mönch von St. Symphorian zu Autun verfaßt. Editionen: MGH. SS rer. Merov. 5, 249–362, nach der zitiert wird; BHL 4850–4855. Krusch hat das Fragment mit Hilfe einer aus *Passio* I und II kontaminierten Fassung ergänzt und so den Versuch einer Rekonstruktion unternommen. Siehe J.C. Poulin, Saint Léodegar d'Autun et ses premiers biographes (Bulletin de la Société des Antiquaires de l'Ouest 14) Nancy 1977, 167–200. Die Vita II, die um 684/696 entstand, wurde von Ursinus von Ligugé verfaßt und ist zur Hauptquelle für spätere Biographien (MGH. SS rer. Merov. 5, 323–356) geworden. Zu Leodegarius siehe G. Scheibelreiter,

Bischof Herminarius von Autun, sein Amtsnachfolger, in Auftrag gab,[32]
zeichnete sich bereits als Archidiakon in Poitiers, erst recht aber als
Bischof von Autun, durch außergewöhnliche Strenge und einen unge-
wöhnlichen Gerechtigkeitssinn aus: *quos praedicatio ad concordiam non
adduxerat, iustitiae terror cogebat.*[33] Diese Charakterzüge brachten ihm den
Neid des Hausmeiers Ebroin und die Feindschaft König Childerichs
II. ein. Ebroin fürchtet den Bischof, 'weil er ihn mit dem Wort nicht
überwinden konnte' – *quia eum superare non valebat in verbo.*[34] Der Hausmeier, der in der Vita fast dämonische Züge annimmt, schließt mit

---

Der Bischof in merowingischer Zeit, passim, bes. 104 f; Prinz, Frühes Mönchtum,
passim, bes. 409–492; H. Mordek, Bischofs-Absetzungen in spätmerowingischer Zeit,
in: Ders., Papsttum, Kirche und Recht im Mittelalter: Festschrift für Horst Fuhrmann
zum 65. Geburtstag, Tübingen 1991, 31–53; E. Ewig, Die Merowinger und das
Frankenreich, Stuttgart-Berlin-Köln-Mainz ²1993, 164–169; P. Fouracre – R.A.
Gerberding, Late Merovingian France. History and Hagiography 640–720, Manchester-
New York 1996. Zu den beiden Viten siehe neben Poulin und Berschin II, 66–79:
G. Scheibelreiter, Von der Aneignung des Heiligen. Ein weiterer Versuch über das
7. Jahrhundert, in: K. Brunner – B. Merta (Hgg.), Ethnogenese und Überlieferung.
Angewandte Methoden der Frühmittelalterforschung, Wien-München 1994, 135–156.
   [32] Die ältere *Passio* wird in der Überschrift als *Gesta et passio* bezeichnet. *Gesta* ist
wohl als Hinweis auf den weltlichen Charakter der Vita zu verstehen. Die zweite
Passio hat die konventionellere Überschrift *Vita vel Passio.* Wie im Falle des Desiderius von Vienne lädt die Existenz zweier fast zeitgenössischer Viten zu einem Vergleich ein. In der Version des Ursinus tritt das historische Element gegenüber dem
biographischen zurück. Die Ursachen der Rivalität zwischen Ebroin und Leodegar
werden deutlicher erklärt. Viele Unterschiede ergeben sich aus der Tatsache, daß
die erste Vita am Bischofssitz des Heiligen in Autun verfaßt wurde, die zweite hingegen am Begräbnisort in Poitiers. Für Autun ist die Bischofzeit Leodegars zentral,
für Poitiers sind die Ereignisse während der Translation aus der Gegend von Arras,
dem Ort, an dem der Bischof hingerichtet wurde, nach Poitiers und die Wunder
an seinem Grab von größerer Bedeutung. (Siehe Berschin II, 71)
   Im Kontext dieser Arbeit ist interessant zu beobachten, wie die beiden Verfasser
in den *praefationes* das Problem der literarischen Qualität und der stilistischen Ebene
thematisieren. Während der Verfasser der ersten *Passio* den Auftraggeber bittet, das
Werk zunächst heimlich allein zu lesen, bis es "in gepflegterer Sprache verbessert"
sei oder andere Bischöfe ihr Urteil abgegeben hätten, verteidigt Ursinus im Stile
Gregors des Großen seine einfachere Diktion: *Hoc etenim sciendum puto, quia, quamvis
quisquis alti sermones eloquentia eiusdem viri Dei acta disserere cupiat, apertius et absque fallati-
bus verbis fari non valeat. Et forsitam valueram et ego, annuente Deo, clausis ac aliquis incog-
nitis verbis narrare: ideo nolui, ut, quique rustici et inlitterati hec audierint, intellegant et devoti
appetant eius imitare exempla, cuius intellegerent audiendum miracula.* (*Passio* II, *Praef.* MGH.
SS rer. Merov. 5, 323–356, hier 324).
   [33] *Passio Leudegarii* I, 2 (MGH. SS rer. Merov. 5, 282–322, hier 285).
   [34] Ebd. 4, 287: *Sanctum itaque Leodegarium episcopum ideo habebat suspectum, quia eum
superare non valebat in verbo, nec adulationis ut ceteri ei inpendebat obsequium, et contra omnes
minas suas semper eum cognoverat permanere intrepidum.* Eloquenz spielt auch in der *Passio*
II eine wichtige Rolle. Ebroin hält in ihr eine Rede vor der Synode der Bischöfe
(c. 17, 340), in der er die Gründe für seine Abneigung gegenüber Leudegar darlegt:

Leodegar Freundschaft, als er gemeinsam mit ihm von Childerich ins Exil geschickt wird und beide sich im Kloster Luxeuil begegnen, erhebt aber nach dem Tod des Königs 'sein giftiges Haupt wie eine Viper, die ihr Gift immer wieder sammelt,' gegen ihn.[35] Er belagert Autun, bis Leodegar die Stadt verläßt und sich ihm stellt. Darauf läßt er ihm die Augen ausreißen und ordnet an, ihn im Wald verhungern zu lassen. Da sein Bewacher sich seiner erbarmt und ihn in sein Haus aufnimmt, muß Ebroin noch einmal intervenieren. Er holt ihn in die Öffentlichkeit zurück, um ihm die Zunge auszureißen und die Lippen zu verstümmeln. Seine Mitbrüder beteiligen sich an seiner Verfolgung, machen ihm die Feier des Meßopfers unmöglich, indem sie seine Tunica zerreißen. Am Ende läßt ihn Ebroin im Wald umbringen. Leodegar wird dadurch, wie es im ersten Kapitel heißt, Märtyrer in einer christlichen Zeit.

Desiderius, Bischof von Cahors von 630 bis etwa 655, macht zunächst Karriere am Hofe Chlothars II. und tritt dann, nach der Ermordung seines Bruders, dessen Nachfolge als Bischof an.[36] Zwar erhielt er neben Unterricht im römischen Recht auch Unterweisung in 'gallischer Beredsamkeit', in seiner Vita, die vermutlich gegen Ende des 8. Jahrhunderts geschrieben wurde, wird er aber nicht als Prediger oder gar als Asket charakterisiert. Desiderius wird vielmehr

---

'Multum te', inquid, 'verbi sublimitas persuadet loquendo. Martyr esse suspicaris, ideo te tam temerario ostendis. Adhuc multum', inquit, 'dilataveris, frustra talem desideras habere praemium. Nam ut merueris, ita eris accepturus martirio.'

[35] Passio I, 16, 298: *Ipse enim Ebroinus capud relevavit venenosum, et quasi vipera restaurans venena sua, simulans se esse tunc Theoderici fidelis et ob hoc ad eum cum sociis quantocius festinare.*

[36] Edition: MGH. SS rer. Merov. 4, 563–602. Wiederabdruck in CCL 117, 310–345. Übersetzung: Berschin II, 56–58. Die *Vita vel actus B. Desiderii* wurde ursprünglich als zeitgenössisch, von der neueren Forschung aufgrund ihrer sprachlichen Qualität aber als ein Werk des späten 8. Jhds. angesehen. Berschin ist der Meinung, daß es sich bei der Vita, deren handschriftliche Überlieferung nicht über das 10. Jahrhundert hinausgeht, um eine Vita des ausgehenden 7. Jahrhunderts handelt, die zu einem späteren Zeitpunkt stilistisch überarbeitet wurde. Als Verfasser sieht er einen Mönch von St. Géry zu Cahors an. (Berschin II, 56) Zu Desiderius siehe R. Poupardin, La vie de Saint Didier. Évêque de Cahors, Paris 1900; R. Rey, "Un grand bâtisseur au temps du roi Dagobert, S. Didier, évêque de Cahors", in: Annales du Midi 65 (1953) 187–294; K.F. Stroheker, Der senatorische Adel im spätantiken Gallien, Tübingen 1948, 135; Heinzelmann, Bischofsherrschaft, 112 f.; J. Durliat, "Les attributions civiles des évêques mérovingiens: l'exemple de Didier, évêque de Cahors (630–655)", in: Annales du Midi 91 (1979) 237–254; G. Scheibelreiter, Der Bischof in merowingischer Zeit, passim; Prinz, Frühes Mönchtum, passim, bes. 267 ff.; Berschin II, 56–58.

in erster Linie als Architekt und Baumeister gewürdigt. Die Pracht
seiner Bauten, die Kostbarkeit der verwendeten Materialien – Edel-
steine, Gold und Silber – und deren gelungene Anordnung im Inneren und Äußeren des Bischofspalastes und der von ihm errichteten
Basiliken werden mit uneingeschränkter Bewunderung gepriesen: 'Die
Kelche glänzen von Edelsteinen und Gold, die Sakramentshäuser
ragen hoch empor, die Lichterkronen schimmern, die Kandelaber
spiegeln, es prangt das Rund der goldenen Äpfel . . . Das' – so fährt
der Autor fort – 'sind die Werke des Desiderius, das ist der Schmuck
seiner Braut, der Eifer unseres Hohenpriesters, das Wirken des her-
vorragenden Hirten. Darum hat er sich am meisten bemüht, darauf
mit Fleiß seinen Eifer verwandt, und als er das tat, hat er Gott die
Ehre, den Heiligen Verehrung und sich selbst ewigen Lohn bereitet.'[37] Nicht durch sich in Schriften manifestierende Weisheit will
Desiderius sich ein Zeugnis setzen und der Vergänglichkeit trotzen,
sondern durch Bauten: ein Novum in der Geschichte der Bischofsbiographie, das man – was das Motiv angeht – als Rückgriff auf die
antik-römische Vorstellung von der Bautätigkeit als Ruhmestitel des
Herrschers ansehen kann.[38]

Arnulf, Bischof von Metz, einer der Stammväter der Karolinger,[39]
der – wie Desiderius von Cahors – eine glänzende weltliche Karriere
gemacht hat, tritt in der *Vita Arnulfi*, die wohl in der Mitte des 7.
Jhds. geschrieben worden ist,[40] zunächst in der Einöde des Waldes,
umgeben von wilden Tieren, auf. Die Einsamkeit teilen mit ihm nur

---

[37] *Vita B. Desiderii* 17: *Quantus sit in calicibus decor, ex distinctione gemmarum nec ipsos intuencium obtutos facile diiudicare reor; fulgent quidem gemmis auroque calices, praeminent turres, migant coronae, resplendent candelabra, nitet pumorum rotunditas, fulgit recentarii colique varietas nec desunt patenae sacris propositionis panibus praeparatae, adsunt et stantarii magnis cereorum corporibus abtati.*
[38] Auch der Titel, *Vita vel actus B. Desiderii*, deutet auf eine säkulare Komponente hin; er zeigt, daß der Biograph nicht nur eine Lebensbeschreibung, sondern einen Tatenbericht im eigentlichen Sinne schreiben wollte. Auffällig an der Vita ist auch die offene Form. Briefe, Schenkungslisten, Mandate König Dagoberts werden in ungewöhnlicher Breite in die biographische Darstellung integriert.
[39] Sein Sohn Ansegisel heiratete Begga, die Tochter Pippins des Älteren, mit dem zusammen Arnulf 613 die austrasische Adelsopposition gegen Königin Brunichild führte. (Siehe Ewig, Die Merowinger und das Frankenreich, 120–131)
[40] Edition: *Vita sancti Arnulfi*: MGH. SS rer. Merov. 2, 432–446. Literatur zu Arnulf: J. Depoin, "Grandes figures monacales des temps mérovingiens: St. Arnoul de Metz", in: Revue Mabillon (1921) 245–258; E. Hlawitschka, Die Vorfahren Karls des Großen, in: W. Braunfels (Hg.), Karl der Große. Lebenswerk und Nachleben I–IV, Düsseldorf 1965–1968, I. Das geistige Leben, 51 ff., 56 ff.; Ders., "Arnulf",

wenige Mönche und Leprakranke, die er bedient und pflegt, eine Zurückgezogenheit, die spätantikem asketischen Gedankengut verpflichtet ist und entsprechend der Tradition der frühen Asketenviten beschrieben wird.

In Kontrast dazu steht das Bild des Bischofs Arnulf. Der aus vornehmer austrasischer Familie stammende Adelige wird am Königshof in Metz erzogen und vom Hofmeister Gundulf ins Gefolge König Theudeberts II. aufgenommen. Er wird *domesticus*, der sechs Fiskalbezirken vorstand, und *consiliarius regis*. Er ist nicht nur äußerst geschickt im Umgang mit Waffen, sondern auch ein erfolgreicher Heerführer.[41] Daß seine Bestimmung jedoch eine andere war, wird schnell deutlich. Arnulf faßt den Entschluß, seine Frau und seine Söhne zu verlassen und seine hohe Stellung am Hofe aufzugeben, um sich mit einem anderen Hofmann namens Romarich nach Lérins zu begeben.[42] Bevor er jedoch diesen Entschluß in die Tat umsetzen kann, wird er zum Bischof von Metz gewählt, was ihn aber nicht daran hindert, als wahrer Nachfolger Christi Leprakranke zu heilen, sich um die Armen zu kümmern und reisende Mönche, die *pauperes Christi*, zu betreuen. Das so ausgeübte Bischofsamt als Kompromiß zwischen einem Leben am königlichen Hof[43] und asketischer Einsamkeit ist für

---

in: Lexikon des Mittelalters 1 (1980) 1019; O.G. Oexle, "Die Karolinger und die Stadt des heiligen Arnulfs", in: Frühmittelalterliche Studien 1 (1967) 250 ff., 361 f. Zur Vita: L. Cracco Ruggini, The Crisis of the Noble Saint: The *Vita Arnulfi*, in: J. Fontaine – J. Nigel Hillgarth (Hgg.), Le septième siècle: changements et continuités. Actes du Colloques bilatéral franco-britannique tenu au Warburg Institute les 8–9 juillet 1988 – The Seventh Century Change and Continuity. Proceedings of a Joint French and British Colloquium held at the Warburg Institute 8–9 July 1988 (Studies of the Warburg Institute 42) London 1992, 116–149; M.T. Fattori, "I santi antenati carolingi fra mito e storia: agiografie e genealogie come strumento di potere dinastico", in: Studi Medievali 34 (1993) 487–561.

[41] VArn 4: *Nam virtutem belligerandi seu potentiam illius deinceps in armis quis enarrare queat, praesertim cum saepe phalangas adversarum gencium suo abigisset mucrone?*

[42] Die politischen Konstellationen, die ihn wohl in erster Linie zu dem Entschluß, der Welt des Hofes den Rücken zuzukehren und sich ins Kloster zu begeben, motivierten, werden nicht erwähnt: Als Gegner König Theuderichs II. und der Königin Brunichild verhalf er nach dem Tode Theudeberts II. zusammen mit Pippin dem Älteren als Anführer der austrischen Adelsopposition dem Neustrierkönig Chlothar II. zur Herrschaft auch in Austrien und Burgund. Es war wohl die Härte der Auseinandersetzung, die ihn abstieß und zur Hinwendung zu einem monastischen Lebensstil motivierte. (Ewig, Die Merowinger und das Frankenreich, 120–131)

[43] Es werden in der Vita zwar die Wunder beschrieben, die Arnulf während seiner Amtszeit als Bischof gewirkt hat, nicht jedoch sein Wirken auf weltlich-politischer Ebene. Nicht gesprochen wird etwa von seiner Tätigkeit als Vormund Dagoberts, nachdem dieser 623 Unterkönig von Austrien geworden war. Als solcher

Arnulf jedoch unbefriedigend.[44] Überwältigt von seinem Bedürfnis nach Einsamkeit – *desidero ad heremum properare* – begibt er sich gegen den ausdrücklichen Willen des Königs, der ihm seinen eigenen Sohn zur Erziehung anvertraut hat[45] und ihm mit der Ermordung seiner beiden Söhne droht,[46] in die Südvogesen bei Remiremont, nicht ohne vorher für einen Nachfolger gesorgt zu haben, der der wichtigsten Aufgabe des Bischofs gerecht werden kann, nämlich – bezeichnend für seine Auffassung vom Bischofsamt – zu predigen – *talem elegerent pontificem, que praedicacionis verbum dignus seminaret in populum.*[47] Eine Verbindung zwischen *Vita eremitica* und Bischofsamt wird durch den Einsatz für die Ärmsten der Armen und durch die Heilungen von Leprakranken hergestellt.[48] Als Einsiedler wäscht er den Mönchen und Leprakranken die Füße.[49] Die Zeit in der Einsamkeit der Vogesen

---

begleitete er Dagobert nach Thüringen. 624 war er mit dem Hausmeier Pippin dem Älteren an der Niederwerfung des Aufstandes des Agilofingers Chrodoald beteiligt; 625/626 vermittelte er einen Ausgleich zwischen Dagobert und seinem Vater Chlothar II.; 626 und 627 ist er als Teilnehmer an den Synoden von Reims und Clichy bezeugt. (Ebd.)

[44] In seiner Jugend gelang es Arnulf hingegen, weltliche Macht mit der christlichen Haltung, die ihn für ein geistliches Amt prädestinierte, zu vereinbaren. VArn 4: *Nam sedulus in oracione, in ieiuniis, in misericordia pauperum incumbebat et, sicut scriptum est, reddebat quae Dei sunt Deo et quae caesaris caesari restituebat.*

[45] Auch hier wird die profunde Weisheit hervorgehoben, die Arnulf bei der Erziehung Dagoberts walten läßt: VArn 16: *Quem ille acceptum ita altissima et profunda erudivit sapientia, ut in Secambrorum nacione rex nullus illi similis fuisse narraretur.*

[46] VArn 16. Ebenso bezeichnend ist es, daß der König nicht auf den Rat des Bischofs verzichten möchte: VArn 16: *. . . mox Chlotharius rex non modicis repletus angoribus, ab omni se consilio destitutum quaeritans, si sanctus Arnulfus episcopus a frequencia palacii cessasset.*

[47] Dem Problem, einen geeigneten Nachfolger zu finden, widmet sich der Biograph ausführlicher. Auch an anderer Stelle wird deutlich, daß er sich der Tatsache bewußt ist, eine Bischofsvita für jemanden zu schreiben, der sich diesem Amt entzogen hat.

[48] Zur Bedeutung der Armenbetreuung im frühen Mittelalter siehe u.a. A. Borias, "Hospitalité augustinienne et bénédictine", in: Revue d'Histoire de la Spiritualité 50 (1974) 8–16; E. Boshof, "Untersuchung zur Armenfürsorge im fränkischen Reich des 9. Jahrhunderts", in: Archiv für Kulturgeschichte 58 (1976) 265–339; Ders., "Armenfürsorge im Frühmittelalter: *Xenodochium, matricula, hospitale pauperum*", in: Vierteljahrschrift für Sozial- und Wirtschaftsgeschichte 71 (1984) 153–174; M. Mollat, Les pauvres au moyen âge. Étude sociale (Le temps et les hommes) Paris 1978; O.G. Oexle, Armutsbegriff und Armenfürsorge im Mittelalter, in: Chr. Sachße – F. Tennstedt, Soziale Sicherheit und soziale Disziplinierung, Frankfurt 1986, 73–101; R. Nürnberg; P. Dinter, Die Armenfürsorge in Bischofsviten des 10. bis 12. Jahrhunderts, in: E. Könsgen (Hg.), *Arbor amoena comis*. 25 Jahre Mittellateinisches Seminar in Bonn 1965–1990, Stuttgart 1990, 133–142; M.-L. Laudage, *Caritas* und *Memoria* mittelalterlicher Bischöfe (Münsterische Historische Forschungen 3) Köln-Weimar-Wien 1993, bes. 1–189.

[49] Der Eindruck der Kontinuität wird noch dadurch verstärkt, daß zur Beschrei-

wird nur kurz beschrieben, Arnulf hat sich so weit aus der Welt zurückgezogen, daß fast nichts von seinem Wirken und Leben als Eremit in der Öffentlichkeit bekannt wurde. Der Schluß der Vita, der von seinen posthum gewirkten Wundern berichtet, ist sehr viel ausführlicher. Die Gebeine Arnulfs werden von seinem Nachfolger Goericus-Abbo nach Metz, in die Stadt seines Wirkens, überführt, wo sie von den Gläubigen mit großem Respekt und tiefer Verehrung aufgenommen werden. Die Heilungswunder, die durch die Präsenz seiner Reliquien gewirkt werden, machen gewissermaßen seinen Rückzug in die Einsamkeit rückgängig und inthronisieren ihn posthum wieder als Bischof seiner Stadt.

Was die Vita in unserem Zusammenhang besonders beachtenswert macht, ist die in ihr geschilderte 'mittelalterliche' Form der Demut: das charismatische Bemühen um die Nachfolge Christi. Martins *humilitas* und seine Hinwendung zu den Armen war mit einer Geste der Herablassung verbunden, in der bekannten Schlüsselszene der Mantelteilung übergibt er die Hälfte seines Mantels dem Armen nicht von gleich zu gleich, sondern vom Pferd herab. Auch Augustinus' Bescheidenheit ist nach Possidius immer die eines Bischofs, der sich seiner Stellung bewußt bleibt. Arnulf macht sich hingegen zum Knecht der Armen und führt Tätigkeiten aus, von denen man bis dahin nicht angenommen hatte, daß sie mit dem Bischofsamt zu vereinbaren seien.[50]

Der merowingische Eremit ist nur selten allein in der Wildnis geblieben, meistens gesellte sich ihm ein Schüler oder Gehilfe zu, häufig wurde nach seinem Tod am Ort seines Eremitenlebens ein Kloster errichtet.[51] Arnulf selbst war dem Beispiel des Romarich gefolgt,

---

bung dieser Szenerie fast die gleichen Worte gewählt werden, die der Biograph zur Darstellung dieser Tätigkeit während des Episkopats verwendete.

[50] Diese Authentizität in der Nachfolge Christi mag damit in Zusammenhang stehen, daß bereits in der Merowingerzeit, ebenso wie später in der Karolingerzeit, der königliche Hof das eigentliche Zentrum der Macht bildete, Mitglieder des Adels also hier ein ihnen angemessenes Betätigungsfeld finden konnten und die kirchliche Laufbahn damit zu einer Alternative wurde, die man nur dann ergreifen mußte, wenn man sich nicht zum politischen Amt, sondern zum geistlichen Dienst berufen fühlte oder als dafür besser geeignet angesehen wurde. Die weltlichen Aufgaben, die in der Kriegs- und Umbruchzeit von den Bischöfen wahrgenommen werden, wurden in dem inzwischen erreichten Zustand der Normalität nicht mehr von ihnen, sondern von denen übernommen, die nach Herkunft, Charakter und Ausbildung dafür bestimmt waren. (Vgl. Ewig, Die Merowinger und das Frankenreich, 87–112).

[51] Berschin II, 88–89.

der vor ihm in den Vogesen ein Eremitorium – Remiremont – ein-
gerichtet hatte. Einen etwas anderen Ursprung hatten Klöster wie
Fontenelle – St. Wandrille und Jumièges. Sie gingen nicht aus Ein-
siedeleien hervor, sondern wurden unter den Auspizien des Königs
auf königlichen Besitzungen gegründet. Wandregisel, dessen Leben in
einer von einem Schüler im ausgehenden 7. Jahrhundert verfaßten
Vita,[52] in den *Gesta abbatum*[53] sowie in einer Vita aus der ersten Hälfte
des 9. Jahrhunderts beschrieben wurde,[54] kam jung an den Hof König
Dagoberts und wurde dort gemeinsam mit Audoin von Rouen,
Desiderius von Cahors, Paulus von Verdun und anderen künftigen
bedeutenden kirchlichen Würdenträgern ausgebildet. Fontenelle gründete er nach einer langen nach irischem Vorbild unternommenen
peregrinatio und dem ihr folgenden durch Audoin von Rouen bewirk-
ten Eintritt in den Klerus.[55]

Ansbert, ein Angehöriger des Pariser Hofadels, war einer der
Nachfolger des Gründers. Seine Vita ist um 800 von Aigradus verfaßt
worden.[56] Sie führt mit großer Eloquenz und in aller Ausführlichkeit
vor Augen, wie sehr auch spätere Bischofsviten sich bestimmte Motive,
Gestaltungselemente und Gliederungsprinzipien früherer Viten zu
eigen machten und dennoch einen ganz eigenen Charakter gewin-

---

[52] MGH. SS rer. Merov. 5, 13–24; BHL 8804.
[53] F. Lohier – J. Laporte (Hgg.), *Gesta sanctorum patrum (abbatum) Fontanellensium*, Rouen 1936.
[54] BHL 8805, in allen drei Quellen wird auch ausführlich auf die Gründung des Klosters eingegangen.
[55] Er unterstellte das Kloster einer Mischregel nach dem Vorbild der Columban-regel sowie derjenigen Benedikts von Nursia. Zu Fontenelle-St. Wandrille sowie der literarischen Produktion, die aus dem Kloster hervorgegangen ist: W. Levison, "Zu den *Gesta abbatum Fontanellensium*", in: Revue Bénédictinne 46 (1934) 241–264; G. Nortier-Marchand, "Les bibliothèques médiévales des abbayes bénédictines de Normandie", in: Revue Mabillon 48 (1958) 165–175; Prinz, Frühes Mönchtum, 127 ff., 191 ff., 273, 312 ff.; J. Semmler, *Episcopi potestas* und karolingische Klosterpolitik, in: A. Borst (Hg.), Mönchtum, Episkopat und Adel zur Gründungszeit des Klosters Reichenau (Vorträge und Forschungen). Konstanzer Arbeitskreis für Mittelalterliche Geschichte 20) Sigmaringen 1974, 305–395; E. Ewig, Spätantikes und fränkisches Gallien 1 (Beihefte der Francia 3.1) München 1976–1979, I, 227 ff., 300 f.; 2, 168 f., 202, 301 f., 326, 473; J. Fontaine, La culture carolingienne dans les abbayes normandes: L'exemple de St. Wandrille, in: L. Musset (Hg.), Aspects du monachisme en Normandie (4.–18. siècles). Actes du colloque scientifique de l'"Année des abbayes normandes'. Caen, 18.–20. 10. 1979, Paris 1982, 31–54.
[56] Aigradus' *Vita S. Ansberti* (MGH. SS rer. Merov. 5, 618–641). Vom selben Ver-fasser stammen auch die *Gesta domni Lanberti abbatis Fontanellae et archiepiscopi Lugduni* (MGH. SS rer. Merov. 5, 608–612). Im VIII. Jhd. sind in Fontenelle-St. Wandrille weiterhin die Viten der Bischöfe Erembert von Toulouse und Wulfram von Sens

nen konnten. Das Vorwort greift die klassischen Topoi auf, und die ihm folgende Beschreibung der Jugendzeit sowie die Darstellung der Herkunft[57] und Erziehung[58] bedienen sich der bekannten Darstellungsmittel: Ansbert stammt zwar aus einer vornehmen Familie, ist sich aber der Bedeutungslosigkeit weltlichen Glanzes völlig bewußt,[59] er ist ein *puer senex*, zeichnet sich in seiner Jugend und während seines Episkopats durch scharfen Intellekt und große Weisheit aus. Was die Vita interessant macht, sind jedoch nicht nur der hohe Grad der Übereinstimmung mit den Kategorien, die für die spätantiken Bischofsviten charakteristisch sind, sondern die Aspekte, die ihr zu einem neuen, für ihre Zeit typischen Charakter verhelfen.[60] Sie thematisiert ein Problem, das in früheren Viten nicht in dieser Breite angesprochen wurde. Siwinus, Ansberts Vater, so erfahren wir im 2. Kapitel der Vita, hat für seinen Sohn eine nicht nur schöne, sondern auch aus bester Familie stammende Braut ausgesucht und in Übereinstimmung mit deren Vater den Tag für die Hochzeit

---

geschrieben worden (*Actus S. Eremberti pontificis*, ib. 653–656; 'Ionas' *Vita S. Vulframni*, ib., 661–673). Zum ganzen Komplex siehe W. Levison, "Zur Kritik der Fonteneller Geschichtsquellen", in: Neues Archiv der Gesellschaft für Ältere Deutsche Geschichtskunde 25 (1900) 593–606, 26 (1901) 571 ff. Zu Ansbert: Scheibelreiter, Der Bischof in merowingischer Zeit, passim, 245 ff.; Prinz, Frühes Mönchtum, passim, 312 ff., 505 ff.; M. Werner, "Ansbert", in: Lexikon für Theologie und Kirche 1 (1993) 705.

[57] *Vita Ansberti* 1: *Eo igitur tempore, quo sceptra regni Francorum gubernabat Hlotharius, filius Hlodovii regis et Balthilde reginae, una cum germanis suis, videlicet Hilderico et Theoderico, sanctae recordationis ecclesiae Rotomagensis antistes Ansbertus, virtutibus clarus ac sacerdotio dignus, a patre nomine Siwino et pago Veliocassino patrimonioque vocabulo Calcegio, nobili erat ortus genere. Sed repudiato staemate patrum, mox ut valuit, sola conditoris paternitate elegit censeri.*

[58] *Vita Ansberti* 1: *Traditur deinde a parentibus magistris strenuis litteris erudiendus. Eruditur sine aliqua suorum instantia; fuerat namque in eo dulcis infantia, modesta pueritia, gravis adolescentia.* Die Beschreibung entspricht interessanterweise fast genau den Worten, die Hilarius von Arles in seinem *Sermo de vita sancti Honorati* verwendet. Wir erfahren also, daß der junge Ansbert eine standesgemäße Ausbildung *in litteris* erhält. Bald kommt auch der Hinweis auf seinen scharfen Verstand, der ihn zu einer Stellung als Referendar – bzw. Reichskanzlers am Hof befähigt: *Vita Ansberti* 4: *Post haec vir Domini Ansbertus in aulam regis, licet nolens, a genitore perductus, sicut erat acumine ingenii clarus, coepit esse aulicus scriba doctus conditorque regalium privilegiorum et gerulus anuli regalis, quo eadem signabantur privilegia.*

[59] *Vita Ansberti* 1: *Sed hanc terraenae dignitatis originem et patrum gloriam in beato viro non necesse remur enumerari, cum omnis ei gloria de amore veritatis et contemptu fuerit mundi. Nam nobilitatem sui generis in pueritiae aevo iam quasi fastidiens, solius Christi desiderio anhelans, cunctos supervacuos horrebat honores.*

[60] Dies gilt nur unter Vorbehalt, ist es doch bei frühmittelalterlichen Viten schwer zu sagen, inwieweit sie als historische Quellen herangezogen werden können und inwieweit – wenn überhaupt – sie die historische Realität zur Zeit der beschriebenen Person und nicht die des Verfassers widerspiegeln.

festgelegt. Beide Verlobten kamen überein, sich nicht in Versuchung führen zu lassen, sondern bis zu ihrer Vermählung keusch zu bleiben. Eine vorhergehende oder auch nur beabsichtigte Ehe war für viele Bischöfe der Spätantike und des frühen Mittelalters nicht ungewöhnlich, es ist aber dennoch interessant, wie unterschiedlich der sich daraus ergebende Konflikt zwischen Askese und ehelichen Pflichten, der sich ja in der Tat stellte, in den Viten behandelt wird.[61] In der Germanusvita, die dem Typus der Konversionsvita entspricht, wird das Problem auf kanonische Weise gelöst. Germanus wird zum Bischof gewählt und macht danach eine innerliche Wandlung durch, er läßt die weltliche *militia* hinter sich, verzichtet auf den Pomp der Welt, beginnt ein einfaches Leben, verschenkt seine Reichtümer und veranlaßt seine Frau, ebenfalls in ein Kloster einzutreten.[62] Die *Vita Lupi* hebt hervor, daß beide Eheleute gleichermaßen den Wunsch hatten, ein Asketenleben zu führen. Ansbert wird, wie wir aus seiner Vita erfahren, erst gar nicht mit diesem Problem konfrontiert. Um keinerlei Versu-

---

[61] Nach dem 1. Apost. Kanon (Ende 4. Jhd.) darf der Bischof nach der Taufe nur einmal verheiratet sein, doch nicht mit einer Witwe oder übel beleumundeten Frau (vgl. 1 Tim 3,2; Titus1,6; Apost. Kanon 17 und 18). Erst c. 12 des Trullanum II (Quinisextum 692) verlangte von dem zum Bischof Geweihten, aus pastoralen Gründen auf die Fortsetzung seiner Ehe zu verzichten. Die Frau sollte in dem Fall in ein vom Amtssitz entferntes Kloster eintreten und durfte, falls sie sich dazu eignete, zur Diakonissin gewählt werden (c. 48 der gleichen Synode). Ehelosigkeit hatten allerdings schon die justinianischen Novellen 123 und 137 vom Bischof gefordert. Aus der Fülle der Literatur zur Entstehung des Zölibatsgedankens in der Alten Kirche und zur Eheschließung bzw. zum Eheverzicht der Kleriker in Spätantike und im frühen Mittelalter seien hier nur jüngere Veröffentlichungen angeführt: P. Brown, Die Keuschheit der Engel. Sexuelle Entsagung, Askese und Körperlichkeit am Anfang des Christentums, München – Wien 1991; D. Simon (Hg.), Eherecht und Familiengut in Antike und Mittelalter, München 1992; D. Elliott, Spiritual Marriage: Sexual Abstinence in Medieval Wedlock, Princeton 1993; A.M. Stickler, Der Klerikerzölibat. Seine Entwicklungsgeschichte und seine theologischen Grundlagen, Abensberg 1993; K.M. Becker – J. Eberle (Hgg.), Der Zölibat des Priesters (Sinn und Sendung 9) St. Ottilien 1995; St. Heid, Zölibat in der frühen Kirche. Die Anfänge einer Enthaltsamkeitspflicht für Kleriker in Ost und West, Paderborn-München-Wien-Zürich 1997, bes. 183–318.

[62] Lupus von Troye tritt nach siebenjähriger Ehe in das Kloster Lérins ein, beide Ehegatten scheinen sich zur Askese entschlossen zu haben. Bezeichnend ist es auch, daß in dem Fall, in dem auf die Ehefrau bzw. Verlobte des zukünftigen Bischofs näher eingegangen wird, ihre *castitas* und *pudicitia* betont wird: *Vita Lupi* 1–2 (MGH. SS rer. Mer. III, 120–124, 120): *Cui gloriosae memoriae Pimeniola, sancti Hilarii Arelatinsis urbis episcopi germana, matrimonium fuit, que iuventutis annos sensuum maturitate conservans, verecundiae semper podore flagrabat. Septimo coniugii anno, instigante Domino, se ad conversionem hortatu mutuo contulerunt.* Bei seiner Ehefrau handelte es sich immerhin um die Tochter

chungen ausgesetzt zu werden, bittet seine Verlobte Angadrisma Gott, er möge ihre Schönheit in Häßlichkeit verwandeln. Ihre Bitte wird erfüllt und ihr Gesicht durch Leprapusteln verunstaltet. Sie entschließt sich daraufhin, in ein Kloster einzutreten – wozu Ansbert sein Einverständnis gibt –, und erst nachdem sie sich Christus als ihrem Bräutigam verlobt hat, gewinnt sie ihre frühere Schönheit zurück.

Schon in den Viten des Desiderius, des Leodegars und Arnulfs konnte man den Eindruck gewinnen, daß eine hohe Stellung am Hofe Voraussetzung für eine spätere Karriere als Bischof war. In der *Vita Ansberti* scheint diese Karriere ein wesentliches, wenn nicht gar das einzige Unterscheidungsmerkmal zwischen der Figur des Bischofs und des Abtes zu sein, der im übrigen ähnliche Eigenschaften wie der Bischof aufweist. Ansbert bleibt, nachdem er in sich das Verlangen nach einem Gott geweihten Leben gespürt hat, noch einige Zeit am Hof, wo er wegen seines scharfen Intellekts zum Referendarius ernannt wird, zieht sich aber dann nach Fontenelles-St.Wandrille zurück, wo er aus den Händen Wandregisel das Mönchsgewand empfängt. Sein Eifer beim Studium der Heiligen Schrift – *sicque ex eo tempore coepit ipse vir Dei amore sanctarum scripturarum legendo fervere assidueque dulcissimos earum fructus intellegendo carpere*[63] – und seine vorbildliche *humilitas* lenken die Aufmerksamkeit Wandregisels auf ihn, so daß er zum Priester geweiht wird. Ansbert ist schon Priester, also Angehöriger des Klerus, als er dem zukünftigen König Theuderich im Wald begegnet. Er erfüllt seine priesterliche Pflicht – *quem ... sacerdotali auctoritate de plurimis sanctae doctrinae hortamentis instruxit*[64] – und prophezeit dem hohen Herrn seine zukünftige Größe. Dieser ist zunächst skeptisch, erklärt aber dann, er wünsche, daß Ansbert Bischof werde, wenn er selbst die Königskrone erlangen sollte: *'opto te dignum Deo fieri antistitem, ut per tuam sanctam doctrinam crescat ecclesia fidelium'*.[65]

---

des Hilarius von Arles. In der *Vita Arnulfi* wird darauf hingewiesen, daß der Protagonist seine Ehe auf Anraten von Freunden und Verwandten geschlossen hat: *Vita Arnulfi* 5 (MGH. SS rer. Mer. II, 433): *Interea igitur, vix cogentibus amicis atque parentibus, inclitam et nobilissimam a gente puellam, quia Deus sic voluit, praeclaris moribus duxit uxorem. Nam illud eidem Dominus speciale munus veluti duarum gemmarum splendidum decus in mundo indulsit, ut ex eadem egregia femina duorum filiorum gaudia suscepisset.* Wir erfahren nichts über das weitere Schicksal seiner Ehefrau, nachdem wir über seinen Entschluß zu einem asketischen Leben informiert worden sind.

[63] *Vita Ansberti* 6.
[64] *Vita Ansberti* 7.
[65] Ebd.

Zunächst wird Ansbert jedoch – nach Lantbert[66] – Nachfolger des Wandregisel als Abt von Fontenelle.

Das Profil, das in der Vita von Ansbert als Abt gezeichnet wird, unterscheidet sich – wie bereits gesagt – nicht sehr von dem eines Bischofs. Das gilt bereits für die Wahl[67] und das Verhalten nach der Wahl. Je höher der zum Abt Gewählte erhoben wird, desto demütiger zeigt er sich. Er wird von allen geliebt, *ut verus pater et ipsi ab eo sicuti devoti filii,*[68] und aufgrund seiner Kenntnis der Heiligen Schrift ist er in der Lage, zur Belehrung seiner Mitbrüder bzw. der Gläubigen beizutragen. Im Eigenschaftskatalog des Abtes, dem eine detailliertere Untersuchung der Darstellung und Wertung der Rolle des Abtes folgen müßte, wird, das zeigt schon ein erster Vergleich, jedoch stärkeres Gewicht auf das asketische Äußere gelegt als bei einem Bischof. Von der *hilaritas* des Antlitzes – Ausdruck besonderer Weltentrücktheit – ist in der Bischofsbeschreibung nicht die Rede. Bei der Wahl des Ansbert zum Bischof von Rouen ist neben den Bewohnern der Stadt und den *sacerdotes* in erster Linie auch der König beteiligt. Theuderich kennt die *sapientia* des Ansbert, ist über den Vorschlag der Bewohner der Stadt hocherfreut und ruft ihn an den Königshof. Bei aller sonstiger Identität leuchtet das Licht des Bischofs, so erfahren wir, strahlender als das des Abtes. Das in der *Vita Ansberti* gezeichnete Portrait des Bischofs ist in gewisser Weise einfach nur eine Steigerung der Darstellung des Abtes:[69] *Floruit enim sub illo Christi ecclesia, sicut monasterium ante floruerat.*[70] Ansbert bleibt bezeichnenderweise

---

[66] Lantbert wird zum Bischof von Lyons gewählt. Auch seine Amtsführung wird mit dem Hinweis auf seine *humilitas* und Predigt charakterisiert. *Vita Ansberti* 12: . . . *humilitatis ac sanctae praedicationis piaeque actionis exemplis gregem Christi sedulo moderamine inreprehensibiliter rexit, ibique a Domino vocatus, vinculis terrenae corruptionis exutus, ad supernae civitatis gaudia feliciter migravit.*

[67] Er wird einstimmig von allen Mönchen des Klosters gewählt. *Vita Ansberti* 13: *In praedicto vero Fontanellensi coenobio post recessum eiusdem sancti pontificis Lantberti, divino nutu iuvante, unanimes eiusdem congregationis monachi beatum Ansbertum sibi elegerunt praeesse rectorem. Ipse autem post susceptam regiminis curam assidue meditabatur, quale susceperat onus, videlicet commissi a Domino gregis regere animas et multorum servire moribus.* In der letzten Formulierung lehnt sich der Autor an die *Regula Benedicti* c. 2 *de abbate* an: *Sciatque, quam difficilem et arduam rem suscipit, regere animas et multorum servire moribus.* (Siehe MGH. SS rer. Merov. 5, 627, Anm. 3).

[68] *Vita Ansberti* 13.

[69] Dies ist nicht verwunderlich, kommt doch beiden eine sehr ähnliche Leitungsfunktion zu. Die Wortwahl entspricht bezeichnenderweise gänzlich der der *Vita Honorati.*

[70] *Vita Ansberti* 16.

auch als Bischof mit seinem Kloster verbunden, er verschafft ihm, so erfahren wir, das Privileg der freien Abtwahl, obwohl das seinen Interessen als Bischof widerspricht, was dem Verfasser zum Anlaß wird, die Einzelheiten mit quasi notarieller Genauigkeit festzuhalten sowie Zeit, Ort und Teilnehmer der entsprechenden Synode in einer Art und Weise zu fixieren, wie es in älteren Viten bei der Darstellung von Konferenzen, in denen dogmatische Entscheidungen gefällt worden sind, nicht der Fall war. Politische Konstellationen zwingen den Bischof ins Exil zu gehen, im Kloster Hautmont-sur-Sambre, in das ihn Pippin von Heristal aufgrund einer Verleumdung – so der Autor – sendet, wird er durch sein strenges Fasten und sein dauerndes Gebet zum Vorbild.[71] Er stirbt, kurz nachdem er die Erlaubnis erhalten hat, in sein Bistum zurückzukehren.

Von zentraler Bedeutung für die Bischofsbiographien waren die Missionen der Iren und Angelsachsen.[72] In Irland, dessen Missionierung

---

[71] Zu Christi Himmelfahrt 688 nahm er eine feierliche *Elevatio* der Reliquien des Audoenus vor, was ihm die Ungnade Pippins des Mittleren und ein Exil in Hautmont-sur-Sambre eintrug.

[72] Zur spätantiken und frühmittelalterlichen Mission: A. von Harnack, Die Mission und Ausbreitung des Christentums in den ersten drei Jahrhunderten, Leipzig ⁴1924; K.S. Latourette, A History of the Expansion of Christianity I–VII, New York 1937–1945; J. Vogt, Kulturwelt und Barbaren (Abhandlungen der Akademie der Wissenschaften und der Literatur in Mainz – Gesellschaftswissenschaften 1967/1) Wiesbaden 1967; A. Angenendt, "Taufe und Politik im frühen Mittelalter", in: Frühmittelalterliche Studien 7 (1973) 143–168; H. Frohnes – U.W. Knorr (Hgg.), Kirchengeschichte als Missionsgeschichte I: Die Alte Kirche; II: Die Kirche des frühen Mittelalters, Stuttgart 1974/1978; E.G. Hinson, The Evangelization of the Roman Empire, Macon 1981; R. MacMullen, "Two Types of Conversion to early Christianity", in: *Verbum Caro*. Revue théologique et ecclésiastique oecuménique 37 (1983) 174–177; A. Angenendt, The Conversion of the Anglo-Saxons Considered against the Background of the Early Medieval Mission, in: Angli e sassoni al di qua e al di là del mare (Settimane di studio del centro italiano sull'alto medioevo 33) Spoleto 1978, 275–321; Ders., Kaiserherrschaft und Kaisertaufe. Kaiser, Könige und Päpste als geistige Patrone in der abendländischen Missionsgeschichte (Arbeiten zur Frühmittelalterforschung 15) Berlin-New York 1984; R. MacMullen, Christianizing the Roman Empire (A.D. 100–400), New Haven 1984; H. Patze, Mission und Kirchenorganisation in karolingischer Zeit, in: Ders., Geschichte Niedersachsens I: Grundlagen und frühes Mittelalter, Hildesheim ²1985, 653–712; J.N. Hillgarth (Hg.), Christianity and Paganism 350–750: The Conversion of Western Europe, Philadelphia 1986; R. Lane Fox, Pagans and Christians, Harmondsworth 1986; N. Brox, "Die christliche Mission in der Spätantike", in: Theologisches Jahrbuch (1987) 389–421; A. Dierkens, "Pour une typologie des missions carolingiennes", in: Problèmes d'histoire du christianisme 17 (1987) 77–93; K. Schäferdiek, "Zur Frage früher christlicher Einwirkungen auf den westgermanischen Raum", in: Zeitschrift für Kirchengeschichte 98 (1987) 149–166; H. Servon, "La théorie de la mission dans le christianisme des premiers siècles", in: Problèmes d'histoire du christianisme

die Tradition in erster Linie den Bemühungen des irischen National-
heiligen Patrick zuschreibt, kam es zu einer neuen Blüte des Asketen-
und Mönchtums.[73] Der irische Monastizismus, der die Ideale der
Wüstenväter mit autochthonen Vorstellungen verband, ist in besonderem Maße durch asketischen Rigorismus und die Hochschätzung
der 'asketischen Heimatlosigkeit' gekennzeichnet.[74] Anders als im kon-
tinentalen Mönchtum, in dem der *stabilitas loci* eine zentrale Bedeutung
zukam, begaben sich die irischen Mönche und Nonnen auf die
Pilgerreise und verbreiteten auf ihrem Weg die christliche Botschaft,
was ihnen zu großem Einfluß auf dem Kontinent verhalf. In Italien

---

17 (1987) 33–50; P. Thrams, Christanisierung des Römerreichs und heidnischer
Widerstand, Heidelberg 1991; F.R. Trombley, Hellenic Religion and Christianization
c. 370–529 I–II (Religions in the Greco-Roman World 115) Leiden 1993.
   [73] Zur frühen Kirche in Irland und ihrer Bedeutung für den Kontinent siehe
K. Hughes, The Church in Early Irish Society, London 1966; Dies., Early Christian
Ireland. Introduction to the Sources, London 1972; L. Bieler, Ireland's Contribution
to the Culture of Northumbria, in: G. Bonner (Hg.), *Famulus Christi*. Essays in
Commemoration of the Thirteenth Centenary of the Birth of the Venerable Bede,
London 1976, 210–228; J. Ryan, The Monastic Institute: A History of Irish Catho-
licism, Dublin 1972; H. Löwe (Hg.), Die Iren und Europa im frühen Mittelalter, Stutt-
gart 1982; P. Ni Chatháin – M. Richter (Hgg.), Irland und Europa, Ireland and
Europe. Die Kirche im Frühmittelalter, Stuttgart 1984; D. Trautwein, Heil von
den Inseln: Bonifatius und die Iroschotten neu gesehen. Revision eines Vorurteils,
Konstanz 1993; P. Mackey (Hg.), The Cultures of Europe: The Irish Contribution,
Belfast 1994; Fr. Kerlouégan, Présence et culte de clercs irlandais et bretons entre
Loire et Mons Jura, in: J.-M. Picard, Aquitaine and Ireland in the Middle Ages,
Dublin 1995, 188–206.
   [74] Zur *Peregrinatio*: H. v. Campenhausen, Die asketische Heimatlosigkeit im altkirchlichen und frühmittelalterlichen Mönchtum (Sammlung gemeinverständlicher Vorträge
und Schriften aus dem Gebiet der Theologie und Religionsgeschichte 149) Tübingen
1930; Chatháin – Richter; J. Leclercq, "Mönchtum und *peregrinatio* im Frühmittelalter",
in: Römische Quartalschrift für christliche Altertumskunde und Kirchengeschichte
55 (1960) 212–225; B. Kötting, *Peregrinatio religiosa*. Wallfahrten in der Antike und
das Pilgerwesen in der alten Kirche, Münster 1950. ND 1980; C. Vogel, "Le pèlerinage penitentiel", in: Revue des sciences réligieuses 38 (1964) 113–153; A. Angenendt, *Monachi peregrini*: Studien zu Pirmin und den monastischen Vorstellungen des
frühen Mittelalters (Münstersche Mittelalter – Schriften 6) München 1972; Ders.,
Die irische *peregrinatio* und ihre Auswirkungen auf dem Kontinent vor dem Jahre 800,
in: H. Löwe (Hg.), Die Iren und Europa im frühen Mittelalter (Veröffentlichungen des
Europa Zentrum Tübingen. Kulturwissenschaftliche Reihe) Stuttgart 1982, 52–79;
T.M. Charles-Edwards, "The Social Background to Irish *Peregrinatio*", in: Celtica 11
(1976) 43–59; G. Constable, "Monachisme et pèlerinage au Moyen Age", in: Revue
Historique 358 (1977) 3–27; F. Prinz, *Peregrinatio*, Mönchtum und Mission, in: K. Schäferdiek (Hg.), Kirchengeschichte als Missionsgeschichte II. Die Kirche des frühen
Mittelalters, München 1978, 445–465; L. Schmugge, "Pilgerfahrt macht frei", in:
Römische Quartalschrift für christliche Altertumskunde und Kirchengeschichte 74
(1979) 16–32; M.A. Claussen, "*Peregrinatio* and *Peregrini* in Augustine's City of God",
in: Traditio 46 (1991) 33–75.

halfen sie, die 'Lombarden' vom 'Arianismus' zum orthodoxen Christentum zu bekehren, in Gallien gründeten sie mit Unterstützung des merowingischen Königtums und des Adels zahlreiche Klöster. Im Laufe des 6. und 7. Jahrhunderts bemühten sie sich, die Kelten und Angelsachsen in Schottland und England zu konvertieren und dort ihre monastische Konzeption zu realisieren.[75] England hatte schon vorher eine eigene christliche Kultur besessen. Germanus von Auxerre war, wie neben seinem Biographen auch Prosper von Aquitanien zu berichten weiß, in der Mitte des 5. Jahrhunderts auf der Insel als Vertreter der Orthodoxie begrüßt worden. Die Invasion der Angeln und der Sachsen hatte diese jedoch weitgehend zurückgedrängt. Die Remissionierung am Ende des 6. Jahrhunderts wurde nicht nur von den Iren, sondern in nicht geringem Maße auch von Missionaren wie Augustinus von Canterbury, die von Rom aus nach England geschickt worden waren, betrieben: ein doppelter Ursprung, der dazu führte, daß sich in England eigene zum Teil miteinander rivalisierende Formen christlichen Lebens entwickelten. Das christliche England brachte seinerseits große Missionsbischöfe wie Wilfrid und Cuthbert hervor, die sich nicht nur zur Remissionierung im Bereich des ehemaligen Römischen Reiches,[76] sondern auch zur Bekehrung germanischer Stämme – der Friesen, Thüringer und Sachsen –, die außerhalb der Grenzen des Reiches geblieben waren, berufen fühlten. Nach dem Gesagten versteht es sich, daß die angelsächsischen Mönche nicht nur durch das Vorbild des irischen Mönchtums inspiriert wurden, sondern sie auch die Nähe zum römischen *pontifex* suchten und

---

[75] Zur Missionierung Englands siehe u.a. D. Watts, Christians and Pagans in Roman Britain, London 1991.

[76] Einige der fränkischen Adelsheiligen wurden am Rande ihres Königreiches missionarisch tätig. In Bayern und in Flandern haben Anhänger Columbans wie etwa Amandus von Noyon, Emmeram von Regensburg und Kilian von Würzburg das Christentum in ehemals römischen Regionen wiedereingeführt, in denen es die germanischen Wanderungen zum größten Teil zum Erliegen gebracht hatten. (Siehe hierzu u.a. E. Boshof – H. Wolff (Hgg.), Das Christentum im bairischen Raum. Von den Anfängen bis ins 11. Jahrhundert (Passauer Historische Forschungen 8) Köln-Weimar-Wien 1994; R. Mc Kitterick, Anglo-Saxon Missionaries in Germany: Personal Connections and Local Influences, in: Dies., The Frankish Kings and Culture in the Early Middle Ages (Collected Studies Series 477) Aldershot 1995, 1–40) Der Konvertierungsprozeß hatte natürlich auch eine rein weltliche, machtpolitische Komponente. Er bereitete die Eingliederung dieser Gebiete in das fränkische Königreich vor.

auf eine möglichst enge Bindung der von ihnen gegründeten Bischofssitze an Rom drängten.[77]

Die *Vita Willibrordi*, die keinen Geringeren als Alkuin zum Verfasser
hat, fällt in die Zeit der karolingischen Mission.[78] Willibrord, Erzbischof von Utrecht, war einer der bedeutendsten Missionare angelsäch-
sischer Prägung.[79] Der um 657/58 in Northumbria Geborene erhielt
als *puer oblatus* seine Erziehung bei Wilfrid von York im Kloster

---

[77] Unter Gregor dem Großen hatte sich ein eigener, römischer Missionsstil herausgebildet. Siehe dazu P. Benkart, Die Missionsidee Gregors des Großen in Theorie
und Praxis. Eine religionsgeschichtliche Untersuchung zur Christianisierung der Germanen, Leipzig 1946; S. Brechter, Die Quellen zur Angelsachsenmission Gregor
des Großen. Eine historiographische Studie (Beiträge zur Geschichte des alten
Mönchtums und des Benediktinerordens 22) Münster 1941; R.A. Markus, "The
Chronology of the Gregorian Mission to England, Bede's Narrative and Gregory's
Correspondence", in: Journal of Ecclesiastical History 14 (1963) 16–30; Ders., Gregory
the Great and Papal Missionary Strategy, in: G.J. Cumming, The Mission of the
Church and the Propagation of the Faith (Studies in Church History 6) Cambridge
1970, 29–38; O. Bertolini, I papi e le missioni fino alla metà del secolo VIII, in:
La conversione al cristianesimo nell' Europa dell'altomedioevo (Settimane di studio
sull' alto medioevo 14) Spoleto 1967, 327–363; G. Jenal, Gregor der Große und
die Anfänge der Angelsachsenmission (596–604), in: Angli e sassoni al di qua e al
di là del mare (Settimane di Studio del Centro Italiano di Studi sull'Alto Medioevo
32) Spoleto 1986, 793–849; L.E. v. Padberg, Konfrontation oder Akkomodation:
Zu den Missionsinstruktionen Papst Gregor des Großen und ihre Wirkungsgeschichte
im frühen Mittelalter, in: J. Kniffka (Hg.), Martyria. Festschrift zum 60. Geburtstag
von Peter Beyerhaus am 1. 2. 1989, Wuppertal-Zürich 1989, 93–115; H. Chadwick,
Gregory the Great and the Mission to the Anglo-Saxons, in: Gregorio Magno e il
suo tempo. Studi storici (Studia Ephemeridis Augustinianum 33) Roma 1991, 199–212.
[78] Nach dem Vorbild von Bedas *Vita S. Cuthberti* hat Alkuin die *Vita* Willibrords
in einer Prosa- und in einer Versfassung geschrieben. Anders als Beda, der zunächst
eine metrische Version in Ergänzung zu einer anonymen Prosavita verfaßte, die er
dann durch eine eigene Prosavita ergänzte, schrieb Alkuin von Anfang an ein *Opus
geminum*. Alkuin präzisiert in der *praefatio* den Verwendungszweck der beiden Versionen.
Die Prosafassung solle in der Kirche vorgelesen werden, die metrische Fassung diene
der privaten Lektüre der Schüler (MGH. SS rer. Merov. 7, 81–141. *Vita Willibrordi
metr.*: MGH Poetae latini 1, Alkuini carmina 3, 207–220; Weitere Ausgabe: H.-J.
Reischmann (Hg.), Willibrord – Apostel der Friesen: Seine Vita nach Alkuin und
Thiofrid, Sigmaringendorf 1989).
[79] A. Angenendt, "Willibrord im Dienste der Karolinger", in: Annales des historischen Vereins für den Niederrhein 175 (1973) 63–113; Ders., Willibrord als römischer Erzbischof, in: G. Kiesel – J. Schroeder (Hgg.), Willibrord: Apostel der
Niederlande. Gründer der Abtei Echternach. Gedenkgabe zum 1250. Todestag des
angelsächsischen Missionars, Luxembourg 1989, 31–41; Ders., 'Er war der erste'.
Willibrords historische Stellung, in: P. Bange – A.G. Weiler (Hgg.), Willibrord, zijn
wereld en zijn werk (Middeleeuwse Studies 6) Nijmegen 1990, 13–34; I. Deug-Su,
"L'opera agiografica di Alcuino: la *Vita Willibrordi*", in: Studi Medievali 21 (1980)
47–96; Ders., L'opera agiografica di Alcuino (Biblioteca degli 'Studi medievali' 13)
Spoleto 1983.

Ripon, begab sich dann nach Irland, wo er sich – wie Alkuin berichtet[80] – von Egbert bis zu seinem zweiunddreißigsten Lebensjahr in dem wegen seiner Studien und Askese berühmten Kloster Rathmelsigi unterrichten ließ. Ohne sich durch die gescheiterten Missionsversuche der angelsächsischen Missionare Wilfrids und Wigberts entmutigen zu lassen, brach er 690 von hier aus mit 11 Gleichgesinnten zur Friesenmission auf. Anders als seine Vorgänger stellte er sich von Anfang an unter den Schutz der fränkischen Herrscher, er ließ sich von Pippin dem Mittleren das südwestliche Friesland als Missionsgebiet zuweisen und begleitete dessen militärische Expansion mit friedlichen Missionsversuchen, wozu er sich 692 in Rom von Papst Sergius I. die Vollmacht geben ließ. Die Verbindung zu Rom wurde im Jahre 695 dadurch gefestigt, daß Sergius ihn zum Erzbischof der Friesen machte. Ausgangspunkt seiner Mission war zunächst Utrecht, dann Echternach, das er 697/698 gründete. Wie Alkuin berichtet, missionierte Willibrord, indem er predigte, unterrichtete, taufte, Diakone und Priester weihte und Kirchen bauen ließ. Eine Episode wirft ein besonderes Licht auf das Verhältnis der Missionare zu autochthonen Glaubensvorstellungen und Praktiken. Willibrord wurde von einem Sturm auf eine Insel verschlagen, auf der sich ein dem Gott Fosite geweihtes Heiligtum befand. Aus Verehrung für den Gott wurden die dort weidenden Tiere von den Anwohnern nicht berührt, und aus einer Quelle, die sich dort befand, schöpfte man nur schweigend das Wasser. 'Willibrord verachtete den einfältigen Kult der Insel und die wilde Gesinnung des Königs, der jeden, der sich an den Heiligtümern jenes Ortes verging, zu einem grausamen Tod zu verurteilen pflegte.'[81] Er taufte in dieser Quelle drei Männer und ließ die Tiere zur Speise schlachten.

So leicht es ist, die in den Bischofsviten enthaltenen Hinweise auf die sich im Frühmittelalter verändernden institutionellen und kirchenrechtlichen Grundlagen des Bischofsamtes zu registrieren, so schwer ist es, in ihnen spezifische Veränderungen der Religiösität

---

[80] Aus der Fülle der Literatur zu Alkuin seien hier nur genannt P. Godman (Hg.), Alcuin's The Bishops, Kings, and Saints of York, Oxford 1982; E. Shipley Duckett, Alcuin: Friend of Charlemagne, New York 1951; D. Bullough, Carolingian Renewal (Sources and Heritage) Manchester 1991.

[81] *Vita Willibrordi 10: Sed parvi pendens stultam loci illius religionem vel ferocissimum regis animum,qui violatores sacrorum illius atrocissima morte damnare solebat, igitur tres homines in eo fonte cum invocatione sanctae Trinitatis baptizavit, sed et animalia in ea terra pascentia in cibaria suis mactare praecepit.*

und Mentalität auszumachen.[82] Zu stark waren einerseits die Kontinuitäten zwischen Spätantike und Mittelalter und zu groß andererseits die Bereitwilligkeit der Kirche, in den gentilen Reichen Funktionen des vorchristlichen Sakralwesens zu übernehmen,[83] als daß man bestimmte Aspekte des Ritus, der Praxis des kirchlichen Lebens und des Verständnisses von Heiligkeit und ihre jeweilige Darstellung in den Viten auf einen 'germanischen' bzw. 'gallischen' Ursprung zurückführen oder sie eindeutig einer 'neuen' spezifisch mittelalterlichen Mentalität zuordnen könnte, wobei zusätzlich zu bedenken wäre, daß die religiösen Vorstellungen in den einzelnen Regionen und innerhalb der verschiedenen ethnischen und sozialen Gruppen erheblich differierten. Die merowingisch-fränkische Reichskultur etwa unterschied sich in starkem Maße von der irischen, obwohl beide sich durch den iro-fränkischen Asketismus wechselseitig beeinflußten und unabhängig voneinander in starkem Maße an spätantike christliche Traditionen anschlossen.[84]

Es scheint zwar zunächst einiges dafür zu sprechen, – wie in der Forschung oft geschehen – die Grausamkeit und Brutalität, die in der *Vita vel passio Sancti Leudegarii* zum Ausdruck kommt, oder den

---

[82] Vgl. J.M. Wallace-Hadrill, The Frankish Church, Oxford 1983, 17–36; Fr. Graus, Mentalität – Versuch einer Begriffsbestimmung und Methoden der Untersuchung, in: Ders. (Hg.), Mentalitäten im Mittelalter: Methodische und inhaltliche Probleme (Vorträge und Forschungen 35) Sigmaringen 1987, 9–48; Angenendt, Das Frühmittelalter, 36–41; Ders., Geschichte der Religiösität, 1–31.

[83] Vgl. H.Ch. Brennecke, Frömmigkeits- und kirchengeschichtliche Aspekte des Synkretismus, in: V. Drehsen – W. Sparn (Hgg.), Im Schmelztigel der Religionen. Konturen des modernen Synkretismus, Gütersloh 1996, 121–142; Ders., Christianisierung und Identität – das Beispiel der germanischen Völker, in: U. van der Heyden – H. Liebau (Hgg.), Missionsgeschichte – Kirchengeschichte – Weltgeschichte, Stuttgart 1996, 239–247; L.E. von Padberg, "Odin oder Christus? Loyalitäts- und Orientierungskonflikte in der frühmittelalterlichen Christianisierungsepoche", in: Archiv für Kulturgeschichte 77 (1995) 249–278; K. Schäferdiek, "Germanen, Germania, Germanische Altertumskunde, Christianisierung", in: Reallexikon der Germanischen Altertumskunde 11 (1998) 388–395.

[84] Erst in jüngster Zeit wird besonders im Bereich der Ethnologie wieder nach spezifischen Eigenarten 'germanischer' Ethnien gefragt. Vgl. etwa P.J. Geary, "Ethnic identity as situational construct in the early Middle Ages", in: Mitteilungen der Anthropologischen Gesellschaft in Wien 113 (1983) 15–26; H. Wolfram, Das Reich und die Germanen. Zwischen Antike und Mittelalter, Berlin ²1992; Ders., "Origo und Religio. Ethnic traditions and literature in early medieval texts", in: Early Medieval Europe 3 (1994) 19–38; T.H. Eriksen, Ethnicity and Nationalism: Anthropological Perspectives, London 1993; J. Fried, *Gens* und *regnum*. Wahrnehmungs- und Deutungskategorien politischen Wandels im frühen Mittelalter, in: J. Miethke – K. Schreiner (Hgg.), Sozialer Wandel im Mittelalter, Sigmaringen 1994, 73–104;

'Materialismus' der *Vita Desiderii* einer dezidiert frühmittelalterlichen oder 'germanischen' Mentalität zuzuschreiben. Eine solche Herangehensweise, die stark an die Nationalgeschichtsschreibung bis 1945 erinnert,[85] verbietet sich, sind solche Eigenschaften doch zu unspezifisch und charakteristisch für 'archaische' Lebensformen schlechthin.[86]

Generell ist richtig, daß im Vergleich mit der Spätantike numinöse Vorstellungen überwogen und die an der Begrifflichkeit der antiken Philosophie orientierte Theologie kaum rezipiert wurde. Grundlage der frühmittelalterlichen Frömmigkeit ist "der Glaube an das Umschlossensein der Welt von übernatürlichen Kräften. Aus ihm resultiert die latente Schutz- und Heilsbedürftigkeit des Menschen, die sich wiederum in der Suche nach Heilsgaranten ... äußert. Das Heilige wird dabei in einer älteren populären Schicht als automatisch wirkende Kraft begriffen ... Die archaische Frömmigkeit richtet

R. Wenskus, Religion abâtardie. Materialien zum Synkretismus in der vorchristlichen politischen Theologie der Franken, in: H. Keller – N. Staubach (Hgg.), Iconologia sacra. Mythos, Bildkunst und Dichtung in der Religions- und Sozialgeschichte Alteuropas, Berlin-New York 1994, 179–248; H. Elton, Defining Romans, barbarians and the Roman frontier, in: R.W. Mathisen – H.S. Sivan, Shifting Frontiers in Late Antiquity, London 1996, 126–135; S. Gasparri, Prima delle nazioni. Populi, etnie e regni fra Antichità e Medioevo, Roma 1997; W. Pohl – H. Reimitz (Hgg.), Strategies of Distinction. The Construction of Ethnic Communities 300–800, Leiden-Boston-Köln 1998, bes.: Ders., Telling the Difference: Signs of Ethnic Identity, 17–71; I. Wood, Conclusion: Strategies of distinction, 297–305 und das Literaturverzeichnis, 312–338.

[85] Vgl. Angenendt, Geschichte der Religiösität, 2.

[86] Nach dem Ende des Nationalsozialismus hat man zunächst vermieden, von germanischer Kultur zu reden. "Das Jahr 1945 hätte allem historischen Germanismus ein Ende bereiten müssen. Daß es indes bei einer Art Sprachlosigkeit blieb, war insofern typisch für die deutsche Geschichtsschreibung, als Alternativen weder verfügbar waren noch gesucht wurden." (Angenendt, Geschichte der Religiösität, 2) Neuere Anstöße gaben besonders die französische Religionssoziologie und Ethnologie. E. Durkheim, C. Levy Bruhl, M. Mauss und andere brachten Stichworte wie 'einfachere und elaboriertere Religionen, kollektive Vorstellungen' bzw. Mentalitäten' in die Diskussion. Seit den sechziger Jahren hat sich auch der Begriff des 'Archaischen' zur Kennzeichnung einfacherer Lebensformen etwa des Frühmittelalters durchgesetzt. Man bemühte sich nun, die politisch-soziale Welt nicht "aus dem 'Volkscharakter', wohl aber aus den historischen Entwicklungsstufen der Germanen zu erklären." (Th. Schieffer, "Die Aufgliederung der Kirche; die 'Germanisierung des Christentums', in: Th. Schieder (Hg.), Handbuch der europäischen Geschichte 1: Europa im Wandel von der Antike zum Mittelalter, Stuttgart 1976, 504–506, 504). Dabei wurde deutlich, daß Christlich-Antikes und Germanisches sich nur schwer ethnisch scheiden ließen. Archaische Rechtsformen etwa sind gleicherweise im Alten Testament wie im frühen Recht Roms wie auch im vorchristlichen Recht der Germanen anzutreffen. Was – wie etwa H. Hattenhauer folgert – bedeutet, daß letztlich kein volklich gebundenes, daher auch kein wesentlich 'israelitisches', 'römisches' oder 'germanisches'

sich auf das sinnlich Faßbare, beläßt dem Numinosen aber seine Verhüllung."[87] Der heilige Bischof erscheint in noch stärkerem Maße als Helfer in der Not, Vermittler zwischen Diesseits und Jenseits, sowie besonders in den irischen Viten als Bezwinger der Naturgewalten und der Elemente. Der Glaube an Wunder, aber auch an Dämonen und Teufel gepaart mit einer vergleichsweise naiven Vorstellung von einem Gott, der positives Handeln unmittelbar belohnt und strafend

---

Recht, sondern ein 'archaisches' und ein 'entwickeltes' Recht gibt. An der Archaik wie an der Hochkultur können alle Ethnien Anteil haben. Als Historiker solle man daher im wesentlichen nicht die Volksart, wohl aber die Entwicklungsstufen untersuchen. Man dürfe jedoch vom Wort 'archaisch', das 'ursprünglich', 'früh', 'anfänglich' und 'urtümlich' bedeute, nicht auf einen gesetzmäßigen Geschichtsverlauf schließen. Archaische Kulturen besäßen oft eine lange Lebenszeit, ohne sich notwendigerweise zu 'entwickeln'. Aufgegeben werde die Archaik in der Begegnung mit Hochkulturen, welche ihrerseits durch den Kontakt mit archaischen Kulturen auch den umgekehrten Prozeß der 'Rearchaisierung' durchlaufen würden. (H. Hattenhauer, Europäische Rechtsgeschichte Heidelberg 1992, 3 und 48) In jüngerer Zeit wurden auch die Begriffe der 'oralen' bzw. 'schriftlichen' Kultur eingeführt. Der englische Religionsforscher und Ethnologe J. Goody etwa vertritt die Ansicht, daß nur literalen Religionen der Überstieg von der lokalen und tribalen Gebundenheit zur universalen Geltung gelinge: "Erst durch die alphabetische Schrift durchbrachen einige Religionen endgültig ihre nationalen Schranken", so daß sie "zu 'Welt-' statt 'National'-Religionen aufstiegen; auch können "nur literale Religionen im strengen Sinne missionierende Religionen sein.... Wenn einige Bestandteile des ethischen Universalismus... nicht allein dem Christentum eigentümlich sind, sondern allen bedeutenden Weltreligionen, so ist das darin begründet, daß sie unmittelbar auf Schriftgebrauch beruhen." (J. Goody, Die Logik der Schrift und die Organisation von Gesellschaft, Frankfurt a.M. 1990, 28, 31) M. Foucault stellt heraus, daß speziell im Akt des Schreibens die Selbsterfahrung eine Intensivierung und Erweiterung gewonnen habe. Die Buchkultur durchzusetzen verlangte, die psychischen Strukturen neu zu formieren, um zu einer beharrlichen und geduldigen Geistesarbeit zu kommen. Orale Gesellschaften dürften allerdings nicht als inferior betrachtet werden. Die Andersartigkeit einfacherer Kulturen sei nicht defizitär, sondern vielmehr durch ihre andersgeartete Logik zu erklären. (M. Foucault, Technologien des Selbst, in: M.H. Luther – H. Gutmann – P.H. Hutton (Hgg.), Technologien des Selbst, Frankfurt a.M. 1993, 24–62, 38).

[87] W. Haubrichs, Die Anfänge. Versuche volkssprachlicher Schriftlichkeit im frühen Mittelalter (ca. 700–1050/60) (Geschichte der deutschen Literatur I/1) Frankfurt a.M. 1988, 58. Vgl. Ders., Christentum in der Bekehrungszeit. Frömmigkeitsgeschichte", in: Reallexikon der Germanischen Altertumskunde 4 (1981) 520: "In der 'archaischen Gesellschaft' der Merowinger- und Karolingerzeit habe eine den 'Bedürfnissen einer archaischen Gesellschaft angepaßte Frömmigkeitskultur' geherrscht, etwa der als 'Richter und Vergelter der Werke des Menschen' auftretende Gott-König Christus oder auch der 'archaische Sakralismus' der Reliquienfrömmigkeit sowie der Dämonenglaube – alles 'Grundmuster archaischer Gesellschaften.' Im AT und dessen Frömmigkeit habe man die verwandten Züge zur eigenen archaischen Gesellschaft wiederentdeckt.... Die Frömmigkeitspraxis des frühmittelalterlichen Menschen ist geprägt von Heilserwartungen, die der Heilsungewißheit und Zukunftsunsicherheit einer archaischen Gesellschaft entspricht... Der archaischen Mensch sieht sein

auf Übeltaten reagiert, sind jedoch schon für die *Vita Ambrosii* kennzeichnend. Unterschiede in den Glaubensvorstellungen der Spätantike
und des frühen Mittelalters lassen sich schon deswegen schlecht an
hagiographischen Texten ablesen, weil diese anders als theologische
Abhandlungen in der Regel einer einfacheren Form der Frömmigkeit
Rechnung tragen.[88]

Was die Darstellung der Heiligen als Bischof angeht, ist auffällig,
wie problemlos in den Viten dessen Rolle etwa mit der des Pilgers,
Missionars, Märtyrers und Eremiten in Verbindung gebracht wird.
Entsprechend der Komplexität der Lebensläufe ist denn auch keine
ausschließliche Zuordnung zu bestimmten literarischen Typen mehr
möglich. Erst seit dem 5. Jahrhundert setzt in der Entwicklung der
Bischofsbiographie eine Diversifizierung ein, die den jeweiligen Wir-
kungsmöglichkeiten und Lebensbedingungen der Bischöfe, den politischen und sozialen Konstellationen, in denen sie sich befanden,
aber auch den in ihrer Abfassungszeit dominierenden literarischen
Konzepten und Tendenzen Rechnung trägt.

Dies kann jedoch nicht übersehen lassen, wie sehr sich bei allem
Variantenreichtum die Viten in ihrem Grundduktus, ihrem formalen

---

Leben als Wirkungsfeld mächtiger Kräfte, vor denen er sich schützen muß oder um
die er sich bemühen muß . . . Diese archaische Frömmigkeit ist mehr Handlung denn
Schaffung eines inneren Raumes, in dem der Mensch zu Gott finden könnte."

[88] Eine klare Trennung zwischen einer 'Theologie der Priester' und einer 'Volksreligiosität' ist jedoch nicht möglich: "Völlig verfehlt wäre es, die Glaubens- und
Lebenspraxis der gebildeten Kulturträger und Kulturvermittler mit der von ihnen
vertretenen oder zumindest 'gewußten' Theologie zu identifizieren und so beides
miteinander zu verwechseln. Vielmehr hatte der Klerus trotz ausgiebiger theoreti-
scher Beschäftigung mit christlichen Glaubensinhalten auf weiten Strecken gleiche
Vorstellungen und Erwartungen wie die Laien, wodurch alle in Vergangenheit und
Gegenwart postulierten Gegensätze letztlich aufgeweicht werden." (St. Haarländer,
"Die Reliquien der Bischöfe", in: Hagiographica 1 (1994) 117–159, 120) Einen
Überblick über die reichen Publikationen auf diesem Gebiet gibt die Bibliographie
von P. Dinzelbacher, Zur Erforschung der Geschichte der Volksreligion. Einführung
und Bibliographie, in: Ders. – D.R. Bauer (Hgg.), Volksreligion im hohen und
späten Mittelalter (Quellen und Forschungen auf dem Gebiet der Geschichte N.F.
13) Paderborn-München-Wien-Zürich 1990. Die neuere Forschung ist allmählich
von der Frage nach Volksfrömmigkeit und Elitenfrömmigkeit, die beherrscht ist von
einem 'dichthomen Interpretationsmuster', das die populare Religiosität "immer in
Wechselbeziehung mit einem jeweils zu konkretisierendem nicht-popularen Korrelat
konzipiert", abgekommen und hat den schichtenübergreifenden Charakter der Frömmigkeit betont, "deren auf lebenspraktische Hilfen bedachte, unreflektierte, affektbetonte Seite nicht einseitig einer einzigen Gruppe der Gesellschaft im Unterschied
zu allen anderen zugewiesen werden darf." (M.N. Ebertz – F. Schultheiß, Einleitung:
Populare Religiosität, in: Dies. (Hgg.), Volksfrömmigkeit in Europa. Beiträge zur
Soziologie popularer Religiosität aus 14 Ländern, München 1986, 11–52, 23).

Aufbau und in der Art, wie entscheidende Lebensabschnitte – die
Vorankündigung zukünftiger Größe, die Erziehung, die Hinwendung
zum Christentum, die Erhebung zum Bischof – dargestellt und gewertet werden, übereinstimmen. Mag es sich um Bischöfe, die in der
Nähe des königlichen Hofes agieren, oder um Eremiten, Äbte, Pilger,
Märtyrer oder Missionare handeln, mögen sie im frühen 5. Jhd. oder
zu Beginn des 9. Jhd. gelebt haben, ihre Lebensdarstellungen folgen
in vielerlei Hinsicht *mutatis mutandis* einem fast identischen Muster.

Das gilt besonders für die Weisheit des Bischofs, die trotz erheblich divergierender Lebensumstände in den meisten Bischofsviten
einen erstaunlich hohen Stellenwert hat. Die Vorstellungen, die mit
Begriffen wie *sapientia* und *doctrina* verbunden waren, mögen im Laufe
der Jahrhunderte stark variiert haben und die Verweise auf sie können unterschiedlich motiviert gewesen sein. Die Kategorien und
Beschreibungsmuster, derer sich die Autoren bedienen, um auf die
'Erziehung', 'Bildung' und die intellektuelle Befähigung des jeweiligen Bischofs hinzuweisen, ähneln, in einigen Fällen sogar bis in die
Formulierungen hinein, denen, die bereits für die ältesten Bischofsviten
charakteristisch, ja konstitutiv waren und variieren über Jahrhunderte
hinweg in erstaunlich geringem Maße.

In vielen Viten läßt sich etwa die bekannte Vorstellung finden,
der Bischof habe schon in der Kindheit oder frühen Jugend seine
Altersgenossen intellektuell übertroffen. Fulgentius' besondere Begabung wird von seiner Mutter früh erkannt. Der *vir sapiens* und zukünftige *doctor ecclesiae* zeichnet sich schon während des Grammatik- und
Rhetorikunterrichts durch eine außergewöhnliche Auffassungsgabe
und ein ungewöhnlich gutes Gedächtnis aus: *magnitudine ingenii cuncta
sibi tradita memoriter et veraciter retine(t)*.[89] Caesarius von Arles besaß in
seiner Kindheit nicht nur die Anlagen zu künftiger geistiger Größe,
sondern zeichnete sich schon früh durch intellektuelle Reife aus: *Igitur
sicut arbusculae quaedam stirpibus nobilibus fructificare nonnumquam solent ante-
quam crescere, in quibus utique quanto est aetas minor, tanto ubertas est gra-
tior, ita in illo viro sancto inter ipsa infantiae rudimenta laetum vernantis spei
germen erupit, ut priusquam spatio floreret aetatis, fructu exuberaret ingenii.*[90]
Einige Sätze zuvor erfahren wir, daß Caesarius schon als Siebenjähriger

---

[89] *Vita Fulgentii* 5.
[90] *Vita Caesarii* 4.

den Entschluß faßte, asketisch zu leben: *incolatum cupiens regni caelesti adipisci . . . ablatis sibi capillis mutatoque habitu.*[91]

Arnulfs zukünftige Größe wird von einem Fremden bei seiner Geburt vorausgesagt: *magnus erit apud Deum et homines.*[92] Er hat viele gute Anlagen: *laudabilis indolis plenus gratia dei.*[93] Als ihm Unterricht erteilt wird – *litterarum studiis imbuendus da(tur)*[94] – zeigt er sich seinen Mitschülern durch seinen Scharfsinn und sein gutes Gedächtnis überlegen: Er ist *inter ceteros contubernales suos sagax ingenii*[95] und *memoriae capax,*[96] was ihn nicht nur für das Bischofsamt qualifiziert, sondern auch für eine Karriere am Hof.

Das gleiche gilt für Leodegar, der sich aufgrund seiner außergewöhnlichen Bildung gleichermaßen für den Episkopat wie für das Amt des Hofmeiers qualifiziert.[97] Mit Unterstützung der Königin Balthilde zum Bischof geweiht, genießt er die Gunst des Königs Childerich, weil dieser seinen herausragenden Verstand kennengelernt hatte – *quod cognoverat prae omnibus sapientia luce esse conspicuum.*[98] Dies macht ihn zum Konkurrenten des Hausmeiers Ebroin, des Inhabers der höchsten Stellung am Hof, der ihn am Ende ins Verderben stürzt, weil er seiner Wortgewandtheit unterlegen ist – *quia eum superare non valebat in verbo.*[99]

Ansbert erhält eine fundierte Erziehung, der er sich – wie schon Hilarius im *Sermo de Vita Sancti Honorati* mit der gleichen Formulierung von Honoratus behauptet hatte – gerne unterzieht, ohne daß seine

---

[91] Ebd. Caesarius ist – wie die Autoren des ersten Buches damit deutlich machen wollen – durch seine Anlagen – sein *ingenium* – nicht nur zum Weisen, sondern auch zum Asketen prädestiniert. Damit nehmen sie eine Position ein, die Caesarius in der – nicht nur in monastischen Kreisen – heftig debattierten Frage bezogen hatte, ob der Mensch durch seine Lebensführung das Heil erwirken könne oder zu seiner Erlangung wesentlich, wenn nicht gar ausschließlich auf die göttliche Gnade angewiesen sei. Anders als etwa Cassian, der Vertreter einer semipelagianischen Position, war Caesarius der Ansicht, daß Gottes Gnade an keine menschliche Vorleistung gebunden sei, also auch nicht durch besonderen asketischen Rigorismus erlangt werden könne. (Vgl. Klingshirn, Caesarius of Arles. The Making, 181–188).

[92] VArn 2.

[93] VArn 3.

[94] Ebd.

[95] Ebd.

[96] Ebd.

[97] *Passio Leudegarii* I. 1: *strinue aenutritus et ad diversis studiis, quae saeculi potentes studire solent, adplene in omnibus disciplinae esse lima politus. . . . sapientiae robor emicuit, ut inpar prae suis antecessoribus appareret, praesertim cum mundanae legis censuram non ignoraret.*

[98] *Passio Leudegarii* I. 8.

[99] *Passio Leudegarii* I. 4.

Familie ihn dazu antreiben muß: *Eruditur sine aliqua suorum instantia.*[100] Ansbert wird wegen seiner profunden Kenntnis der Heiligen Schriften Abt des Klosters, − *quia erat adprime sanctarum scripturarum scientia affatim imbutus.*[101] Schon als einfacher Mönch hatte er seine Zeit fast ausschließlich der Lektüre der Heiligen Schrift und anderer geistlicher Schriften gewidmet, so daß der Abt ihn vor allen anderen in diesen Bemühungen unterstützt.[102] Sein argumentatives Geschick kommt auch außerhalb der Kirche zum Tragen: in *saeculari quoque argumentationis astutia prudens.*[103]

Willibrord wird schon im zweiten Kapitel als *sanctissimus pater* und *summus doctor* charakterisiert. Die zukünftige Größe des Bischofs wird der Mutter in einem Traum am Abend vor seiner Empfängnis angekündigt, die sich nach Abschluß seiner Erziehung bei Wilfrid im Kloster Ripon und bei Egbert im Kloster Rathmelsigi in seiner Befähigung artikuliert, ganzen Völkern das Wort Gottes zu predigen: *Ibique XII annis inter eximios simul piae religionis et sacrae lectionis magistros futurus multorum populorum praedicator erudiebatur, donec occurreret in virum perfectum et in aetatem plenitudinis Christi.*[104] Ähnliche Verweise auf die Bildung bzw. den herausragenden Verstand der Bischöfe lassen sich in den meisten Bischofsviten in großer Anzahl finden. Das gleiche gilt für viele andere aus der Spätantike vertraute Topoi und Gedankenmuster. In fast allen Viten wird betont, daß der Bischof neben seiner Weisheit auch über *humilitas* verfügte und daß sich seine *sapientia* auch in seiner Lebensführung artikulierte.

Es stellt sich die Frage, inwieweit der beinahe stereotype Charakter der Bischofsbiographie sich dadurch erklären läßt, daß die 'Karriere' eines Bischofs über die Jahrhunderte hinweg durch Theologie und Kirchenrecht festgelegt war und für substantielle Abweichungen nur geringen Spielraum ließ. Die Konstanz der Wortwahl, der Motive und der Abfolge bestimmter Gestaltungselemente bei der literarischen Gestaltung der Bischofsleben läßt sich damit allein jedoch nicht erklären, sie ist zweifellos auf einen hohen Grad von Intertextualität zurückzuführen.

---

[100] *Vita Ansberti* 1.
[101] *Vita Ansberti* 13.
[102] *Vita Ansberti* 6: *Cumque acumen ingenii in praefato iuvene beatus pater Wandregisilus pollere pervideret, diversorum voluminum copiam ei concite tribui iussit.*
[103] *Vita Ansberti* 13.
[104] *Vita Willibrordi* 4.

Daß die Bezugnahme auf frühere Texte des gleichen Genres ein Charakteristikum vieler antiker, besonders aber christlicher Texte ist, wurde schon häufig gesagt.[105] Hagiographischen Texten hat man aufgrund dieser Tatsache oft den Vorwurf großer Monotonie gemacht. Gegen diese Charakterisierung ist jedoch einzuwenden, daß das Aufgreifen bestimmter Muster und der Verweis auf ältere Texte der eigentlichen Zielsetzung hagiographischer Texte entspricht. Die Märtyrer-, Mönchs- und Bischofsviten der Spätantike und des frühen Mittelalters wollen in erster Linie demonstrieren, daß die Person, deren Leben sie beschreiben, zum Kreis der Heiligen gehört, ja es ist gerade der Akt des Schreibens, der diese Zugehörigkeit zu etablieren und zu legitimieren sucht. Der Nachweis von Heiligkeit ist jedoch am ehesten dann zu erbringen, wenn man deutlich macht, daß sich die porträtierte Person in nichts unterscheidet von Menschen, deren Heiligkeit schon zweifelsfrei fest steht. Die Verfasser hagiographischer Texte bemühen sich daher, ihre Protagonisten soweit als möglich diesen *exempla* anzupassen, um sie so eindeutig in die Schar der Heiligen einreihen zu können. In Verlauf dieses Prozesses der Übernahme und Anpassung kristallisiert sich ein spezifisches Ideal von Heiligkeit heraus, das für die folgenden Generationen normativen Charakter hat. Es ist ein Zeichen der Gnade Gottes, wenn ein Lebensweg die entscheidenden *patterns* aufweist, die seine Heiligkeit erkennen lassen. Das Klammern an formale und inhaltliche Vorgaben entspricht also einer Vorstellung von *traditio*, die jenseits aller diesseitigen Interessen den Aufbau einer *civitas dei* im augustinischen Sinne anstrebt.

Bei der auf dieses Ziel hin ausgerichteten Stilisierung sind bestimmte Lebensphasen und biographische Vorgegebenheiten wie die

---

[105] Siehe hierzu etwa E.A. Quain, "The Medieval *Accessus ad auctores*", in: Traditio 3 (1945) 215–164; A. Reiff, *Interpretatio, Imitatio, Aemulatio*: Begriff und Vorstellung literarischer Abhängigkeit bei den Römern, Köln 1959; W. Trimpi, Muses of One Mind: The Literary Analysis of Experience and its Continuity, Princeton 1983; G. Scheibelreiter, Vom Mythos zur Geschichte. Überlegungen zu den Formen der Bewahrung von Vergangenheit im Frühmittelalter, in: Ders. – A. Scharer (Hgg.), Historiographie im frühen Mittelalter (Veröffentlichungen des Instituts für Österreichische Geschichtsforschung 32) Wien-München 1994, 26–40 und Fr. Young, "Exegetical Method and Scriptural Proof: The Bible in Doctrinal Debate", in: Studia Patristica 24 (1989) 291–304; Dies., "The Pastorals and the Ethics of Reading", in: Journal for the Study of the New Testament 45 (1992) 105–120; Dies., Biblical Exegesis and the Formation of Christian Culture, Cambridge 1997; Dies., "From Suspicion and Sociology to Spirituality: On Method, Hermeneutics and Appropriation with Respect to Patristic Material", in: Studia Patristica 29 (1997) 421–435.

Herkunft, Erziehung, das Leben vor der Amtserhebung sowie der
Tod von entscheidender Bedeutung. Bei ihrer Beschreibung bemühen
sich die Autoren um eine möglichst weitgehende Identifizierung von
Vorbild und Abbild. Daß der Bildung dabei ein besonderer Stellenwert
zukommt, ist nicht verwunderlich. Askese und Wunderwirken vor
und nach dem Tod oder auch das Martyrium sind wichtige *virtutes*,
sie sind aber nicht nur dem Bischof zu eigen. Da das Heiligkeitsideal
des Bischofs in erster Linie durch das Amt definiert ist, *sapientia, eru-
ditio* und *doctrina* aber notwendige Voraussetzungen für seine Ausübung
sind, sind sie auch Schlüssel zum Heiligkeitsideal des Bischofs. In
Zeiten wie dem frühen Mittelalter, in denen der Verlust von Bildung
allgegenwärtig ist, wird ihr Stellenwert nur noch höher.

Das frühe Mittelalter war eine Periode des Umbruchs und der
Veränderung, gerade dieser Wandel macht die Gleichförmigkeit der
Bischofsviten über die Jahrhunderte hinweg verständlich. Je stärker
sich die Lebensumstände der Bischöfe von ihren spätantiken Vorgängern unterscheiden, desto mehr sind die Verfasser ihrer Viten bemüht,
sich rigide an die tradierten Muster zu halten und so den Heiligen
einen Platz in der *civitas dei* jenseits aller Geschichtlichkeit und zeitlichen
Veränderung zu sichern.

ZUSAMMENFASSUNG UND EINORDNUNG
DER ERGEBNISSE

Der Bischofsvita kommt in der Entwicklung der christlichen Biographie ein gesonderter Platz zu. Ihre Eigenheiten lassen sich durch die für das Christentum ganz neue institutionalisierte Form von Autorität, wie sie der Bischof besaß, erklären. Die frühchristliche Bischofsvita mußte einen Kompromiß finden zwischen unterschiedlichen Forderungen, auf der einen Seite den Ansprüchen, die sich aus der christlichen Ethik und den bisher in Viten gewürdigten Lebensformen ergaben, auf der anderen Seite den Erfordernissen, die Amt und Machtposition an den einzelnen Bischof stellten. In den einzelnen Viten hatten diese Anforderungen eine unterschiedliche Ausformung gefunden, waren die Verfasser mit jeweils anders gelagerten Problemen konfrontiert. Bei den ersten Bischofsviten ist es eine spirituelle *auctoritas* und nicht etwa das Ansehen und der Ruhm, die soziale Herkunft und Bildung oder eine bestimmte von ihnen praktizierte Lebensform, die in den Vordergrund gestellt wird. Diese *auctoritas*, soweit sie nicht eine sakramental begründete Amtsautorität war, beruhte jedoch nicht in erster Linie auf einem besonderem Wissen oder einer außergewöhnlichen intellektuellen Befähigung, sie beruhte auf einer Weisheit, die die Brücke schlagen konnte zwischen christlicher Bescheidenheit und asketischer Weltabgewandtheit, wie sie für die frühen Formen christlicher Viten verbindlich waren, und der Notwendigkeit der Machtausübung und Weltzugewandtheit, die sich aus der Institution des Bischofsamtes ergaben. Durch die Stilisierung des Bischofs im Sinne allgemeinchristlicher Werte, durch die Anlehnung an den Bild- und Motivbereich der hellenistischen Biographie des heiligen Weisen sowie einen – wenn auch nur lockeren – Bezug auf eine antike biographische Form, die dem administrativen Charakter des Bischofsamtes gerecht wurde, konnte den verschiedenen Erfordernissen Rechnung getragen werden.

Interessanterweise lassen sich bei allen Veränderungen bestimmte Momente in der Bischofsbiographie finden, die vom 2. bis zum 9. Jahrhundert gleich blieben. Das Festhalten an Bildung und Weisheit als Idealen, der Bezug auf Autoritäten – die Bibel, den Kanon der Väterliteratur als Garant für die Richtigkeit der Lehre, die Viten der

Vorgänger und anderer Bischöfe – sowie die Tendenz zur Schulbildung, die schon für die ersten Bischofsviten charakteristisch waren, sicherten Kontinuität über die Epochenschwellen hinweg. Weisheit und Bildung sowie das Bewußtsein, Verfechter der 'wahren' Lehre zu sein und sich in einer Traditionslinie zu befinden, die bis zu den Anfängen des Christentums zurückreichte, waren um so wichtiger für die Bischöfe je weiter sie von der 'Hochzeit' christlicher Kultur in der Spätantike entfernt waren.

Gleichzeitig mußte den Veränderungen Rechnung getragen werden. Die aus der hellenistischen Philosophenbiographie übernommene Vorstellung einer Weisheit, die sowohl rational als auch charismatisch inspiriert sein konnte, ermöglichte Flexibilität und ein Eingehen selbst auf pagane, von dem Christentum eines Augustinus weit entfernte Vorstellungen. Die Bischofsviten sind Zeugnis für die Erkenntnis, daß in Zeiten des Umbruchs wirkliche Kontinuität nur durch Öffnung für andere Formen möglich ist, das zu erreichende Publikum bestand aus einer komplizierten Mischung von Ethnizitäten, die von der klassisch gebildeten Elite bis hin zu germanischen Bauern reichte. Die Bischöfe selber, auch das machen die Viten deutlich, waren sich dieses Prozesses durchaus bewußt, reflektierten ihn und versuchten ihn so weit möglich zu steuern. Als Protagonisten und Verfasser von Bischofsviten trugen sie so nicht nur zur Ausbildung und zum Bestand eines literarischen Typus bei, festigten durch ihn ihren eigenen Status und sicherten ihren Einfluß, sondern leisteten mit der Bischofsbiographik einen wesentlichen Beitrag zur Institutionalisierung des Christentums und zur Sicherung seines Bestandes.

Zur Entstehung und Entwicklung der Bischofsbiographie sind auch andere Vorstellungen als die hier vorgetragenen entwickelt worden. Ein Einfluß des Modells des $\theta\epsilon\hat{\iota}o\varsigma$ $\dot{\alpha}\nu\acute{\eta}\rho$ auf die christliche Biographie ist schon 1979 von Lotter geltend gemacht worden. Anders als in dieser Arbeit geht er von einem weiteren Begriff aus, begrenzt den Einfluß also nicht auf die Figur des heiligen Weisen der Philosophenbiographie. Er sieht die Übernahme dieses Konzeptes nur in einem Teil der frühen christlichen Viten gegeben und zwar in denen, die sich durch Wunderberichte auszeichnen und unter dem Einfluß der *Vita Antonii* entstanden sind. Nur diese Entwicklungslinie stelle "Heiligenviten im engeren Sinne".[1] Sie werden von Lotter als

---

[1] Lotter, Methodisches, 309.

aretalogisch-hagiographische Viten bezeichnet. Ein anderer, davon völlig unabhängiger Zweig wird durch die Augustinusvita des Possidius, die Ambrosiusvita des Paulinus sowie die Fulgentiusvita des Ferrandus repräsentiert und findet seine Fortsetzung in der Prälaten- und Herrscherbiographie der ottonisch-salischen Zeit. Diese "Gattung",[2] die den "Ansprüchen der Bildungsschicht"[3] eher entspreche, sei "noch weitgehend der Tradition der spätantiken Biographie und Rhetorik verpflichtet"[4] und im Gegensatz zu der Aneinanderreihung von Wunderepisoden, die die aretalogisch-hagiographische Vita kennzeichnet, "von der in sich geschlossen fortschreitenden Prosadarstellung beherrscht."[5] Die "Unvereinbarkeit der beiden Konzeptionen"[6] sei durch den virtutes-Begriff begründet, "der von den Hagiographen im Sinne der Aretalogie als göttliche Kraft, die sich im Heiligen offenbart, und zugleich als das durch sie bewirkte Wunder aufgefaßt wird, während die Verfasser der rhetorisch-idealisierenden Biographien darunter die Tugenden – sei es im Sinne der antiken, sei es im Sinne der christlichen Morallehre – verstehen."[7] Der Kontrast zwischen beiden Formen sei schon den spätantiken Autoren selbst bewußt gewesen und habe wiederholt Anlaß zu Polemik gegeben. So attackiere Ennodius den 'albernen Wunderglauben' gewisser Autoren;[8] Hieronymus, Sulpicius Severus und Eugippus kritisieren hingegen "jene Verfasser, die nur in weltlicher Bildung befangen, das Leben ihrer Helden nach vergänglichen Taten bewerten und in ihrer unverständlichen Rhetorik die wundersamen Ereignisse und Zeugnisse der Macht Gottes nicht sichtbar werden lassen."[9]

Es muß erstaunen, daß Lotter die Ambrosiusvita in die Reihe der Viten einreiht, die auf Wunderberichte verzichten, ebenso stellt sich die Frage, ob die von ihm zitierten antiken Autoren auch die Augustinusvita den Viten zugeordnet hätten, die "in weltlicher Bildung befangen" und nur an diesseitigen Verdiensten ihres Helden interessiert sind. Ob die Vitenschreiber der Spätantike tatsächlich ein solch

---

[2] Ebd., 310.
[3] Ebd.
[4] Ebd.
[5] Ebd.
[6] Ebd.
[7] Ebd., 311.
[8] Ennodius, *Vita Antonii Lirini* (MGH. AA 7, 185–190).
[9] Lotter, Methodisches, 311, dort auch Quellenangaben.

ausgeprägtes Gespür für die Unterschiede zwischen 'aretalogisch-
hagiographischen' und 'rhetorisch idealisierenden' Viten hatten, ist
zu bezweifeln, zumal wenn man bedenkt, daß selbst in der 'nüchternen' Vita des Possidius von einigen Wundern Augustins berichtet
wird und sich die Verfasser anderer Viten unterschiedslos sowohl
auf Vorlagen berufen, in denen das Wunderbare dominiert, als auch
auf solche, in denen es fast abwesend ist.

Ein Gefühl von Gegensatz und Kontrast bestand bei den spätantiken Autoren vielmehr für das, was die Frage nach der notwendi-
gen Bildung anbelangt. Außerdem sind die *virtutes*, die in der *Vita*
des Possidius genannt werden, durchaus Folge göttlicher Einwirkung.
Possidius verweist immer auf die Urheberschaft Gottes bei allen von
ihm aufgeführten Leistungen Augustins. Es stellt sich so die Frage,
ob die von Lotter vorgenommene Trennung sinnvoll ist. In der hellenistischen Biographie des heiligen Weisen lassen sich, wie bereits
betont, zwei Stränge finden. Ein Teil der Viten hat einen eher ratio-
nalen Zugang zur Weisheit ihres Protagonisten, ein anderer stellt
ihre besonderen mystischen, übermenschlichen Fähigkeiten in den
Vordergrund, ihr besonderer Status manifestiert sich in ihren Wundertaten. Die hellenistische Biographie des heiligen Weisen kennt
also zwei Arten von *virtus*, es ist demnach nicht nötig, aufgrund des
virtus-Begriffs bestimmten frühchristlichen Viten ihren "aretalogisch-
hagiographischen Charakter" abzusprechen.

Die Tatsache, daß Lotter einen so scharfen Kontrast zwischen den
literarischen Wurzeln seiner beiden Stränge, den aretalogischer und
den enkomiastischer Viten, sehen will, wird wohl auch damit in
Zusammenhang stehen, daß er die Existenz des hagiographischen
Typus 'Bischofsbiographie' negiert. Er betont, daß es sehr wohl Viten
gebe, die wie die *Vita Martini* und die *Vita Ambrosii* den in ihnen
porträtierten Heiligen unter anderem auch in der Funktion eines
Bischofs zeigen, die Viten jedoch eindeutig auch anderen, nämlich
asketischen und monastischen Wertvorstellungen verpflichtet seien,
eine Einschätzung, die den Charakter der von ihm genannten Viten
verkennt. Die Bischofsviten schließen sich zwar, wie die meisten ihrer
Praefationes deutlich machen, an die Tradition der Mönchsviten an.
Mit Martin und Augustinus porträtieren sie Menschen, die dem
monastischen Ideal verpflichtet waren, dieses aber mit der Amtsausübung des Bischofs verbinden mußten. Die Bischofsvita ist nicht in
einem scharfen Kontrast zur Mönchsbiographie zu sehen, sie ist auch
deren Idealen verpflichtet. Daß es sich bei den drei genannten Viten

aber nicht um Mönchs- sondern um Bischofsviten handelt, wird schon durch ihren Aufbau deutlich. Sie beginnen mit einem Vorwort, berichten über das Leben bis zur Ordinierung chronologisch und machen an diesem Punkt einen deutlichen Einschnitt. Auf einen Teil, in dem entweder chronologisch oder systematisch die öffentliche Wirksamkeit des Bischofs porträtiert wird, folgt die Beschreibung des privaten Lebens und des Todes.[10] Was den Inhalt des der öffentlichen Wirksamkeit gewidmeten Teils angeht, bestehen große Unterschiede. Er entspricht dem jeweiligen Verständnis von der Amtsausübung der einzelnen Bischöfe und ihrer Biographen sowie deren Intentionen. In der Martinsvita dominieren Heilungswunder, Exorzismen, Begegnungen mit dem Teufel sowie der Kampf gegen Heiden und Dämonen. In der Ambrosiusvita ist es die Auseinandersetzung mit der weltlichen Macht, in der Augustinusvita der Kampf gegen die Häresien, die im Vordergrund stehen. Sicher ist nur, daß all diese Tätigkeiten als Funktion des Bischofs verstanden werden.

Das Spezifische der Bischofsvita wird in ihrem Persönlichkeitsverständnis besonders gut deutlich. Wie die Mönchs- und Asketenvita durch den Aufstiegs- und Entwicklungsgedanken geprägt ist, so zeichnet sich die Bischofsvita durch die auf einen spezifischen Legitimationsbedarf zurückgehende Statik der Persönlichkeit aus, ein Unterschied, der von Van Uytfanghe trotz der von ihm erhobenen Forderung nach einer differenzierten Behandlung der unterschiedlichen Typen von Heiligkeit vernachlässigt wird und bei Hoster deswegen so gut wie unbeachtet bleibt, weil er, trotz des umfassenderen Titels seiner Dissertation, den Akzent so stark auf die Mönchsviten des Hieronymus legt, daß die Bischofsvita kein Profil zu gewinnen vermag.[11]

Ein Ansatz, der demjenigen Lotters verwandt ist, läßt sich bei Voss in seinem 1970 veröffentlichen Habilitationsvortrag finden. Er sieht die frühen lateinischen Viten in der auf Xenophons' *Agesilaos* und Isokrates' *Euagoras* zurückgehenden Tradition der Feldherrn- und Herrscherbiographie und betont ihre Nähe zur Historiographie. Begründet

---

[10] Vgl. Kemper, 41 und Stancliffe, 99.
[11] So schreibt er 1987, 157 ganz allgemein dem christlichen hagiographischen Diskurs eine "statische Auffassung vom Menschen" zu, "der als 'Erwählter' erscheint, dem (nahezu) alles von Anfang an gegeben ist (ausgenommen ein evtl. 'Fortschritt' in der Vollkommenheit) und dessen Leben mehr oder weniger wie vorherbestimmt verläuft." Daß durch diese Beschreibung auch der Konversionstyp nicht gedeckt wird, sei nur am Rande bemerkt; Hoster, 159–161.

wird diese Einordnung mit dem Aufbau der Viten, der eine eindeutige Nähe zum historisch ausgerichteten Enkomion aufweise, bei
dem auf einen "durchweg kurzen Abschnitt über die Zeit vor dem
Erreichen der Lebensstellung, dem Antritt eines hohen Amtes oder
der Übernahme der Herrschaft" ein "vergleichsweise umfangreicher
Bericht über die in der jeweils erreichten Stellung vollbrachten Taten"[12]
folgte. Wie Polybius in der Charakterisierung seiner Biographie des
Feldherrn Philopoimen[13] erklärte, solle "der erste Abschnitt Antworten
auf die Fragen nach der Person des Dargestellten, nach seiner Herkunft
und nach seinen Beschäftigungen in der Jugendzeit geben",[14] all dies
Angaben, die auch im ersten Teil der lateinischen Viten gemacht
würden. Am auffälligsten sei jedoch der Verweis auf diese Gliederung
in der Vorrede oder Einleitung, der sowohl in den Viten als auch
bei Xenophon zu finden sei.

Ein weiteres Argument sieht Voss in der schon bei Athanasius,
"dem einzigen Vorbild"[15] der griechischen und lateinischen Heiligenleben, nachweisbaren Intention, "Ruhm zu verbreiten und große
Taten als anspornende Vorbilder für spätere Generationen festzuhalten",[16] die charakteristisch für die Feldherrn- und Herrscherbiographie
sei. Der "Motiv-Komplex von Ruhm und Vorbild",[17] der die Antoniusvita entscheidend geprägt habe, zeige sich auch in der Martinsvita
des Sulpicius Severus, dessen Anschluß an die Tradition der
Historiographie sich besonders in der auffälligen Kombination von
Dedikationsbrief und Vorwort manifestiere. Er werde besonders evident in der *Vita Epiphanii* des Ennodius, in der die Absicht, den
Bischof als Vorbild zu präsentieren, "das zur Nachfolge anspornen
will", von zentraler Bedeutung sei.[18]

Daß Voss die Gliederung der Viten in einen Abschnitt, der sich
bis zur Amtsübernahme erstreckt und die wichtigsten Angaben zu
Herkunft, Jugend und Erziehung enthält, und einen weiteren, der
den in der erreichten Stellung erbrachten Taten gewidmet ist, auf
den direkten Einfluß des xenophonischen und isokratischen Enkomions

---

[12] Ebd., 57.
[13] Polybius, Hist. 10.21.5–8.
[14] Voss, 57.
[15] Voss, 56.
[16] Ebd.
[17] Ebd., 64.
[18] Ebd.

zurückführen will, muß als umständlich erscheinen, wenn man die sehr viel größere zeitliche Nähe der suetonischen Biographie berücksichtigt, die genau die gleiche Gliederung und die gleichen Kategorien aufweist und überdies von Hieronymus als Vorbild für die christliche Biographie ausdrücklich genannt wird. Daß auch der Hinweis auf die gewählte Disposition ein fester Bestandteil suetonischer Biographie ist, muß nicht eigens erwähnt werden. Ein formaler Anschluß an Sueton erscheint, auch wenn Voss selbst von einem 'Mißbrauch' spricht,[19] daher sehr viel wahrscheinlicher. Das Anliegen, den Ruhm des Protagonisten zu mehren und ihn als *exemplum* darzustellen, ist in der Biographie so weit verbreitet, daß es zur Erklärung seines Auftretens in den frühen lateinischen Viten nicht der zeitlich weit zurückliegenden Biographik des Xenophon und des Isokrates bedarf, auch wenn durch die Agricolabiographie des Tacitus ein zeitlich näheres Verbindungsglied gegeben sein mag.[20] Wenn man von der spezifisch christlichen Motivation einmal absieht, muß bedacht werden, daß die Viten thematisch der 'spirituellen' Biographie des heiligen Weisen weit näher standen als der enkomiastischen Feldherren- und Herrscherbiographie. Neben einer apologetischen Funktion hatte die hellenistische Biographie des heiligen Mannes eindeutig auch Vorbildcharakter und sollte zur Mehrung des Ruhmes des Beschriebenen beitragen: "Le but de ces écrits est apologétique . . ., laudatif et éducatif. . . ."[21] Dennoch soll der Einfluß des Enkomions und der Historiographie besonders auf Sulpicius Severus und Ennodius nicht bestritten werden, er ist aber bei weitem nicht so dominant wie ihn Lotter oder Voss gesehen haben.

---

[19] Ebd., 57: "Ein solcher Satz findet sich nun auch in der Martins-Vita des Sulpicius Severus. Er ist dort entweder zum Nachweis des Anschlusses an Sueton mißbraucht worden (Kemper), oder man hat seine Bedeutung in unzulässiger Weise bagatellisiert (Luck, 238)."

[20] Des weiteren herrscht über die Genuszugehörigkeit des *Agricola* keineswegs Einigkeit.

[21] Van Uytfanghe, L'hagiographie, 150. Ders., Heiligenverehrung II, 156 spricht ebenfalls von ihrer Funktion der "Belehrung und, vor allem, sittliche[n] und geistliche[n] Erbauung der Leser und/oder der Zuhörer durch das beispielhafte Denken und Handeln des Helden."
Siehe ebenfalls Talbert, Biographies of Philosophers, 1620 der bei seiner Klassifizierung der Philosophenbiographie unter dem Gesichtspunkt ihrer sozialen Funktionen als erste Kategorie den Typ anführt, dessen Funktion es ist, "to provide the readers a pattern to copy."

Heinzelmann macht sich für einen Einfluß der *laudationes funebres* auf die christliche Biographie besonders jedoch auf die Bischofsbiographie[22] stark. Er betont dabei die Parallele zwischen dem öffentlichen Charakter, den die *laudationes* am Ende der Republik annahmen, und dem gesellschaftlich-administrativen Auftrag, den die Bischofsvita, besonders seit der Übertragung von Kompetenzen und Rechten durch die christlichen Kaiser, erhielt, und betont die weite Verbreitung der *laudationes* am Ende des ersten Jahrhunderts. Im Zentrum stehen für ihn die *virtutes*, die laut Cicero[23] Hauptgegenstand der *laudationes funebres* waren und auch in der christlichen Biographie eine zentrale Rolle spielen. Für einen gewissen Einfluß der *laudationes* auf die Bischofsbiographie spricht aufgrund ihres öffentlich administrativen Charakters einiges.[24]

Zu berücksichtigen wäre allerdings, daß fast keine *laudationes* überliefert wurden, die überlieferten nur bis zu einem gewissen Grad literarischen Charakter haben und mit dem Auftreten der Biographie Suetons in den Hintergrund traten. Aufgrund ihrer nüchternen, an einen Leistungsbericht erinnernden Porträtierungsweise und ihres alles andere als 'spirituellen' *virtutes*-Begriffes wird die *laudatio* m.E. wohl weniger Bedeutung für die Bischofsvita in ihrer stark von der Asketenvita beeinflußten 'Anfangsphase' gehabt haben. Mit der Etablierung des Bischofsamtes und der Zunahme der politischen Rolle der Bischöfe im frühen Mittelalter mag auch ihr Einfluß größer geworden sein. Dafür spricht schon der am Ende des 5. Jahrhunderts in der Form einer Leichenrede verfaßte *Sermo S. Hilarii de Vita S. Honorati*.

E. Zocca hat sich in ihrem Aufsatz *La figura del santo vescovo in Africa da Ponzio a Possidio* den frühen literarischen Darstellungen von Bischöfen auf eine ganz andere Weise genähert.[25] Zocca nimmt eine Untersuchung R. Lizzis[26] zum Ausgangspunkt, in der diese den Nachweis zu erbringen sucht, daß eine frühe Form der Verehrung von Bischöfen – anders als bisher angenommen – zeitgleich mit der Verehrung von Märtyrern einsetzte. Sie beschränkt diese Beobachtung in chronologischer aber auch in geographischer Hinsicht auf den Einfluß-

---

[22] Heinzelmann, Neue Aspekte. Er ist somit ebenfalls von der Existenz dieses Typus der christlichen Biographie überzeugt.

[23] *De oratore* II. 84–85. 343–348.

[24] Heinzelmann bezieht sich auch auf Fontaine, Sulpice Sévère I, 65, der einen möglichen Einfluß der *laudationes* auf die *Vita Martini* geltend macht.

[25] E. Zocca, La figura del santo vescovo in Africa da Ponzio a Possidio, in: Vescovi e pastori, 469–493.

bereich der kappadozischen Väter und Chrysostomus' im Osten und auf Norditalien unter dem Einfluß des Ambrosius im Westen und verweist – wie viele Forscher vor ihr – auf die Bedeutung Cyprians, der die Heiligkeitsvorstellungen des Märtyrers und des Bischofs in einer Person vereint. Ausgehend von der emblematischen Stellung Cyprians wendet sich Zocca dem afrikanischen Raum zu und versucht anhand der Untersuchung der *Vita Cypriani*, der Schriften des Augustinus sowie der *Vita Augustini* und der *Vita Fulgentii*, auf die sie allerdings nur mit einem kurzen Hinweis eingeht, zu zeigen, daß sich die Verehrung von Bischöfen sowie die Bischofsbiographie direkt aus der Verehrung der Märtyrer bzw. aus den *acta martyrum* herleiten läßt.

Auf die Tatsache, daß es gerade im afrikanischen Raum nur wenige Märtyrern gewidmete Schriften gibt, die sich für eine solche Untersuchung eignen, weist Zocca selbst hin: "la sua stessa letteratura martiriale offre, relativamente al modello episcopale, dati non richissimi . . .".[27] Auffälligstes Ergebnis ihrer Untersuchung der entsprechenden Quellen, der *Passio Perpetuae*, der *Passio Mariani*, der *Passio Montani*, der *Passio Donati* sowie der *Passio Marculi*, in denen zum Teil Bischöfe nur eine Nebenrolle spielen, ist ein Paradigmenwechsel, der sich in dem Schrifttum bemerkbar macht, das nach Cyprian bzw. der *Vita Cypriani* des Pontius verfaßt wurde. Wurden Bischöfe etwa in der *Passio Perpetuae* in der Hierarchie fast niedriger eingeordnet als die Märtyrer, so kommt in den späteren Schriften den Bischöfen, die ein Martyrium erlitten haben, eine Sonderstellung zu, die sie über die gewöhnlichen Märtyrer stellt. In einigen dieser Schriften wird die Vorstellung vom Charakter des Amtes mit Worten formuliert, wie sie auch in anderen Kontexten zur Charakterisierung eines Bischofs verwendet werden. Zocca führt einen Ausspruch des Bischofs aus der *Passio Felicis* als Beispiel an: *Deus, gratias tibi quinquaginta et sex annos habeo in hoc saeculo. virginitatem custodivi, evangelia servavi, fidem et veritatem praedicavi. domine Deus caeli et terrae, Iesu Christe, tibi cervicem meam ad victimam flecto, qui permanes in aeternum.*[28] Auch wird, so Zocca, oft auf die didaktische

---

[26] R. Lizzi, Tra i classici e la Bibbia: l'otium come forma di santità episcopale, in: G. Barone – M. Caffiero – F. Scorza Barcellona (Hgg.), Modelli di santità e modelli di comportamento, Torino 1994, 43–64.

[27] Zocca, 409.

[28] *Passio Felicis* 30, in: H. Musorillo (Hg.), Acts of christian martyrs, Oxford 1972, 270.

Funktion des Bischofs verwiesen.[29] Sie sieht all dies als Beweis dafür, daß in der frühen Märtyrerliteratur ein Bild des Bischofs gezeichnet wird, daß auch für die spätere Bischofsbiographie von Einfluß war. Meiner Meinung nach zeigt diese Beobachtung eher, welch großen Einfluß die *Vita et passio Cypriani* nicht nur auf die Bischofsbiographie, sondern auch auf die im Anschluß geschriebene Märtyrerliteratur gehabt hat. Daß Pontius in der Vita in erster Linie das Bild eines Bischofs – in Ergänzung zu einer reinen Darstellung als Märtyrer – entwerfen wollte, macht sie selber deutlich: "La caratteristica forse più nuova ed interessante di questa operetta sembra così doversi senz' altro individuare nell' inequivocabile volontà di Ponzio di scrivere una *Vita* del suo eroe, e non una *Passio*. Ciò che infatti sembra maggiormente attrarre la sua attenzione non è il martirio in sé, ma piuttosto il tempo che precede e rende valido quel morire."[30]

Zocca wendet sich dann den Schriften Augustins zu, vorher muß sie aber eingestehen, daß in dem langen Zeitraum, der zwischen der Abfassung der *Vita Cypriani* und der Schriften Augustins liegt, keine Texte verfaßt wurden, die ihre These stützen könnten. Daß genau in dieser Zeit in Gallien und Italien mit der Niederschrift der *Vita Martini* und der *Vita Ambrosii* die Anfänge der Bischofsbiographik im eigentlichen Sinne zu verzeichnen sind, erwähnt sie nicht, speisen sich doch beide Viten in starkem Maße aus den Asketenviten – eine Tradition, die bei Zocca gänzlich unberücksichtigt bleibt – und steht doch gerade in der *Vita Ambrosii* der diesseitige, repräsentative und administrative Charakter des Bischofsamtes so sehr im Vordergrund,

---

[29] So sagt sie über Honoratus, dessen Martyrium in der *Passio Donati*, die in der Form eines *Sermo* vermutlich 320 verfaßt worden ist, beschrieben wird: "Questo, come si conviene al suo ruolo, non si limita a morire per il gregge, ma svolge anche una fondamentale funzione didattica, manifestando, con il suo stesso atteggiamento, la vera Chiesa di Christo e smascherando, di conseguenza, almeno stando alla prospettiva dell' agiografo donatista, coloro che, armati contro di essa dal secolo, solo a quello realmente appartengono."

[30] Zocca, 476. Sie fährt fort: "Il suo centro di interesse appare essere la vita di Cipriano, o, più propriamente, la 'carriera' di un vescovo che, con il proprio insegnamento ed i propri scritti, seppe edificare quella chiesa della quale intendeva, e si dimostrò essere *antistes ac testis gloriosus*." Pontius selbst deutet die Gewichtsverlagerung zu Beginn seiner Vita an. Cyprian sei *illustris*, "... et qui sine martyrio habuit quae doceret." *Vita Cypriani* 1.1–2 Bezeichnenderweise stellt Pontius in seiner Vita die Schriften und die dogmatische Tätigkeit des Bischofs ganz in den Vordergrund. Nach der Darstellung seines Episkopats erscheint die Beschreibung seines Martyriums fast wie ein Bruch.

daß es fast unmöglich ist, sie mit den Märtyrerviten in Verbindung zu bringen.

Bei der Untersuchung augustinischer Texte versucht Zocca Parallelen zwischen der Beschreibung von Bischöfen und Märtyrern herauszuarbeiten. Bischöfe werden bei Augustinus als *pastores*, als Leiter einer Herde dargestellt, er fordert von ihnen in erster Linie, der Gemeinde als spiritueller Mentor zu dienen und ein Beispiel richtigen Lebens zu bieten.[31] Auch Märtyrern und besonders Bischöfen, die ein Martyrium erlitten haben, kommt eine solche Vorbildfunktion zu. Was Zocca aber verkennt, ist, wie sehr sich in jeder anderen Hinsicht die Rolle des Bischofs und die des Märtyrers unterscheiden, ja sich sogar gegenseitig ausschließen. Das betrifft nicht nur den administrativen Charakter des Bischofsamt, ein Bischof, der sich der Gemeinde durch seinen Tod entzieht, kann nur bedingt als guter Bischof bezeichnet werden. Wichtigste Quelle für das Zusammenfallen beider Ideale sind bezeichnenderweise denn auch Stellen, in denen sich Augustinus der Person Cyprians widmet.[32] Daß diese Stellen sich aufgrund der Biographie Cyprians besonders für eine solche Interpretation eignen, ist allerdings nicht verwunderlich.

Bei der Analyse der *Vita Augustini* läßt Zocca den Einfluß der *Vita Martini* und der *Vita Ambrosii* gänzlich außer acht. Die *Vita Ambrosii*, die einen völlig anderen Charakter hat, wird zwar von ihr erwähnt, aber nur insofern, als sie versucht, den afrikanischen Einfluß deutlich zu machen, indem sie darauf hinweist, daß Augustinus die Abfassung der Vita angeregt hat und betont, in welchem Maße in ihr seine Gnadenlehre rezipiert wurde.

Auch Zocca ist der Auffassung, daß es sich bei der *Vita Augustini* eindeutig um eine Bischofsvita handelt und daß Possidius in ihr den Vorstellungen Augustins vom Charakter dieses Amtes entspricht. Eine Parallele zu den Märtyrerviten sieht sie in erster Linie durch die Völkerwanderungen gegeben, die Possidius zu der Abfassung seiner Vita veranlaßt und besonders die letzte Lebensphase Augustins geprägt haben. In ihren Augen entspricht die Bedrohung durch den Einfall der 'Barbaren' der Grenz- und Verfolgungssituation zur Zeit der Christenverfolgungen. Dies ist jedoch fast die einzige Gemeinsamkeit,

---

[31] Als Quellen für die Charakterisierung der Figur des idealen Bischofs bzw. Märtyrerbischofs bei Augustinus dienen ihr besonders *Sermo* 138 und 276.

[32] Sermm. 309–313 (PL 38, 1410–1425); Sermm. Denis 11.14.15.22 (PL 48, 846; 862–869; 915–917); Sermm. Guelfer. 26–28 (PL 2, 609–622).

die sich mit der Märtyrerliteratur finden läßt. Finden sich Entsprechungen in der Todesbeschreibung Augustins, so ist diese auch stark asketischen Gedankengut verpflichtet, eignet sich also nur bedingt als Beleg für ihre These.[33]

Zocca ist zuzustimmen, wenn sie zu zeigen versucht, daß sich in Afrika aufgrund der besonderen historischen Umstände – der Christenverfolgungen und der Bedrohungen durch die Völkerwanderungen – ein Profil des Bischofsamtes herausbildet, daß die pastorale Funktion, den Vorbildcharakter und die Rolle des Bischofs als spirituellen Mentor in den Vordergrund stellt. Die Darstellung von Bischöfen aber direkt aus der Märtyrerliteratur herzuleiten, ist aufgrund der sehr disparaten Heiligkeitsvorstellungen der beiden Personenkreise nicht möglich. Das Bild des Bischofs, wie es beispielsweise in der *Vita Augustini* oder in der *Vita Fulgentii* zum Ausdruck kommt, wird durch so viele andere Einflüsse bestimmt, daß eine solche Herleitung nicht überzeugen kann.

Was die *Vita Augustini* betrifft, mindert der Versuch, ihre Stellung in der literarischen Tradition und ihre spezifischen Intentionen etwas genauer zu bestimmen, die Ergebnisse früherer Forscher nicht im geringsten. Er kann aber dennoch dazu beitragen, der vorwiegend negativen Beurteilung ihres Autors entgegenzutreten. Possidius wurde zum Vorwurf gemacht, die suetonische Form nicht einzuhalten. Man kritisierte die Abweichung von den *Confessiones*, die unzureichende Behandlung der Kindheit und Jugend seines Helden, die Ungenauigkeit im Großen, die Unausgeglichenheit der einzelnen Teile, die Reduzierung der Nebenpersonen, seine Parteilichkeit. Er vereinfache komplizierte Sachverhalte, gebe keinen Einblick in die letzten Triebkräfte seines Helden und werde seiner geistigen Größe nicht gerecht. Er zeichne eine ausschließlich statische Persönlichkeit und vernachlässige seine charakterliche und seelische Entwicklung. Ebenso komme

---

[33] Siehe auch S. Dagemark, Possidius' Idealized Description of St. Augustine's Death, in: Vescovi e pastori, 719–741. Dagemark sieht die Todesbeschreibung als die eines Mönchsbischofs an, sie ist seiner Meinung nach stark durch asketisches Gedankengut gekennzeichnet: "The monk-bishop's identity as a monk is preserved until his death. His death is the solitary man's death (that of a hermit) without any important visitors present, and without the solemnity which a highly respected bishop in society could have demanded." Sie enthält Anklänge an die *Confessiones* und entspricht ebenso wie den Vorstellungen vom vorbildlichen Sterben der Märtyrer auch philosophischen, besonders stoischen Idealen. Augustinus soll in seinem Sterben als vorbildlich für alle Bischöfe dargestellt werden.

es zu einer Überbewertung der Gestalt des Ambrosius. Daß viele dieser Vorwürfe durch einen Blick auf die bisherige Tradition der Bischofsvita, ihre spezifischen Bedingungen, Interessen und Darstellungsmittel erklärt werden können, wurde zu zeigen versucht.

Eine Vernachlässigung der nicht im eigentlichen Sinne christlichen Kindheit, der Verzicht, die einzelnen Etappen der Erziehung genauer darzulegen, die Erhöhung des Ambrosius zum geistigen Mentor und Lehrer, die statische Persönlichkeitskonzeption, der damit verbundene Verzicht, die charakterliche und seelische Entwicklung in der Vita genauer nachzuvollziehen, die Stilisierung der Gegner bei der Beschreibung der Häretikerdisputationen und viele andere Aspekte können erklärt werden, wenn man sich vor Augen führt, daß Possidius sich von einer Vorstellung leiten ließ, die man zumindest in die Nähe des Motivs vom heiligen Weisen rücken kann. Daß Possidius davon Abstand nimmt, Augustinus in seiner subjektiven, persönlichen Darstellung seines Lebens zu folgen, und darauf verzichtet, die letzten Triebkräfte und Anliegen seines Helden zu verdeutlichen, kann durch sein Bedürfnis erklärt werden, ihn als Teil der Gemeinde zu zeichnen und dieser als *exemplum* vor Augen zu halten. Ein 'unerreichbarer' Augustinus kann nicht als Vorbild dienen. Daß Possidius Augustinus theologischem und philosophischem Denken keinen größeren Platz einräumt, läßt sich mit seiner Absicht erklären, sich einer breiteren, vielleicht auch theologisch-philosophisch ungebildeten Leserschaft verständlich zu machen, zumal er damit Augustins eigenen theologischen Vorstellungen, dessen Weisheitsbegriff in der für Possidius relevanten Phase keineswegs 'akademisch' war, entsprach. Augustins Größe ist für ihn letztlich kein persönliches Verdienst, sondern ein Zeichen der Gnade Gottes, Augustinus ist für Possidius auch keine Persönlichkeit im engeren, privateren Sinne. Sie tritt hinter die Darstellung Augustins als Bischof zurück.

Possidius' selektives Vorgehen, seine Reduzierung des Stoffes auf wenige, leitende Gesichtspunkte, die Tatsache, daß er dem Kampf gegen die Häresie den absoluten Vorrang im Leben Augustins einräumt, ist verständlich, wenn man sich die Situation der afrikanischen Kirche seiner Zeit vor Augen führt. Augustinus hatte die Position der 'katholischen' Kirche gegenüber konkurrierenden Glaubensrichtungen gestärkt. Possidius mußte befürchten, daß all das, was Augustinus erkämpft hatte, durch die Vandalen zunichte gemacht würde, da sie sich dem 'Arianismus' statt der nizänischen Orthodoxie zuwandten. Durch die schriftliche Fixierung der durch Augustinus für den 'wahren'

Glauben errungenen 'Siege' meinte Possidius im Sinne seines Meister weiter wirken zu können.

All dies zeigt, daß bewußte Entscheidungen der Vita ihren Charakter gegeben haben. Die Einordnung in die Tradition verdeutlicht weiterhin, daß sich Possidius zwar in vielen Aspekten durch seine Vorgänger gebunden fühlt, sich aber auch positiv von ihnen abhebt und nur in diesem Rahmen gerecht beurteilt werden kann.

Eine Würdigung als eigenständige literarische Produktion hat die Vita schon durch die eingangs erwähnte Arbeit Dagemarks erhalten. Possidius wird von ihm als ernstzunehmender Schriftsteller gesehen, auch er betrachtet die Abweichungen von den *Confessiones* als Resultat bewußter Überlegung. Allerdings erfährt die Vita bei Dagemark eine etwas andere Deutung. Er sieht in der Vita in erster Linie das Porträt eines Mönchs, den Zweck der Vita hauptsächlich in der Propagierung einer monastischen Lebensform, die sich durch das Zusammenleben unter der Kathedra eines Bischofs auszeichnet.[34]

Auch Dagemark ist der Ansicht, daß Possidius bewußt eine Darstellung intendiert, die den allzu expliziten Offenbarungen, den Schuldbekenntnissen und sexuellen Verwirrungen der *Confessiones* ein Korrektiv entgegensetzen will. Seiner Ansicht nach soll Augustinus in erster Linie das perfekte Leben eines Mönchen repräsentieren. Es ist vermutlich schon die Wahl der modernen Termini – Segregation (ein sich Herauslösen aus der Gemeinschaft), Liminalität (das Überschreiten einer irgendwie gearteten Schwelle) und Aggregation (verstanden als der Eintritt in eine Gemeinschaft (*grex*)), mit denen Dagemark sich der Vita nähert, die ihn dazu verleiten, das monastisch-asketische Moment in der Vita zu sehr zu betonen. Augustinus ist für ihn ein Mönch, der versucht, qua Bischofsamt monastische Ideale in der *Civitas* zu realisieren. Er verkennt dabei den Charakter der Vita als Bischofsvita. Dies wird schon allein dadurch deutlich, daß genau die Phase der Abkehr von der Welt, der Zuwendung zu einem monastischen Ideal etc. in der Vita fast gar nicht beschrieben werden, die ganze, für diesen Aspekt so entscheidende Jugendphase

---

[34] Dabei sind es besonders donatistische Praktiken monastischen Lebens, von denen er Augustinus' Wahl monastischen Lebens absetzen will: "When Possidius wants to demonstrate in his biography how Augustine in North Africa connects the monasteries to the episcopal *cathedra* he also gives them an important function in ecclesiastical politics as a counter-weight to the Donatist monks." (Dagemark, Augustinus-Munk och Biskop 173).

nur in knappen Worten abgehandelt wird, und die Vita Augustinus'
Wirken als Bischof ins Zentrum stellt.[35] Hatte Stoll einen zu weiten
Begriff von Heiligkeit gewählt, so ist der Dagemarks eindeutig zu
eng gefaßt. Possidius zeichnet nicht nur das Bild eines Mönchsbischofs,
er sieht Augustinus in erster Linie als den großen Kirchenvater, den
Verteidiger des katholischen Glaubens in Afrika, als Kleriker, Dogmatiker, Prediger, Theologen, aber auch als vorbildlichen Bischof,
der seine bischöfliche Machtfülle – seine *potestas* – durch eine asketische
Lebensführung ergänzt.[36]

Dagemark bleibt in gewisser Weise einer Tradition verpflichtet,
die schon seit dem Mittelalter die Augustinusrezeption bestimmt hat,
sie sieht in Augustinus den Ordensgründer und Mönch und versucht,
auch die *Vita Augustini* in dieser Hinsicht für sich sprechen zu lassen.
Diese Sichtweise läßt außer acht, daß weder Augustinus in seinen
Werken von der Gründung eines *ordo* spricht,[37] noch Possidius eine
solch genaue Fixierung nahelegt, ist ja selbst die sogenannte *regula*
nur eine lockere Zusammenstellung von Empfehlungen, die kaum als
Ordensregel im eigentlichen Sinne bezeichnet werden kann. Auch
Dagemark macht sich in gewisser Weise dieses Anachronismus schuldig,
verwendet doch auch Possidius lediglich den Terminus *servus dei*,
niemals *monachus*, wenn er von Augustinus spricht[38] und erscheint
auch das Wort *propositum*, das Dagemark als Äquivalent zu dem modernen Terminus Segregation wählt, kein einziges Mal in der Vita.

Was die Rezeption seines Augustinusbildes angeht, so zeigt sich
in der Ikonographie, in späteren Legenden und Viten, daß Possidius'
Porträt über das der *Confessiones* dominierte. Augustinus erscheint hier
fast ausschließlich als Mönch, Bischof, Weiser und Lehrer, fast nie

---

[35] Vielleicht ist es auch der Vergleich mit den *Confessiones*, der Dagemark zu dieser
Engführung verleitet.

[36] Dagemark liegt ebenfalls falsch, wenn er behauptet, Possidius habe den administrativen Teil der Amtsausübung des Bischofs gänzlich vernachlässigt. Wir sehen Augustinus in der Vita auch als Rechtssprecher.

[37] Zu der Problematik, ob Augustinus' Zusammenleben mit anderen Gleichgesinnten
in Cassiciacum, Thagaste oder in Hippo als monastisch bezeichnet werden kann,
siehe R.J. Halliburton, The Inclination to Retirement – the Retreat of Cassiciacum
and 'Monastery' of Thagaste, in: Studia Patristica (TU 5) Berlin 1962, 339 und
zuletzt C. Harrison, Augustine, Monk and Bishop, in: Vescovi e pastori, 659–666
sowie L. Holt, "Wisdom's teacher: Augustine at Cassiciacum", in: Augustinian studies 29 (1998) 47–60.

[38] Dagemark begründet dies damit, daß der Begriff *monachos* zu sehr in die Richtung donatistischen Mönchtums verweisen würde und deshalb von Possidius bewußt vermieden werde.

jedoch als Philosoph oder Dogmatiker. Für die Eigenart und Funktion der Vita, erst recht aber für die Rolle, die sie bis in die Neuzeit für die Ausbildung des Augustinusbildes spielte, wäre es daher wichtig, wenn noch entschiedener als bisher der Schritt von der Text- und Überlieferungsgeschichte zur Geschichte ihrer Rezeption getan würde. Erst dann ließe sich exakt ermitteln, wie lange und unter welchen Umständen das von Possidius nicht zuletzt mit Hilfe des Konzepts vom heiligen Weisen angestrebte Gleichgewicht von Priester- und Mönchtum, Wissenschaft und Weisheit, *vita ascetica* und *vita activa*, Weltoffenheit und Weltflucht, Amtsautorität und *humilitas* sich behaupten konnte.

LITERATURVERZEICHNIS

In den Anmerkungen wird die herangezogene bzw. besprochene Literatur bei der ersten Erwähnung vollständig, im folgenden jedoch nur mit dem Verfassernamen und, wenn mehr als nur ein Werk eines Verfassers herangezogen wird, mit einer Kurzfassung des Titels zitiert. Die vollständigen Titel finden sich im Literaturverzeichnis.

Abkürzungen

BHL	Bibliotheca Hagiographica Latina
CCL	Corpus Christianorum. Series Latina
CSEL	Corpus Scriptorum Ecclesiasticorum Latinorum
JAC	Jahrbuch für Antike und Christentum
MGH. AA	Monumenta Germaniae Historica. Auctores Antiquissimi
MGH SS rer. Merov.	Monumenta Germaniae Historica. Scriptores rerum Merovingicarum
PL	Patrologia Latina
RAC	Reallexikon für Antike und Christentum
SC	Sources chrétiennes
TU	Texte und Untersuchungen zur Geschichte der altchristlichen Literatur

Die verwendeten Abkürzungen biblischer Bücher, außerkanonischer Schriften und antiker Autoren und Werke entsprechen dem Abkürzungsverzeichnis des Lexikon für Theologie und Kirche.

Literatur

P.J. Achtemeier, "Gospel Miracle Tradition and the Divine Man", in: Interpretation 26 (1972) 174–197.

A. Adam, "Die Entstehung des Bischofsamtes", in: Wort und Dienst: Jahrbuch der Theologischen Schule Bethel 5 (1957) 104–106.

D. Adamo, "Wisdom and its importance to Paul's Christology I Corinthians", in: Deltion biblikon meleton 17 (1988) 31–43.

L. Alfonsi, "Ennodio letterato, nel XV anniversario della nascita", in: Studi Romani 23 (1975) 303–310.

R. Aigrain, L'hagiographie, ses sources, ses méthodes, son histoire, Paris 1953.

B. Altaner – A. Stuiber, Patrologie. Leben, Schriften und Lehre der Kirchenväter, Freiburg-Basel-Wien ⁸1980.

G. Althoff, Verwandte, Freunde und Getreue. Zum politischen Stellenwert der Gruppenbindungen im frühen Mittelalter, Darmstadt 1990.

E. Amann, "Semi-pélagiens", in: Dictionnaire de théologie catholique 14 (1941) 1796–1850.

Th.B. Andersen, Patrocinium: The Concept of Personal Protection and Dependence in the Late Roman Empire and the Early Middle Ages, New York 1974.

B. Andreolli – M. Montanari (Hgg.), Il bosco nel medioevo, Bologna 1988.

C. Andresen, Die Kirche der alten Christenheit (Religionen der Menschheit 29, 1/2) Stuttgart 1971.

Ders. (Hg.), Bibliographia Augustiniana, Darmstadt ³1973.

A. Angenendt, *Monachi peregrini*. Studien zu Pirmin und den monastischen Vorstellungen des frühen Mittelalters (Münstersche Mittelalter – Schriften 6) München 1972.

Ders., "Taufe und Politik im frühen Mittelalter", in: Frühmittelalterliche Studien 7 (1973) 143–168.

Ders., "Willibrord im Dienste der Karolinger", in: Annalen des historischen Vereins für den Niederrhein 175 (1973) 63–113.

Ders., The Conversion of the Anglo-Saxons Considered against the Background of the Early Medieval Mission, in: Angli e sassoni al di qua e al di là del mare (Settimane di Studio del Centro Italiano di Studi sull'Alto Medioevo 33) Spoleto 1978, 275–321.

Ders., Die irische *peregrinatio* und ihre Auswirkungen auf dem Kontinent vor dem Jahre 800, in: H. Löwe (Hg.), Die Iren und Europa im frühen Mittelalter (Veröffentlichungen des Europa Zentrum Tübingen. Kulturwissenschaftliche Reihe) Stuttgart 1982, 52–79.

Ders., *Rex et sacerdos*. Zur Genese der Königssalbung, in: N. Kamp – J. Wollasch (Hgg.), Tradition als historische Kraft. Interdisziplinäre Forschungen zur Geschichte des frühen Mittelalters, Berlin-New York 1982, 100–118.

Ders., Kaiserherrschaft und Kaisertaufe. Kaiser, Könige und Päpste als geistige Patrone in der abendländischen Missionsgeschichte (Arbeiten zur Frühmittelalterforschung 15) Berlin-New York 1984.

Ders., Willibrord als römischer Erzbischof, in: G. Kiesel – J. Schroeder (Hgg.), Willibrord: Apostel der Niederlande. Gründer der Abtei Echternach. Gedenkgabe zum 1250. Todestag des angelsächsischen Missionars, Luxembourg 1989, 31–41.

Ders., 'Er war der erste'. Willibrords historische Stellung, in: P. Bange – A.G. Weiler (Hgg.), Willibrord, zijn wereld en zijn werk (Middeleeuwse Studies 6) Nijmegen 1990, 13–34.

Ders., Heilige und Reliquien. Die Geschichte ihres Kultes vom frühen Christentum bis zur Gegenwart, München 1994.

Ders., Der Heilige: 'auf Erden – im Himmel', in: J. Petersohn (Hg.), Politik und Heiligenverehrung im Hochmittelalter (Vorträge und Forschungen. Konstanzer Arbeitskreis für Mittelalterliche Geschichte 42) Sigmaringen 1994, 11–52.

Ders., Geschichte der Religiosität im Mittelalter, Darmstadt 1997.

H.H. Anton, "Verfassungsgeschichtliche Kontinuität und Wandlungen von der Spätantike zum hohen Mittelalter: Das Beispiel Trier", in: Francia 14 (1986) 1–25.

C.F. Arnold, Caesarius von Arelate und die gallische Kirche seiner Zeit, Leipzig 1894.

J. Aronen, "Indebtedness to *Passio Perpetuae* in Pontius' *Vita Cypriani*", in: Vigiliae Christianae 38 (1984) 67–76.

G. Astill – A. Grant (Hgg.), The Countryside of Medieval England, Oxford 1988.

H. Atsma, "Klöster und Mönchtum im Bistum Auxerre bis zum Ende des 6. Jahrhunderts", in: Francia 11 (1983) 1–96.

D. Attwater, The Penguin Dictionary of Saints, Harmonworth 1965.

Ders., Vite dei santi. Martiri, predicatori, mistici, guerrieri, eremiti venerati e invocati nel culto tradizionale, Casale Monferrato 1993.

J.-P. Audet (Hg.), Priester und Laie in der christlichen Gemeinde. Der Weg in die gegenseitige Entfremdung (Quaestiones disputatae 46) Freiburg 1970.

E. Auerbach, *Sermo humilis*, in: Ders., Literatursprache und Publikum in der lateinischen Spätantike und im Mittelalter, Bern 1958, 25–53.

D.E. Aune, Prophecy in Early Christianity and the Ancient Mediterranean World, Grand Rapids 1983.

W.S. Babcock, "Grace, Freedom and Justice: Augustine and the Christian Tradition", in: Perkins Journal 27 (1973) 1–15.

L.F. Bacchi, A Ministry Characterized by and Exercised in Humility: The Theology of Ordained Ministry in the Letters of Augustine of Hippo, in: J.T. Lienhard – E.C. Muller – R.J. Teske (Hgg.), Augustine. *Presbyter Factus Sum* (Collectanea Augustiniana) New York 1993, 405–416.

J. Baloch, "*Voces paginarum*. Beiträge zur Geschichte des lauten Lesens und Schreibens", in: Philologus 82 (1927) 84–109.

M. Banniard, Viva Voce. Communication écrite et communication orale du IVᵉ au XIᵉ siècle en Occident latin (Collection des Études Augustiniennes. Série Moyen Âge et Temps Modernes 25) Paris 1992.

Ders., Die Franken zwischen Spätlatein und Altfranzösisch. Sprache und Sprachzeugnisse der merowingischen Franken, in: A. Wieczorek – P. Périn – K. v. Welck – W. Menghin (Hgg.), Die Franken – Wegbereiter Europas. 5.–8. Jahrhundert n. Chr. Katalog-Handbuch in zwei Teilen, Mainz ²1997, 574–578.

E.Ch. Barbut, Saint Martin de Tours, Paris [1912].

G. Bardy, "L'attitude politique de S. Césare d'Arles", in: Revue d'histoire de l'église de France 33 (1947) 241–256.

Ders., "'Philosophie' et 'philosophe' dans le vocabulaire chrétien des premiers siècles", in: Revue d'ascétique et de mystique 25 (1949) 97–108.

O. Barlea, Die Weihe der Bischöfe, Presbyter und Diakone in vornicänischer Zeit, München 1969.

W. Barnard, "The date of S. Athanasius' *Vita Antonii*", in: Vigiliae Christianae 28 (1974) 169–175.

J.M. Barnett, The Diaconate: A Full and Equal Order, New York 1994.

S.J.B. Barnish, "Ennodius's Life of Epiphanius and Antony: Two Models for the Christian Gentleman", in: E. Livingstone (Hg.), Studia Patristica XXIV. Papers Presented at the Eleventh International Conference on Patristic Studies Held in Oxford 1991. Historica, Theologica et Philosophica, Gnostica, Leuven 1993, 13–19.

G. Barone, Modelli di santità e modelli di comportamento, Torino 1994.

G.J.M. Bartelink (Hg.), Athanase d'Alexandrie. Vie d'Antoine (SC 400) Paris 1994.

A.A.R. Bastiaensen (Hg.), Vita di Cipriano, Vita di Ambrogio, Vita di Agostino (Vite dei Santi 4) [Verona] ²1981.

Ders., "The Inaccuracies in the *Vita Augustini* of Possidius", in: Studia Patristica 16 (TU 129) Berlin 1985, 480–486.

E.G. Bauckmann, "Die Proverbien und die Sprüche des Jesus Sirach", in: Zeitschrift für alttestamentliche Wissenschaft 72 (1960) 33–63.

Th. Baumeister, Zeugnisse der Mentalität und Glaubenswelt einer vergangenen Epoche. Hagiographische Literatur und Heiligenverehrung in der Alten Kirche, in: H.R. Seeliger (Hg.), Kriminalisierung des Christentums? Karlheinz Deschners Kirchengeschichte auf dem Prüfstand, Freiburg-Basel-Wien ²1994, 267–278.

Ders., Genese und Entfaltung der altchristlichen Theologie des Martyriums, New York 1991.

Ders., Das Martyrium als Thema frühchristlicher apologetischer Literatur, in: M. Lamberigts – P. Van Deun (Hgg.), Martyrium in Multidisciplinary Perspective. Mémorial Louis Reekmans, Leuven 1995, 323–332.

S. Baumgart, Die Bischofsherrschaft im Gallien des 5. Jahrhunderts. Eine Untersuchung zu den Gründen und Anfängen weltlicher Herrschaft der Kirche (Münchener Arbeiten zur Alten Geschichte 8) München 1995.

C. Baur, "Der weltflüchtige und welttätige Gedanke in der Entwicklung des Mönchtums", in: Bonner Zeitschrift für Theologie und Seelsorge 7 (1930) 113–126

F. Baur, Apollonius von Tyana und Christus, Tübingen 1832.

T. van Bavel – F. van der Zande (Hgg.), Répertoire bibliographique de Saint Augustin (Instrumenta Patristica 3) Den Haag 1963.

Br. Beaujard, "Germain d'Auxerre, Aignan d'Orléans et Médard de Noyon, trois évêques gaulois et la justice de leur temps", in: Bulletin de la Société Nationale des Antiquaires de France (1993) 295–303.

K.M. Becker – J. Eberle (Hgg.), Der Zölibat des Priesters (Sinn und Sendung 9) St. Ottilien 1995.

W. Beierwaltes, *Deus et veritas*. Zur Rezeption des griechischen Wahrheitsbegriffes in der frühchristlichen Theologie, in: Pietas. Festschrift für Bernhard Kötting (JAC. Ergänzungsband 8) Münster 1980, 15–29.

F. Bellentani, *Episcopus . . . est nomen suscepti officii*: Il Vocabulario del Servizio Episcopale in alcuni Testi Augustiniani, in: Vescovi e pastori in epoca teodosiana. In occasione del XVI centenario della consacrazione episcopale di S. Agostino, 396–1996. XXV Incontro di studiosi dell' antichità cristiana. Roma, 8–11 maggio 1996 I (Studia Ephemeridis Augustinianum 58) Roma 1997, 667–682.

R. Bendix, Umbildungen des persönlichen Charismas. Eine Anwendung von Max Webers Charismabegriff auf das frühe Christentum, in: W. Schluchter (Hg.), M. Webers Sicht des frühen Christentums (Suhrkamp Taschenbuch Wissenschaft) Frankfurt a.M. 1985, 404–443.

P. van Beneden, Aux origines d'une terminologie sacramentelle: *Ordo, ordinare, ordinatio* dans la littérature chrétienne avant 313, Louvain 1974.

P. Benkart, Die Missionsidee Gregors des Großen in Theorie und Praxis. Eine religionsgeschichtliche Untersuchung zur Christianisierung der Germanen, Leipzig 1946.

A. Benvenuti Papi – E. Giannarelli, Santi bambini, santi da bambini, in: Diess. (Hgg.), Bambini santi. Rappresentazioni dell' infanzia e modelli agiografici, Torino 1991, 7–24.

K. Berg, Cäsarius von Arles. Ein Bischof des sechsten Jahrhunderts erschließt das liturgische Leben seiner Zeit. Festgabe zum 85. Geburtstag des Verfassers, Alterzbischof von Salzburg Karl Berg (Frühes Christentum. Forschungen und Perspektiven 1) Thaur 1994.

K. Berger, Hellenistische Gattungen im Neuen Testament, in: H. Temporini – W. Haase (Hgg.), Aufstieg und Niedergang der Römischen Welt. Geschichte und Kultur Roms im Spiegel der neueren Forschung 2. 25. 2, Berlin-New York 1984, 1031–1432.

P. Berghaus, Wirtschaft, Handel und Verkehr der Merowingerzeit im Licht numismatischer Quellen, in: K. Düwel – H. Jankuhn – H. Siems – D. Timpe (Hgg.), Untersuchungen zu Handel und Verkehr der vor- und frühgeschichtlichen Zeit in Mittel- und Nordeuropa. III. Der Handel des frühen Mittelalters, Göttingen 1985, 193–210.

J.-L. Bernard, Apollonius de Tyane et Jésus, Paris 1977.

M.-F. Berrouard, "L'activité littéraire de S. Augustin du 11 septembre au 1er décembre 419 d'après la Lettre 23* A à Possidius de Calama", in: Les Lettres de Saint Augustin découvertes par Johannes Divjak, Paris 1983, 301–327.

Dies., "Un tournant dans la vie de l'Église d'Afrique: les deux missions d'Alypius en Italie à la lumière des *Lettres* 10*, 15*, 16*, 22* et 23* A de Saint Augustin", in: Revue des Études Augustiniennes 31 (1985) 46–70.

Dies., "Possidius", in: Dictionnaire de Spiritualité 12/2 (1986) 2007–2008.

W. Berschin, Biographie und Epochenstil im lateinischen Mittelalter I: Von der *Passio Perpetuae* zu den *Dialogi* Gregors des Großen (Quellen und Untersuchungen zur Lateinischen Philologie des Mittelalters 8) Stuttgart 1986; II: Merowingische Biographie. Italien, Spanien und die Inseln im frühen Mittelalter (Quellen und Untersuchungen zur Lateinischen Philologie des Mittelalters 9) Stuttgart 1988; III: Karolingische Biographie 750–920 n.Chr. (Quellen und Untersuchungen zur Lateinischen Philologie des Mittelalters 10) Stuttgart 1991.

Ders., Lateinische Wörter, Wortformen und Junkturen in 'Biographie und Epochenstil', in: Archivum Latinitatis Medii Aevi 52 (1994) 253–279.

Ders., Auffällige Formen lateinischer Biographie in Spätantike und Mittelalter (IV.–XII. Jahrhundert), in: W.W. Ehlers (Hg.), La Biographie antique (Entretiens sur l'antiquité classique 44) Genève 1998, 63–83.

O. Bertolini, I papi e le missioni fino alla metà del secolo VIII, in: La conversione al cristianesimo nell' Europa dell'alto medioevo (Settimane di Studio del Centro Italiano di Studi sull'Alto Medioevo 14) Spoleto 1967, 327–363.

D. Bertrand (Hg.), Césaire d'Arles et la christianisation de la Provence. Actes des journées 'Césaire'. Aix-en-Provence, Arles, Lérins, 3–5 novembre 1988, 22 avril 1989, Lyon-Paris 1994.

Ders., Caesarius of Arles. Life, Testament, Letters (Translated Texts for Historians 19) Liverpool 1994.

H.D. Betz, "Gottmensch II", in: RAC 12 (1983) 235–311.

H. Beumann, Gregor von Tours und der *Sermo Rusticus*, in: K. Repgen – St. Skalweit (Hgg.), Spiegel der Geschichte. Festgabe für Max Braubach, Münster 1964, 69–98.

Ders., Der Schriftsteller und seine Kritiker im frühen Mittelalter, in: Ders., Wissenschaft vom Mittelalter. Ausgewählte Aufsätze, Köln-Wien 1972, 9–4.

H.W. Beyer, "*Episkopos*", in: Theologisches Wörterbuch 2 (1935) 595 619.

Ders. – H. Karpp, "Bischof", in: RAC 2 (1954) 400.

Bibliotheca Hagiographica Latina Antiquae et Mediae Aetatis, Bruxelles 1898–1899 I, 125–128.

L. Bieler, *ΘΕΙΟΣ ΑΝΗΡ*. Das Bild des 'göttlichen Menschen' in Spätantike und Frühchristentum I–II, Wien 1935–1936. ND Darmstadt 1976.

Ders., Ireland's Contribution to the Culture of Northumbria, in: G. Bonner (Hg.), *Famulus Christi*. Essays in Commemoration of the Thirteenth Centenary of the Birth of the Venerable Bede, London 1976, 210–228.

M. Biermann, Die Leichenreden des Ambrosius von Mailand: Rhetorik, Predigt, Politik (Hermes: Einzelschriften 70) Stuttgart 1995.

G.A. Bisbee, Pre-Decian Acts of Martyrs and *Commentarii*, Philadelphia 1988.

L. Bitel, Isle of the Saints: Monastic Settlements and Christian Communities in Early Ireland, Ithaca N.Y. 1991.

J. Blenkinsopp, Wisdom and Law in the Old Testament, Oxford 1983.

R. Blumenfeld-Kosinski – T. Szell (Hgg.), Images of Sainthood in Medieval Europe, Ithaca N.Y.-London 1991.

W. Blümer, *Rerum Eloquentia* – Christliche Nutzung antiker Stilkunst bei St. Leo Magnus, Frankfurt a.M.-Bern-New York-Paris 1991.

S. Boesch-Gajano, Introduzione, in: Dies. (Hg.), Agiografia altomedievale. Problemi e prospetive, Bologna 1976, 7–48.

Dies., "La proposta agiografica dei *Dialogi* di Gregorio Magno", in: Studi Medievali 21 (1980) 623–664.

Dies., Demoni e miracoli nei *Dialogi* di Gregorio Magno, in: Hagiographie, culture e société, Paris 1981, 398–415.

Dies., Vescovi e miracoli, in: Vescovi e pastori in epoca teodosiana. In occasione del XVI centenario della consacrazione episcopale di S. Agostino, 396–1996. XXV Incontro di studiosi dell' antichità cristiana. Roma, 8–11 maggio 1996 I (Studia Ephemeridis Augustinianum 58) Roma 1997, 15–36.

P. Boglioni, "Miracle e Nature chez Grégoire le Grand", in: Cahiers d'études médiévales 1 (1974) 11–102.

G. Bonner, "Pelagianism and Augustine", in: Augustinian Studies 23 (1992) 33–51.

G. Bonner – D. Rollason – C. Stancliffe (Hgg.), Saint Cuthbert. His Cult and His Community to A.D. 1200, Woodbridge 1989.

A. Borias, "Hospitalité augustinienne et bénédictine", in: Revue d'Histoire de la Spiritualité 50 (1974) 8–16.

Ders., En relisant St. Benoît (Collection Spiritualité orientale et vie monastique 23) Bégrolles-en-Mauges 1990.

R. Borius, Constance de Lyon. Vie de Saint Germain d'Auxerre (SC 112) Paris 1965.

G. Bornkamm, "Glaube und Vernunft bei Paulus", in: Ders., Studien zu Antike und Urchristentum (Beiträge zur evangelischen Theologie 28) München ³1970, 119–137.

A. Borst – A. Angenendt, Pirmin und Bonifatius, in: A. Borst (Hg.), Mönchtum, Episkopat und Adel zur Gründungszeit des Klosters Reichenau (Vorträge und Forschungen. Konstanzer Arbeitskreis für mittelalterliche Geschichte 20) Sigmaringen 1974, 251–304.

E. Boshof, "Untersuchungen zur Armenfürsorge im fränkischen Reich des 9. Jahrhunderts", in: Archiv für Kulturgeschichte 58 (1976) 265–339.

Ders., "Armenfürsorge im Frühmittelalter: *Xenodochium, matricula, hospitale pauperum*", in: Vierteljahrschrift für Sozial- und Wirtschaftsgeschichte 71 (1984) 153–174.

Ders. – H. Wolff (Hgg.), Das Christentum im bairischen Raum. Von den Anfängen bis ins 11. Jahrhundert (Passauer Historische Forschungen 8) Köln-Weimar-Wien 1994.

K. Bosl, Der 'Adelsheilige'. Idealtypus und Wirklichkeit, Gesellschaft und Kultur im merowingischen Bayern des 7. und 8. Jahrhunderts. Gesellschaftsgeschichtliche Beiträge zu den Viten der bayerischen Stammesheiligen Emmeran, Rupert, Korbian, in: C. Bauer – L. Boehm – M. Müller (Hgg.), Speculum historiale. Geschichte im Spiegel von Geschichtsschreibung und Geschichtsdeutung. Johannes Spörl aus Anlaß seines 60. Geburtstages dargebracht von Weggenossen, Freunden und Schülern, Freiburg-München 1965, 167–187.

P. Bourgain, "Grégoire de Tours en 1994", in: Moyen Age 67 (1995) 295–298.

E. Bouvy, "Paulin de Milan", in: Revue des Études Augustiennes 1 (1902) 497–514.

G.W. Bowersock, Martyrdom and Rome, Cambridge 1995.

Ders., *Vita Caesarum*. Remembering and Forgetting the Past, in: W.W. Ehlers (Hg.), La Biographie antique (Entretiens sur l'antiquité classique 44) Genève 1998, 193–217.

E.L. Bowie, Apollonius of Tyana: Tradition and Reality, in: H. Temporini – W. Haase (Hgg.), Aufstieg und Niedergang der Römischen Welt. Geschichte und Kultur Roms im Spiegel der neueren Forschung 2.16.2, Berlin-New York 1986, 1652–1699.

M. Bozzi, La Regola del Maestro, Brescia 1994.

P. Bradshaw, Ordination Rites of the Ancient Churches of East and West, New York 1990.

E. Brandenburger, Fleisch und Geist. Paulus und die dualistische Weisheit (Wissenschaftliche Untersuchungen zum Neuen Testament 29) Tübingen 1968.

R. Bratoz, Der 'heilige Mann' und seine Biographie (unter besonderer Berücksichtigung von: Eugippius, Leben des heiligen Severin), in: A. Scharer – G. Scheibelreiter (Hgg.), Historiographie im Mittelalter (Veröffentlichungen des Instituts für Österreichische Geschichtsforschung 32) Wien-München 1994, 222–253.

D.A. Bray, A List of Motifs in the Lives of the Early Irish Saints, Helsinki 1992.

S. Brechter, Die Quellen zur Angelsachsenmission Gregor des Großen. Eine historiographische Studie (Beiträge zur Geschichte des alten Mönchtums und des Benediktinerordens 22) Münster 1941.

B. Brennan, "Athanasius' *Vita Antonii*: A sociological interpretation", in: Vigiliae Christianae 39 (1985) 209–227.

H.C. Brennecke, Hilarius von Poitiers und die Bischofsopposition gegen Konstantius II. (Patristische Texte und Studien 26) Berlin – New York 1984.

Ders., Frömmigkeits- und kirchengeschichtliche Aspekte des Synkretismus, in: V. Drehsen – W. Sparn (Hgg.), Im Schmelztigel der Religionen. Konturen des modernen Synkretismus, Gütersloh 1996, 121–142.

Ders., Christianisierung und Identität – das Beispiel der germanischen Völker, in:

U. van der Heyden – H. Liebau (Hgg.), Missionsgeschichte – Kirchengeschichte – Weltgeschichte, Stuttgart 1996, 239–247.

Ders., "Arius/Arianismus", in: Religion in Geschichte und Gegenwart 1 (1998) 738–743.

A. Brent, "Diogenes Laertius and the Apostolic Succession", in: Journal of Ecclesiastical History 44 (1993) 367–389.

P. Brown, "Pelagius and his Supporters: Aims and Environment", in: Journal of theological studies 19 (1968) 83–114.

Ders., "The Patrons of Pelagius: The Roman Aristocracy Between East and West", in: Journal of theological studies 21 (1970) 56–72.

Ders., "The Rise and Function of the Holy Man in Late Antiquity", in: The Journal of Roman Studies 61 (1971) 80–101.

Ders., The World of Late Antiquity from Marcus Aurelius to Muhammed, London 1971.

Ders., Religion and Society in the Age of Saint Augustine, London 1972.

Ders., The Making of Late Antiquity, Cambridge Mass. 1978.

Ders., The Philosopher and Society in Late Antiquity, in: The Center for Hermeneutical Studies in Hellenistic and Modern Culture, Protocol of the 34th Colloquy, 3 Dec. 1978 (The Center for Hermeneutic Studies in Hellenistic and Modern Culture 34) Berkeley 1980.

Ders., "The Saint as Exemplar in Late Antiquity", in: Representations 1 (1983) 1.–25.

Ders., The Cult of the Saints: Its Rise and Function in Late Christianity, Chicago 1987.

Ders., The Body and Society. Men, Women and Sexual Renunciation in Early Christianity (Lectures on the History of Religions) New York 1988.

Ders., Society and the Holy in Late Antiquity, Berkeley 1989.

Ders., Augustine of Hippo, London ²1990.

Ders., Power and Persuasion in Late Antiquity: Towards a Christian Empire, Madison 1992.

Ders., Authority and the Sacred: Aspects of the Christianisation of the Roman World, Cambridge-New York 1995.

Ders., The Rise of Western Christendom: Triumph and Diversity A.D. 200–1000, Cambridge 1996.

Ders., "The Rise and Function of the Holy Man in Late Antiquity, 1971–1997", in: Journal of Early Christian Studies 6 (1998) 353–377.

J.-P. Brisson, Autonomisme et Christianisme dans l'Afrique Romaine du Septime Sévère à l'Invasion Vandale, Paris 1958.

J. Brosch, Charismen und Ämter in der Urkirche, Bonn 1951.

N. Brox, Zeuge und Märtyrer. Untersuchungen zur frühchristlichen Zeugnis-Terminologie (Studien zum Alten und Neuen Testament 5) München 1961.

Ders., "Die christliche Mission in der Spätantike", in: Theologisches Jahrbuch 30 (1987) 389–421.

W. Brüggemann, Untersuchungen zur *Vitae*-Literatur der Karolingerzeit, Münster 1957.

A.H.B. Brukelaar, Historiography and Episcopal Authority in Sixth-Century Gaul. The Histories of Gregory of Tours Interpreted in their Historical Context, Göttingen 1994.

F. Brunhölzl, Geschichte der lateinischen Literatur des Mittelalters I–II, München 1975/1992.

M.-E. Brunnert, Das Ideal der Wüstenaskese und seine Rezeption in Gallien bis zum Ende des 6. Jahrhunderts (Beiträge zur Geschichte des alten Mönchtums und des Benediktinerordens 42) Münster 1994.

P. Bryder (Hg.), Manichaean Studies: Proceedings of the First International Conference on Manichaeism, Lund 1988.

D.A. Bullough, "Urban Change in Early Medieval Italy: The Example of Pavia", in: Papers of the British School 34 (1966) 82–98.

Ders., Carolingian Renewal (Sources and Heritage) Manchester 1991.

N. Bulst, Untersuchungen zu den Klosterreformen Wilhelms von Dijon (962–1031) (Pariser historische Studien 11) Bonn 1973.

W. Bulst, Lateinisches Mittelalter. Gesammelte Beiträge (Supplemente zu den Sitzungsberichten der Heidelberger Akademie der Wissenschaften, Phil.hist. Klasse 3. 1983) Heidelberg 1984.

J.P. Burns, "On Rebaptism: Social Organization in the Third Century Church", in: Journal of Early Christian Studies 1 (1993) 367–403.

R.A. Burridge, What are the Gospels? A Comparison with Greco-Roman Biography, Cambridge 1992.

V. Burrus, The Making of a Heretic: Gender, Authority, and the Priscillian Controversy, Berkeley 1995.

G. Butterweck, 'Martyriumssucht' in der Alten Kirche? Studien zur Darstellung und Deutung frühchristlicher Martyrien (Beiträge zur historischen Theologie 87) Tübingen 1994.

G. Calboli, Latino volgare et latino classico, in: G. Cavallo – C. Leonardi – E. Menestò (Hgg.), Lo spazio letterario del Medioevo. Il Medioevo latino, Roma-Salerno 1994, 11–16.

A. Cameron, Christianity and the Rhetoric of Empire: The Development of Christian Discourse, Berkeley-Los Angeles-Oxford 1991.

Dies., The Later Roman Empire, London 1993.

F.W.G. Campbell, Apollonius of Tyana: A Study of His Life and Times, Chicago 1968.

R.A. Campbell, The Elders: Seniority Within Earliest Christianity, Edinburgh 1994.

H. von Campenhausen, Ambrosius von Mailand als Kirchenpolitiker (Arbeiten zur Kirchengeschichte 12) Berlin 1929.

Ders., Die asketische Heimatlosigkeit im altkirchlichen und frühmittelalterlichen Mönchtum (Sammlung gemeinverständlicher Vorträge und Schriften aus dem Gebiet der Theologie und Religionsgeschichte 149) Tübingen 1930.

Ders., Kirchliches Amt und geistliche Vollmacht in den ersten drei Jahrhunderten (Beiträge zur historischen Theologie 14) Göttingen ²1963.

Ders., Die Idee des Martyriums in der alten Kirche, Göttingen ²1964.

V. Capánaga (Hg.), Vida de San Augustín par Possidio (Obras de San Agostín 1) Madrid 1950.

P. Catry, "Amour du monde et amour de Dieu chez saint Grégoire le Grand", in: Studia Monastica 115 (1973) 269–303.

S. Cavallin, Literarhistorische und textkritische Studien zur *Vita S. Caesarii Arelatensis*, Lund 1934.

Ders. *Vitae sanctorum Honoratii et Hilarii episcoporum Arelatensium* (Publications of the New Society of Letters at Lund 40) Lund 1952.

Ders. – P.A. Jacob (Hgg.), Honorat de Marseille. La vie d'Hilaire d'Arles, Paris 1995.

Cento anni di bibliografia ambrosiana (1874–1974), Milano 1981.

M. Cekic, "Rhetorik", in: Europäische Enzyklopädie zu Philosophie und Wissenschaften 4 (1990) 143–148.

G.C. Cerotti, Augustin, évêque et pasteur, in: G. Madec (Hg.), Le message de la foi, Paris 1987, 49–62.

M. Cesa (Hg.), Ennodio. Vita del beatissimo Epifanio vescovo della chiesa pavese (Biblioteca di Athenaeum 6) Como 1988.

H. Chadwick, Priscillian of Avila, Oxford 1976.

Ders., Gregory the Great and the Mission to the Anglo-Saxons, in: Gregorio Magno e il suo tempo. Studi storici (Studia Ephemeridis Augustinianum 33) Roma 1991, 199–212.

N. Chadwick, The Age of the Saints in the Early Celtic Church, London 1961

O. Chadwick, John Cassian, Cambridge ²1968.

T.M. Charles-Edwards, "The Social Background to Irish *Peregrinatio*", in: Celtica 11 (1976) 43–59.

F. Chatillon, "L'Afrique oubliée de Christian Courtois et les *ignotae regiones* de la *Vita Fulgentii*", in: Revue du moyen âge latin 11 (1965) 377–37.

J. Chéné, La théologie de St. Augustin. Grâce et prédestination, Le Puy-Lyon 1961.

A. Chupongco, "Acclamations, Liturgical", in: Encyclopedia of the Early Church 1 (1992) 6.

G. Clark (Trad.), On the Pythagorean Life, Liverpool 1989.

M.T. Clark, Augustine, Washington 1994.

D. Claude, "Die Bestellung der Bischöfe im merowingischen Reiche", in: Zeitschrift der Savigny-Stiftung für Rechtsgeschichte, Kanonische Abteilung 49 (1963) 1–75.

M.A. Claussen, "*Peregrinatio* and *Peregrini* in Augustine's City of God", in: Traditio 46 (1991) 33–75.

E.M. Clover, The Late Roman West and the Vandals, Brookfield 1993.

P.R. Coleman-Norton, Roman State and Christian Church III, London 1966, 732–736.

J.N. Collins, *Diakonia*: Re-Interpreting the Ancient Sources, Oxford 1990.

R. Collins, "Beobachtungen zu Form, Sprache und Publikum der Prosabiographien des Venantius Fortunatus in der Hagiographie des römischen Gallien", in: Zeitschrift für Kirchengeschichte 92 (1981) 16–38.

Ders., "Caesarius von Arles", in: Theologische Realenzyklopädie 7 (1981) 531–536.

Y. Congar (Hg.), L'Épiscopat et l'église universelle, Paris 1962.

Ders., "Ordinations 'invitus', 'coactus' de l'Église antique au canon 214", in: Revue des sciences philosophiques et théologiques 90 (1966) 169–197.

F.E. Consolino, Ascesi e mondanità nella Gallia tardoantica. Studi sulla figura del vescovo nei secoli IV–VI, Neapel 1979.

Ders., Ascetismo e monachesimo femminile in Italia dalle origini all' età langobarda (IV–VIII secolo), in: L. Scarrafia – G. Zarri (Hgg.), Donne e fede. Santità e vita religiosa in Italia, Roma-Bari 1994, 3–4.

G. Constable, "Monachisme et pèlerinage au Moyen Age", in: Revue Historique 358 (1977) 3–27.

F.C. Conybeare (Hg., Trad.), Philostratus, Life of Apollonius of Tyana I–II, Cambridge 1912.

G.M. Cook (Hg.), The Life of St. Epiphanius by Ennodius (Studies in Medieval and Rennaissance Latin Language and Literature 14) Washington 1941.

A.C. Cooper-Marsden, The History of the Islands of Lérins, Cambridge 1913.

R. Copeland, Rhetoric, Hermeneutics and Translation in the Middle Ages: Academic Traditions and Vernacular Texts (Cambridge Studies in Medieval Literature 11) Cambridge-New York-Port Chester-Melbourne-Sydney 1991.

J.H. Corbett, "The Saint as Patron in the Work of Gregory of Tours", in: Journal of Medieval History 7 (1981) 1–13.

P. Courcelle, Recherches sur les *Confessions* de Saint Augustin, Paris 1950.

Ders., "Trois récits de conversion au Vᵉ siècle dans la lignée des Confessions de Saint Augustin", in: Historisches Jahrbuch 77 (1958) 451–453.

Ders., Possidius et les *Confessions* de Saint Augustin. Emprunts et Compléments, in: Mélanges Jules Lebreton I (Recherches de science religieuses 39) Paris 1951, 428–442.

Ders., Les Confessions de Saint Augustin dans la tradition littéraire. Antécédents et postérité, Paris 1963.

Ders., Histoire littéraire des grandes invasions germaniques, Paris ³1964.

Ders., "Nouveaux aspects de la culture lérinienne", in: Revue des Études Latines 46 (1968) 379–409.

Ders., Recherches sur saint Ambroise. Vies anciennes, culture, iconographique, Paris 1973.

Ch. Courtois, Les Vandales et l'Afrique, Paris 1955.

P. Cox, Biography in Late Antiquity. A Quest for the Holy Man (The Transformation of the Classical Heritage 5) Berkeley-Los Angeles-London 1983.

H.E.J. Cowdrey, "The Dissemination of St. Augustine's Doctrine of Holy Orders During the Late Patristic Age", in: Journal of theological studies 20 (1969) 448–481.

J.R. Coyle, "The Exercise of Teaching in the Post Apostolic Church", in: Église et théologie 15 (1984) 23–43.

F.J. Cuena Boy, La *episcopalis audientia*, Valladolid 1985.

J. Cuoq, L'Église d'Afrique du Nord dès IIe au XIIe siècle, Paris 1984.

L. Cracco Ruggini, "Ambrogio e l'oppositione anticattolica fra il 383 e il 390", in: Augustinianum 14 (1974) 409–449.

Dies., Pagani, ebrei e christiani, odio sociologico e odio teologico nel mondo antico, in: Gli Ebrei nell'alto medioevo (Settimane di Studio del Centro Italiano di Studi sull'Alto Medioevo 26) Spoleto 1980, 15–117.

Dies., Il miracolo nella cultura del tardo impero: concetto e funzione, in: Hagiographie, culture e société, Paris 1981, 161–204.

Dies., Nobiltà romana e potere nell'età di Boezio, in: Atti del congresso internazionale di studi boeziani, Roma 1981, 73–95.

Dies., Ticinum dal 476 d.C. alla fine del Regno Gotico, in: Storia di Pavia I: L'Eta Antica, Pavia 1984, 271–312.

Dies., The Crisis of the Noble Saint: The *Vita Arnulfi*, in: J. Fontaine – J. Nigel Hillgarth (Hgg.), Le septième siècle: changements et continuités. Actes du Colloques bilatéral franco-britannique tenu au Warburg Institute les 8–9 juillet 1988 – The Seventh Century Change and Continuity. Proceedings of a Joint French and British Colloquium Held at the Warburg Institute 8–9 July 1988 (Studies of the Warburg Institute 42) London 1992, 116–149.

Dies., Vescovi e miracoli, in: Vescovi e pastori in epoca teodosiana. In occasione del XVI centenario della consacrazione episcopale di S. Agostino, 396–1996. XXV Incontro di studiosi dell' antichità cristiana. Roma, 8–11 maggio 1996 I (Studia Ephemeridis Augustinianum 58) Roma 1997, 15–37.

J.L. Crenshaw, Old Testament Wisdom. An Introduction, London 1982.

D.R. Creswell, St. Augustine's Dilemma. Grace and Eternal Law in the Major Works of Augustine of Hippo (Studies in Church History 5) Bern 1997.

E.R. Curtius, Europäische Literatur und lateinisches Mittelalter, Tübingen ^{11}1993.

S. Dagemark, Augustinus-Munk och Biskop. Idealbild gentemot självbild i *Vita Augustini* och *Confessiones*, Göteborg 1995.

Ders., Possidius' Idealized Description of St. Augustine's Death, in: Vescovi e pastori in epoca teodosiana. In occasione del XVI centenario della consacrazione episcopale di S. Agostino, 396–1996. XXV Incontro di studiosi dell' antichità cristiana. Roma, 8–11 maggio 1996 I (Studia Ephemeridis Augustinianum 58) Roma 1997, 719–741.

Ders., The *Praeceptum* according to Possidius' *Vita Augustini*, in: Il monachesimo occidentale dalle origini alla Regula Magistri. XXVI Incontro dei studiosi dell' antichità cristiana, Roma, 8–10 maggio 1997 (Studia Ephemeridis Augustinianum 62) Roma 1998, 369–377.

Ders., "Funeral as hagiographical motif in the *Vita Augustini* and some other biographies of bishops", in: Augustinianum 40 (2000) 255–289.

Cl. Dagens, "Grégoire Le Grande et la culture de la *sapientia huius mundi* à la *docta ignoratia*", in: Revue des Études Augustiniennes 5 (1969) 149–162.

G. Dagron, "L'ombre de un doute. L'hagiographie en question, VIe–XIe siècle", in: Dumbarton Oaks Papers 46 (1992) 59–68.

W.M. Daly, "Caesarius of Arles: A Precursor of Medieval Christendom", in: Traditio 26 (1970) 1–28.

E. Dassmann (Hg.), Das Leben des heiligen Ambrosius: Die Vita des Paulinus und ausgewählte Texte aus den Werken des Heiligen und anderen Zeitdokumenten (Heilige der ungeteilten Christenheit) Düsseldorf 1967.

Ders., "Zur Entstehung des Monepiskopats", in: JAC 17 (1974) 74–90. ND in Ders., Ämter und Dienste in den frühchristlichen Gemeinden (Hereditas. Studien zur Alten Kirchengeschichte 8) Bonn 1994, 49–71.

Ders. (Hg.), Theodor Klauser: Gesammelte Arbeiten zur Liturgiegeschichte, Kirchengeschichte und christlichen Archäologie (Jahrbuch für Antike und Christentum. Ergänzungsband 3) Münster [2]1977.

Ders., "Amt und Autorität in frühchristlicher Zeit", in: Communio 9 (1980) 399–411.

Ders., Kirchengeschichte I. Ausbreitung, Leben und Lehre der Kirche in den ersten drei Jahrhunderten, Stuttgart-Berlin-Köln 1991.

Ders., Augustinus, Heiliger und Kirchenlehrer, Stuttgart 1993.

Ders., Ämter und Dienste in den frühchristlichen Gemeinden (Hereditas. Studien zur Alten Kirchengeschichte 8) Bonn 1994.

Ders., Kirchengeschichte II, 1. Konstantinische Wende und spätantike Reichskirche, Stuttgart-Berlin-Köln 1996.

G. Dautzenberg, Urchristliche Prophetie: Ihre Erforschung, ihre Voraussetzungen im Judentum und ihre Struktur im ersten Korintherbrief (Beiträge zur Wissenschaft vom Alten und vom Neuen Testament 6) Stuttgart 1975.

J.A. Davis, Wisdom and Spirit. An Investigation of 1 Corinthians 1.18–3.20 Against the Background of Jewish Sapiential Traditions in the Greco-Roman Period, New York-London 1984.

D. De Bruyne, "Le Texte et les Citations Bibliques de la *Vita S. Augustini* de Possidius", in: Revue bénédictine 42 (1930) 297–300.

M. De Certeau, L'écriture de l'histoire, Paris 1975.

F. Decret, L'Afrique manichéenne (IVe–Ve siècle). Étude historique et doctrinale I–II, Paris 1978.

Ders., Essais sur l'Église manichéenne en Afrique du Nord et à Rome au temps de Saint Augustin. Recueil d'études (Studia Ephemeridis Augustinianum 47) Rom 1995.

Ders. – M. Fantar, L'Afrique du Nord dans l'antiquité. Histoire et civilisation des origines au Ve siècle (Bibliothèque historique) Paris 1981.

E. Dekkers – A. Gaar (Hgg.), Clavis Patrum Latinorum (Corpus Christianorum. Series Latina 0.3) Steenbrugis [3]1995.

M.-J. Delage, Un évêque au temps des invasions, in: D. Bertrand (Hg.), Césaire d'Arles et la christianisation de la Provence. Actes des journées 'Césaire'. Aix-en-Provence, Arles, Lérins, 3–5 novembre 1988, 22 avril 1989, Lyon-Paris 1994, 21–43.

H. Delehaye, "Saint Martin et Sulpice Sevère", in: Analecta Bollandiana 38 (1920) 5–136.

Ders., *Sanctus*. Essay sur le culte des saints dans l'antiquité (Subsidia hagiographica 17) Bruxelles 1927.

Ders., Les origines du culte des martyrs (Subsidia hagiographica 20) Bruxelles [2]1933.

Ders., Cinq leçons sur la méthode hagiographique (Subsidia hagiographica 21) Bruxelles 1934.

Ders., Les Passions des martyres et les genres littéraires (Subsidia hagiographica 13B) Bruxelles [2]1966.

Ders., Les légendes hagiographiques (Subsidia hagiographica 18) Bruxelles [4]1955. ND Bruxelles 1973.

R. Delmaire, "Du nouveau sur Carthage: Le témoignage des lettres de Saint Augustin découvertes par J. Divjak", in: Opus 2 (1983) 477–482.

A. Demandt, Der Fall Roms. Die Auflösung des Römischen Reiches im Urteil der Nachwelt, München 1984.

Ders., Die Spätantike. Römische Geschichte von Diokletian bis Justinian. 284–565 n. Chr. (Handbuch der Altertumswissenschaft III, 6) München 1984.

E. Demm, "Zur Rolle des Wunders in der Heiligkeitskonzeption des Mittelalters", in: Archiv für Kulturgeschichte 57 (1975) 300–344.

J. Depoin, "Grandes figures monacales des temps mérovingiens: St. Arnoul de Metz", in: Revue Mabillon (1921) 245–258.

V. Deprez, Le monachisme lérinien d'Honorat à Césaire d'Arles, in: The Spirituality of Ancient Monasticism. Acts of the International Colloquium held in Cracow-Tyniec, 16–19th Nov. 1994 (Pontificia Academia Cracoviensis. Facultas Theologica. Studia IV 1) Wydanictwo Benedytynow 1995, 197–26.

J.-L. Derouet, Recherches d'histoire des mentalités sur les textes hagiographiques du Nord et de l'Est de la Gaule, VIIe–VIIIe siècles, Paris 1972.

Ders., "La possibilité d'interprétation sémiologique des textes hagiographiques", in: Revue d'histoire de l'église de France 62 (1976) 153–162.

L. Deubner – U. Klein (Hgg.), Iamblichi de Vita Phythagorica Liber, Stuttgart 1975.

G. Deussen, "Weisen der Bischofswahl im 1. Clemensbrief und in der Didache", in: Theologie und Glaube 62 (1972) 125–135.

Fr. De Vriendt – M. Trigalet, "Un siècle de recherches hagiographies: un parcours à travers la Revue d'histoire ecclésiastique", in: Revue d'histoire ecclésiastique 95 (2000) 539–562.

A. Dierkens, Superstitions, christianisme et paganisme à la fin de l'époque mérovingienne, in: H. Hasquin (Hg.), Magie, sorcellerie, parapsychologie, Bruxelles 1985, 9–26.

Ders., "Pour une typologie des missions carolingiennes", in: Problèmes d'histoire du christianisme 17 (1987) 77–93.

Ders. (Hg.), Apparitions et miracles (Problèmes d'histoire des religions 2) Bruxelles 1991.

H.-J. Diesner, "Possidius und Augustinus", in: Studia Patristica 6 (TU 81) Berlin 1962, 350–365.

Ders., Kirche und Staat im spätrömischen Reich, Berlin 1963.

Ders., Der Untergang der römischen Herrschaft in Nordafrika, Weimar 1964.

Ders., Fulgentius von Ruspe als Theologe und Kirchenpolitiker, Stuttgart 1996.

A. Dihle, Studien zur griechischen Biographie (Abhandlungen der Akademie der Wissenschaften in Göttingen, 1970, Phil.-hist. Kl. 3) Göttingen 1970.

Ders., "Die Evangelien und die biographische Tradition der Antike", in: Zeitschrift für Theologie und Kirche 80 (1983) 33–49.

Ders., Die Evangelien und die griechische Biographie. Das Evangelium und die Evangelien, in: P. Stuhlmacher (Hg.), Vorträge vom Tübinger Symposium 1982 (Wissenschaftliche Untersuchungen zum Neuen Testament 28) Tübingen 1983, 382–411.

Ders., Die Entstehung der historischen Biographie (Sitzungsberichte der Heidelberger Akademie der Wissenschaften, Phil.-hist. Kl. 1986. H. 3) Heidelberg 1987.

Ders., Zur antiken Biographie, in: W.W. Ehlers (Hg.), La Biographie antique (Entretiens sur l'antiquité classique 44) Genève 1998, 119–147.

J. Dillon – J. Hershbell (Hgg.), Iamblichus: On the Pythagorean Way of Life, Atlanta 1992.

E. Dinkler, Die Anthropologie Augustins (Forschungen zur Kirchen- und Geistesgeschichte 4) Stuttgart 1934.

P. Dinter, Die Armenfürsorge in Bischofsviten des 10. bis 12. Jahrhunderts, in: E. Könsgen (Hg.), Arbor amoena comis. 25 Jahre Mittellateinisches Seminar in Bonn 1965–1990, Stuttgart 1990, 133–142.

P. Dinzelbacher, Zur Erforschung der Geschichte der Volksreligion. Einführung und

Bibliographie, in: Ders. – D.R. Bauer (Hgg.), Volksreligion im hohen und späten Mittelalter (Quellen und Forschungen auf dem Gebiet der Geschichte N.F. 13) Paderborn-München-Wien-Zürich 1990, 9–28.

Ders. – D.R. Bauer (Hgg.), Heiligenverehrung in Geschichte und Gegenwart, Stuttgart 1990.

J. Divjak (Hg.), *Epistolae ex duobus codicibus nuper in lucem prolatae*. S. Aureli Augustini Opera II/6 (CSEL 88) Wien 1981.

M. Djuth, "Fulgentius of Ruspe: The *Initium bonae voluntatis*"; in: Augustinian Studies 20 (1989) 39–60.

Ders., "Faustus of Riez: *Initium bonae voluntatis*", in: Augustinian Studies 21 (1990) 35–53.

S. Döbb, Lexikon der antiken christlichen Literatur, Freiburg i. Br. ²1999.

Ders. (Hg.), Antike Rhetorik und ihre Rezeption. Symposon zu Ehren von Professor Dr. Carl Joachim Classen D. Litt. Oxon. Göttingen 1998, Stuttgart 1999.

E.R. Dodds, The Greeks and the Irrational, Berkeley 1951.

Ders., Pagan and Christian in an Age of Anxiety, New York 1970.

J. Doignon, Hilarius avant l'exil, Paris 1971.

Ders., "Augustinus in Cassiciacum und die Kultur seiner Zeit: Verbundenheit und Ablösung", in: Römische Quartalschrift für christliche Altertumskunde und Kirchengeschichte 85 (1990) 50–65.

F.J. Dölger, "Zur antiken und frühchristlichen Auffassung der Herrschergewalt von Gottes Gnaden" in: Antike und Christentum 3 (1932) 117–127.

F. Dolbeau, Augustin d'Hippone, Vingt six sermons au peuple d'Afrique, Paris 1996.

Ders., La survie des oevres d'Augustin. Remarques sur l'*Indiculum* attribué à Possidius et sur la bibliothèque d'Anségise, in: D. Nebbiai Dalla Guarda – J.-F. Genest (Hgg.), Du copiste au collectionneur. Mélanges d'histoire des textes et des bibliothèques en l'honneur d'André Vernet (Bibliologia 18) Turnhout 1998.

G. D'Onofrio, "Theological Ideas and the Idea of Theology in the Early Middle Ages", in: Freiburger Zeitschrift für Philosophie und Theologie 38 (1991) 273–297.

T.R. Dorcy (Hg.), Latin Biography (Studies in Latin literature and its influence) London 1967.

H. Dörries, Die *Vita Antonii* als Geschichtsquelle, Göttingen 1949. ND: Ders., Wort und Stunde I–III. I. Gesammelte Studien zur Kirchengeschichte des vierten Jahrhunderts, Göttingen 1966, 145–224.

Ders., Erneuerung des kirchlichen Amts im vierten Jahrhundert, in: B. Moeller – G. Ruhbach (Hgg.), Bleibendes im Wandel der Kirchengeschichte. Kirchenhistorische Studien, Tübingen 1973, 1–46.

V.H. Drecoll, Die Entstehung der Gnadenlehre Augustins (Beiträge zur historischen Theologie 109) Tübingen 1999.

J. Drinkwater, Roman Gaul, Ithaca 1983.

Ders. – H. Elton (Hgg.), Fifth-Century Gaul: A Crisis of Identity, Cambridge 1992.

H.R. Drobner, "Für euch bin ich ein Bischof". Die Predigten Augustinus' über das Bischofsamt. Einleitung und Übersetzung (Augustinus heute 7) Würzburg 1993.

A. Droge – J. Tabor, A Noble Death: Suicide and Martyrdom among Christians and Jews in Antiquity, San Francisco 1992.

J. Dubois – J.L. Lemaitre, Sources et méthodes de l'hagiographie médiévale, Paris 1993.

Ders., L'évêque et sa cité en Italie byzantine d'après la correspondance de Grégoire le Grand, in: L'évêque dans l'histoire de l'église (Publications du Centre de Recherches d'Histoire Religieuse et d'Histoire des Idées 7) Angers 1984, 21–32.

Ders., "L'administration religieuse du diocèse byzantin d'Afrique (533–709)", in: Rivista di Studi Bizantini e Slavi 4 (1984) 149–178.

E. Dubreucq, "Flesh, Grace and Spirit: Metempsychosis and Resurrection from Porphyry to Saint Augustine", in: Archives de Philosophie 60 (1997) 25–45.

F.H. Dudden, The Life and Times of St. Ambrose, Oxford 1935.

J. Durliat, "Les attributions civiles des évêques mérovingiens: l'exemple de Didier, évêque de Cahors (630–655)", in: Annales du Midi 91 (1979) 237–254.

E. Dutoit, Tout Saint Augustin, Fribourg 1988.

P.-M. Duval, La Gaule jusqu'au milieu du Ve siècle. I 2, Paris 1971, 745–748.

Y. Duval, *Loca Sanctorum Africae*. Le culte des martyrs en Afrique du IVe au VIIe siècle. I–II (Collection de l'École Française de Rome 58) Rome 1982.

K.l. Düwel, Epigraphische Zeugnisse für die Macht der Schrift im östlichen Frankenreich, in: A. Wieczorek – P. Périn – K. v. Welck – W. Menghin (Hgg.), Die Franken – Wegbereiter Europas. 5.–8. Jahrhundert n. Chr. Katalog-Handbuch in zwei Teilen, Mainz ²1997, 540–553.

M. Dzielska, Apollonius of Tyana in Legend and History, Rom 1986.

L. Eberle, The Rule of the Master (Cistercian Studies 6) Kalamazoo 1977.

M.N. Ebertz – F. Schultheiss, Einleitung: Populare Religiösität, in: Dies. (Hgg.), Volksfrömmigkeit in Europa. Beiträge zur Soziologie popularer Religiösität aus 14 Ländern, München 1986, 11–52.

W. Eck, "Das Eindringen des Christentums in den Senatorenstand bis zu Konstantin dem Großen", in: Chiron 1 (1971) 381–406.

Ders., "Der Einfluß der konstantinischen Wende auf die Auswahl der Bischöfe im 4. und 5. Jahrhundert", in: Chiron 8 (1978) 561–585.

Ders., "Der Episkopat im spätantiken Afrika", in: Historische Zeitschrift 236 (1983) 265–295.

K. Eden, "Hermeneutics and the Ancient Rhetorical Tradition", in: Rhetorica 5 (1987) 59–86.

W.W. Ehlers, Einleitung, in: Ders. (Hg.), La Biographie antique (Entretiens sur l'antiquité classique 44) Genève 1998, 1–7.

J.A. Eidenschink, The Election of Bishops in the Letters of Gregory the Great (Canon Law Studies 215) Washington D.C. 1945.

D. Elliott, Spiritual Marriage: Sexual Abstinence in Medieval Wedlock, Princeton 1993.

E. Elm, "Die *Vita Augustini* des Possidius: 'The Work of a Plain Man and an Untrained Writer'? Wandlungen in der Beurteilung eines hagiographischen Textes", in: Augustinianum 37 (1997) 229–240.

H. Elton, Defining Romans, barbarians and the Roman frontier, in: R.W. Mathisen – H.S. Sivan, Shifting Frontiers in Late Antiquity, London 1996, 126–135.

L.J. Engels – H. Hofmann (Hgg.), Neues Handbuch der Literaturwissenschaft IV. Spätantike mit einem Panorama der byzantinischen Literatur, Wiesbaden 1997.

T.H. Eriksen, Ethnicity and Nationalism: Anthropological Perspectives, London 1993.

D. Esser, Formgeschichtliche Studien zur hellenistischen und frühchristlichen Literatur unter besonderer Berücksichtigung der *Vita Apollonii* des Philostrat und der Evangelien, Bonn 1969.

R. Étaix, "Sermons ariens inédits", in: Recherches augustiniennes 26 (1992) 143–179.

E. Ewig, "Zum christlichen Königsgedanken im Frühmittelalter", in: Vorträge und Forschungen 3 (1956) 7–73.

Ders., Das Fortbestehen römischer Institutionen in Gallien und Germanien (X. Congresso internazionale di scienze storiche, Relazione 6) Firenze 1955, 561–598. ND: Ders., Spätantikes und fränkisches Gallien 1 (Beihefte der Francia 3.1) München 1975, 409–434.

Ders., Spätantikes und fränkisches Gallien. Gesammelte Schriften (1952–1973) I–II (Beihefte der Francia 3, 1.2) München 1976/1979.

Ders., Bemerkungen zur Vita des Bischofs Lupus von Troyes, in: T. Struve (Hg.), Geschichtsschreibung und geistiges Leben im Mittelalter: Festschrift für Heinz Löwe zum 65. Geburtstag, Münster 1978, 14–26.

Ders., Die Merowinger und das Frankenreich, Stuttgart-Berlin-Köln-Mainz ²1993.

A. Faivre, Naissance d'une hiérarchie. Les premières étapes du cursus clérical, Paris 1977.

U. Falesiedi, Le diaconie. I servizi assistenziali nella chiesa antica, Rom 1995.

D.H. Farmer, The Oxford Dictionary of Saints, Oxford 1992.

S. Farmer, Communities of Saint Martin: Legend and Ritual in Medieval Tours, Ithaca 1991.

M.T. Fattori, "I santi antenati carolingi fra mito e storia: agiografie e genealogie come strumento di potere dinastico", in: Studi Medievali 34 (1993) 487–561.

F. Felten, Äbte und Laienäbte im Frankenreich (Monographien zur Geschichte des Mittelalters 20) Stuttgart 1980.

Ders., Herrschaft des Abtes, in: Fr. Prinz (Hg.), Herrschaft und Kirche. Beiträge zur Entstehung und Wirkungsweise episkopaler und monastischer Organisationsformen (Monographien zur Geschichte des Mittelalters 33) Stuttgart 1988, 147–296.

E. Ferguson, "Selection and Installation to Office in Roman, Greek, Jewish and Christian Antiquity", in: Theologische Zeitung 30 (1974) 273–284.

A.-J. Festugière, "Sur une nouvelle édition du De Vita Pythagorica de Jamblique", in: Revue des Études Grecques 50 (1937) 470–494.

P.-A. Février, Césaire et la Gaule méridionale au VIᵉ siècle, in: D. Bertrand (Hg.), Césaire d'Arles et la christianisation de la Provence. Actes des journées 'Césaire' (Aix-en-Provence, Arles, Lérins, 3–5 novembre 1988, 22 avril 1989) Lyons-Paris 1994, 45–73.

R. Ficarra, Fonti letterarie e motivi topici nel Panegirico a Teodorico di Ennodio, in: Scritti in onore di Salvatore Pugliatti V. Scritti vari (Pubblicazioni dell'Istituto di scienze giuridiche, economiche, politiche e sociali della Università di Messina 111) Milano 1978, 233–254.

G. Ficker, "Zur Würdigung der Vita Fulgentii", in: Zeitschrift für Kirchengeschichte 21 (1901) 9–42.

J.A. Fischer, Die ersten Konzilien im römischen Nordwest-Afrika, in: Pietas. Festschrift für Bernhard Kötting (JAC. Ergänzungsband 8) Münster 1980, 217–227.

Ders. – A. Lumpe, Die Synoden von den Anfängen bis zum Vorabend des Nicaenums (Konziliengeschichte. A: Darstellungen) Paderborn 1997.

A.D. Fitzgerald OSA (Hg.), Augustine through the ages. An encyclopedia, Grand Rapids-Cambridge 1999.

K. Flasch, Augustin. Einführung in sein Denken, Stuttgart ³1994.

Ders., Logik des Schreckens: Augustinus von Hippo, De diversis quaestionibus ad Simplicianum I 2 (Excerpta classica 8) Mainz ²1995.

J. Fontaine, Vérité e fiction dans la chronologie de la Vita Martini, in: Saint Martin e son temps. Mémorial du XVIᵉ centenaire des débuts du monachisme en Gaule (361–1961) (Studia Anselmiana 46) Roma 1961, 189–236.

Ders., "Sulpice Sévère a-t-il travesti S. Martin de Tours en martyre militaire?", in: Analecta Bollandiana 81 (1963) 35–58.

Ders., Une clé littéraire de la Vita Martini de Sulpice Sévère: la typologie prophétique, in: Mélanges offerts à Mademoiselle Christine Mohrmann, Utrecht-Anvers 1963, 84–95.

Ders., "Alle fonti della agiografia europea. Storia e leggenda nella vita di S. Martino di Tours", in: Rivista di Storia e Letteratura Religiosa 2 (1966) 187–206.

Ders. (Hg.), Sulpice Sévère. Vie de Saint Martin I–III (SC 133–135) Paris 1967–1969.

Ders., Aspects et problèmes de la prose d'art latine au IIIᵉ siècle – La genèse des styles latins chrétiens, Torino 1968.

Ders., L'apport d'Hilaire de Poitiers à une théorie chrétienne de l'esthétique du style (Remarques sur In psalm. 13.I), in: Hilaire et son temps. Actes du colloque de Poitiers 29 septembre – 3 octobre 1968 à l'occasion du XVIᵉ centenaire de la mort de saint Hilaire, Paris 1969, 287–305.

Ders., L'ascétisme chrétien dans la littérature gallo-romaine d'Hilaire à Cassien, in:

La Gallia Romana (Accademia nazionale dei Lincei. Actes du Colloque sur la Gallia Romana. Roma 1971) Roma 1973, 87–115.

Ders., L'affaire Priscillien ou l'ère des nouveaux Catilina. Observations sur le sallustianisme de Sulpice Sévère, in: Classica et Iberica. A Festschrift in honour of Joseph M.F. Marique, Worchester Mass. 1975, 355–391.

Ders., "Martin de Tours", in: Dictionnaire de Spiritualité 10 (1980) 687–694.

Ders., King Sisebut's *Vita Desiderii* and the Political Function of Visigothic Hagiography, in: E. James (Hg.), Visigothic Spain: New Approaches, Oxford 1980, 93–129.

Ders., La culture carolingienne dans les abbayes normandes: L'exemple de St. Wandrille, in: L. Musset (Hg.), Aspects du monachisme en Normandie (4.–18. siècles). Actes du colloque scientifique de l'Année des abbayes normandes'. Caen, 18.–20.10.1979, Paris 1982, 31–54.

Ders., "Sulpicius Severus", in: Dizionario Patristico e di Antichità Christiana (1983) 3334.

C.B. Forbes, Prophecy and inspired Speech in Early Christianity and its Hellenistic Environment, Tübingen 1995.

E.L. Fortin, "Augustine and the Problem of Christian Rhetoric", in: Augustinian Studies 5 (1974) 85–100.

M. Foucault, Technologien des Selbst, in: M.H. Luther – H. Gutmann – P.H. Hutton (Hgg.), Technologien des Selbst, Frankfurt a.M. 1993, 24–62.

P. Fouracre, "The Works of Audoenus of Rouen and Eligius of Noyon in Extending Episcopal Influence from the Town to the Country in Seventh-Century Neustria", in: Studies in Church History 16 (1979) 77–91.

Ders., "Merovingian History and Merovingian Hagiography", in: Past and Present 127 (1990) 3–38.

Ders. – R.A. Gerberding, Late Merovingian France. History and Hagiography 640–720, Manchester-New York 1996.

G. Fowden, "The Platonist Philosopher and his circle in Late Antique Society", in: Philosophia 7 (1977) 359–383.

Ders., "The Pagan Holy Man in Late Antique Society", in: Journal of Hellenic Studies 102 (1982) 33–59.

K.S. Frank, *Angelikos Bios*. Begriffsanalytische und begriffsgeschichtliche Untersuchung zum 'engelgleichen Leben' im frühen Mönchtum (Beiträge zur Geschichte des Mönchtums und des Benediktinerordens 26) Münster 1964.

Ders. (Hg.), Askese und Mönchtum in der Alten Kirche (Wege der Forschungen 409) Darmstadt 1975.

Ders., Frühes Mönchtum im Abendland I–II, Zürich 1975.

T. Fremer, "Wunder und Magie. Zur Funktion der Heiligen im frühmittelalterlichen Christianisierungsprozeß", in: Hagiographica 3 (1996) 15–89.

W.H.C. Frend, Martyrdom and persecution in the early Church. A study of a conflict from the Maccabees to Donatus, Oxford 1965.

Ders., "Circumcellions and Monks", in: Journal of theological studies 20 (1969) 542–549.

Ders., The Donatist Church: A Movement of Protest in Roman North Africa, Oxford ³1985.

Ders., Saints and Sinners in the Early Church. Differing and Conflicting Traditions in the First Six Centuries, London 1985.

J. Fried, *Gens* und *regnum*. Wahrnehmungs- und Deutungskategorien politischen Wandels im frühen Mittelalter, in: J. Miethke – K. Schreiner (Hgg.), Sozialer Wandel im Mittelalter, Sigmaringen 1994, 73–104.

H. Frohnes – U.W. Knorr (Hgg.), Kirchengeschichte als Missionsgeschichte I: Die Alte Kirche, Stuttgart 1974.

H. Fros (Hg.), Bibliotheca Hagiographica Latina Antiquae et Mediae Aetatis. Novum Supplementum (Subsidia hagiographica 70) Bruxelles 1986, 101–103.

M. Fuhrmann, "Die lateinische Literatur der Spätantike. Ein literarhistorischer Beitrag zum Kontinuitätsproblem", in: Antike und Abendland 13 (1967) 56–79.

Ders., Die Mönchsgeschichten des Hieronymus. Formexperimente in erzählender Literatur, in: Christianisme et formes littéraires de l'antiquité tardive en Occident (Entretiens sur l'antiquité classique 23) Genève 1976, 41–90.

Ders., "Die Spätantike und ihre Folgen. Über ein unterschätztes Zeitalter der lateinischen Literatur", in: Zeitschrift für deutsches Altertum und deutsche Literatur 121 (1992) 253–274.

Ders., Rom in der Spätantike. Porträt einer Epoche, Zürich 1994.

F.X. Funk, Die Bischofswahl im christlichen Altertum (Kanonische Studien und Texte 4) Bonn 1963.

B. de Gaiffier, L'hagiographie et son public au XIᵉ siècle, in: Les fonctions des saints. Miscellanea historica in honorem Leonis van der Essen I, Bruxelles-Paris 1947, 135–166.

Ders., Études critiques d'hagiographie et d'iconologie (Subsidia hagiographica 43) Bruxelles 1967.

Ders., Hagiographie et Historiographie, in: La storiografia altomedievale 1 (Settimane di Studio del Centro Italiano di Studi sull'Alto Medioevo 17) Spoleto 1970, 139–196.

Ders., Recherches d'hagiographie latine (Subsidia hagiographica 52) Bruxelles 1971.

Ders., Recueil d'hagiographie (Subsidia hagiographica 61) Bruxelles 1977.

Ders., "Les thèmes hagiographiques. Est-il possible d'établir pour chacun d'eux une filiation?", in: Revue d'histoire ecclésiastique 77 (1982) 78–81.

J. Gager, Moses in Graeco-Roman Paganism, New York 1972.

E. Galbiati – A. Poma – L. Alfonsi, Magno Felice Ennodio (474–521). Contributi nel XV centenario della nascità, Pavia 1975.

H.Y. Gamble, Books and Readers in the Early Church. A History of Early Christian Texts, New Haven-London 1995.

J.G. Gammie – L.G. Perdue (Hgg.), The Sage in Israel and the Ancient Near East, Winona Lake 1990.

F.L. Ganshof, Note sur l'élection des évêques dans l'Empire romain au IVᵉ siècle et pendant la première moitié du Vᵉ siècle, in: Mélanges F. de Visscher, Bruxelles 1949–1950, 468–482.

G.E. Ganssle, "The Development of Augustine's View of the Freedom of the Will (386–397)", in: Modern Schoolman 74 (1996) 1–18.

I. Gargano, Cultura et spiritualità nel monachesimo antico, in: G. Penco (Hg.), Cultura e spiritualità nella tradizione monastica (Studia Anselmiana 103) Roma 1990, 26–47.

S. Gasparri, Prima delle nazioni. Populi, etnie e regni fra Antichità e Medioevo, Roma 1997.

P. Gassmann, Episkopat in Gallien, Bonn 1977.

F. Gastaldelli, Ennodio di Pavia, Roma 1973.

J. Gaudemet, L'Église dans l'Empire romain (IVᵉ–Vᵉ siècle) (Histoire du Droit et des Institutions de l'Église en Occident 3) Paris 1958.

E.-F. Gautier, Genséric. Roi des Vandales (Bibliothèque historique) Paris 1935, 175–179.

P.J. Geary, "Ethnic identity as situational construct in the early Middle Ages", in: Mitteilungen der Anthropologischen Gesellschaft in Wien 113 (1983) 15–26.

Ders., Before France and Germany, New York 1988 .

Ders., *Furta sacra*: Thefts of relics in the Central Middle Ages, Princeton ²1990.

Cl. Gebbia, "Sant'Agostino e l'*episcopalis audientia*", in: L'Africa romana II. Atti del VI convegno di studio, Sassari, 16–18 dicembre 1988, a cura di Attilio Mastino, Sassari 1989, 683–695.

P. Gehrke, Saints and Scribes. Medieval Hagiography and its Manuscript Context

(University of California Publications in Modern Philology 126) Berkeley-Los Angeles-London 1993.

A. van Gennep, Les rites de passage, Paris 1909.

B. Gentili – G. Cerri, Storia e biografia nel pensiero antico (Biblioteca di cultura moderna 878) Roma-Bari 1983.

J. George, Venantius Fortunatus: A Latin Poet in Merovingian Gaul, Oxford 1992.

H. Gese, Lehre und Wirklichkeit in der alten Weisheit, Tübingen 1958.

W. Gessel, "Germanus von Auxerre (um 378–448). Die Vita des Constantius von Lyon als homiletische Paränese in hagiographischer Form", in: Römische Quartalschrift für christliche Altertumskunde und für Kirchengeschichte 65 (1970) 1–44.

J. De Ghellinck, Littérature latine au moyen âge I, Paris 1939.

Ders., Patristique et Moyen Age. Études d'histoire littéraire et doctrinale II (Museum Lessianum – Section historique 9) Bruxelles-Paris 1948.

F. Ghizzoni, Sulpicio Severo, Roma-Parma 1983.

E. Gianarelli, Infanzia e santità: un problema della biografia cristiana antica: in: Dies. – A. Benvenuti Papi (Hg.), Bambini santi. Rappresentazioni dell' infanzia e modelli agiografici, Torino 1991, 25–58.

Dies. (Hg.), Sulpicio Severo. Vita di Martino, Introduzione, Note, Traduzione, Milano 1995.

O. Gigon, Die antike Kultur und das Christentum, Gütersloh ²1969.

M. Gilbert (Hg.), La sagesse de l'Ancient Testament, Gembloux-Leuven 1979.

M. Gleason, Making Men. Sophists and Self-Presentation in Ancient Rome, Princeton 1995.

Chr. Gnilka, *Aetas spiritalis*: Die Überwindung der natürlichen Altersstufen als Ideal frühchristlichen Lebens (Theophaneia 24) Bonn 1972.

P. Godman (Hg.), Alcuin's The Bishops, Kings, and Saints of York, Oxford 1982.

H.-W. Goetz, Karl Martell und die Heiligen. Kirchenpolitik und Maiordomat im Spiegel der spätmerowingischen Hagiographie, in: J. Jarnut – U. Nonn – M. Richter – M. Becher – W. Reinsch (Hgg.), Karl Martell in seiner Zeit, Sigmaringen 1994, 101–118.

W. Goffart, Barbarians and Romans: Techniques of Accomodation. AD 418–584, Princeton 1988.

Ders., The Narrators of Barbarian History, Princeton 1988, 256–324.

Ders., Rome's Fall and After, London 1989.

A. Goldbacher (Hg.), *S. Aurelii Augustini Hipp. Epis. Epistulae* (CSEL 18, 34, 44, 57) Prag-Wien-Leipzig, 1885/1904/1911/1923.

P. Golinelli, "Antichi e nuovi culti cittadini al sorgere dei Comuni nel Nord-Italia", in: Hagiographica 1 (1994) 159–180.

M.G. Gómez, "Los significados y las funciones de 'Presbyter' en los escritos de San Agustín", in: Revista Agustiniana 38 (1997) 291–337.

M. Goodich, "A Note on Sainthood in the Hagiographical Prologue", in History and Theory 20 (1981) 168–174.

J. Goody, Die Logik der Schrift und die Organisation von Gesellschaft, Frankfurt a.M. 1990.

G.D. Gordini, "Possidio", in: Bibliotheca Sanctorum 10 (1968) 1055–1056.

P. Gorman, Pythagoras: A Life, London 1979.

H. Görgemann – W. Berschin, "Biographie", in: Der neue Pauly 2 (1997) 682–689.

F. Görres, "Possidius", in: Realencyklopädie für protestantische Theologie und Kirche 15 (1904) 574–577.

G.E. Gould, "The Life of Antony and the Origins of Christian Monasticism in Fourth Century Egypt", in: Medieval History 1 (1991) 3–11.

Ders., The Desert Fathers on Monastic Community, Oxford 1993.

R. Goulet, Les vies de philosophes dans l'Antiquité tardive et leur portée mystérique, in: F. Bovon (Hg.), Les Actes apocryphes des Apôtres. Christianisme et monde païen (Publications de la Faculté de Théologie de l'Université de Genève 4) Genève 1981, 161–208.

Ders., Histoire et mystère. Les Vies de philosophes de l'Antiquité tardive, in: W.W. Ehlers (Hg.), La Biographie antique (Entretiens sur l'antiquité classique 44) Genève 1998, 217–267.

P. Granfield, "Episcopal Elections in Cyprian: Clerical and Lay Participation", in Theological Studies 37 (1976) 41–52.

R.M. Grant, "Early Episcopal Succession", in: Studia Patristica 11 (1972) 179–184.

Ders., "Dietary Laws Among Pythagoreans, Jews and Christians", in: Harvard Theological Review 73 (1980) 299–310.

T. Graumann, *Christus interpres*. Die Einheit von Auslegung und Verkündigung in der Lukaserklärung des Ambrosius von Mailand (Patristische Texte und Studien 41) Berlin 1994.

Fr. Graus, "Die Gewalt bei den Anfängen des Feudalismus und die 'Gefangenen-befreiungen' der merowingischen Hagiographie", in: Jahrbuch für Wirtschafts-geschichte 1 (1961) 61–156.

Ders., Volk, Herrscher und Heilige im Reich der Merowinger. Studien zur Hagio-graphie der Merowingerzeit, Prag 1965.

Ders., Sozialgeschichtliche Aspekte der Hagiographie der Merowinger- und Karo-lingerzeit. Die Viten der Heiligen des südalemannischen Raumes und die soge-nannten Adelsheiligen, in: Arno Borst (Hg.), Mönchtum, Episkopat und Adel zur Gründungszeit des Klosters Reichenau (Vorträge und Forschungen. Konstanzer Arbeitskreis für Mittelalterliche Geschichte 20) Sigmaringen 1974, 131–176.

Ders., Mentalität – Versuch einer Begriffsbestimmung und Methoden der Unter-suchung, in: Ders. (Hg.), Mentalitäten im Mittelalter: Methodische und inhaltliche Probleme (Vorträge und Forschungen. Konstanzer Arbeitskreis für Mittelalterliche Geschichte 35) Sigmaringen 1987, 9–48.

Ders., Mittelalterliche Heiligenverehrung als sozialgeschichtliches Phänomen, in: P. Dinzelbacher – D.R. Bauer (Hgg.), Heiligenverehrung in Geschichte und Gegen-wart, Ostfildern 1990, 86–103.

D.H. Green, "Orality and Reading: The State of Research in Medieval Studies", in: Speculum 65 (1990) 267–280.

L. Greenslade, Schisms in the Early Church, London 1953.

R.A. Greer, "Augustine's Transformation of the Free Will Defence", in: Faith and Philosophy 13 (1996) 471–486.

C. Gregg (Hg.), Arianism: Historical and Theological Reassessment, Cambridge 1985.

R.C. Gregg – D.E. Groh, Early Arianism: A View of Salvation, Philadelphia 1981.

R. Grégoire, Riflessioni sulla tipologia agiografica della *Vita Augustini* di Possidio, in: Miscellanea di Studi Agostiniani in onore di P. Agostino Trapè O.S.A. (Augus-tinianum 25) Roma 1985, 21–26.

Ders., Manuale di Agiologia. Introduzione alla letteratura agiografica (Bibliotheca Montisfani 12) Fabriano ²1996.

E. Griffé, "L'hagiographie gauloise au Vᵉ siècle. La vie de saint Germaine d'Auxerre", in: Bulletin de littérature ecclésiastique 66 (1965) 289–294.

Ders., La Gaule chrétienne à l'époque romaine, Paris ²1966.

K. Gross-Albenhausen, *Imperator christianissimus*: Der christliche Kaiser bei Ambrosius und Johannes Chrisostomus, Frankfurt a.M. 1999.

F. Grossi-Gondi, Principi e problemi di critica agiographica, Roma 1916.

H. Grundmann, Geschichtsschreibung im Mittelalter. Gattungen-Epochen-Eigenart, Göttingen ²1969.

G. Grützmacher, Die Lebensbeschreibung des Ambrosius von seinem Sekretär Paulinus, in: Geschichtliche Studien A. Hauck dargebracht, Leipzig 1916, 77–84.

R. Gryson, "Les élection épiscopales en Occident au IVᵉ siècle", in: Revue d'his-toire ecclésiastique 75 (1980) 257 ff.

A. Guillou, "L'évêque dans la société méditerranéenne du VIe–VIIe siècles, un modèle", in: Bibliothèque de l'École des Chartes 131 (1973) 5–19.

P. Guyot – R. Klein, Das frühe Christentum bis zum Ende der Verfolgungen. Eine Dokumentation (Texte zur Forschung 60/62) Darmstadt 1993/1994.

H. Günter, Die christliche Legende des Abendlandes (Religionswissenschaftliche Bibliothek 2) Heidelberg 1910.

Ders., Psychologie der Legende. Studien zu einer wissenschaftlichen Heiligen-Geschichte, Freiburg 1949.

Ders., "Hagiographie und Wissenschaft", in: Historisches Jahrbuch 62/69 (1949) 43–88.

J. Guyot (Hg.), Das apostolische Amt, Mainz 1961.

P.-M. Gy, "Ancient Ordination Prayers", in Studia liturgica 13 (1979). ND: E. Ferguson (Hg.), Church, Ministry and Organisation in the Early Church Era (Studies in Early Christianity 13) New York 1993, 122–145.

St. Haarländer, "Die Reliquien der Bischöfe. Kirchliche Amsträger und Kultpraxis in hagiographischen Quellen des Hochmittelalters", in: Hagiographica 1 (1994) 117–158.

M. Hadas – M. Smith, Heroes and Gods. Spiritual Biographies in Antiquity, New York 1965.

H. Hagendahl, Von Tertullian zu Cassiodor. Die profane literarische Tradition in dem lateinischen christlichen Schrifttum (Studia Graeca et Latina Gothobergensia 44) Göteborg 1983.

J. Hahn, Der Philosoph und die Gesellschaft: Selbstverständnis, öffentliches Auftreten und populäre Erwartungen in der hohen Kaiserzeit (Heidelberger althistorische Beiträge und epigraphische Studien 7) Stuttgart 1989.

R.J. Halliburton, "The Inclination to Retirement – the Retreat of Cassiciacum and 'Monastery' of Thagaste", in: Studia Patristica (TU 5) Berlin 1962, 339.

V. Hamp – J. Blinzler – E. Biser, "Weisheit", in: Lexikon für Theologie und Kirche 10 (1965) 999–1004.

R. Hanslik, "*Laudatio funebris*", in: Lexikon der Alten Welt (1965) 1693–1694.

R.P.C. Hanson, The Search for the Christian Doctrine of God: The Arian Controversy 318–381, Edinburgh 1988.

A.V. Harnack, Das Leben Cyprians von Pontius. Die erste christliche Biographie (TU 39/3) Berlin 1913.

Ders., Die Mission und Ausbreitung des Christentums in den ersten drei Jahrhunderten, Leipzig ⁴1924.

Ders., Possidius. Augustins Leben (Abhandlungen der Preußischen Akademie der Wissenschaften 1930. Phil.-hist. Kl. 1) Berlin 1930.

Ders., Geschichte der altchristlichen Literatur bis Eusebius II 2, Leipzig ²1958.

C.V. Harris, Origen's Interpretation of the Teacher's Function in the Early Christian Hierarchy and Community, Duke University 1952.

J.D. Harries, Sidonius Apollinaris, Rome and the Barbarians: A Climate of Treason?, in: J. Drinkwater – H. Elton (Hgg.), Fifth-Century Gaul: A Crisis of Identity, Cambridge 1992, 298–308.

C. Harrison, Augustine, Monk and Bishop, in: Vescovi e pastori in epoca teodosiana. In occasione del XVI centenario della consacrazione episcopale di S. Agostino, 396–1996. XXV Incontro di studiosi dell' antichità cristiana. Roma, 8–11 maggio 1996 I, Roma 1997 (Studia Ephemeridis Augustinianum 58) 659–666.

W. Hartel (Hg.), *Magni Felicis Opera Omnia* (CSEL 6) Wien 1882.

W. Hartung, Die Magie des Geschriebenen, in: U. Schaffer (Hg.), Schriftlichkeit im frühen Mittelalter, Tübingen 1993, 109–126.

H. Hattenhauer, Europäische Rechtsgeschichte, Heidelberg 1992.

W. Haubrichs, Die Anfänge. Versuche volkssprachlicher Schriftlichkeit im frühen Mittelalter (ca. 700–1050/60) (Geschichte der deutschen Literatur I/1) Frankfurt a.M. 1988.

Ders., "Christentum in der Bekehrungszeit. Frömmigkeitsgeschichte", in: Reallexikon der Germanischen Altertumskunde 4 (1981) 520.

K. Hauck, "Lebensnormen und Kultmythen in germanischen Stammes- und Herrschergeneaolgien", in: Saeculum (1955) 186–233.

Ders., Die geschichtliche Bedeutung der germanischen Auffassung von Königtum und Adel, in: XI Congrès International des Sciences Historiques. Rapports III. Moyen Âge, Gothenburg-Stockholm-Uppsala 1960, 86–104.

W.-D. Hausschild, "Bischof. Kirchengeschichtlich", in: Religion in Geschichte und Gegenwart 1 (1998) 1615–1618, 1615.

K. Heene, "Merovingian and Carolingian Hagiography: Continuity or Change in Public and Aims?", in: Analecta Bollandiana 107 (1989) 415–428.

C.J. v. Hefele, Histoire des Conciles I–III, Paris 1907–1909.

Ders., "Die Bischofs-Wahlen in den ersten christlichen Jahrhunderten", in: Beiträge zur Kirchengeschichte, Archäologie und Liturgik I, Tübingen 1864, 140–144.

H. Hegermann, "σοφία, ας, ἡ", in: Exegetisches Wörterbuch zum Neuen Testament 3 (^{2}1992) 616–624.

Ders., "σοφός", in: Ebd., 624–626.

St. Heid, Zölibat in der frühen Kirche. Die Anfänge einer Enthaltsamkeitspflicht für Kleriker in Ost und West, Paderborn-München-Wien-Zürich 1997.

M. Heinzelmann, "Neue Aspekte der biographischen und hagiographischen Literatur in der lateinischen Welt (1.–6. Jh.)", in: Francia 1 (1973) 27–44.

Ders., Bischofsherrschaft, Zürich-München 1976.

Ders., "Sanctitas und 'Tugendadel'. Zu Konzeptionen von 'Heiligkeit' im 5. und 10. Jh.", in: Francia 5 (1977) 741–752.

Ders., Translationsberichte und andere Quellen des Reliquienkultes (Typologie des sources du moyen âge occidental 33) Turnhout 1979.

Ders., "Gallische Prosopographie 260–527", in: Francia 10 (1982) 531–718.

Ders., Bischof und Herrschaft vom spätantiken Gallien bis zu den karolingischen Hausmeiern. Die institutionellen Grundlagen, in: Fr. Prinz (Hg.), Herrschaft und Kirche. Beiträge zur Entstehung und Wirkungsweise episkopaler und monastischer Organisationsformen (Monographien zur Geschichte des Mittelalters 33) Stuttgart 1988.

Ders., Studia Sanctorum. Éducation, milieux d'instruction et valeurs éducatives dans l'hagiographie en Gaule jusqu'à la fin de l'époque mérovingienne, in: Haut Moyen Âge. Culture, Éducation et Societé. Études offertes à Pierre Riché, Paris 1990, 105–138.

Ders., The 'Affair' of Hilary of Arles (445) and Gallo-Roman Identity in the Fifth Century", in: J. Drinkwater – H. Elton (Hgg.), Fifth-Century Gaul: A crisis of identity, Cambridge 1992, 239–251.

Ders. (Hg.), Manuscrits hagiographiques et travail des hagiographes (Beihefte der Francia 211) Sigmaringen 1992.

Ders., "Lupus", in: Lexikon des Mittelalters 6 (1993) 15.

Ders., Clovis dans le discours hagiographique du VIe au IXe siècle, in: Olivier Guyotjeannin, Clovis chez les historiens. Études réunis, Paris-Genève 1996, 87–112.

M. Hengel, Nachfolge und Charisma. Eine exegetisch-religionsgeschichtliche Studie zu Mt 8,21 f. und Jesu Ruf in die Nachfolge (Beihefte zur Zeitschrift für Neutestamentliche Wissenschaft 34) Tübingen 1968.

L.R. Hennessey, Diakonia and Diakonoi in the Pre-Nicene Church, in: T. Halton – J.P. Williams (Hgg.), Diakonia: Studies in Honour of Robert T. Meyer, Washington D.C. 1986, 60–86.

J. Henning, Handel, Verkehrswege und Beförderungsmittel im Merowingerreich, in: A. Wieczorek – P. Périn – K. v. Welck – W. Menghin (Hgg.), Die Franken – Wegbereiter Europas. 5.–8. Jahrhundert n. Chr. Katalog-Handbuch in zwei Teilen, Mainz ^{2}1997, 789–801.

H.-J. Hermisson, Weisheit, in: H.-J. Böcker – H.-J. Hermisson – J.M. Schmidt –
L. Schmidt, Altes Testament (Neukirchener Arbeitsbücher) Neukirchen ⁵1996, 200–
225.

E. Herrmann-Otto, "Der spätantike Bischof zwischen Politik und Kirche: Das exemplarische Wirken des Epiphanius von Pavia", in: Römische Quartalschrift für
christliche Altertumskunde und Kirchengeschichte 90 (1995) 202.

R. Herzog – R. Koselleck (Hgg.), Epochenschwelle und Epochenbewußtsein (Poetik
und Hermeneutik XII) München 1987.

K. Heussi, Der Ursprung des Mönchtums, Tübingen 1936.

P. Hichcliff, Cyprian of Carthage and the Unity of the Christian Church, London 1974.

D. Hill, New Testament Prophecy, Atlanta 1970.

J.N. Hillgarth (Hg.), Christianity and Paganism 350–750: The Conversion of Western
Europe, Philadelphia 1986.

E.G. Hinson, The Evangelization of the Roman Empire, Macon 1981.

E. Hlawitschka, Die Vorfahren Karls des Großen, in: W. Braunfels (Hg.), Karl der
Große. Lebenswerk und Nachleben I–IV, Düsseldorf 1965–1968.

Ders., "Arnulf", in: Lexikon des Mittelalters 1 (1980) 1019.

R. Hodges-W. Bowden (Hgg.), The Sixth Century. Production, Distribution and
Demand, Leiden-Boston-Köln 1998.

E. Hoffmann, Die heiligen Könige bei den Angelsachsen und den skandinavischen
Völkern. Königsheiliger und Königshaus (Quellen und Forschungen zur Geschichte
Schleswig-Holsteins) Neumünster 1975.

J.B. Hofmann – A. Szantyr, Lateinische Syntax und Stilistik, München 1965. ND
1972.

K. Holl, "Die schriftstellerische Form der griechischen Heiligenleben", in: Neue
Jahrbücher für das klassische Altertum 29 (1912) 406–427. Auch in: Ders.,
Gesammelte Aufsätze zur Kirchengeschichte II, Tübingen 1928, 249–269.

C.R. Holladay, *Theios Aner* in Hellenistic Judaism. A Critique of this Category in
New Testament Christology, Missoula 1977.

L. Holt, "Wisdom's teacher: Augustine at Cassiciacum", in: Augustinian studies 29
(1998) 47–60.

R.A. Horsley, "Wisdom of Word and Words of Wisdom in Corinth", in: Catholic
biblical quarterly 39 (1977) 224–39.

B. Hospital, Vida de San Agustín por San Posidio. Versión original del latín. Prólogo
del P. Angel Custodio Vega (Bibliotheca "El Buen Consejo") Madrid 1959.

D. Hoster, Die Form der frühesten lateinischen Heiligenviten von der *Vita Cypriani*
bis zur *Vita Ambrosii*, Köln 1963.

P.E. Hübinger (Hg.), Kulturbruch oder Kulturkontinuität im Übergang von der
Antike zum Mittelalter (Wege der Forschung 201) Darmstadt 1968.

Ders. (Hg.), Zur Frage der Periodengrenze zwischen Altertum und Mittelalter (Wege
der Forschung 51) Darmstadt 1969.

Chr. Hünemörder, "Biene", in: Der neue Pauly 2 (1997) 648–650.

K. Hughes, The Church in Early Irish Society, London 1966.

Dies., Early Christian Ireland. Introduction to the Sources, London 1972.

P. Hyltén, Studien zu Sulpicius Severus, Lund 1940.

D.-S. I, "L'opera agiografica di Alcuino: la *Vita Willibrordi*", in: Studi Medievali 21
(1980) 47–96.

Ders., L'opera agiografica di Alcuino (Biblioteca degli 'Studi medievali' 13) Spoleto
1983.

H.U. Instinksky, Bischofsstuhl und Kaiserthron, München 1955.

F. Irsigler, Untersuchungen zur Geschichte des frühfränkischen Adels (Rheinisches
Archiv 70) Bonn 1969.

A. Isola, "Sulla paternità della *Vita Fulgentii*", in: Vetera Christianorum 23 (1986) 63–71.

K. Jackson, The Oldest Irish Tradition, Cambridge 1964.

P.A. Jacob (Hg.), Honorat de Marseille: La Vie d'Hilaire d'Arles (SC 404) 1995.

E. James, The Origins of France, London 1982.

Ders., *Beati pacifici*: Bishops and the Law in Sixth Century Gaul, in: J.A. Bossy (Hg.), Disputes and Settlements: Law and Human Relations in the West, Cambridge 1983, 25–64.

T. Janson, Latin Prose Prefaces. Studies in Literary Conventions, Stockholm 1964.

K. Janssen, Die Entstehung der Gnadenlehre Augustins, Rostock 1936.

G. Jenal, Gregor der Große und die Anfänge der Angelsachsenmission (596–604), in: Angli e sassoni al di qua e al di là del mare (Settimane di Studio del Centro Italiano di Studi sull'Alto Medioevo 32) Spoleto 1986, 793–849.

E. Jenkinson, Nepos. An introduction to Latin Biography, in: T.A. Dorey (Hg.), Latin Biography (Studies in Latin literature and its influence) London 1967, 1–17.

A. Jensen, "Prisca-Maximilla-Montanus: Who was the founder of 'Montanism'?", in: Studia Patristica 26 (1993) 147–150.

E. Jerg, *Vir venerabilis*. Untersuchungen zur Titulatur der Bischöfe in den außerkirchlichen Texten der Spätantike als Beitrag zur Deutung ihrer öffentlichen Stellung (Wiener Beiträge zur Theologie 26) Wien 1970.

A.H.M. Jones, The Later Roman Empire 284–603. A Social, Economic and Administrative Survey I–III, Oxford ²1970.

C.P. Jones, Philostratus: The Life of Apollonius, Harmondsworth 1970.

C. Jullian, "Notes gallo-romaines. Remarques critiques sur les sources de la vie de saint Martin", in: Revue des Études Anciennes 24 (1922) 37–47, 306–315.

H.-D. Kahl, Zwischen Aquileja und Salzburg. Beobachtungen und Thesen zur Frage romanischen Restchristentums im nachvölkerwanderzeitlichen Binnen-Noricum (7.–8. Jahrhundert), in: H. Wolfram – F. Daim (Hgg.), Die Völker an der mittleren und unteren Donau im fünften und sechsten Jahrhundert (Veröffentlichungen der Kommission für Frühmittelalterforschung 4. Österreichische Akademie der Wissenschaften, Phil.-hist. Kl., Denkschriften 145) Wien 1978, 33–81.

O. Kaiser, "Weisheitsliteratur", in: Evangelisches Kirchenlexikon 4 (1996) 1243–1249.

R. Kaiser, Bischofsherrschaft zwischen Königtum und Fürstenmacht. Studien zur bischöflichen Stadtherrschaft im westfränkisch-französischen Reich im frühen und hohen Mittelalter (Pariser historische Studien) Bonn 1981.

O. Kampert, Das Sterben der Heiligen. Sterbeberichte unblutiger Märtyrer in der lateinischen Hagiographie des IV. bis VI. Jhts. (Münsteraner theologische Abhandlungen 53) Altenberge 1998.

C. Kannengiesser, "Arius and the Arians", in: Theological Studies 44 (1983) 456–475.

R. Kany, "Der vermeintliche Makel von Augustins Bischofsweihe. Zur Rezeption griechischer Konzilskanones in Rom und Nordafrika", in: Zeitschrift für Antike und Christentum 1 (1997) 116–126.

T.G. Kardong, "Monastic Issues in Possidius' 'Life of Augustine'", in: The American Benedictine Review 38 (1987) 159–177.

Cl. Kasper, O. Cist., Theologie und Askese. Die Spiritualität des Inselmönchtums von Lérins im 5. Jahrhundert (Beiträge zur Geschichte des alten Mönchtums und des Benediktinerordens 40) Münster 1991.

H. Kech, Hagiographie als christliche Unterhaltungsliteratur. Studien zum Phänomen des Erbaulichen anhand der Mönchsviten des heiligen Hieronymus (Göppinger Arbeiten zur Germanistik 225) Göppingen 1977.

H. Kee, "Aretalogy and Gospel", in: Journal of Biblical Literature 92 (1973) 402–422.

H. Keller – Fr.J. Worstbrock, "Träger, Felder, Formen pragmatischer Schriftlichkeit im Mittelalter. Der neue Sonderforschungsbereich 231 an der Westfälischen Wilhelms-Universität Münster" in: Frühmittelalterliche Studien 22 (1988) 388–409.

Ders., "Vom 'heiligen Buch' zur 'Buchführung'. Lebensfunktionen der Schrift im Mittelalter", in: Frühmittelalterliche Studien 26 (1992) 1–31.

J. Kelly, Jerome. His Life, Writings and Controversies, London 1978.

E. Kemp, Canonisation and Authority in the Western Church, London 1948, 24–35.

Ders., Bishops and Presbyters at Alexandria, in: Working Papers of the Task Group on the Genre of the Gospel (Studies in Biblical Literature) Missoula Mt. 1972.

F. Kemper, *De vitarum Cypriani, Martini Turonensis, Ambrosii, Augustini rationibus*, Münster 1904.

G. Kennedy, Classical Rhetoric and its Christian and Secular Tradition from Ancient to Modern Times, Chapel Hill 1980.

Ders., Greek Rhetoric under Christian Emperors, Princeton 1983.

Fr. Kerlouégan, Présence et culte de clercs irlandais et bretons entre Loire et Mons Jura, in: J.-M. Picard, Aquitaine and Ireland in the Middle Ages, Dublin 1995, 188–206.

G. Kerscher (Hg.), Hagiographie und Kunst. Der Heiligenkult in Schrift, Bild und Architektur, Berlin 1993.

Ders., Die Mentalität des mittelalterlichen Hagiographen und das Gegensatzpaar Hagiographie und Kunst, in: Ders. (Hg.), Hagiographie und Kunst. Der Heiligenkult in Schrift, Bild und Architektur, Berlin 1993, 11–21.

A. Kessler, Reichtumskritik und Pelagianismus (Paradosis 42) Freiburg i.Br. 1999.

W. von Kienle, Die Berichte über die Sukzessionen der Philosophen in der hellenistischen und spätantiken Literatur, Berlin 1961.

W. Kierdorf, *Laudatio funebris*. Interpretationen und Untersuchungen zur Entwicklung der römischen Leichenrede (Beiträge zur Klassischen Philologie 106) Meisenheim am Glan 1980.

A. King, Roman Gaul and Germany, Berkeley 1990.

Ch. Kirwan, Augustine (The Argument of the Philosophers) London-New York 1989.

T. Klauser, "Akklamation", in: RAC I (1950) 216–233.

Ders., Der Ursprung der bischöflichen Insignien und Ehrenrechte (Bonner Akademische Reden 12) Krefeld ²1953.

E. Klebs, "Entlehnungen aus Velleius", in: Philologus 49 (1890) 285–312.

M. Kleijwegt, Ancient Youth: The Ambiguity of Youth and the Absence of Adolescence in Greco-Roman Society, Amsterdam 1991.

Chr. Klein, Kohelet und die Weisheit Israels, Stuttgart 1994.

W.W. Klein, Die Argumentation in den griechischchristlichen Antimanichaica, Wiesbaden 1991.

W.E. Klingshirn, "Charity and Power: Caesarius of Arles and the Ransoming of Captives in Sub-Roman Gaul", in: Journal of Religious Studies 75 (1985) 183–203.

Ders., Caesarius of Arles: The Making of a Christian Community in Late Antique Gaul, Cambridge 1994.

Ders. (Hg.), Caesarius of Arles: Life, Testament, Letters (Translated Texts for Historians 19) Liverpool 1994.

R. Knopf – G. Krüger – G. Ruhbach (Hgg.), Ausgewählte Märtyrerakten (Sammlung ausgewählter kirchen- und dogmengeschichtlicher Quellenschriften. N.F. 3) Tübingen ⁴1965.

L. Kolmar, "Heilige als magische Heiler", in: Mediävistik 6 (1993) 153–175.

D. König, Amt und Askese. Priesteramt und Mönchtum bei den lateinischen Kirchenvätern in vorbenediktinischer Zeit (Regulae Benedicti Studia. Suppl. 12) St. Ottilien 1985.

E. König, *Augustinus Philosophus*. Christlicher Glaube und philosophisches Denken in den Frühschriften Augustins (Studia et Testimonia Antiqua 11) München 1970.

E. Koskenniemi, Apollonius von Tyana in der neutestamentlichen Exegese (Wissenschaftliche Untersuchungen zum Neuen Testament II 61) Tübingen 1994.

H. Köster, "One Jesus and Four Primitive Gospels", in: Harvard Theological Review 61 (1968) 203–247.

B. Kötting, *Peregrinatio religiosa*. Wallfahrten in der Antike und das Pilgerwesen in der alten Kirche, Münster 1950. ND 1980.

Ders., Dienstfunktion und Vollmacht kirchlicher Ämter in der alten Kirche, in: W. Weber (Hg.), Macht, Dienst, Herrschaft in Kirche und Gesellschaft, Freiburg 1974, 75–80.

Ders., Die Anfänge der christlichen Heiligenverehrung in der Auseinandersetzung mit Analogien außerhalb der Kirche, in: P. Dinzelbacher – D.R. Bauer (Hgg.), Heiligenverehrung in Geschichte und Gegenwart, Ostfildern 1990, 67–80.

H. Kraft, "Die Anfänge des geistlichen Amtes", in: Theologische Literaturzeitung 100 (1975) 81–98.

J. Kreuzer, Augustinus, Frankfurt-New York 1995.

Ders., *Pulchritudo* – Vom Erkennen Gottes bei Augustin. Bemerkungen zu den Büchern IX, X und XI der Confessiones, München 1995.

P.O. Kristeller, Greek Philosophers of the Hellenistic Age, New York 1993.

B. Krusch (Hg.), *Passiones vitaeque sanctorum aevi Merovingici et antiquiorum aliquot* I–II (MGH SS rer. Merov.) Hannover 1896, 1977. ND 1995, 1977.

Ders. – W. Levison (Hgg.), *Passiones vitaeque sanctorum aevi Merovingici* III–VII (MGH SS rer. Merov.), Hannover-Leipzig 1910–1920. ND 1979.

M. Küchler, Frühjüdische Weisheitstraditionen: Zum Fortgang weisheitlichen Denkens im Bereich des frühjüdischen Jahweglaubens (Orbis biblicus et orientalis 26) Göttingen 1979.

B. Kursawe, *Docere – delectare – movere*: die *officia oratoris* bei Augustinus in Rhetorik und Gnadenlehre, Paderborn 2000.

M. Labrousse (Hg.), Saint Honorat fondateur de Lérins et évêque d'Arles. Étude et traduction de textes d'Hilaire d'Arles, Fauste de Riez et Césaire d'Arles (Vie monastique 31) Begrolles-en-Mauges 1995.

É. Lamirande, Paulin de Milan et la *Vita Ambrosii*, Paris-Montréal 1983.

G. Lanata, Gli atti dei martiri come documenti processuali, Milano 1973.

S. Lancel (Hg.), Actes de la conference de Carthage en 411 (SC 194–195) Paris 1972–1979, 194–195, 224.

Ders. (Hg.), *Gesta conlationis Carthaginiensis anno* 411 (CCL 149 A) Turnhout 1974.

Ders. (Hg.), *Sancti Augustini Breviculus Conlationis cum Donatistis*, in: Gesta Conlationis Carthaginiensis anno 411 (CCL 149 A) Turnhout 1974, 261–306.

Ders., "Saint Augustin et la Maurétanie Césarienne: les années 418–419 à la lumière des nouvelles lettres récemment publiées", in: Revue des Études Augustiniennes 30 (1984) 48–59.

Ders., Le voyage d'Augustin à Césarienne en 418 et les difficultés de la Maurétanie Césarienne, in: S. Lancel (Hg.), Actes de la conférence de Carthage en 411 (SC 194–195) Paris 1972–1979, 186–87.

R. Lane Fox, Pagans and Christians, Harmondsworth 1986.

G. Langgärtner, Die Gallienpolitik der Päpste im 5. und 6. Jahrhundert. Eine Studie über den apostolischen Vikariat von Arles, Bonn 1964.

K. Langosch, Mittellatein und Europa. Einführung in die Hauptliteratur des Mittelalters, Darmstadt 1990.

F. Lanzoni, Genesi, svolgimento e tramonto delle legende storiche. Studio critico (Studi e testi 43) Roma 1925.

G.G. Lapeyre (Hg.), Ferrand. Vie de saint Fulgence de Ruspe, avec traduction française, Paris 1929.

Ders., S. Fulgence de Ruspe. Un évêque africain sous la domination vandale, Paris 1929.

M. Lapidge – R. Sharpe, A Bibliography of Celtic-Latin Literature. 400–1200, Dublin 1985.

M. Lapidge, The Saintly Life in Anglo-Saxon England, in: M. Godden – M. Lapidge (Hgg.), The Cambridge Compagnion to Old English Literature, Cambridge 1991, 243–246.

Ders., A. Pellegrin, Carthage latine et chrétienne, Paris 1950.

H. Last, "*Audientia episcopalis*", in: RAC 1 (1950) 915–919.

K.S. Latourette, A History of the Expansion of Christianity I–VII, New York 1937–1945.

M.-L. Laudage, *Caritas* und *Memoria* mittelalterlicher Bischöfe (Münsterische Historische Forschungen 3) Köln-Weimar-Wien 1993.

G. Lawless, Augustine of Hippo and his Monastic Rule, Oxford 1987.

G. Lazzati, Gli sviluppi della letteratura sui martiri nei primi quattro secoli, Torino 1955.

W. Leadbeater, "Aspects of the Philosophical Priesthood in Iamblichus' *De Mysteriis*", in: Classical Bulletin 47 (1971) 89–91

S. Lebecq, Les Origines franques, V^e–IXe siècles, Paris 1990.

G. Le Bras – É. Gilson (Hgg.), S. Germain d'Auxerre et son temps, Auxerre ²1955.

H. Leclercq, Histoire des Conciles I–II, Paris 1907/1908.

Ders., "Relics et reliquaires", in: Dictionnaire d'archéologie chrétienne et de liturgie (1984) 12, 2294–2359.

J. Leclercq, "Mönchtum und *peregrinatio* im Frühmittelalter", in: Römische Quartalschrift für christliche Altertumskunde und Kirchengeschichte 55 (1960) 212–225.

Ders., Études sur le vocabulaire monastique du moyen âge (Studia Anselmiana 48) Roma 1961.

J. Lécuyer, Le Sacrament de l'ordination: recherche historique et théologique, Paris 1983.

J. Leipoldt, Griechische Philosophie und frühchristliche Askese (Berichte der Sächsischen Akademie der Wissenschaften 106, 4) Leipzig 196.

F. Leo, Die Griechisch-Römische Biographie nach ihrer literarischen Form, Leipzig 1901. ND 1965.

C. Leonardi – L. Pinelli (Hgg.), Medioevo Latino. Bolletino bibliografico della cultura europea da Boezio a Erasmo (secoli VI–XV), Spoleto 1980 ff.

C. Leonardi, I modelli dell'agiografia latina dall'epoca antica al Medio Evo, in: Da Teodosio a san Gregorio Magno, Convegno Internazionale, Roma, 25–28 maggio 1977 (Accademia Nazionale dei Lincei, Atti 45) Roma 1980, 438–456.

Ders., L'agiografia latina dal tardoantico all'alto medio evo, in: La cultura in Italia fra tardoantico ed alto medio evo (Atti del convegno tenuto a Roma dal 12 al 16 novembre 1979) Roma 1981, II, 643–657.

Ders., "L'agiografia in Italia", in: Hagiographica 1 (1994) 340–341.

Ch. LePage, "Augustine on the Moral Agent", in: Gnosis 3 (1991) 49–67.

C. Lepelley, Les cités de l'Afrique Romaine au Bas-Empire I: La permanence d'une civilisation municipale, Paris 1979.

Ders., La crise de l'Afrique romaine au début du Ve siècle d'après les lettres de Saint Augustin nouvellement découvertes, in: Académie des Inscriptions et Belles-Lettres. Comptes rendus 1982, Paris 1982.

W. Levison, "Zur Kritik der Fonteneller Geschichtsquellen", in: Neues Archiv der Gesellschaft für Ältere Deutsche Geschichtskunde zur Beförderung einer Gesamtausgabe der Quellen deutscher Geschichte des Mittelalters 25 (1900) 593–606 und 26 (1901) 571 ff.

Ders., "Germanus von Auxerre", in: Neues Archiv der Gesellschaft für Ältere Deutsche Geschichtskunde zur Beförderung einer Gesamtausgabe der Quellen deutscher Geschichte des Mittelalters 29 (1904) 97–17.

Ders., "Zu den *Gesta abbatum Fontanellensium*", in: Revue bénédictine 46 (1934) 241–264.

Ders., England and the Continent in the Eighth Century, Oxford 1946.

J.T. Lienhard, "The 'Arian' Controversy: Some Categories Reconsidered", in: Theological Studies 47 (1987) 415–437.

S.N.C. Lieu, Manichaeism in the Later Roman Empire and Medieval China, Tübingen ²1992.

R. Lim, Public Disputation, Power, and Social Order in Late Antiquity, Berkeley 1995.

H. von Lips, Weisheitliche Traditionen im Neuen Testament (Wissenschaftliche Monographien zum Alten und Neuen Testament 64) Neukirchen 1990.

J. List, Das Antoniusleben des heiligen Athanasius des Großen. Eine literarisch-historische Studie zu den Anfängen der byzantinischen Hagiographie, Athen 1930.

M. Littlejohn, "Augustinian Wisdom and the Law of the Heart", in: Maritain Studies/Études Maritainiennes 12 (1996) 77–97.

R. Lizzi, Tra i classici e la Bibbia: l'otium come forma di santità episcopale, in: G. Barone – M. Caffiero – F. Scorza Barcellona (Hgg.), Modelli di santità e modelli di comportamento, Torino 1994, 43–64.

J. Lössl, "Wege der Argumentation in Augustinus' De Libero Arbitrio", in: Theologie und Philosophie 70 (1995) 321–354.

Ders., Intellectus gratiae. Die erkenntnistheoretische und hermeneutische Dimension der Gnadenlehre Augustins von Hippo (Supplements to Vigiliae Christianae 36) Leiden-New York-Köln 1997.

F. Lohier – J. Laporte (Hgg.), Gesta sanctorum patrum (abbatum) Fontanellensium, Rouen 1936.

R. Lorenz, "Gnade und Erkenntnis bei Augustin", in: Zeitschrift für Kirchengeschichte 75 (1964) 21–78.

Fr. Lotter, "Zu den Anredeformen und ehrenden Epitheta der Bischöfe in Spätantike und frühem Mittelalter", in: Deutsches Archiv zur Erforschung des Mittelalters 27 (1971) 514–517.

Ders., "Legenden als Geschichtsquellen", in: Deutsches Archiv zur Erforschung des Mittelalters 27 (1971) 197–200.

Ders., "Methodisches zur Gewinnung historischer Erkenntnisse aus hagiographischen Quellen", in: Historische Zeitschrift 229 (1979) 298–356.

Ders., La Role de saint Anian dans la défense d'Orléans, in: Académie des Inscriptions et Belles-Lettres, Comptes rendus, Paris 1969, 64–74.

H. Löwe (Hg.), Die Iren und Europa im frühen Mittelalter, Stuttgart 1982.

E. Lucius, Die Anfänge des Heiligenkults in der christlichen Kirche, Tübingen 1904.

G. Luck, Die Form der suetonischen Biographie und die frühen Heiligenviten, in: Mullus. Festschrift für Theodor Klauser (JAC. Ergänzungsband 1) Bonn 1964, 230–241.

K.H. Lütke, Auctoritas bei Augustin. Mit einer Einleitung zur römischen Vorgeschichte des Begriffs (Tübinger Beiträge zur Altertumswissenschaft 44) Stuttgart-Berlin-Köln-Mainz 1968.

G.H. Luttemberger, "The Decline of Presbyteral Collegiality and the Growth of Individualization of the Priesthood (4th–5th centuries)", in: Recherches de théologie ancienne et médiévale 48 (1981) 14–58.

R. Lyman, A Topography of Heresy: Mapping the Rhetorical Creation of Arianism, in: M.R. Barnes – D.H. Williams (Hgg.), Arianism after Arius. Essays on the Development of the Fourth Century Trinitarian Conflicts, Edinburgh 1993.

Dies., Christology and Cosmology: Models of Divine Activity in Origen, Eusebius and Athanasius, Oxford 1993.

M. Maccarone, La dottrina del primato papale dal IV all' VIII secolo nelle relazioni con le chiese occidentali, in: Settimane di Studio del Centro Italiano sull'Alto Medioevo 7.2, Spoleto 1960, 633–742.

M. MacCormick, Art and Ceremony in Late Antiquity, Berkeley-Los Angeles 1981.

Dies., Eternal Victory. Triumphal rulership in late antiquity, Byzantium, and the early medieval West, Cambridge-Paris 1986.

P. Mackey (Hg.), The Cultures of Europe: The Irish Contribution, Belfast 1994.

R. MacMullen, "Two Types of Conversion to early Christianity", in: *Verbum Caro*. Revue théologique et ecclésiastique oecuménique 37 (1983) 174–177.

Ders., Christianizing the Roman Empire (A.D. 100–400), New Haven 1984.

G. Madec, "*Christus, scientia et sapientia nostra*. Le principe de cohérence de la doctrine augustienne", in: Recherches augustiniennes 10 (1975) 77–85.

Ders., "*Verus Philosophus est Amator Dei*. S. Ambroise, S. Augustin et la Philosophie", in: Revue des sciences philosophiques et théologiques 61(1977) 549–566.

Ders., "Notes sur l'intelligence augustinienne de la foi", in: Revue des études augustiniennes 17 (1971) 119–142.

Ders. (Hg.), Augustin prédicateur (395–411). Actes du Colloque International de Chantilly (5–7 septembre 1996), Paris 1998.

T.C. Madrid (Hg.), Catalogo de los libros, tralados y cartas de san Agustin, obispo de Hipona, editado por San Possidio, obispo de Calama, in: Obras completas de san Augustín Edicion Bilingue 40, Madrid 1995, 837–882.

E. Magnou-Nortier, De l'utilité de la sainteté à l'époque mérovingienne: les évêques et le fisc aux VIe et VIIe siècles, in: Histoire et sainteté (Publications du Centre de Recherches d'Histoire Religieuse et d'Histoire des Idées 5) Angers 1982, 13–21.

H.O. Maier, "Private Space as the Social Context of Arianism in Milan", in: Journal of theological studies 45 (1994) 72–93.

Ders., "Religious Dissent, Heresy and Households in Late Antiquity", in: Vigiliae Christianae 49 (1995) 49–63.

A. M. Malingrey, *Philosophia*. Étude d'un groupe de mots dans la littérature grecque des présocratiques au IVe siècle après J.C., Paris 1961.

A. Mandouze, L'évêque et le corps presbytéral au service du peuple fidèle selon saint Augustin, in: Ders. – H. Bouesse (Hgg.), L'évêque dans l'Église du Christ. Traveaux du Symposium d'Arbresle, Paris-Bruges 1963, 123–151.

Ders., St. Augustin. L'aventure de la raison et de la grâce, Paris 1968.

Ders., St. Augustin et le ministère épiscopal: Jean Chrysostome et Augustin, Paris 1975, 61–73.

Ders., Prosopographie de l'Afrique chrétienne 303–533 (Prosopographie chrétienne du Bas-Empire I) Paris 1982.

M. Manitius, Geschichte der lateinischen Literatur des Mittelalters I (Handbuch der Altertumswissenschaft IX, 2,1) München 1911. ND 1974.

A. Manriquez, La vida monástica en San Agustín. Enchiridion historico-doctrinal y Regla (Studia Patristica 1) Salamanca 1954.

B. de Margerie, Vous ferez ceci en mémorial de moi. Annonce et souvenir de la mort du Ressuscité, Montréal-Paris 1989.

H.J. Margull (Hg.), Die ökumenischen Konzile der Christenheit, Stuttgart 1961.

C. Markschies, Ambrosius von Mailand und die Trinitätstheologie (Beiträge zur historischen Theologie 90) Tübingen 1995.

Ders., Arbeitsbuch Kirchengeschichte, Tübingen 1995.

Ders., Zwischen den Welten wandern. Strukturen des antiken Christentums (Europäische Geschichte) Frankfurt a.M. 1997.

Ders. – A. Böhlig, Gnosis und Manichäismus (Beihefte zur Zeitschrift für die neutestamentliche Wissenschaft und die Kunde der älteren Kirche 72) Berlin-New York 1994.

R. Markus, "The Chronology of the Gregorian Mission to England, Bede's Narrative and Gregory's Correspondence", in: Journal of Ecclesiastical History 14 (1963) 16–30.

Ders., Gregory the Great and Papal Missionary Strategy, in: G.J. Cumming, The Mission of the Church and the Propagation of the Faith (Studies in Church History 6) Cambridge 1970, 29–38.

Ders., "Pelagianism: Britain and the Continent", in: Journal of Ecclesiastical History 36 (1986) 191–204.

Ders., The Legacy of Pelagius: Orthodoxy, Heterodoxy and Conciliation, in: R. Williams (Hg.), The Making of Orthodoxy, Cambridge 1989, 214–234.

Ders., The End of Ancient Christianity, Cambridge 1990.

Ders., From Caesarius to Boniface: Christianity and Paganism in Gaul, in: Sacred and Secular. Studies on Augustine and Late Christianity (Collected Studies Series 465) Aldershot 1994.

H.I. Marrou, "La technique de l'édition a l'époque patristique", in: Vigiliae Christianae 3 (1949) 208–224.

Ders., Saint Augustin et la fin de la culture antique, Paris ⁴1958. ND 1983.

Ders., Histoire de l'éducation dans l'antiquité, Paris ⁶1965.

R.W. Mathisen, "The Theme of Literary Decline in Late Roman Gaul", in: Classical Philology 83 (1988).

Ders., Ecclesiastical Factionalism and Religious Controversy in Fifth-Century Gaul, Washington D.C. 1989.

Ders., Roman Aristocrats in Barbarian Gaul: Strategies for Survival in an Age of Transition, Austin 1993.

Ders., For Specialists Only: The Reception of Augustine and His Teachings in Fifth-Century Gaul, in: J.T. Lienhard – E.C. Muller – R.J. Teske (Hgg.), Augustine. *Presbyter Factus Sum* (Collectanea Augustiniana) New York 1993, 29–42.

Ders., Ecclesiastical Factionalism and Religious Controversy in Fifth-Century Gaul, Washington D.C. 1989.

Ders., Roman Aristocrats in Barbarian Gaul: Strategies for Survival in an Age of Transition, Austin 1993.

A. Martin, Athanase d'Alexandrie et l'Église d'Égypte au IVᵉ siècle (328–373) (Collection École Française de Rome 216) Roma 1996.

J. Martin, Spätantike und Völkerwanderung (Oldenbourg – Grundriß der Geschichte 4) München ³1995.

F. Matroye, "La répression du Donatisme et la politique religieuse de Constantin et de ses successeurs en Afrique", in: Mémoires de la Société Nationale des Antiquaires de France 8,3 (1913) 23–140.

J.F. Matthews, Western Aristocracies and the Imperial Court A.D. 364–425, Oxford 1975.

H. Mayr-Harting, The Coming of Christianity to Anglo-Saxon England, University Park, Pa. ³1991.

S. Mazzarino, L'Impero romano III, Bari 1973.

W.D. McCready, Signs of Sanctity. Miracles in the thought of Gregory the Great, Toronto 1989.

R. McKitterick, The Carolingians and the Written Word, Cambridge 1989.

Dies., Anglo-Saxon Missionaries in Germany: Personal Connections and Local Influences, in: Dies., The Frankish Kings and Culture in the Early Middle Ages (Collected Studies Series 477) Aldershot 1995, 1–40.

N. McLynn, Ambrose of Milan. Church and Court in a Christian Capital (Transformation of the Classical Heritage 22) Berkeley 1994.

G.R.S. Mead, Apollonius of Tyana: The Philosopher-Reformer of the First Century A.D., New York 1966.

Fr. van der Meer, Augustinus der Seelsorger. Leben und Wirken eines Kirchenvaters, Köln ²1958.

Chr. Meier, Kontinuität und Diskontinuität im Übergang von der Antike zum Mittelalter, in: H. Trümpy (Hg.), Kontinuität und Diskontinuität in den Geisteswissenschaften, Darmstadt 1973, 53–94.

A. de Meijer, Bibliograhie Historique de l'Ordre de Saint Augustin 1996–2001 (Augustiniana 51) Leuven 2001.

S. Menache, The *Vox Dei*. Communication in the Middle Ages (Communication and Society) New York-Oxford 1990.

A. Mendelson, Eusebius and the Posthumous Career of Apollonius of Tyana, in: H.W. Attridge – G. Hata (Hgg.), Eusebius, Christianity and Judaism, Detroit 1992, 510–522.

A. Meredith, "Ascetism Christian and Greek", in: Journal of theological studies 27 (1967) 313–32.

H. Mertel, Die biographische Form der griechischen Heiligenleben, München 1909.

M. Meslin, Les ariens d'Occident, Paris 1967.

Fr. Michaud-Fréjaville, "Les processions à Orléans au XVe siècle", in: Revue Mabillon 67 (1995) 205–223.

H. Mierow, "Some literary reminiscences in Ennodius' Life of St. Epiphanius", in: Classical Weekly 20 (1927) 195–204.

J.P. Migne (Hg.), Patrologiae cursus completus. Series Latina (PL 1–217) Paris 1841–1864.

L.J.R. Milis, "Monks, Mission and Culture and Society in Willibrord's Time", in: P. Bange – A.G. Weiler (Hgg.), Willibrord, zijn wereld en zijn werk (Middeleeuwse Studies 6) Nijmegen 1990, 82–92.

Ders., Angelic Monks and Earthly Men. Monasticism and its Meaning to Medieval Society, Bury St Edmunds 1992.

G. Misch, Geschichte der Autobiographie I–II, Frankfurt ³1949–1950.

S. Mochi Onary, Vescovi e Città (sec. IV–VI), in: Rivista di storia del diritto italiano 4 (1931) 245–329 – 555–600; 5 (1932) 99–179; 241–312; 6 (1933) 199–238.

Y. Modérans, "La chronologie de la Vie de Fulgence de Ruspe et ses incidentes sur l'histoire de l'Afrique vandale", in: Mélanges de l'École française de Rome. Antiquité 105, 1 (1993) 135–188.

Chr. Mohrmann, Die altchristliche Sondersprache in den *Sermones* des heiligen Augustin, Nijmegen 1932.

Dies., "Sur l'histoire de *praefari – praefatio*", in: Vigiliae Christianae 7 (1953) 118–227.

Dies., Études sur le latin des chrétiens I–IV, Roma 1958–1977.

Dies., Augustin prédicateur, in: Dies., Études sur le latin des chrétiens I, Roma ²1961, 391–402.

Dies., Saint Augustin and the *eloquentia*, in: Ebd., 351–370.

Dies., "Introduzione", in: A.A.R. Bastiaensen (Hg.), Vita di Cipriano, Vita di Ambrogio, Vita di Agostino (Vite dei Santi 3) Milano ²1981, 42–63.

M. Mollat, Les pauvres au moyen âge. Étude sociale (Le temps et les hommes) Paris 1978.

A. Momigliano, The Development of Greek Biography. Four Lectures, Cambridge Mass. 1971.

Ders., Popular religious beliefs and the late Roman historians, in: G.J. Cuming (Hg.) Popular religious belief (Studies in Church History 8) Oxford 1972, 1–18.

Ders., Saggezza straniera. L'ellenismo e le altre culture, Torino 1980.

Th. Mommsen – P.M. Meyer (Hgg.), Theodosius II. *Codex Theodosianus*, Berlin 1954.

P. Monceaux, Saint Martin, Paris 1927.

P. von Moos, "Zwischen Schriftlichkeit und Mündlichkeit. Dialogische Interaktion im lateinischen Frühmittelalter", in: Frühmittelalterliche Studien 25 (1991) 300–314.

H. Mordek, Bischofs-Absetzungen in spätmerowingischer Zeit, in: Ders. (Hg.), Papsttum, Kirche und Recht im Mittelalter: Festschrift für Horst Fuhrmann zum 65. Geburtstag, Tübingen 1991, 31–53.

D.F. Morgan, Wisdom in the Old Testament Traditions, Oxford 1981.

E. Mühlenberg, Epochen der Kirchengeschichte (Uni-Taschenbücher 1046) Heidelberg 1980.

Ders., "Augustin", in: Religion in Geschichte und Gegenwart⁴ 1 (1998) 959–967.

H.-P. Müller – M. Krause, "*hakam, hokmah, hokmot*", in: Theologisches Wörterbuch zum Alten Testament 2 (1977) 920–944.

U.B. Müller, Prophetie und Predigt im Neuen Testament: Formgeschichtliche Untersuchungen zur urchristlichen Prophetie, Gütersloh 1975.

M.M. Muller – R.J. Deferrari, Possidius: Life of St. Augustine. Early Christian Biographies (The Fathers of the Church 15) New York 1953.

Ch. Munier (Hg.), *Concilia Africae* A.345 – A.525 (CCL 149) Turnhout 1974, 209–211.

J.J. Murphy, "Saint Augustine and Rabanus Maurus: The Genesis of Medieval Rhetoric", in: Journal of Western Speech 31 (1967) 88–96.

Ders., Rhetoric in the Middle Ages. A History of Rhetoric Theory from St. Augustine to the Renaissance I. Theory and its Continuation, Berkeley-Los Angeles-London 1974.

R.E. Murphy, Wisdom Literature: Job, Proverbs, Ruth, Canticles, Ecclesiastes, Esther, Grand Rapids/Mich. 1981.

A. Murray, Reason and Society in the Middle Ages, Oxford ²1985.

H.A. Musurillo, "The Pagan Acts of the Martyrs", in: Theological Studies 10 (1949) 555–564.

Ders., The Act of the Pagan Martyrs: *Acta Alexandrinorum*, Oxford 1954.

Ders., The Acts of the Christian Martyrs, Oxford 1972.

A. Mutzenbecher (Hg.), *Sancti Augustini Retractationum Libri II* (CCL 57) Turnhout 1984.

B. Näf, "Das Zeitbewußtsein des Ennodius und der Untergang Roms", in: Historia 39 (1990) 116–121.

Ders., Senatorisches Standesbewußtsein in spätrömischer Zeit (Paradosis 40) Freiburg/Schweiz 1995.

Ders., Fulgentius von Ruspe, Caesarius von Arles und die Versammlungen der römischen Senatoren", in: Klio 74 (1992) 431–446.

D. von der Nahmer, Die lateinische Heiligenvita. Eine Einführung in die lateinische Hagiographie, Darmstadt 1994, 170–178.

A. Nauck (Hg.), *Porphyrius Philosophus Platonicus*. Opuscula Selecta (Bibliotheca Scriptorum Graecorum et Romanorum Teubneriana) Leipzig 1886. ND Hildesheim 1963.

L. Navarra, Ennodio e la facies storico-culturale del suo tempo, Cassino Garigliano 1974.

A.V. Nazzaro, "Possidius", in: Dizionario patristico e di antiquità cristiana 2 (1984) 2879–288.

W. Nestle, "Die Haupteinwände des antiken Denkens gegen das Christentum", in: Archiv für Religionswissenschaft 37 (1941–1942) 66–96.

K.A. Neuhausen, "*Academicus Sapiens*. Zum Bild des Weisen in der Neuen Akademie", in: Mnemosyne 4 (1987) 353–390.

J. Neumann, "Bischof I", in: Theologische Realenzyklopädie 6 (1980) 653–682.

U. Neymeyer, Die christlichen Lehrer im 2. Jahrhundert, Leiden 1988.

P. Ni Chatháin – M. Richter (Hgg.), Irland und Europa, Ireland and Europe. Die Kirche im Frühmittelalter, Stuttgart 1984.

G. de Nie, "Die Sprache im Wunder – das Wunder in der Sprache. Menschenwort und Logos bei Gregor von Tours", in: Mitteilungen des Instituts für Österreichische Geschichtsforschung 103 (1995) 1–25.

Th.F.X. Noble – Th. Head (Hgg.), Soldiers of Christ. Saints and Saints' Lives from Late Antiquity and the Early Middle Ages, University Park PA 1995.

K.L. Noethlichs, "Zur Einflußnahme des Staates auf die Entwicklung eines christlichen Klerikerstandes. Schicht- und berufsspezifische Bestimmungen für den Klerus im 4. und 5. Jahrhundert in den spätantiken Rechtsquellen", in: JAC 15 (1972) 136–153.

Ders., "Materialien zum Bischofsbild aus den spätantiken Rechtsquellen", in: JAC 16 (1973) 41–45.

V. Nolte, Augustins Freundschaftsideal in seinen Briefen (Cassiciacum 6) Würzburg 1939.

D. Norberg, "A quelle époque a-t-on cessé de parler latin en Gaule?", in: Annales. Economies, Sociétés, Civilisations 21 (1966) 346–356.

E. Norden, *Agnostos Theos*. Untersuchungen zur Formengeschichte religiöser Rede, Darmstadt ⁴1956.

Ders., Die antike Kunstprosa I. Vom VI. Jahrhundert v. Chr. bis in die Zeit der Renaissance, Leipzig-Berlin ¹⁰1995.

G. Nortier-Marchand, "Les bibliothèques médiévales des abbayes bénédictines de Normandie", in: Revue Mabillon 48 (1958) 165–175.

R. Nouailhat, Saints et Patrons. Les premiers moines de Lérins (Centre de Recherches d'Histoire Ancienne 4. Annales littéraires de l'Université de Besançon 382) Paris 1988.

R. Nürnberg, Askese als sozialer Impuls. Monastisch-asketische Spiritualität als Wurzel und Triebfeder sozialer Ideen und Aktivitäten der Kirche in Südgallien im 5. Jahrhundert (Hereditas. Studien zur Alten Kirchengeschichte 2) Bonn 1988, 257–260.

S.M. Oberhelman, Rhetoric and Homiletics in Fourth-Century Christian Literature. Prose Rhythm, Oratorical Style, and Preaching in the Works of Ambrose, Jerome, and Augustine, Atlanta 1991.

D.J. Ochs, Consolatory Rhetorik: Grief, Symbol, and Ritual in the Greco-Roman Era, Columbia 1993.

C. Ocker, "Augustine, Episcopal Interests, and the Papacy in Late Roman Africa", in: Journal of Ecclesiastical History (1991) 179–201.

G. O'Daly, Augustine's Philosophy of Mind, London 1987.

J.J. O'Donell, Augustine *Confessiones* I: Introduction and Text II–III: Commentary, Oxford 1992.

H.J. Oesterle, "Antonius von Koma und die Ursprünge des Mönchtums", in: Archiv für Kulturgeschichte 75 (1993) 1–18.

O.G. Oexle, "Die Karolinger und die Stadt des heiligen Arnulfs", in: Frühmittelalterliche Studien 1 (1967) 250 ff.

Ders., Armutsbegriff und Armenfürsorge im Mittelalter, in: Chr. Sachsse – Fl. Tennstedt (Hgg.), Soziale Sicherheit und soziale Disziplinierung, Frankfurt 1986, 73–101.

D.J. O'Meara, Pythagoras Revived, Oxford 1989.

A. Önnerfors, Mittellateinische Philologie (Wege der Forschung 292) Darmstadt 1976.

I. Opelt, "Das Bienenwunder in der Ambrosiusbiographie des Paulinus von Mailand", in: Vigiliae Christianae 22 (1968) 38–44.

Dies., Die Polemik in der christlichen lateinischen Literatur von Tertullian bis Augustin (Bibliothek der klassischen Altertumswissenschaft NF II, 63) Heidelberg 1980.

A.M. Orselli, "La città altomedievale e il suo santo patrono: (ancora una volta) il campione pavese", in: Rivista di Storia della Chiesa in Italia 32 (1978) 1–69.

M. Overbeck, "Augustin und die Circumcellionen seiner Zeit", in: Chiron 3 (1973) 5–22.

L.E. v. Padberg, Konfrontation oder Akkomodation: Zu den Missionsinstruktionen Papst Gregor des Großen und ihre Wirkungsgeschichte im frühen Mittelalter, in: J. Kniffka (Hg.), Martyria. Festschrift zum 60. Geburtstag von Peter Beyerhaus am 1.2. 1989, Wuppertal-Zürich 1989, 93–115.

Ders., Heilige und Familie. Studien zur Bedeutung familiengebundener Aspekte in den Viten des Verwandten- und Schülerkreises um Willibrord, Bonifatius und Liudger, Münster 1980.

Ders., "Odin oder Christus? Loyalitäts- und Orientierungskonflikte in der frühmittelalterlichen Christianisierungsepoche", in: Archiv für Kulturgeschichte 77 (1995) 249–278.

Ders., Mission und Christianisierung. Formen und Folgen bei Angelsachsen und Franken im 7. und 8. Jahrhundert, Stuttgart 1995.

E. Pagels, Adam, Eva und die Schlange. Die Theologie der Sünde, Reinbek 1991.

J.R. Palanque, La "*Vita Ambrosii* de Paulin. Étude critique", in: Recherches de science religieuse 4 (1924) 26–42, 401–420.

Ders., Saint Ambroise et l'empire romain. Contribution à l'histoire des rapports de l'Église et de l'État à la fin du quatrième siècle, Paris 1933.

A. Paredi, Sant'Ambrogio e la sua età, Mailand 1941.

Ders., "Paulinus of Milan", in: Sacris Erudiri 14 (1963) 206–230.

É. Patlagean, "Ancienne hagiographie byzantine et histoire sociale", in: Annales. Economies, Société, Civilisation 23 (1968) 106–126.

Ders. – P. Riché, Hagiographie, Cultures et Société, IVe–XIIe siècles, Paris 1981.

H. Patze, Mission und Kirchenorganisation in karolingischer Zeit, in: Ders., Geschichte Niedersachsens I. Grundlagen und frühes Mittelalter, Hildesheim ²1985, 653–712.

M. Pellegrino, "Reminiscenze letterarie Agostiniane nella *Vita Augustini* di Possidio", in: Aevum 28 (1954) 21–44.

Ders., "S. Agostino visto dal suo primo biografo Possidio", in: Augustiniana. Napoli a S. Agostino nel XVI centenario della nascità, Napoli 1955, 45–61.

Ders. (Hg.), Ponzio. Vita e martirio di San Cipriano (Vite dei Santi 4) Alba 1955.

Ders. (Hg.), Possidio. Vita di S. Agostino. Introduzione, testo critico, versione e note (Verba seniorum 4) Alba 1955.

Ders., "Sul'antica biografia cristiana: Problemi e orientamenti", in: Studi in onore di Gino Funaioli, Roma 1955, 354–369.

Ders., Intorno al testo della vita di S. Agostino scritta da Possidio, in: Mémorial Gustave Bardy (Revue des Études Augustiniennes 2) Paris 1956, 195–229.

Ders. (Hg.), Paulino di Milano: Vita di S. Ambrogio, Roma 1961.

Ders., *Verus sacerdos*. Il sacerdozio nell'esperienza e nel pensiero di S. Agostino, Fossano 1965.

C.B.R. Pelling, "Biography", in: Oxford Classical Dictionary (³1996) 241–243.

G. Penco (Hg.), Cultura e Spiritualità nella tradizione monastica, Roma 1990.

O.H. Pesch, "Gnade", in: Peter Eicher (Hg.), Neues Handbuch theologischer Grundbegriffe 2, München 1984, 109–122.

E. Peters (Hg.), Monks, Bishops and Pagans: Christian Culture in Gaul and Italy, 500–700, Philadelphia 1975.

J. Petersen, The Dialogies of Gregory the Great in their Late Antique Cultural Background (Studies and Texts 69) Toronto 1984.

G. Petzke, Die Traditionen über Apollonius von Tyana und das Neue Testament (Studia ad Corpus Hellenisticum Novi Testamenti 1) Leiden 1970.

C.R. Philips, The Sociology of Religious Knowledge in the Roman Empire, in: H. Temporini – W. Haase (Hgg.), Aufstieg und Niedergang der Römischen Welt. Geschichte und Kultur Roms im Spiegel der neueren Forschung Aufstieg und Niedergang der Römischen Welt 2.16.3., Berlin-New York 1986, 2677–2773.

C.-G. Picard, La civilization de l'Afrique romaine, Paris ²1990.

L. Piccirilli, I testi biografici come testimonianza della storia della mentalità, in: W.W. Ehlers (Hg.), La Biographie antique (Entretiens sur l'antiquité classique 44) Genève 1998, 147–193.

B.A. Pearson, Hellenistic-Jewish Wisdom Speculations and Paul, in: R.L. Wilken (Hg.), Aspects of Wisdom in Judaism and Early Christianity, Notre Dame 1975, 43–66.

E. Pietrella, "La figura del santo-vescovo nella *Vita Epiphanii* di Ennodio di Pavia", in: Augustinianum 24 (1984) 213–219.

Ch. Piétri, "Aristocratie et société cléricale dans l'Italie chrétienne au temps d'Odoacre et de Théoderic", in: Mélanges de l'École française de Rome. Antiquité 93 (1981) 417 ff.

Ch. u. L. Piétri (Hgg.), Die Geschichte des Christentums II: Das Entstehen der einen Christenheit (250–430), Freiburg-Basel-Wien 1996.

L. Pietri, La ville de Tours du IVe au VIe siècles: Naissance d'une cité chrétienne, Rom 1983.

DIEs., *Loca sancta:* La géographie de la sainteté dans l'hagiographie gauloise (IVe–VIe s.), in: S. Boesch Gajano – L. Scaraffia (Hgg.), Luogi sacri e spazi della santità. Atti del convegno, L'Aquila 27–31 ottobre 1987, Torino 1990, 23–35.

P. Pilhofer, Philippi (Wissenschaftliche Untersuchungen zum Neuen Testament 87) Tübingen 1995.

A. Pincherle, "Sulla formazione della doctrina agostiniana della grazia", in: Rivista di storia e letteratura religiosa 11 (1975) 1–23.

J. Pintard, Le sacerdoce selon St. Augustin. Le prêtre dans la cité de Dieu, Tours 1960.

J.M. Pizzaro, "Images of Church and State: From Sulpicius to Notker Balbulus", in: Journal of Medieval Latin 4 (1994) 25–38.

M. Pizzica, "Possidio e la caduta di Ippona", in: Romanobarbarica 7 (1982/83) 181.

L.F. Pizzolato, La dottrina esegetica di sant'Ambrogio, Milano 1978.

W. Pohl, "Gentilismus", in: Reallexikon der Germanischen Altertumskunde 11 (1998) 91–101.

Ders. – H. Reimitz (Hgg.), Strategies of Distinction. The Construction of Ethnic Communities 300–800, Leiden-Boston-Köln 1998.

W. Pohlkamp, "Hagiographische Texte als Zeugnis einer 'Histoire de sainteté'", in: Frühmittelalterliche Studien 10 (1976) 229–240.

O. Pontal, Die Synoden im Merowingerreich (Konziliengeschichte Reihe A: Abhandlungen 5) Paderborn-München-Wien-Zürich 1981.

D. Potter, Prophets and Emperors: Human and divine Authority from Augustus to Theodosius, Cambridge 1994.

J.C. Poulin, Saint Léodegar d'Autun et ses premiers biographes (Bulletin de la Société des Antiquaires de l'Ouest 14) Nancy 1977.

Ders., "Anianus", in: Lexikon des Mittelalters I (1980) 644.

R. Poupardin, La vie de Saint Didier. Évêque de Cahors, Paris 1900.

D. Powell, "*Ordo presbyterii*", in: Journal of theological studies 26 (1976) 290–328.

F. Prat – E. Valton, "Évêques", in: Dictionnaire de théologie catholique 5 (1913) 1656–1725.

D. Praet, "Explaining the Christianization of the Roman Empire. Older Theories and Recent Developments", in: Sacris Erudiri 33 (1992–1993) 1–119.

P. Prestel, Die Rezeption der ciceronischen Rhetorik durch Augustinus' *De doctrina christiana*, Frankfurt a. M. 1992.

H.D. Preuß, Theologie des Alten Testaments II. Israels Weg mit JHWH, Suttgart-Berlin-Köln 1992, 219–224.

A. Priessnig, "Die biographische Form der Plotinvita des Porphyrios und das Antoniusleben des Athanasios", in: Byzantinische Zeitschrift 64 (1971) 1–5.

Fr. Prinz, Klerus und Krieg im frühen Mittelalter. Untersuchungen zur Rolle der Kirche beim Aufbau der Königsherrschaft (Monographien zur Geschichte des Mittelalters 2) Stuttgart 1972.

Ders., Die bischöfliche Stadtherrschaft im Frankenreich vom 5. bis zum 7. Jahrhundert, in: F. Petri (Hg.), Bischofs- und Kathedralstädte des Mittelalters und der frühen Neuzeit, Köln-Wien 1976, 1–26.

Ders., *Peregrinatio*, Mönchtum und Mission, in: K. Schäferdiek (Hg.), Kirchengeschichte als Missionsgeschichte. II. Die Kirche des frühen Mittelalters, München 1978, 445–465.

Ders., Askese und Kultur. Vor- und frühbenediktinisches Mönchtum an der Wiege Europas, München 1980.

Ders., "Aspekte frühmittelalterlicher Hagiographie", in: Agiografia nell'occidente cristiano (Accademia Nazionale dei Lincei, Atti Nr. 48) Roma 1980, 15–38.

Ders., Der fränkische Episkopat zwischen Merowinger- und Karolingerzeit, in: Nascita dell' Europa ed Europa Carolingia: un equazione da verificare (Settimane di Studio del Centro Italiano di Studi sull'Alto Medioevo 27.1) Spoleto 1981.

Ders., Frühes Mönchtum im Frankenreich. Kultur und Gesellschaft in Gallien, den Rheinlanden und Bayern am Bespiel der monastischen Entwicklung (4. bis 8. Jh.), Darmstadt ²1988.

Ders. (Hg.), Herrschaft und Kirche. Beiträge zur Entstehung und Wirkungsweise episkopaler und monastischer Organisationsformen (Monographien zur Geschichte des Mittelalters 33) Stuttgart 1988.

Ders., Mönchtum, Kultur und Gesellschaft. Beiträge zum Mittelalter, München 1989.

Ders., "Hagiographie als Kultpropaganda: Die Rolle der Auftraggeber und Autoren hagiographischer Texte des Frühmittelalters", in: Zeitschrift für Kirchengeschichte 103 (1992) 174–194.

Ders., Cassiodoro e il problema dell' illuminismo cristiano nella tarda antichità, in: S. Leanza (Hg.), Cassiodoro. Dalla corte di Ravenna al Vivarium di Squillacc. Atti del Convegno Internazionale di Studi. Squillace, 25–27 ottobre 1990, Soveria Mannelli (Catanzaro) 1993, 3–1.

Ders., "Hagiographische Texte über Kult- und Wallfahrtsorte: Auftragsarbeit für Kultpropaganda, persönliche Motivation, Rolle der Mönche", in: Hagiographica 1 (1994) 7–42.

Ders., "Der Testfall: Das Kirchenverständnis Bischof Martins von Tours und die Verfolgung der Priscillianer", in: Hagiographica 3 (1996) 1–15.

S. Prioco, "Modelli di santità à Lerino. L'ideale ascetico nel *Sermo de Vita Honorati* di Ilario d'Arles", in: Siculorum Gymnasium 27 (1974) 54–88.

Ders., L'isola dei santi. Il cenobio di Lerino e le origini del monachesimo gallico, Rom 1978.

Ders., Monaci, filosofi, e santi: Saggi di storia della cultura tardoantica, Soveria Manelli 1992.

Ders., Il latino tardoantico e altomedievale, Roma 1991.

A. Priessnig, "Die biographische Form der Plotinvita des Porphyrios und das Antoniusleben des Athanasios", in: Byzantinische Zeitschrift 64 (1971) 1–5.

M. Puzicha, *Vita Iusti* (Dial 2,2). Grundstrukturen altkirchlicher Hagiographie bei Gregor dem Großen, in: Pietas. Festschrift für Bernhard Kötting (JAC. Ergänzungsband 8) Münster 1980, 284–312.

Fr. Quadlbauer, Die antike Theorie der *Genera dicendi* im lateinischen Mittelalter (Österreichische Akademie der Wissenschaften, Phil.-hist. Kl., Sitzungsberichte 241.2) Wien 1962.

E.A. Quain, "The Medieval *Accessus ad auctores*", in: Traditio 3 (1945) 215–164.

O. Rackham, The history of the countyside, London 1989.

G. von Rad, Weisheit in Israel, Neukirchen 1970.

K.R. Raikas, St. Augustine on Juridical Duties: Some Aspects of the Episcopal Office in Late Antiquity, in: J.E. Schnaubelt – Fr. Van Fleteren (Hgg.), Augustine: 'Second Founder of the Faith', New York 1990, 467–483.

D. Rankin, Tertullian and the Church, Cambridge 1995.

C. Rapp, "Storytelling as Spiritual Communication in Early Greek Hagiography: The Use of Diegesis", in: Journal of Early Christian Studies 6 (1998) 431–448.

J. Ratzinger, Die Kirche in der Frömmigkeit des heiligen Augustin, in: *Sentire Ecclesiam.* Festschrift für Karl Rahner I, Freiburg 1961, 153–175.

S. Raven, Rome in Africa, New York ³1993.

S. Rebenich, Hieronymus und sein Kreis. Prosopographische und sozialgeschichtliche Untersuchungen (Historia. Einzelschriften 72) Stuttgart 1992.

E. Rebillard, *In hora mortis*. Évolution de la pastorale chrétienne de la mort aux IVᵉ et V^c siècles (Bibliothèque des Écoles françaises d'Athène et de Rome 285) Paris 1994.

Ders., "Étude critique du sermon 393 de saint Augustin: *de paenitentibus*", in: Recherches augustiniennes 28 (1995) 65–94.

A. Reiff, *Interpretatio, Imitatio, Aemulatio*: Begriff und Vorstellung literarischer Abhängigkeit bei den Römern, Köln 1959.

S. Reinach, "Les arétologues dans l'antiquité", in: Bulletin de correspondence hellénique 9 (1885) 257–65.

H.-J. Reischmann (Hg.), Willibrord – Apostel der Friesen: Seine Vita nach Alkuin und Thiofrid, Sigmaringendorf 1989.

R. Reitzenstein, Die Nachrichten über den Tod Cyprians (Sitzungsberichte der Heidelberger Akademie der Wissenschaften, Phil.-hist. Kl. 1913, H. 14) Göttingen 1913.

Ders., Des Athanasius Werk über das Leben des Antonius (Sitzungsberichte der Heidelberger Akademie der Wissenschaften, Phil.-hist. Kl. 1914. H. 8) Heidelberg 1914, 26–57.

Ders., *Historia Monachorum* und *Historia Lausiaca*. Eine Studie zur Geschichte des Mönchtums (Forschungen zur Religion und Literatur des Alten und Neuen Testaments. N.F. 8,7) Göttingen 1916.

Ders., Hellenistische Wundererzählungen, Darmstadt ²1963.

G. Renaud, "Les miracles de saint Anian d'Orléans (IX^c s.)", in: Analecta Bollandiana 94 (1976) 245–274.

R. Rey, "Un grand bâtisseur au temps du roi Dagobert, S. Didier, évêque de Cahors", in: Annales du Midi 65 (1953) 187–294.

M. Reydellet, La royauté dans la littérature latine de Sinoide Apollinaire à Isidore de Séville, Rome 1981.

P. Riché, Césaire d'Arles, Paris 1958.

Ders., L'Enseignement et la culture des laïcs dans l'occident pre-carolingien, in: La scuola nell' occidente latino dell' alto medioevo (Settimane di Studio del Centro Italiano di Studi sull'Alto Medioevo 19.1) Spoleto 1972, 231–253.

M. Richter, "Latein als Schlüssel zur Welt des frühen Mittelalters", in: Mittellateinisches Jahrbuch 28 (1993) 15–26.

J. Rief, Der Ordo-Begriff des jungen Augustinus, Paderborn 1962.

B.R. Rees, The Letters of Pelagius and his Followers, Woodbridge 1991.

H. Ringgren, Word and Wisdom, Lund 1947.

A.M. Ritter, *Charisma* und *Caritas*. Aufsätze zur Geschichte der Alten Kirche, hrsg. v. A. Dörfler-Dierken u.a., Göttingen 1993.

M. Roberts, Poetry and the Cult of the Martyrs. The *Liber Peristephanon* of Prudentius, Ann Arbor 1993.

H. Röckelein, Zur Pragmatik hagiographischer Schriften im Frümittelalter, in: Th. Scharff – Th. Behrmann (Hgg.), *Bene vivere in communitate*. Beiträge zum italienischen und deutschen Mittelalter. Hagen Keller zum 60. Geburtstag überreicht von seinen Schülerinnen und Schülern, Münster-New York-München-Berlin 1997.

E. Rohde, "Die Quellen des Jamblichus in seiner Biographie des Pythagoras", in: Rheinisches Museum 26 (1871) 554–576; 27 (1872) 23–61. Auch in: Ders., Kleine Schriften, Tübingen 1901.

Chr. Rohr, Überlegungen zu Datierung und Anlaß des Theoderich-Panegyricus, in: K. Brunner – Br. Merta (Hgg.), Ethnogenese und Überlieferung. Angewandte Methoden der Frühmittelalterforschung, Wien-München 1994.

Ders. (Hg.), Der Theoderich – Panegyricus des Ennodius (Monumenta Germaniae Historica. Studien und Texte 12) Hannover 1995.

J. Romein, Die Biographie. Einführung in ihre Geschichte und ihre Problematik, Bern 1948.

C. Roueché, "Acclamations in the Late Roman Empire: New Evidence from Aphrodisias", in: Journal of Religious Studies 74 (1984) 181–199.

J. Roumailhac, Saint Germain d'Auxerre et Charles le Chauvre. Un exemple du culte des reliques au XIᵉ siècle, in: *Memoriam sanctorum venerantes*. Miscellanea in onore di mons. Victor Saxer, Città del Vaticano 1992, 711–723.

K. Romeis, Das Leben des heiligen Kirchenvaters Augustinus beschrieben von seinem Freunde Possidius, Berlin 1930.

A. Rousselle, From Sanctuary to Miracle-Worker: Healing in Fourth-Century Gaul, in: R. Forster – O. Ranum (Hgg.), Ritual, Religion, and the Sacred, Baltimore 1982, 95–127.

Dies., Croire et guérir: La foi en Gaule dans l'Antiquité tardive, Paris 1990.

P. Rousseau, "The Spiritual Authority of the 'Monk-Bishop': Eastern Elements in some Western Hagiography of the Fourth and Fifth centuries", in: Journal of theological studies 22 (1971) 380–419.

W.G. Rusch, The Later Latin Fathers, London 1977.

J. Ryan, The Monastic Institute: A History of Irish Catholicism, Dublin 1972.

L. Rydén, "Überlegungen zum literarischen Wert oder Unwert hagiographischer Texte", in: Eranos 91 (1993) 47–60.

V. Sacerdos, Il sacerdozio nell' esperienza e nel pensiero di Sant'Augustino, Fossano ²1965.

C. Saumagne, Saint Cyprian, évêque de Carthage et 'pape' d'Afrique, Paris 1975

H. Savon, Ambroise de Milan, Paris 1997.

V. Saxer, Morts, martyrs, reliques en Afrique chrétienne aux premiers siècles, Paris 1980.

Ders., "Ursprünge des Märtyrerkultes in Afrika", in: Römische Quartalschrift für christliche Altertumskunde und Kirchengeschichte 79 (1984) 1–11.

Ders., Pères saints et culte chrétien dans l'église des premiers siècles, Brookfield 1994.

Ders., "La *Vita Cypriani* de Pontius 'Première Biographie Chrétienne'", in: *Orbis Romanus Christianusque ab Diocletiani aetate usque ad Heraclium*. Travaux sur l'Antiquité tardive rassemblés autour des recherches de Noël Duval, Paris 1995.

F. Schachermeyr, Die großen Zeitwenden am Beginn und am Ende des Altertums. Ein Vergleich, in: Ders., Forschungen und Betrachtungen zur griechischen und römischen Geschichte, Wien 1974, 7–20.

Chr. Schäfer, Der weströmische Senat als Träger antiker Kontinuität unter den Ostgotenkönigen (490–540 n. Chr.), St. Katharinen 1991.

K. Schäferdiek, Der germanische Arianismus, in: D. Baker (Hg.), *Miscellanea Historiae Ecclesiasticae* III, Louvain 1970, 71–83.

Ders., "Zur Frage früher christlicher Einwirkungen auf den westgermanischen Raum", in: Zeitschrift für Kirchengeschichte 98 (1987) 149–166.

Ders., "Germanen, Germania, Germanische Altertumskunde, Christianisierung", in: Reallexikon der Germanischen Altertumskunde 11 (1998) 388–395.

W. Schamoni, Bischöfe der alten afrikanischen Kirche, Düsseldorf 1964.

M. Schanz – C. Hosius, Geschichte der römischen Literatur bis zum Gesetzgebungswerk Kaisers Justinian IV, 2: Die Literatur des fünften und sechsten Jahrhunderts (Handbuch der Altertumswissenschaft VIII, 4, 2) München 1920. ND 1971, 471.

G. Scheibelreiter, The death of the bishop in the early middle ages, in: D. Loades (Hg.), The End of the Strive, Edinburgh 1982, 32–43.

Ders., "Der frühfränkische Episkopat. Bild und Wirklichkeit", in: Frühmittelalterliche Studien 17 (1983) 131–147.

Ders., Der Bischof in merowingischer Zeit (Veröffentlichungen des Instituts für Österreichische Geschichtsforschung 27) Wien-Köln-Graz 1983.

Ders., Von der Aneignung des Heiligen. Ein weiterer Versuch über das 7. Jahrhundert, in: K. Brunner, Br. Merta (Hgg.), Ethnogenese und Überlieferung. Angewandte Methoden der Frühmittelalterforschung, Wien-München 1994, 135–156.

A. Scharer – G. Scheibelreiter (Hgg.), Historiographie im Mittelalter (Veröffentlichungen des Instituts für Österreichische Geschichtsforschung 32) Wien-München 1994.

Ders., Vom Mythos zur Geschichte. Überlegungen zu den Formen der Bewahrung von Vergangenheit im Frühmittelalter, in: A. Scharer – G. Scheibelreiter (Hgg.), Historiographie im Mittelalter (Veröffentlichungen des Instituts für Österreichische Geschichtsforschung 32) Wien-München 1994, 26–41.

G. Scheibelreiter, Die barbarische Gesellschaft. Mentalitätsgeschichte der europäischen Achsenzeit 5.–8. Jahrhundert, Darmstadt 1999.

R. Schieffer, "Über Bischofssitz und Fiskalgut im 8. Jahrhundert", in: Historisches Jahrbuch 95 (1975) 18–32.

Ders., Über soziale und kulturelle Voraussetzungen der frühmittelalterlichen Literatur, in: Kl. von See (Hg.), Europäisches Frühmittelalter (Neues Handbuch der Literaturwissenschaft 6) Wiesbaden 1985, 71–991.

Ders., Der Bischof zwischen *Civitas* und Königshof (4. bis 9. Jahrhundert), in: P. Berglar – O. Engels (Hgg.), Der Bischof in seiner Zeit. Bischofstypus und Bischofsideal im Spiegel der Kölner Kirche. Festgabe für Joseph Kardinal Höffner, Erzbischof von Köln, Köln 1986, 17–34.

Th. Schieffer, "Die Aufgliederung der Kirche; die 'Germanisierung des Christentums', in: Th. Schieder (Hg.), Handbuch der europäischen Geschichte 1: Europa im Wandel von der Antike zum Mittelalter, Stuttgart 1976.

A. Schindler, "Querverbindungen zwischen Augustinus' theologischer und kirchenpolitischer Entwicklung 390–400", in: Theologische Zeitung 29 (1973) 95–116.

Ders., "Afrika I: Das christliche Nordafrika", in: Theologische Realenzyklopädie 1 (1977) 640–700.

Ders., "Augustin/Augustinismus I", in: Theologische Realenzyklopädie 4 (1979) 646–698.

Ders., Die Unterscheidung von Schisma und Häresie in der Gesetzgebung und Polemik gegen den Donatismus (mit einer Bemerkung zur Datierung von Augustins Schrift: *Contra Epistulam Parmeniani*), in: *Pietas*. Festschrift für Bernhard Kötting (JAC. Ergänzungsband 8) Münster 1980, 228–236.

H. Schlier, "*Kerygma* und *Sophia*", in: Die Zeit der Kirche (1956) 206–232.

M. Schmaus – K. Mörsdorf – P. Brunner, "Bischof", in: Lexikon für Theologie und Kirche II (1958) 491–506, 491.

E.G. Schmidt, "Biene", in: Der kleine Pauly. Lexikon der Antike 1 (1979) 898–900.

H.H. Schmid, Wesen und Geschichte der Weisheit. Eine Untersuchung zur altorientalischen und israelitischen Weisheitsliteratur, Berlin 1966.

J. Schmitz, Ambrosius. Über die Sakramente. Über die Mysterien (Fontes Christiani 3) Freiburg-Basel-Wien 1990.

L. Schmugge, "Pilgerfahrt macht frei", in: Römische Quartalschrift für christliche Altertumskunde und Kirchengeschichte 74 (1979) 16–32.

E.J. Schnabel, Law and Wisdom from Ben Sira to Paul (Wissenschaftliche Untersuchungen zum Neuen Testament 2.16) Tübingen 1985.

J.C. Schnaubelt OSA – Fr. Van Fleteren (Hgg.), Augustine in Iconography. History and Legend (Collectanea Augustiniana 4) New York-Washington DC-Bern 1999.

C. Schneider, Geistesgeschichte des antiken Christentums II, München 1954.

R. Schneider, Das Frankenreich (Oldenbourg Grundriß der Geschichte 5) München ²1990.

W. Schoedel, Ignatius of Antioch, Philadelphia 1985.

Ders., Polycarp of Smyrna and Ignatius of Antioch, in: H. Temporini – W. Haase (Hgg.), Aufstieg und Niedergang der Römischen Welt. Geschichte und Kultur Roms im Spiegel der neueren Forschung 2.27.1, Berlin-New York 1993, 273–276; 285–349.

G. Schöllgen, *Ecclesia Sordida?* Zur Frage der sozialen Schichtung frühchristlicher

Gemeinden am Beispiel Karthagos zur Zeit Tertullians (Jahrbuch für Antike und Christentum. Ergänzungsband 12) Münster 1984.

Ders., "Monepiskopat und monarchischer Episkopat. Eine Bemerkung zur Terminologie", in: Zeitschrift für neutestamentliche Wissenschaft 77 (1986) 146–151.

Ders., Die literarische Gattung der syrischen Didascalia, in: IV. Symposium Syriacum 1984 (Orientalia Christiana Analecta 229) Roma 1987, 149–159.

Ders., "Hausgemeinden, Oikosekklesiologie und monarchischer Episkopat", in: JAC 31 (1988) 74–90.

A. Schöpf, Augustinus. Einführung in sein Philosophieren, Freiburg-München 1970.

W. Schottroff, "Gottmensch I (Alter Orient und Judentum)", in: RAC 12 (1983) 155–234.

W. Schrage, Brief an die Korinther. I–III (Evangelisch-Katholischer Kommentar zum Neuen Testament 7. 1–3) Zürich 1991–1999.

K. Schreiner, "Discrimen veri ac falsi. Ansätze und Formen der Kritik in der Heiligen- und Reliquienverehrung", in: Archiv für Kulturgeschichte 48 (1966) 1–53.

Ders., "Zum Wahrheitsverständnis im Heiligen- und Reliquienwesen des Mittelalters", in: Saeculum 17 (1966) 131–169.

F.O. Schuppiser, "Heilige der Merowingerzeit und Katakombenheilige des Jura (Kanton Jura und Berner Jura) in der sakralen Kunst", in: Zeitschrift für Schweizerische Archäologie und Kunstgeschichte 49 (1992) 71–80.

C.-E. Schützinger, "Die augustinische Erkenntnislehre im Lichte neuerer Forschung", in: Recherches augustiniennes 2 (1962) 177–203.

Chr. Schweizer, Hierarchie und Organisation der römischen Reichskirche in der Kaisergesetzgebung vom vierten bis zum sechsten Jahrhundert (Europäische Hochschulschriften III, 479) Bern-Berlin-Frankfurt-New York-Paris 1991.

Kl. von See, Das Frühmittelalter als Epoche der europäischen Literaturgeschichte, in: Ders. (Hg.), Europäisches Frühmittelalter (Neues Handbuch der Literaturwissenschaft 6) Wiesbaden 1985, 5–71.

O. Seek, "Hierokles 13", in: Paulys Real-Encyclopädie der classischen Altertumswissenschaft 8/2 (1913) 1477.

L. de Seilhac, L'utilisation par S. Césaire d'Arles de la Règle de S. Augustine (Studia Anselmiana 62) Roma 1974.

J. Semmler, Episcopi potestas und karolingische Klosterpolitik, in: A. Borst (Hg.), Mönchtum, Episkopat und Adel zur Gründungszeit des Klosters Reichenau (Vorträge und Forschungen. Konstanzer Arbeitskreis für Mittelalterliche Geschichte 20) Sigmaringen 1974, 305–395.

S.C. Servatius, "Per ordinationem principis ordinetur. Zum Modus der Bischofsernennung im Edikt Chlothars II. vom Jahre 614", in: Zeitschrift für Kirchengeschichte 84 (1973) 1–29.

H. Servon, "La théorie de la mission dans le christianisme des premiers siècles", in: Problèmes d'histoire du christianisme 17 (1987) 33–50.

R. Sharpe, Quattuor sanctissimi episcopi: Irish Saints before St Patrick, in: D.Ó. Corráin, L. Sages et al. (Hgg.), Saints and Storytellers (Maynooth Monographs 2) Maynooth 1989, 376–399.

Ders., Medieval Irish Saints' Lives, Oxford 1991.

E. Shipley Duckett, Alcuin: Friend of Charlemagne, New York 1951.

H.-J. Sieben, "Zur Entwicklung der Konzilsidee IV. Konzilien in Leben und Lehre des Augustins von Hippo", in: Theologie und Philosophie 46 (1971) 496–528.

Ders., Die Konzilsidee des lateinischen Mittelalters 847–1378 (Konziliengeschichte Reihe B: Untersuchungen) Paderborn-München-Wien-Zürich 1984.

Ders., Voces. Eine Bibliographie zu Wörtern und Begriffen aus der Patristik 1918–1978 (Bibliographia patristica. Suppl. 1) Berlin-New York 1980.

Ders., Vom Apostelkonzil zum Ersten Vatikanum. Studien zur Geschichte der Konzilsidee (Konziliengeschichte B. Untersuchungen) Paderborn 1996.

D. Simon (Hg.), Eherecht und Familiengut in Antike und Mittelalter, München 1992.

M. Simonetti, La crisi ariana nel IV secolo, Roma 1975.

Ders., L'intelletuale cristiano di fronte alle invasioni barbariche in occidente, in: Il comportamento dell' intelletuale nella società antica (Istituto di Filologia Classica e Medievale 67) Genova 1980, 93–117.

W. Simonis, *Ecclesia visibilis et invisibilis*. Untersuchungen zur Ekklesiologie und Sakramentenlehre in der afrikanischen Tradition von Cyprian bis Augustin (Frankfurter Theologische Studien 5) Frankfurt 1970.

M. Skutella (Hg.), *S. Augustini Confessionum Libri* XIII (Bibliotheca Scriptorum Graecorum et Romanorum Teubneriana) Stuttgart ²1981.

J. Smith, "Oral and Written: Saints, Miracles, and Relics in Britanny, c. 850–1250", in: Speculum 65 (1990) 309–343.

Dies., Province and Empire: Britanny and the Carolingians, Cambridge 1992.

J.Z. Smith, Good News Is No News: Aretalogy and Gospel, in: J. Neusner (Hg.), Christianity, Judaism, and Other Greco-Roman Cults: Studies for Morton Smith at Sixty I: New Testament, Leiden 1975, 21–38.

Ders., Drudgery Divine. On the Comparison of Early Christianities and the Religions of Late Antiquity, Chicago 1990.

M. Smith, "Prolegomena to a Discussion of Aretalogies, Divine Men, the Gospels and Jesus", in: Journal of Biblical Literature 90 (1971) 187.

Ders., On the History of the Divine Man, in: Mélanges offerts à Marcel Simon. Paganisme, Judaisme, Christianisme. Influences et affrontements dans le monde antique, Paris 1978, 335–345.

Ders., "The Pagan Neoplatonist's Response to Christianity", in: Maynooth Review 19 (1989) 25–41.

T.A. Smith, *De Gratia*: Faustus of Riez's Treatise on Grace and its Place in the History of Theology, Notre Dame 1990.

K. Smolak (Hg.), Leben des heiligen Martin. Lateinisch und Deutsch, Eisenstadt 1997.

R. Söder, Die apokryphen Apostelgeschichten und die romanhafte Literatur der Antike (Würzburger Studien zur Altertumswissenschaft 3) Würzburg 1932.

J.-L. Solère, "De l'orateur à l'orant. La rhétorique divine dans la culture chrétienne occidentale", in: Revue de l'histoire des religions 211 (1994) 187–224.

M. Sordi, La concezione politica di Ambrogio, in: G. Bonamente – A. Nestori (Hgg.), I Cristiani e l'Impero nel IV Secolo. Colloquio sul Cristianesimo nel mondo antico (Università degli studi di Macerata. Publ. della Facoltà di lettere e filosofia 47) Macerata 1988, 143–154.

W. Speyer, Die Verehrung des Heroen, des göttlichen Menschen und des christlichen Heiligen. Analogien und Kontinuitäten, in: P. Dinzelbacher – D.R. Bauer (Hgg.), Heiligenverehrung in Geschichte und Gegenwart, Stuttgart 1990, 48–66.

E. Stakemeier, Liborius und die Bekennerbischöfe von Le Mans. Hagiographie und Kultur in konfessionskundlicher Darstellung (Konfesssionskundliche und kontroverstheologische Studien 2) 1959.

C. Stancliffe, Saint Martin and his Hagiographer. History and Miracle in Sulpicius Severus, Oxford 1983.

C. Stancliffe – B.W. Reynolds, "*Familia sancti Martini: Domus Ecclesiae* on Earth as it is in Heaven", in: Journal of Medieval History 11 (1985) 137–143.

G.R. Stanton, "Definition and Classification of Philosophers", in: American Journal of Philosophy 94 (1973) 350–364.

F. Stegmüller, "*Sarcina episcopalis*. Zum bischöflichen Ethos des heiligen Augustinus", in: Oberrheinisches Pastoralblatt 67 (1966) 337–345.

B. Steidle, "Die Tränen, ein mystisches Problem im alten Mönchstum", in: Benediktinische Monatsschrift 20 (1936) 181–187.

Ders., *Homo Dei Antonius*. Zum Bild des 'Mannes Gottes' im alten Mönchtum, in: Antonius Magnus Eremita (Studia Anselmiana 38) Roma 1956, 148–200.

W. Steidle, Sueton und die antike Biographie (Zetemata 1) München ²1963.

S.T. Stevens, "The Circle of Bishop Fulgentius", in: Traditio 38 (1982) 327–341.

A.M. Stickler, Der Klerikerzölibat. Seine Entwicklungsgeschichte und seine theologischen Grundlagen, Abensberg 1993.

P. Stockmeier, "Gemeinde und Bischofsamt in der alten Kirche", in: Theologische Quartalschrift 149 (1969) 133–146.

Ders., "Die Wahl der Bischöfe durch Klerus und Volk in der frühen Kirche", in: Concilium 16 (1980) 463–467.

B. Stoll, "Die *Vita Augustini* des Possidius als hagiographischer Text", in: Zeitschrift für Kirchengeschichte 102 (1991) 1–31.

E. Stommel, "Bischofsstuhl und hoher Thron" in: JAC 1 (1958) 52–78.

P. Stotz, Handbuch zur lateinischen Sprache des Mittelalters III. Lautlehre (Handbuch der Altertumswissenschaft II, 5,3) München 1996, XV–XX.

C. Straw, Gregory the Great: Perfection in Imperfection, Berkeley-Los Angeles, 1988.

K. Strecker, Einführung in das Mittellatein, Berlin ³1939.

K.F. Stroheker, Germanentum und Spätantike (Die Bibliothek der Alten Welt. Forschung und Deutung) Zürich 1965.

Ders., Der senatorische Adel im spätantiken Gallien, Tübingen 1948. ND Darmstadt 1970.

S. Stroumsa – C.G. Stroumsa, "Aspects of Anti-Manichaean Polemics in Late Antiquity and Under Early Islam", in: Harvard Theological Review 81 (1988) 37–58.

G. Strunk, Kunst und Glaube in der lateinischen Heiligenlegende, München 1970.

D.R. Stuart, Epochs of Greek and Roman Biography, Berkeley 1928. ND New York 1967.

B. Studer, Una teologia patristica, in: E. Dal Covolo, Storia della Teologia I. Dalle origini a Bernardo di Chiaravalle, Bologna 1995, 599–611.

A. Stuiber, Der Tod des Aurelius Augustinus, in: Jenseitsvorstellungen in Antike und Christentum. Gedenkschrift für A. Stuiber (JAC. Ergänzungsband 9) Münster 1982, 1–8.

J.L. Sumney, "Those who 'Ignorantly deny him': The Opponents of Ignatius of Antioch", in: Journal of Early Christian Studies 1 (1993) 345–365.

W. Tabbernee, "Montanist Regional Bishops: New Evidence from Ancient Inscriptions", in: Journal of Early Christian Studies 1 (1993) 249–280.

Ch.H. Talbert, "The Concept of Immortals in Mediterranean Antiquity", in: Journal of Biblical Literature 94 (1975) 419–436.

Ders., Biographies of Philosophers and Rulers as Instruments of Religious Propaganda in Mediterranean Antiquity, in: H. Temporini – W. Haase (Hgg.), Aufstieg und Niedergang der Römischen Welt. Geschichte und Kultur Roms im Spiegel der neueren Forschung 2, 16.2, Berlin-New York 1978, 1619–1651.

E. Tengström, Donatisten und Katholiken. Soziale, wirtschaftliche und politische Aspekte einer nordafrikanischen Kirchenspaltung (Studia Graeca et Latina Gothoburgensia) Göteborg 1961.

M. Tetz, "Athanasius und die *Vita Antonii*", in: Zeitschrift für neutestamentliche Wissenschaft 73 (1982) 1–30. ND: W. Geerlings – D. Wyrwa (Hgg.), Martin Tetz: Athanasiana: Zu Leben und Lehre des Athanasius (Beihefte zur Zeitschrift für neutestamentliche Wissenschaft und die Kunde der älteren Kirche 78) Berlin 1995.

Y. Thebert, "L'évolution urbaine dans les provinces orientales de l'Afrique romaine tardive", in: Opus 2 (1983) 99–131.

G. Theissen, Studien zur Soziologie des Urchristentum (Wissenschaftliche Untersuchungen zum Neuen Testament 19) Tübingen ³1989.

E.A. Thompson, Saint Germanus of Auxerre and the End of Roman Britain, Woodbridge 1984.

P. Thrams, Christianisierung des Römerreichs und heidnischer Widerstand, Heidelberg 1991.

H. Thurston – D. Attwater, Butler's Lives of the Saints. I–IV, London 1953–1954.

D.L. Tiede, The Charismatic Figure as Miracle Worker (Society of Biblical Literature) Missoula Mt. 1972.

D.S. du Toit, *Theios Anthropos*. Zur Verwendung von θεῖος ἄνθρωπος und sinnverwandten Ausdrücken in der Literatur der Kaiserzeit (Wissenschaftliche Untersuchungen zum Neuen Testament. 2. 91) Tübingen 1997.

A. van Tongerloo (Hg.), The Manichaean *Nous*. Proceedings of the International Symposium Organized in Louvain from 31 July to 3 August 1991, Turnhout 1995.

L. Traube, Einleitung in die lateinische Philologie des Mittelalters. Vorlesungen und Abhandlungen, hg. von Franz Boll II, München 1911.

D. Trautwein, Heil von den Inseln: Bonifatius und die Iroschotten neu gesehen. Revision eines Vorurteils, Konstanz 1993.

U. Treu, Formen und Gattungen in der frühchristlichen Literatur, in: C. Colpe – L. Honnefelder – M. Lutz-Bachmann (Hgg.), Spätantike und Christentum. Beiträge zur Religions- und Geistesgeschichte der griechisch-römischen Kultur und Zivilisation der Kaiserzeit, Berlin 1992, 125–139.

C. Trevett, Montanism: Gender, Authority, and the New Prophecy, Cambridge 1996.

W. Trimpi, Muses of One Mind: The Literary Analysis of Experience and its Continuity, Princeton 1983.

F.R. Trombley, Hellenic Religion and Christianization c. 370–529 I–II (Religions in the Greco-Roman World 115) Leiden 1993.

V. Turner, Pilgrimages as Social Processes, in: Dramas, Fields and Metaphors, Ithaka-New York 1974, 166–230.

Ders., The Ritual Process. Structure and Anti-Structure, New York 1982.

G. Ueding (Hg.), Historisches Wörterbuch der Rhetorik I–III, Tübingen 1994–1996.

K.-H. Uthemann, Die Kunst der Beredsamkeit: Pagane Redner und christliche Prediger, in: L.J. Engels – H. Hofmann (Hgg.), Spätantike mit einem Panorama der byzantinischen Literatur (Neues Handbuch der Literaturwissenschaft 4) Wiesbaden 1997, 266–317.

W. Uxkull-Gyllenband, Plutarch und die griechische Biographie. Studien zu plutarchischen Lebensbeschreibungen des 5. Jahrhunderts, Stuttgart 1927.

R. van Dam, "Hagiographie and History: The Life of Gregory Thaumaturgus", in: Classical Antiquity 1 (1982) 272–308.

Ders., Leadership and Community in Late Antique Gaul, Berkeley 1985.

Ders., Saints and their Miracles in Late Antique Gaul, Princeton 1993.

M.-D. Valentin (Hg.), Hilaire d'Arles, Vie de saint Honorat. Introduction, texte critique, traduction et notes (SC 235) Paris 1977.

S.L. Van der Essen, "Der gegenwärtige Stand der hagiographischen Forschung", in: Die Geisteswissenschaften 1 (1914) 211–230.

A. Vanneste, "Nature et grâce dans la théologie de St. Augustin", in: Recherches augustiniennes 10 (1975) 143–169.

M. Van Uytfanghe, "Les avatares contemporains de l'hagiologie", in: Francia 5 (1977) 639–671.

Ders., "Histoire du Latin, protohistoire des langues romanes et histoire de la communication", in: Francia 11 (1983) 579–63.

Ders., "L'hagiographie et son public à l'époque mérovingienne", in: Studia Patristica 16.2.: E.A. Livingstone (Hg.), Papers presented to the Seventh International Conference on Patristic Studies held in Oxford 1975 II (TU 129) Berlin 1985, 54–62.

Ders., "Heiligenverehrung II (Hagiographie)", in: RAC 14 (1987) 150–183.

Ders., L'empreinte biblique sur la plus ancienne hagiographie occidentale, in: J. Fontaine – Ch. Pietri (Hgg.), Le monde latin antique et la Bible (Bible de tous les temps 2) Paris 1985, 479–497.

Ders., Le culte des saints et la prétendue "Aufklärung" carolingienne, in: Le culte des saints aux IXe-XIIIe siècles, 151–166.

Ders., "L'hagiographie: Un 'Genre' Chrétien ou antique tardif?", in: Analecta Bollandiana 111 (1993) 135–188.

Ders., Die Vita im Spannungsfeld von Legende, Biographik und Geschichte (mit Anwendung auf einen Abschnitt aus der *Vita Amandi prima*), in: A. Scharer – G. Scheibelreiter (Hgg.), Historiographie im Mittelalter (Veröffentlichungen des Instituts für Österreichische Geschichtsforschung 32) Wien-München 1994, 194–222.

A. Vanneste, "Nature et grâce dans la théologie de St. Augustin", in: Recherches augustiniennes 10 (1975) 143–169.

A. Vauchez, La sainteté en occident aux derniers siècles du moyen âge (Bibliothèque des Écoles françaises d'Athènes et de Rome 141) Paris 1981.

A.C. Vega (Hg.), *Opuscula Sancti Possidii Episcopi Calamensis: Vita Sancti Augustini et Indiculus librorum eius*, Escoreal 1934.

L.M.J. Verheijen, La Vie de Saint Augustin par Possidius et la *Regula Sancti Augustini*, in: Mélanges offerts à Mademoiselle Christine Mohrmann, Utrecht-Anvers 1963, 270–279.

Ders., La Règle de St. Augustin: I. Tradition manuscrite; II. Recherches historiques, Paris 1967.

Ders., Spiritualité et vie monastique chez St. Augustin. L'utilisation monastique des Actes des Apôtres IV, 31, 32–25.

G. Vesey (Hg.), The Philosophy in Christianity, New York 1989.

M. Vessey, "The Demise of the Christian Writer and the Remaking of 'Late Antiquity': From H.-I. Marrou's Saint Augustine (1938) to Peter Brown's Holy Man (1983)", in: Journal of Early Christian Studies 6 (1998) 377–413.

J. Vezin, Schrifttum und Schriftgebrauch in der Merowingerzeit, in: A. Wieczorek – P. Périn – K. v. Welck – W. Menghin (Hgg.), Die Franken – Wegbereiter Europas. 5.–8. Jahrhundert n. Chr. Katalog-Handbuch in zwei Teilen, Mainz ^{2}1997, 553–559.

P. Vielhauer, Geschichte der urchristlichen Literatur, Berlin-New York ^{2}1978.

G. Vismara, "Ancora sulla *episcopalis audientia*", in: Studia et documenta historiae et iuris 53 (1987) 53–73.

T. Vivian (Hg.), The Coptic life of Antony, San Francisco 1994.

C. Vogel, "Le pèlerinage pénitentiel", in: Revue des sciences religieuses 38 (1964) 113–153.

F. Vogel (Hg.), *Magni felicis Ennodii opera* (MGH, AA VII) Berlin ^{2}1961.

A. de Vogüé, La Communauté et l'abbé dans la Règle de St. Benoît, Bruges 1961.

Ders., "La Règle du Maître et les Dialogues de St. Grégoire", in: Revue d'histoire ecclésiastique 61 (1966) 44–76.

Ders., "La règle de S. Césare d'Arles pour les moines, une résumé de sa règle pour les moniales", in: Revue d'ascétique et de mystique 47 (1971) 369–409.

Ders., Die *Regula Benedicti*. Theologisch-spiritueller Kommentar, Hildesheim 1983.

Ders., Le Maître, Eugippe et St. Benoît. Recueil d'articles, Hildesheim 1984.

Ders., Ce que dit St. Benoît. Une lecture de la Règle, 1991.

Ders., Histoire littéraire du mouvement monastique dans l'antiquité I: Le monachisme latin (Patrimoines du Christianisme) Paris 1991, 47–58.

Ders., Césaire et le monachisme prébénédictin, in: D. Bertrand (Hg.), Césaire d'Arles et la christianisation de la Provence. Actes des journées 'Césaire'. Aix-en-Provence, Arles, Lérins, 3–5 novembre 1988, 22 avril 1989, Lyon-Paris 1994, 109–132.

Ders. – J. Courreau, Césaire d'Arles. Oeuvres monastiques I. Oeuvres pour les moniales (SC 345) Paris 1988.

Ders., "Les Débuts de la vie monastique à Lérins: Remarques sur un ouvrages récent", in: Revue d'Histoire Ecclésiastique 88 (1993) 5–53.

Ders., De Saint Germain d'Auxerre à Jean de Chypre: l'arithmétique du miracle chez le moines et les clercs en Occident et en Orient, in: P. Guichard (Hg.), Papauté, monachisme et théories politiques: Études d'histoire médiévale offertes à Marcel Pacaut (Collection d'histoire et d'archéologie médiévales 1) Lyon 1994, 405–412.

J. Vogt, Kulturwelt und Barbaren (Abhandlungen der Akademie der Wissenschaften und der Literatur in Mainz. Gesellschaftswissenschaften 1967/1) Wiesbaden 1967.

K. Voigt, Staat und Kirche von Konstantin dem Großen bis zum Ende der Karolingerzeit, Stuttgart 1936. ND 1965.

F. Vollmer, "*Laudatio funebris*", in: Realencyclopädie für protestantische Theologie und Kirche 12, 1 (1924) 992.

H. Vollrath, "Das Mittelalter in der Typik oraler Gesellschaften", in: Historische Zeitschrift 233 (1981) 571–594.

B.R. Voss, "Berührungen von Hagiographie und Historiographie in der Spätantike", in: Frühmittelalterliche Studien 4 (1970) 53–69.

B. Ward, Signs and Wonders. Saints, Miracles and Prayers from the 4th Century to the 14th (Collected Studies Series 361) Aldershot 1992.

D. Watts, Christians and Pagans in Roman Britain, London 1991.

D. Webb, "Eloquence and Education: A Humanist Approach to Hagiography", in: Journal of Ecclesiastical History 31 (1980) 19–39.

Dies., "Saints and Cities in Mediaeval Italy", in: History Today. A Monthly Magazine 43 (1993) 15–21.

St. Weeks, Early Israelite Wisdom, Oxford 1994.

M. Weidemann, Kulturgeschichte der Merowingerzeit nach den Werken Gregors von Tours I–II (Römisch-Germanisches Zentralmuseum. Monographien 3) Mainz 1982.

O. Weinreich, Antike Heilungswunder. Untersuchungen zum Wunderglauben der Griechen und Römer (Religionsgeschichtliche Versuche und Vorarbeiten 8.1) Gießen 1909.

Ders., "Antikes Gottmenschentum", in: Neue Jahrbücher für Wissenschaft und Jugendbildung 2 (1926) 633–651. Auch in: Ders., Ausgewählte Schriften 2, Gießen 1973, 171–197.

H.T. Weiskotten, *Sancti Augustini Vita scripta a Possidio Episcopo*, edited with Revised Text, Introduction, Notes, and an English Version, Princeton-London-Oxford ²1932.

A. Weizsäcker, Untersuchungen über Plutarchs biographische Technik (Problemata 2) Berlin 1931.

Ders., Die hellenisch-römische Kultur in ihren Beziehungen zu Judentum und Christentum. Die urchristlichen Literaturformen (Handbuch zum Neuen Testament I, 2–3) Tübingen 1912.

D. Wendebourg, "Das Martyrium in der Alten Kirche als ethisches Problem", in: Zeitschrift für Kirchengeschichte 98 (1987) 295–320.

R. Wenskus, Religion abâtardie. Materialien zum Synkretismus in der vorchristlichen politischen Theologie der Franken, in: H. Keller – N. Staubach (Hgg.), Iconologia sacra. Mythos, Bildkunst und Dichtung in der Religions- und Sozialgeschichte Alteuropas, Berlin-New York 1994, 179–248.

O. Wermelinger, Rom und Pelagius. Die theologische Position der römischen Bischöfe im pelagianischen Streit in den Jahren 411–432 (Päpste und Papsttum 7) Stuttgart 1975.

Ders., "Ennodius von Pavia", in: Theologische Realenzyklopädie 9 (1982) 655.

M. Werner, "Ansbert", in: Lexikon für Theologie und Kirche 1 (1993) 705.

M.A. Wes, Das Ende des Kaisertums im Westen des Römischen Reiches, Den Haag 1967.

J. Wetzel, Augustine and the Limits of Virtue, Cambridge-New York 1992.

R.N. Whybray, The Intellectual Tradition in the Old Testament, Berlin-New York 1974.

U. Wienbruch, Erleuchtete Einsicht. Zur Erkenntnislehre Augustins (Abhandlungen zur Philosophie, Psychologie und Pädagogik 218) Bonn 1989.

H. Wieruszowski, "Die Zusammensetzung des gallischen und fränkischen Episkopats bis zum Vertrag von Verdun (843) mit besonderer Berücksichtigung der Nationalität und des Standes", in: Bonner Jahrbuch 127 (1922) 1–83.

G. Wiessner – H.-J. Klimkeit (Hgg.), Studia manichaica II: Internationaler Kongress zum Manichäismus (6.–10. August 1989, St. Augustin/Bonn), Wiesbaden 1992.

U. Wilckens – G. Fohrer, "*Sophia, Sophos*", in: Theologisches Wörterbuch zum Neuen Testament 7 (1964) 465–528.

R.L. Wilken (Hg.), Aspects of Wisdom in Judaism and Early Christianity, Notre Dame 1975.

D.H. Williams, Ambrose of Milan and the End of the Nicene-Arian Conflict, Oxford 1995.

R. Williams, Arius: Heresy and Tradition, London 1987.

S. Wilson (Hg.), Saints and their Cults: Studies in Religious Sociology, Folklore and History, Cambridge 1983.

G.G. Willis, Saint Augustine and the Donatist Controversy, London 1950.

A. Wilmart, *Operum S. Augustini elencus a Possidio eiusdem discipulo Calamensi episcopo digestus*, in: Miscellanea Agostiniana II, Roma 1931, 49–233.

H. Windisch, Paulus und Christus (Untersuchungen zum Neuen Testament 24) Tübingen 1934.

S. Wittern, Frauen, Heiligkeit und Macht. Lateinische Frauenviten aus dem 4. bis 7. Jahrhundert (Ergebnisse der Frauenforschung 33) Stuttgart-Weimar 1994.

H. Wolfram, Das Reich und die Germanen. Zwischen Antike und Mittelalter, Berlin ²1992.

Ders., "*Origo* und *Religio*. Ethnic traditions and literature in early medieval texts", in: Early Medieval Europe 3 (1994) 19–38.

H.A. Wolfson, Die Philosophie der Griechen III, Leipzig ⁵1923.

I. Wood, "Early Merovingian Devotion in Town and Country", in: Studies in Church History 16 (1979) 61–76.

Ders., "The *Vita Columbani* and Merovingian Hagiography", in: Peritia 1 (1982) 63–80.

Ders., The Merovingian Kingdoms, Harlow 1994.

Ders., Missionary Hagiography in the Eigth and Nineth Centuries, in: K. Brunner – B. Merta (Hgg.), Ethnogenese und Überlieferung. Angewandte Methoden der Frühmittelalterforschung, 189–199.

D. Woods, "The Origin of Honoratus of Lérins", in: Mnemosyne 46 (1993) 78–86.

Ders., (Hg.), Martyrs and Martyrologies, Oxford 1994.

A. Wucherer-Huldenfeld, "Mönchtum und kirchlicher Dienst bei Augustinus nach dem Bild des Neubekehrten und des Bischofs", in: Zeitschrift für Katholische Theologie 82 (1961) 182–211.

F.M. Young, "On *Episkopos* and *Presbyteros*", in: Journal of theological studies 45 (1994) 142–148.

Fr. Young, "Exegetical Method and Scriptural Proof: The Bible in Doctrinal Debate", in: Studia Patristica 24 (1989) 291–304.

Dies., "The Pastorals and the Ethics of Reading", in: Journal for the Study of the New Testament 45 (1992) 105–120.

Dies., Biblical Exegesis and the Formation of Christian Culture, Cambridge 1997.

Dies., "From Suspicion and Sociology to Spirituality: on Method, Hermeneutics and Appropriation with Respect to Patristic Material", in: Studia Patristica 29 (1997) 421–435.

B. Zientara, *Populus-Gens-Natio*. Einige Probleme aus dem Bereich der ethnischen Terminologie des frühen Mittelalters, in: O. Dann (Hg.), Nationalismus in vorindustrieller Zeit, München 1986, 11–20.

W. Zimmerli, "Zur Struktur der alttestamentlichen Weisheit", in: Zeitschrift für alttestamentliche Wissenschaft 51 (1933) 177–204.

A.F. Zimmermann, Die urchristlichen Lehrer: Studien zum Tradentenkreis der *Didaskaloi* im frühen Urchristentum, Tübingen ²1988.

E. Zocca, La figura del santo vescovo in Africa da Ponzio a Possidio in: Vescovi e pastori in epoca teodosiana. In occasione del XVI centenario della consacrazione episcopale di S. Agostino, 396–1996. XXV Incontro di studiosi dell' antichità cristiana. Roma, 8–11 maggio 1996 I, Roma 1997 (Studia Ephemeridis Augustinianum 58) 469–493.

E. Zöllner, Geschichte der Franken bis zur Mitte des 6. Jahrhunderts, München 1970.

A. Zumkeller, Das Mönchtum des heiligen Augustinus (Cassiciacum 11) Würzburg ²1968.

VERZEICHNIS DER PERSONENNAMEN

---

n. bezieht sich auf Erwähnungen in Fußnoten

Studies in the History of Christian Thought

EDITED BY HEIKO A. OBERMAN

46. GARSTEIN, O. *Rome and the Counter-Reformation in Scandinavia*. 1553-1622. 1992
47. GARSTEIN, O. *Rome and the Counter-Reformation in Scandinavia*. 1622-1656. 1992
48. PERRONE COMPAGNI, V. (ed.). *Cornelius Agrippa, De occulta philosophia Libri tres*. 1992
49. MARTIN, D. D. *Fifteenth-Century Carthusian Reform*. The World of Nicholas Kempf. 1992
50. HOENEN, M. J. F. M. *Marsilius of Inghen*. Divine Knowledge in Late Medieval Thought. 1993
51. O'MALLEY, J. W., IZBICKI, T. M. and CHRISTIANSON, G. (eds.). *Humanity and Divinity in Renaissance and Reformation*. Essays in Honor of Charles Trinkaus. 1993
52. REEVE, A. (ed.) and SCREECH, M. A. (introd.). *Erasmus' Annotations on the New Testament*. Galatians to the Apocalypse. 1993
53. STUMP, Ph. H. *The Reforms of the Council of Constance (1414-1418)*. 1994
54. GIAKALIS, A. *Images of the Divine*. The Theology of Icons at the Seventh Ecumenical Council. With a Foreword by Henry Chadwick. 1994
55. NELLEN, H. J. M. and RABBIE, E. (eds.). *Hugo Grotius – Theologian*. Essays in Honour of G. H. M. Posthumus Meyjes. 1994
56. TRIGG, J. D. *Baptism in the Theology of Martin Luther*. 1994
57. JANSE, W. *Albert Hardenberg als Theologe*. Profil eines Bucer-Schülers. 1994
59. SCHOOR, R.J.M. van de. *The Irenical Theology of Théophile Brachet de La Milletière (1588-1665)*. 1995
60. STREHLE, S. *The Catholic Roots of the Protestant Gospel*. Encounter between the Middle Ages and the Reformation. 1995
61. BROWN, M.L. *Donne and the Politics of Conscience in Early Modern England*. 1995
62. SCREECH, M.A. (ed.). *Richard Mocket, Warden of All Souls College, Oxford, Doctrina et Politia Ecclesiae Anglicanae*. An Anglican Summa. Facsimile with Variants of the Text of 1617. Edited with an Introduction. 1995
63. SNOEK, G.J.C. *Medieval Piety from Relics to the Eucharist*. A Process of Mutual Interaction. 1995
64. PIXTON, P.B. *The German Episcopacy and the Implementation of the Decrees of the Fourth Lateran Council, 1216-1245*. Watchmen on the Tower. 1995
65. DOLNIKOWSKI, E.W. *Thomas Bradwardine: A View of Time and a Vision of Eternity in Fourteenth-Century Thought*. 1995
66. RABBIE, E. (ed.). *Hugo Grotius, Ordinum Hollandiae ac Westfrisiae Pietas (1613)*. Critical Edition with Translation and Commentary. 1995
67. HIRSH, J. C. *The Boundaries of Faith*. The Development and Transmission of Medieval Spirituality. 1996
68. BURNETT, S.G. *From Christian Hebraism to Jewish Studies*. Johannes Buxtorf (1564-1629) and Hebrew Learning in the Seventeenth Century. 1996
69. BOLAND O.P., V. *Ideas in God according to Saint Thomas Aquinas*. Sources and Synthesis. 1996
70. LANGE, M.E. *Telling Tears in the English Renaissance*. 1996
71. CHRISTIANSON, G. and T.M. IZBICKI (eds.). *Nicholas of Cusa on Christ and the Church*. Essays in Memory of Chandler McCuskey Brooks for the American Cusanus Society. 1996
72. MALI, A. *Mystic in the New World*. Marie de l'Incarnation (1599-1672). 1996
73. VISSER, D. *Apocalypse as Utopian Expectation (800-1500)*. The Apocalypse Commentary of Berengaudus of Ferrières and the Relationship between Exegesis, Liturgy and Iconography. 1996
74. O'ROURKE BOYLE, M. *Divine Domesticity*. Augustine of Thagaste to Teresa of Avila. 1997
75. PFIZENMAIER, T.C. *The Trinitarian Theology of Dr. Samuel Clarke (1675-1729)*. Context, Sources, and Controversy. 1997
76. BERKVENS-STEVELINCK, C., J. ISRAEL and G.H.M. POSTHUMUS MEYJES (eds.). *The Emergence of Tolerance in the Dutch Republic*. 1997
77. HAYKIN, M.A.G. (ed.). *The Life and Thought of John Gill (1697-1771)*. A Tercentennial Appreciation. 1997
78. KAISER, C.B. *Creational Theology and the History of Physical Science*. The Creationist Tradition from Basil to Bohr. 1997
79. LEES, J.T. *Anselm of Havelberg*. Deeds into Words in the Twelfth Century. 1997
80. WINTER, J.M. van. *Sources Concerning the Hospitallers of St John in the Netherlands, 14th-18th Centuries*. 1998

81. TIERNEY, B. *Foundations of the Conciliar Theory.* The Contribution of the Medieval Canonists from Gratian to the Great Schism. Enlarged New Edition. 1998
82. MIERNOWSKI, J. *Le Dieu Néant.* Théologies négatives à l'aube des temps modernes. 1998
83. HALVERSON, J.L. *Peter Aureol on Predestination.* A Challenge to Late Medieval Thought. 1998.
84. HOULISTON, V. (ed.). *Robert Persons, S.J.: The Christian Directory (1582).* The First Booke of the Christian Exercise, appertayning to Resolution. 1998
85. GRELL, O.P. (ed.). *Paracelsus.* The Man and His Reputation, His Ideas and Their Transformation. 1998
86. MAZZOLA, E. *The Pathology of the English Renaissance.* Sacred Remains and Holy Ghosts. 1998.
87. 88. MARSILIUS VON INGHEN. *Quaestiones super quattuor libros sententiarum.* Super Primum. Bearbeitet von M. Santos Noya. 2 Bände. I. Quaestiones 1-7. II. Quaestiones 8-21. 2000
89. FAUPEL-DREVS, K. *Vom rechten Gebrauch der Bilder im liturgischen Raum.* Mittelalterliche Funktions-bestimmungen bildender Kunst im *Rationale divinorum officiorum* des Durandus von Mende (1230/1-1296). 1999
90. KREY, P.D.W. and SMITH, L. (eds.). *Nicholas of Lyra.* the Senses of Scripture. 2000
92. OAKLEY, F. *Politics and Eternity.* Studies in the History of Medieval and Early-Modern Political Thought. 1999
93. PRYDS, D. *The Politics of Preaching.* Robert of Naples (1309-1343) and his Sermons. 2000
94. POSTHUMUS MEYJES, G.H.M. *Jean Gerson – Apostle of Unity.* His Church Politics and Ecclesiology. Translated by J.C. Grayson. 1999
95. BERG, J. VAN DEN. *Religious Currents and Cross-Currents.* Essays on Early Modern Protestantism and the Protestant Enlightenment. Edited by J. de Bruijn, P. Holtrop, and E. van der Wall. 1999
96. IZBICKI, T.M. and BELLITTO, C.M. (eds.). *Reform and Renewal in the Middle Ages and the Renaissance.* Studies in Honor of Louis Pascoe, S. J. 2000
97. KELLY, D. *The Conspiracy of Allusion.* Description, Rewriting, and Authorship from Macrobius to Medieval Romance. 1999
98. MARRONE, S.P. *The Light of Thy Countenance.* Science and Knowledge of God in the Thirteenth Century. 2 volumes. 1. A Doctrine of Divine Illumination. 2. God at the Core of Cognition. 2001
99. HOWSON, B.H. *Erroneous and Schismatical Opinions.* The Question of Orthodoxy regarding the Theology of Hanserd Knollys (c. 1599-169)). 2001
100. ASSELT, W.J. VAN. *The Federal Theology of Johannes Cocceius (1603-1669).* 2001
101. CELENZA, C.S. *Piety and Pythagoras in Renaissance Florence the* Symbolum Nesianum. 2001
102. DAM, H.-J. VAN (ed.), *Hugo Grotius, De imperio summarum potestatum circa sacra.* Critical Edition with Introduction, English translation and Commentary. 2 volumes. 2001
103. BAGGE, S. *Kings, Politics, and the Right Order of the World in German Historiography c. 950-1150.* 2002
104. STEIGER, J.A. *Fünf Zentralthemen der Theologie Luthers und seiner Erben.* Communicatio – Imago – Figura – Maria – Exempla. Mit Edition zweier christologischer Frühschriften Johann Gerhards. 2002
105. IZBICKI T.M. and BELLITTO C.M. (eds.). *Nicholas of Cusa and his Age: Intellect and Spirituality.* Essays Dedicated to the Memory of F. Edward Cranz, Thomas P. McTighe and Charles Trinkaus. 2002
106. HASCHER-BURGER, U. *Gesungene Innigkeit.* Studien zu einer Musikhandschrift der Devotio moderna (Utrecht, Universiteitsbibliotheek, MS 16 H 94, olim B 113). Mit einer Edition der Gesänge. 2002
107. BOLLIGER, D. *Infiniti Contemplatio.* Grundzüge der scotus- und scotismusrezeption im werk huldrych zwinglis. 2002
108. CLARK, F. *The 'Gregorian' Dialogues and the Origins of Benedictine Monasticism.* 2002
109. ELM, E. *Die Macht der Weisheit.* Das Bild des Bischofs in der *Vita Augustini* des Possidius und andere spätantiken und frühmittelalterlichen Bischofsviten. 2003

Prospectus available on request

BRILL — P.O.B. 9000 — 2300 PA LEIDEN — THE NETHERLANDS